中国通史纲要

黄现璠 刘镛 合著

中国国际广播出版社

《中国通史纲要》结构示意图

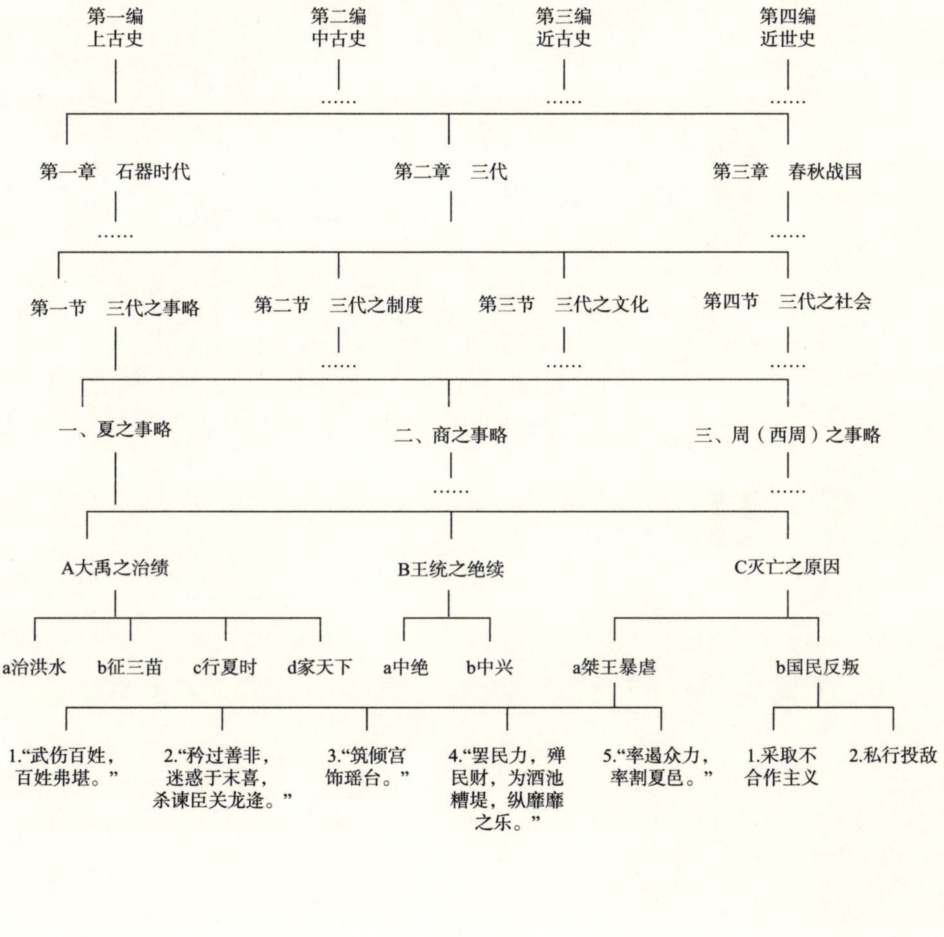

出版说明

“通史”是历史学著述的传统体裁之一。晚清亘古未有之变化，迫使史家反思传统史学之不足，带有一定西学色彩的新史学应运而生，编撰“新式中国通史”成为重要任务。新通史与“旧”通史的最大区别在于体裁改用“章节体”，记述内容不再局限于帝王将相，而是包含政治、制度、经济、文化、社会等诸多方面，且大多不再沿用“述而不作”的传统，改为直抒胸臆，直接表达对相关历史的认识与评价。

由于新式教育的兴起，很多学者出于教学需要，编写了很多历史课本，比如夏曾佑《最新中学中国历史教科书》、吕瑞廷《新体中国历史》、顾颉刚、王钟麟《本国史》、傅运森《历史教科书》等，这些著作虽然内容都无一例外地顾及整个中国史，但距离“新式中国通史”都还有一定差距。20世纪第一部真正冠名为通史，并且被普遍认可为新通史作品的著作是黄现璠、刘镛合著的《中国通史纲要》。

初日本学术界誉为“中国通史权威”的邓之诚先生在为本书撰写的序言中这样评价：“近代恒重视历史一科，重其能随时代思想以前进也……独惜中国通史之编纂，尚未为学者所注意，坊间所见之本，非稗贩东西洋陈籍，以其见解为见解，即徒事零星掇拾，详则嫌于支蔓，略则嫌于挂漏，求其详略得宜，去取适当，足以发扬中国文化，供一世参考，及自修者，殆无有也……黄君现璠、刘君镛专意读史，以其钻研之暇，共成《中国通史纲要》三册。虽仅备纲领，而首尾贯串可观，遍及各个时代之制度沿革、社会进化，而因果关系一目了然，取材皆注其出处，使读者可以由是而知中国史之梗概，更可由是而加详加博，可谓繁简相驭，条理分明者矣。”

黄现璠（1899～1982），原名甘锦英，壮族，祖籍广西扶绥，著名历史学家、民族学家、人类学家和教育家，中国现代民族学奠基人之一。20世纪二三十年代先后就读于北平师范大学和日本帝国大学，师从陈垣、钱玄同、和天清、加藤繁等著名学者。1937年归国后历任广西大学、中山大学等校教授。1949年中华人民共和国成立后，先后任中国人民对外友好协会理事、全国人大代表、全国政协委员、中国民族学研究会顾问等职。黄现璠先生一生著作等身，《中国通史纲要》原由北平文化学社初版于1932年，分上、中、下册。这部受到广泛赞誉的著作因为种种原因，在1949年后始终没有再版。为使广大读者有机会重新领略先生风采，我社经先生家属同意，决定再版本书。本书再版时考虑到目前读者的需要，做了一定调整：一是变繁体竖排为简体横排；二是对编排格式做了一些修正。基本尊重原著的体例，采用“章，节，一，A，a，(1)，(一)，1.”：“注解”在文中采用“注×”标记，在各节下一级末注；“注解”后加“备考”。另外，原书出版时有一定的错别字，再版时一并做了修改。原书引用史料中有少量对少数民族有侮辱性的文字，如“猺”、“獞”等，依照现行规范，统一修改为“瑶”、“壮”等。

本书初版于20世纪初叶，当时马克思主义史学思想尚未得到普遍认同，因而本书中存在一些和目前的史学认识有差异的地方，如农民起义的评价等，请读者阅读时注意。

中国国际广播出版社

2011年10月

序

近代恒重视历史一科，重其能随时代思想以前进也。自挽近世界竞争益烈，空标大同主义之名，而其实民族思想，乃愈趋于窄狭之境域，于是表现国民性之本国史，乃尤重。近顷世界学者，喜言东方学，即以中国史为主干，而泛及于其他。于是中国史乃为世界所共重，四五年来，北大师大两史学系学生，每视其他学系增进为速，盖史学之钻研，已成为一世之风尚矣。独惜中国通史之编纂，尚未为学者所注意，坊间所见之本，非稗贩东西洋陈籍，以其见解为见解，即徒事零星掇拾，详则嫌于支蔓，略则嫌于挂漏，求其详略得宜，去取适当，足以发扬中国文化，供一世参考，及自修者，殆无有也。予往在北大任教中国通史，亦仅捃摭正史杂史本文，以发其端绪，姑为诸生读书之一助云尔，盖兹事甚难，体例应如何规定，材料应如何搜集，并以何者为标准，记叙应以何种文字为适宜，然后不至过繁过简，此皆有待于商榷，非一人之见解，所能断定，亦非一手一足之力，所能蒇事。世固尊重中国史学，而为史学见端之通史，乃独付阙如，非可惜之甚者耶？黄君现璠、刘君镛专意读史，以其钻研之暇，共成《中国通史纲要》三册，虽仅备纲领，而首尾贯串可观，遍及各个时代之制度沿革、社会进化，而因果关系一目了然，取材皆注其出处，使读者可以由是而知中国史之梗概，更可由是而加详加博，可谓繁简相驭，条理分明者矣。予喜其有益于教课者之参考，及自修者之探导，故乐为之序，倘因是书行世，而发见通史之需要，尤为切至，遂萃当世史学者之力，共成一编，则尤予之所欣望不置者也。

邓之诚

一九三二年，三月二十四日

编辑大意

一、编者担任平中中学本国史，三载于兹，窃觉史事浩瀚，头绪纷繁，且无提纲挈领之参考书，教学上颇感困难，不揣谫陋，编著此书，其中错误遗漏之处，势所难免，尚望史家，加以指正。

二、本书编纂，虽属纲要，但取材力求丰富，所涉方面，务求广博，可作大学自修用书，并可作中学历史教本之参考书。

三、本书引用书籍，皆注明原书篇目，俾阅者容易检查，其中为编者意见者，则加一按字。

四、中学历史教本，或略于史事，偏重文化，或略于文化而偏重史事……本书力矫斯弊。务求二者平均，以免畸轻畸重。

五、本书为提纲体，使阅者一目了然，故叙述颇为简略，惟遇有须引申发明之处，不便列入正文者，则加以附注或备考。

六、本书分上中下三册。上中册为黄现璠主编，下册为刘镛主编，体例类别，力求一致。

七、本书每章之后，附加问题皆为国内著名大学入学试题，以便中学生升学之参考。

八、本书编辑时，承邓文如先生介绍材料，编成之后，又详加校订，高情厚谊，感佩莫名，特志于此，用表谢忱。

目　次

第一编　上古史

第二编　中古史

第三编　近古史

第四编　近世史

第一编

上古史（西历纪元前二二一年）

第一章　石器时代

（？——西历纪元前二二〇五年）

欧洲自1860年以来，丹麦国博物院始区别古代文化为石器时代，铜器时代，铁器时代，共三大期（A. C. Hadon History of Anthronpology P. 137—140）。而吾国亦有古人以石为兵，以铜为兵，以铁为兵之说（《越绝书》卷十一）。与西人所定，若合符节。

《越绝书》谓："神农赫胥之时，以石为兵。"是则中国三代以前，皆当在新旧石器两时代之内，故本章所述，即史传所称之三皇五帝时代之事迹也。

一、旧石器时代之文化

A 器物——皆为火石所制之石器，制造之法，为敲治，多粗而不滑，初民以之为杀兽，打鸟，及掘地，御敌之用（安特生《中国远古之文化》，地质调查所《地质汇报》第五号一册）。

B 居住

a 穴居——"民之初生，陶复陶穴。"（《诗·大雅》）"上古穴居而野处。"（《周易系辞传》）皆为初民穴居之证。

b 巢居——"昔者，未有宫室，冬则居营窟，夏则居增巢。"（《礼记·礼运》）"上古皆穴处，有圣人教之巢居，号大巢氏。"（《始学篇》）此巢居又在穴居之后，而比穴居为进步。

C 衣服——"古初之人，卉服蔽体，辰放氏作，时多阴风，乃教民擗木茹皮，以御风霜，绹发閵首，以去灵雨，而人从之，命之曰衣皮之人。"（《春秋命历序》）"未有麻丝，衣禽兽之羽皮。"（《礼记·礼运》）据此则初民先必卉服，后始皮服。

D 饮食

a 饮——初民之饮，大概饮水、饮血二种。观《淮南子·要略训》所谓

“茹草饮水”，《礼记》所谓“茹毛饮血”，即足证明。

b 食——“山居则食鸟兽，近水则食鱼鳖螺蛤。”（谯周《古史考》）初民生活，最初为生食，后进为熟食，然皆为烧食，尚未进至煮食，观《古史考》所谓：“加米于烧石之上食之”，及《内则》郑注：“以土涂生物，炮而食之”，即可了然。

E 生业——“上古人民少，而禽兽众。”（《韩非子·五蠹篇》）故人民多以渔猎为生，过后始渐事牧畜，此即史书所谓伏羲氏结网罟，教民渔猎也。

F 家庭——“上古民人，但知其母，不知其父。”（《白虎通》）盖上古为母系时代，男女群居，互相娶嫁。家庭以女人为主体，故姓字从女从生，观于姒，姜，妠，妫，嬴等姓，即可明白。传说至伏羲氏，始教民嫁娶，渐改群婚之习。（张亮采《中国风俗史》第一编第一章六节）

二、新石器时代之文化

A 器物

a 石器——此时石器，多为沙石，灰石，青石所制造。其法则为磨治，比前期之敲治，较为精滑。

b 陶器——河南、甘肃出土之陶器，有瓦罐，瓦缶，瓦罍，瓦鬲，瓦鼎，瓦尊等，为当时人民日用生活必需之器。

B 衣服——陶器上之印文，有绳印，或布印者，其绳印，显系苎麻所编之绳，因此可见当时已种苎麻以之为衣服矣。

C 饮食——陶器碎片，往往有烟熏遗痕，附着于其上，可知此时已用火煮食，比前期之烧食，尤见进步，而由石杵推之，可知已食谷粟。

D 家畜——地下发掘之兽骨，多属家畜之猪，而非野猪，可断此时已有家畜。（以上参考安特生《中国远古之文化》）

E 居住——旧石器时代，人民尚穴居巢居，此期大约已有宫室，传说黄帝伐木构材，筑作宫室，上栋下宇，以避风雨。（《绎史》引《新语》）又尧曾使禹作宫室。（《二酉堂丛书》辑《世本》）

F 农业——石器中有石耨石锄，盖此时已入农业之初期。

G 工业——在石器之中，发见骨针，及纺织用之石制线坠，可为当时已入纺织工业之证。（以上参考安特生《中国远古之文化》）

H 交易——多用实物交易，及用贝交易，五贝排贯，名之曰“朋”，《易·爻辞》言丧贝，言十朋之龟，钟鼎文中记“王赐贝”者颇多，足为古代用贝

交易之证。（梁任公《先秦政治思想史》第八章）

I 交通——传说黄帝作舟车，陆行用车，水行用舟，以利交通，此为文化上之一大进步。（黄帝之臣共工作舟，见《世本》。黄帝造车，见《释名》）

J 弓矢——石器中有石砮，石镞，石戈等，则此时已有弓矢，以为战争。（安特生《中国远古之文化》）

K 书契——“古者无文字，其有约誓之事，事大大其绳，事小小其绳，绳之多少，随物众寡。”（《周易集解·易系下·传下》）“黄帝之史仓颉，初造书契。”（《说文·叙》）“契，刻也，刻识其数也。”（《释名》）盖纪载之过程，须经三步骤：1. 结绳，2. 契（刻数于木板），3. 文字。黄帝之时，想必尚在第二步骤也。（张守义《中国古代书契制度》，《金陵学报》第一卷第一期）

L 丧葬——孟子云：“盖上世尝有不葬其亲者，其亲死，则举而委之于壑。”《周易传》云：“古之葬者，厚衣之以薪，葬之中野。”足证上古亲死，乃用天葬，相传至黄帝时，始作棺椁。（《汉书·刘向传》）此为丧葬之进步。

备　考

（1）石铁铜三时代，就吾国古史，约分期如下：

（一）石器时代　约自夏商以前，《越绝书》以为神农之时。

（二）铜器时代　约自夏商以来，《越绝书》以为禹穴之时。

（三）铁器时代　约自秦汉以来，《越绝书》以为周末之时。

（2）石器时代，共分新旧二期，旧石器时代之年岁，在欧洲为距今前十五万年至前九千年，新石器时代，为距今前九千年至前六千年，铜器时代，为距今前五千年至三千年。（C. Bloctz，manual of universal History 附表）近数年来，内蒙古鄂尔多斯发现之石器，欧洲考古家，断为五万年以前旧石器时代之石器，而奉天、河南、陕西、山西、甘肃发现之石器，断为五千年以前新石器时代之石器。（《北京历史博物馆丛刊》第一年第三期，安特生演讲《中国远古人类》）

（3）上古历史，因无文字记载，难全置信，杨朱曰：“太古之事灭矣，孰志之哉。”屈原曰：“遂古之初，谁传道之。”所以三皇五帝，不必真有其人，不过为上古社会进化之表征而已。例如燧人氏，为火食之代表，伏羲氏为渔猎之代表。

（4）《书经》谓尧，让天下于舜，舜又让之于禹。然《韩非子》谓：“舜逼尧，禹逼舜。”（《说疑篇》）《竹书纪年》谓：“舜放尧，禹放舜。”适与之相反，究谁是谁非，殊难断定。

（5）《吕览》谓："昆吾作陶，浮游作矢，高元作室，仓颉作文字，……"按文化之进步，是渐进的，非突进的。古代文化，必经无数年代，渐渐累积而成，决非一人一时之力，所能就也。

（6）民国十年十月，地质调查所于河南渑池县仰韶村发掘得许多古代石器陶器及骨骸，认为新石器时代之遗物，故定为仰韶期之文化。（安特生《中国远古之文化》）

第二章　三代

（夏西历纪元前二二〇五年至前一七六六年
商西历纪元前一七六六年至前一一二二年
周西历纪元前一一二二年至前七七一年）

第一节　三代之事略

一、夏之事略

A 大禹之治绩

a 治洪水——古时洪水为患，尧使鲧治之，九年无功。及舜即位，殛鲧，使禹治之，凡十三年（《史记》作十三年，《孟子》作九年，《尧典》不言年数），遂平洪水（《书经·尧典》）。洪水既平，与国民经济中央集权之影响，颇为重大（注一）。

b 征三苗——苗民为神州土著，屡与汉族逐鹿中原，黄帝时，几覆诸夏，幸黄帝作指南车（注二），破之于涿鹿（察哈尔涿鹿县），后经少昊、颛顼、尧三世，仍有苗祸。至舜，命禹征之，于是三危既宅，三苗丕叙，而汉族生存之基乃大确定（《吕览·召类篇》及《书经·禹贡》）。

c 行夏时——上古民族多用阴历，因月球常见而易计（注三）。夏时，即阴历以建寅（正月）为岁首（商以十一月，周以十二月为岁首）。月球绕地球一周为一月，十二月为一年，五年置二闰。此为禹于历史上最大之贡献，吾国用之，历数千年之久（《大戴礼记·夏小正篇》）。

d 家天下——自古元后与群后，地丑德齐，为元后者，不敢或私，选贤与能，公天下。至禹以治水之功，势力之大，乃传位于其子启而家天下，实非出于禅让（注四）。此为中国君统上开一新纪元（上古无传子）（崔述《考信录·补上古考信录》）。

附：近人谓禹之于上古，实如秦之于三代，为古今之一大划界，盖（一）三苗至禹而结局，（二）洪水至禹而平，（三）传子至禹而定；至若称王（以前称君、皇或帝），亦自禹而起（夏曾佑《中国历史教科书》第一篇《禹之政教》）。

B 王统之绝续

a 中绝——启之子太康失德，权臣羿篡位自立，后其相寒浞杀之，并杀夏王相，夏统中绝。

b 中兴——当夏王相遇害，其后缗方娠，奔于有仍，生子少康，后为浇（寒浞之子）所迫，再奔有虞，有虞官之，而邑于纶，有田一成，有众一旅，与遗臣有鬲氏，谋光复夏业，举兵灭寒浞，世称为少康中兴（以上参考《史记·夏本纪》）。

C 灭亡之原因

a 桀王暴虐

1. "武伤百姓，百姓弗堪。"（《史记·夏本纪》）

2. "矜过善非，迷惑于末喜，杀谏臣关龙逄。"（《吕氏春秋·功名篇》）

3. "筑倾宫饰瑶台。"（《竹书纪年》）

4. "罢民力，殚民财，为酒池糟堤，纵靡靡之乐。"（《新序·刺奢篇》）

5. "率遏众力，率割夏邑。"（《书经·汤誓》）

b 国民反叛

1. 采取不合作主义——"夏王率遏众力，率割夏邑，有众率怠弗协，曰：时日曷丧，予及女偕亡。"（《书·汤誓篇》）按有众率怠弗协，则当时国民，似有类似罢工同盟之举，表示与政府不合作。

2. 私行投敌——"闻汤在野，皆委货扶老携幼，奔汤，国中虚。"（《逸周书·殷祝篇》）想当时夏民，反叛桀王，投降敌人者，必定不少。

【注解】

注一 孟子曰："洪水横流，泛滥于天下，……五谷不登。……"当时民生之苦，可想而知。及洪水平，民得耕种，衣食无忧，经济生活，始得安定。且洪水泛滥，土地隔绝，人民各成部落，天下不能统一，大权难以集中，及洪水平定，交通便利，统管各部落，较为易易，始有行中央集权之可能，故禹初会诸侯于涂山（浙江怀远县），执玉帛者万国，再会于会稽（浙江绍兴

县)，防风氏后至，禹执而戮之。(陆懋德《中国上古史讲义》第五章)

注二 马镐《中华古今注》谓黄帝作指南车，但《易·大传》文服牛乘马，在黄帝尧舜氏作之后，则黄帝时尚未有车，盖恐为后人之托称。且《宋书》又谓周公作指南车，尤难断定为谁所造。(《崔东壁集·补上古考信录》)

注三 魏源曰："节气过宫，人所难见，而晦朔弦望，人所易见，故不得不用易见之事，不用日而用月。"(《书古微》卷二)

注四 孟子好尊古以教世，故谓禹初荐益继位，及禹死，民不归益，而归启。韩非子则谓：禹死后，传位于益，启之人，相与攻益而立启。然《竹书纪年》谓禹死后，益干启位，启杀益，是则禹之让位，本不可信。曹丕受禅后，语人曰："舜禹之事，吾知之矣。"亦可为古代禅让虚伪之一证。(《孟子·万章篇》,《韩非子·外储说右下》及《竹书纪年》)

备　考

(1) 夏姒姓，传十七世，四百三十九岁。(此据《竹书纪年》所载，惟《汉书·律历志》为四百三十二年) 为商所灭。其世系如下：

(一) 禹—(二) 启—(三) 太康—(四) 仲康—(五) 相—(六) 少康—(七) 杼—(八) 槐—(九) 芒—(一〇) 泄—(一一) 不降—(一二) 扃—(一三) 廑—(一四) 孔甲—(一五) 皋—(一六) 发—(一七) 癸

(2)《禹贡》内，有禹"开九州，通九道，陂九泽，度九山"之事。所谓九州，即冀州，兖州，青州，徐州，扬州，荆州，豫州，梁州，雍州。惟汉贾捐之称：殷武丁周成王疆域，"东不过江黄，西不过氐羌，北不过朔方，南不过荆蛮。"禹时必不有如此广大之领土。故州之一字，大概如《说文》所谓"水中可居曰州，尧遭洪水，民居水中高土，故曰九州。"禹之九州，亦可作如此解释 (《书·禹贡篇》及《汉书·贾捐之传》)。

(3) 周时有九鼎，传系禹所铸。惟《左传》只言夏之方有德也，……铸鼎象物，未言为禹所铸，又不言其数为九，故鼎似非禹所铸，不过为夏时之遗物而已。

(4)《史记·夏本纪》所列夏之十七王，与后数百年晋人由汲郡魏王冢中发现之《竹书纪年》所记相同，可证夏朝历史已入历史时代。(陆懋德《中国上古史讲义》第六章)

(5) 顾颉刚疑禹与夏，无有关系：且谓禹并无其人，乃为虫类。然墨子常运用夏禹二字。(《说苑·疑节篇》引)《左传》说:“微禹,吾其鱼矣。”可证夏禹实相关,且为人而非虫也。(顾颉刚《古史辨》,张荫麟《夏禹史迹辨正》)

二、商之事略

A 成汤之放桀——古代天子与诸侯不如后世真有君臣关系,汤桀亦然。(注一)汤自征葛韦、顾昆吾后,即兴师伐夏,放桀于南巢(安徽巢县),故《易·革卦》曰:“汤武革命,顺乎天而应乎人,革之时天矣哉。”

B 国运之盛衰

a 太甲复辟,商道一兴。

b 太甲四传至雍己,诸侯不至,商道始衰。

c 太戊用伊陟为相,侧身修行,远方来朝者,七十六国,商道再兴。

d 三传至河亶甲,商道复衰。

e 祖乙嗣位,以巫咸为相,诸侯宾服,天下大和,商道三兴。

f 五传至阳甲,诸弟子争立,诸侯莫朝,商道三衰。

g 盘庚即位,迁都于殷,修德行政,诸侯来朝,商道四兴。

h 弟小辛立,商道四衰。

i 再传至武丁,甘盘为师,傅说为相,修德行,商道五兴。

j 八传至武乙,迁都朝歌,商道遂衰,永不复振。(以上参考《史记·商本纪》)

C 民权之伸张

a 攻击政府——成汤伐夏,人民以为劳民伤财,颇持异议,佥曰:“我后不恤我众,舍我穑事而割正夏。”此为民权伸张之表示。(《书·汤誓篇》)

b 反对迁都——商受黄河水灾,累次迁都,(注二)盘庚时,欲迁于殷(河南偃师县),人民表示反对,不愿迁徙,盘庚无法,乃命民众至王庭,谆谆劝谕,“反迁风潮”,始告平静。(《书·盘庚篇》)

D 灭亡之原因

a 国民之堕落

1. 安逸——商民起自山东,入居中原,因河南土地肥饶,物产丰富,天气和暖,日营骄奢淫乐之生活,遂失抵抗他族之能力。此与满蒙民族入主中国后,同一样情形。

2. 群饮——《韩非子》谓纣为长夜之饮,惧以失日,问其左右,一国皆不知,箕子亦辞以醉而不知,可知商民好饮,已成举国若狂之势,民族之堕

落如此，国焉得不亡。（以上参考陆懋德《中国上古史讲义》第八章）

b 政治之腐败

1. “人民则草窃奸宄。”

2. “卿士则师师非度。”

3. “财政则用又讎斂。”

4. “刑法则有罪罔获。”

5. “小民罔或畏威，咈其耇长，甚至攘窃神祇之牺牲。”（以上《书·微子篇》）

c 纣王之暴虐

1.“沉酗于酒。”（《书·微子篇》）

2.“妇言是用。”（《书·牧誓篇》）

3.“弃肆祀弗答，弃王父母弟不迪。”（同上）

4.“作酒池肉林，使男女裸相逐其间。”（《史记·殷本纪》）

5.“重辟刑有炮烙之法。’（同上）

6.“用费中恶来，殷人弗亲。”（同上）

附：桀纣暴虐，相同之点颇多，如桀杀关龙逢，纣杀比干，桀曰：“日亡，吾乃亡矣。”纣曰：“吾生不有命在天”等。惟多为后人诬加，如纣至战国时，加罪数十条，至西汉又加十余条，故荀子曰：“桀纣……身死国亡，为天下大僇，后世言恶，则必稽焉。”孟子亦曰：“纣之不善，不如是其甚也。”（顾颉刚《古史辨·纣恶七十事发生的次第》）

【注解】

注一 据下面各说，足证桀与汤，非真有君臣关系。

1.《书·汤誓篇》曰：“率割夏邑。”桀之为恶，仅于夏邑而止。可知其势力，并不及于天下，而夏商之关系，不过如大国与小国而已，非真有君臣之关系。（《崔东壁集·商考信录》）

2. 孔甲既衰，诸侯复叛，韦顾、昆吾迭起，夏之在天下，若一大国焉，但一二弱小诸侯，畏其威耳。是以汤之受球受共，伐韦伐顾，安然行之而无疑，桀亦听之而不复怪，足知汤非臣属于桀。（同上）

注二 商都累迁如下：

仲丁迁于嚣（河南河阴县），河亶迁于相（河南安阳县），祖乙迁于耿（山西河津县），祖乙又迁于邢（河北邢台县），盘庚迁于殷（河南偃师县），武乙迁于朝歌（河南淇县）。（樱井时太郎《东洋历史集》卷上第九章附表）

备 考

(1) 商子姓，传二十八王，六百四十四祀，为周所灭，其世系如下：

(一) 成汤履—(二) 太宗太甲—(三) 沃丁—(四) 太庚—(五) 小甲—(六) 雍己—(七) 中宗太戊—(八) 仲丁—(九) 外壬—(一〇) 河亶甲—(一一) 祖乙—(一二) 祖辛—(一三) 沃甲—(一四) 祖丁—(一五) 南庚—(一六) 阳甲—(一七) 盘庚—(一八) 小辛—(一九) 小乙—(二〇) 高宗武丁—(二一) 祖庚—(二二) 祖甲—(二三) 廪辛—(二四) 庚丁—(二五) 武乙—(二六) 太丁—(二七) 帝乙—(二八) 帝辛

(2) 夏代君位传子，商则传弟，此为古今之创例。(王国维《观堂集林》)

(3) 商代史料，有《书经》内《商书》之《盘庚》，《高宗肜日》，《西伯戡黎》，《微子》四篇，是同时代之记载。且前清光绪初年，河南安阳县西五里小屯地中，发现殷墟书契，可证其史事，非常可靠，自非商以前之史事，皆凭后人传说者可比。(陆懋德《中国上古史讲义》第七章)

(4) 汤之远祖契封于商，故国号曰商。至盘庚迁于殷，始改国号为殷。(《书·盘庚篇》)

三、周（西周）之事略

A 周家谋商

a 太王翦商——“后稷之孙，实维太王，居岐之阳，实始翦商。”(《诗·鲁颂》) 据此，则周室谋商，已非一日。

b 文王并诸侯——文王谋商益急，兼并商之诸侯，如密须，耆邗，崇黎等，已三分天下有其二。(《左传·昭公十五年》及《尚书大传》)

c 武王伐纣——武王用周公阴谋，（注一）使周公盟膠鬲，召公盟微子，乃率庸、蜀、羌、髳、微卢、彭濮诸西方民族伐纣，商师倒戈，纣自焚而死。(《逸周书·窹儆解》及《吕览》)

B 周公执政

a 原因——武王崩，成王冲龄践祚，周公乃履天子位，执行朝政。(注二)

b 结果——三监（管叔、蔡叔、霍叔）谓周公将不利于孺子，挟武庚（纣之子）作乱，并率淮夷反周，周公东征三年，诛管叔，杀武庚，放蔡叔，徙殷遗民于洛邑，大乱乃平。及成王七年，周公归政。(《书·序》、《左传·

定公四年》及《史记·宋微子世家》）

C 民众革命——厉王好利，以夷荣公为卿，国人谤王，王得卫巫，使监谤者，以告，则杀之，国人莫敢言，道路以目。三年，乃流王于彘（山西霍县）。此为我国民众革命史上之新纪录。（《国语·周语》）（按：汤武征诛，为贵族革命，此为平民革命。）

D 宣王中兴

a 共伯和摄政——厉王出奔于彘十三年，共伯和摄行天子之事，号曰共和。（《史记·周本纪》谓周召二公摄政，号曰共和。）（《竹书纪年》）

b 宣王即位——共和十四年，厉王死于彘，太子静即位，是为宣王。（《史记·周本纪》）

c 宣王之治绩——宣王修政，法文、武、成康遗风，诸侯复宗周。时四夷抗命，乃令秦仲伐西戎，尹吉甫伐𤞤狁，方叔征荆蛮，召虎伐淮夷，且亲率六军伐徐戎，皆告捷，周之威令，远播四方，周朝乃中兴。（《诗·小雅》）

E 周室东迁

a 犬戎作乱——幽王宠褒姒，举烽火以取其笑后，立为后，其子伯服立为太子，而废太子宜臼，太子奔申，王欲杀之，以求于申，申侯怒，与西夷犬戎攻幽王，王举烽火，而诸侯莫至，遂杀幽王于骊山之下。（《史记·周本纪》）

b 平王东迁——幽王未死前，申侯、鲁侯立宜臼为平王，及幽王死，郑武公会晋卫之师迎立平王，王迫于戎狄，迁都洛邑，史称为东周，亦即春秋之始。（同上）

【注解】

注一“王告儆，周公旦曰，呜呼，谋泄哉，今朕寤有商惊予。”（《逸周书·寤儆解》）足知武王伐纣，实阴谋多端，所以周公有谋泄之叹。

注二 据下列各书所说，周公实已即位称王。非仅如世传之摄政而已也。

1.《礼记》谓：周公践天子之位，又朝诸侯于明堂，负斧依南乡而立。

2.《韩诗》谓：周公履天子之位，听天子之政。

3.《荀子》谓：周公履天子之籍，听天下之断，负扆而坐。

4.《论衡》引据《尚书》谓：周公居摄，带天子之组，戴天子之冠。

备　考

（1）周姓姬，传十二王，三百五十一年，为犬戎所迫，迁都洛邑，称为东周。今将西周之世系列于下：

（一）武王发—（二）成王涌—（三）康王钊—（四）昭王瑕—（五）穆王蒲—（六）共王繄扈—（七）懿王囏—（八）孝王辟方—（九）夷王燮—（一〇）厉王胡—（一一）宣王靖—（一二）幽王湦

（2）周朝君位传嫡，开后世君位相传之定制。（王国维《观堂集林》）（按：自古代至周，君位相传凡四变，①上古至夏为传贤，②夏传子，③商传弟，④周传嫡。）

第二节　三代之制度

A 官制

a 中央官

夏

（1）三公——调阴阳

（2）九卿——通寒暑

（3）二十七大夫——知人事

（4）八十一元士——士去其私（《礼记·王制》）

商

（1）二相——左相，右相。

（2）六太——太宰，太宗，太史，太祝，太士，太卜。

（3）五官——司徒，司马，司空，司士，司寇。

（4）六府——司土，司木，司水，司草，司器，司货。

（5）六工——土工，金工，石工，木工，兽工，草工。（《礼记·曲礼下》）

周

（1）三公

太师、太傅、太保

论道经邦，燮理阴阳。

（2）三孤

少师、少傅、少保

贰公弘化，寅亮天地，弼辅天子。

（3）六官

天官大冢宰——掌邦治

地官大司徒——掌邦教

春官大宗伯——掌邦礼

夏官大司马——掌军旅

秋官大司寇——掌邦禁

冬官大司空——掌邦土

b 地方官

（1）闾胥——二十五家为闾

（2）旅师——百家为旅

（3）党正——五百家为党

（4）州长——二千五百家为州

（5）乡大夫——万二千五百家为乡

（地方官夏商史书不详，此为周制）（以上参考《周礼》）

B 田制

a 籍田——即天子躬耕之田。周制，孟春之月，天子率公卿诸侯大夫，躬耕籍田千亩于南郊，冕而朱紘，躬秉耒，天子三推，三公五推，卿诸侯九推，庶人终亩。（《礼记·祭义·月令》）

b 井田

（1）夏一夫受田五十亩，惟行暘耕制度，故有不易之上田，一易之中田，再易之下田三等。（注一）

（2）商一夫受田七十亩，八家共耕公田七十亩，以所获入公家。（《朱子集注》）

（3）周一夫受田百亩，余夫二十五亩。（注二）

c 禄田——夏制，天子之官，咸有禄田，三公之田视公侯，卿视伯，大夫视子男，元士视附庸。商代则有圭田，以厚贤者。（《礼记·王制》及沈彤《周礼·禄田考》）

C 赋税

a 粟米之征——夏五十而贡，商七十而助，周百亩而彻，皆什一之税。民耕百亩，彻取十亩为赋，此即粟米之征。

b 布缕之征——周时调取民间绢布，盛之以篚，谓之布缕之征。

c 力役之征——国家修城郭，筑宫室，浚沟渠，平道路等事，于农隙时，

征调人民任之。谓之力役之征。(岁不过三日)(《孟子·尽心下》)

D 兵制

a 征调法

(1) 周制八家为井，四井为邑，四邑为丘，丘十六井，出戎马一匹，牛三头。

(2) 四丘为甸，六十四井，出长轂一乘，戎马四匹，牛十二头，甲士三人，步卒七十二人。(鲁成公元年作丘甲，杜预注)

b 编制法

(1) 军额

王——六军（七万五千人）

大国（上公）——三军（三万七千五百人）

次国（侯伯）——二军（二万五千人）

小国（子男）——一军（一万二千五百人）

(2) 部队

军之下有师（二千五百人）

师之下有旅（五百人）

旅之下有卒（百人）

卒之下有两（二十五人）

两之下有伍（五人）

(3) 长官

军有军将

师有师帅

旅有旅帅

卒有卒长

两有两司马

伍有伍长

(以上参考《通考·兵考》,《成周兵制图》及《汉书·刑法志》)

c 训练法

(1) 春蒐——古时寓兵于农，农隙以讲事，春蒐以择取禽兽之不孕也。

(2) 夏苗——夏猎曰苗，盖以除禽兽为苗害也。

(3) 秋猕——猕，杀也，秋猎，以取杀为名以顺阴气。

(4) 冬狩——冬物毕成，获而取之，无所择焉。（以上参考《左传·隐

公五年》)

E 刑法

a 刑名

(1) 主刑——墨，劓，剕，宫，大辟。

(2) 从刑——髡，刵，桎梏，徒，赎。

(3) 罚作——有嘉石以平罢民，有圜土以聚教罢民。

(4) 宥恕——老者，幼者，愚者。

(5) 轻减——不识者，过失者，遗忘者。

(6) 优待——王族有爵者，及妇人，皆不刑于市朝，命夫命妇不躬蒞狱讼，贵者议，亲者议。(以上参考《周礼·秋官》)

b 审判法

(1) 以五声听讼

辞听——观其出言，不直则烦。

色听——观其颜色，不直则赧。

气听——观其气息，不直则喘。

耳听——观其听聆，不直则惑。

目听——观其眸子，不直则眊然。(《周礼·秋官·司寇》)

(2) 以三刺断狱

讯群臣、讯群史、讯万民

三讯定罪，然后杀之。(同上)

F 封建

a 起源

(1) 旧部落——《史记》曰："武王克殷，广封先王之后。"可知周初定天下，旧时部落尚存，不得不分封之。故柳子厚曰："封建，非圣人意也，势也。"三代之世，莫不皆然。(《通考·封建考》)

(2) 新封建——《左传》曰："周公吊二叔之不咸，乃众建亲贤，以屏藩周。"足证至周，新封许多亲贵为诸侯。(按：封兄弟之国十五人，以周公旦为之首；同姓之国四十人，以召公奭为之首；异姓之国二十人，以师尚父为之首。)

b 等级

(1) 公——封地方百里。

(2) 侯——同上。

（3）伯——封地方七十里。

（4）子——封地方五十里。

（5）男——同上。

（6）附庸——封地不及五十里，不达于天子，附于诸侯。（以上参考《孟子·万章篇》）

c 利弊

（1）利

传播文化——①能将周室文化，分布于各地；②能将文化低之异族，同化于周民。（注三）（梁任公《先秦政治思想史》第五章）

开拓土地——例如①宣王封申伯于谢（今河南南阳县），而谢土初辟，文物未具，召公为之平原隰，彻土田。（注四）②又封弟桓公友于郑（新河南?新郑），郑土犹多草莱，友斩蓬蒿藜藿，以事开辟。（注五）观此，则燕，齐，晋，楚之初封，可想而知。是则中国国土之扩大，封建亦与有力焉。

（2）弊——按诸侯纷立，一旦王灵不及，即成割据纷争之局。周之亡者因此，后世如汉七国之乱，晋八王之乱，亦因此。其流毒后世殊非浅鲜。

G 货币

a 黄白赤三金——夏商之币金为三品，或黄或白或赤。（《通考·钱币考》）

b 九府圆法——太公为周立九府圆法，黄金方寸而重一斤，钱圆函方，轻重以铢。（《汉书·食货志》）

c 宝货大钱——周景王铸大钱，文曰宝货，（《国语·周语》）自此货币流通，储藏容易，社会上乃有资本主义之发生。（梁任公《先秦政治思想史》第八章）

【注解】

注一“场暘古通，穀田不耕，则废为场。”（《说文》）凡岁耕种者为不易上田，休一岁为一易中田，休二岁为再易下田。（《前汉书·食货志》）

注二 据《孟子》说，方里为井，井九百亩，其中为公田，八家皆私百亩，同养公田。又《通考·田赋考》谓：公田百亩，其中画出二十亩，为八家田舍，树桑拓种葱韭，一家各得二亩半，所谓五亩之宅，二亩半在田也。八家共耕八十亩，是为什一之税。民年二十受田，六十归田。七十以上，上所养也，十岁以下，上所长也。

注三 周公子伯禽初受封于鲁，三年而后报政周公，周公曰：“何迟也?”伯禽曰：“变其俗，革其礼，丧三年，然后除之，故迟。”可证封建之主，对于文化较低之异族，有变俗革礼之功。（《史记·鲁周公世家》）

注四《诗·大雅·崧高》“亹亹申伯，……于邑于谢，南国是式，王命召伯，定申伯之宅，……彻申伯土田。”又《小雅·黍苗》“……原隰既平，泉流既清，召伯有成，王心则宁。”即指此事。

注五《左传·昭公十六年》，子产曰：“昔我先君桓公与商人，皆出自周，庸次比耦，以艾杀此地，斩之蓬蒿藜藋而共处之。……”足为郑之初封，遍地草莱之证。

备　考

(1) 孔子曰：“殷因于夏礼，周因于殷礼。”可知三代制度，颇多因革。例如封建赋税等制度，三代相因为用，惟兵制、刑法、地方官等，则周代多所改变，或与夏商不同，或为夏商所无。

(2) 按三代制度，夏商多不详，盖以文献不足之故。周之文献，固然不少，然似过于铺张扬厉，言过其实，未免令人对于周之制度，发生怀疑之处。

第三节　三代之文化

A 学校

a 名称

(1) 大学

夏——东序

商——右学

周——在京师曰辟雍，诸侯曰頖宫。

(2) 中小学

夏——小学曰西序，又立学于乡曰校。(中学)

商——小学曰左学，又立学于州曰序。(中学)

周

闾有塾。

党有庠。

州有序。

b 学科

(1) 中学（庠）以上——教以礼，乐，射，御，书，数等科，旁及格物致知诚意修身齐家治国平天下之要道。

(2) 中学以下——课以家室长幼之序，洒扫应对之节，及孝，悌，谨，信，爱众，亲仁，文字诸科。(以上参考《礼记·王制》)

c 学年

(1) 六年（学者之年龄）教以数与方名。

(2) 九年教以数术。

(3) 十年学书计，期夕学幼仪。

(4) 十三年学乐诵诗，舞勺，成童舞象（勺用签象用干戈），又学射御。

(5) 二十年学礼，惇行孝弟。

(6) 三十年博学无方。(以上参考《礼记·内则》)

d 选举

(1) 选士——乡论秀士，升于司徒，曰选士。

(2) 俊士——司徒论选士之秀者，而升于学，曰俊士。

(3) 造士——升于司徒，不征于乡，及升于学，不征于司徒，曰造士。

(4) 进士——大乐正论造士之秀者，以告于王，而升诸司马，曰进士。

(5) 爵禄——司马辩论官材，以告于王而定其论，然后官之，爵之，禄之。(以上参考《礼记·王制》)

附：教育宗旨——《礼记·学记》说："君子知至学之难易，而知其美恶，然后能博喻；能博喻，然后能为师；能为师，然后能为君，故师也者，所以学为君也。"又曰："凡学，官先事，士先志。"可知当时教育宗旨，乃在培养升官发财之人才而已。

B 礼教

a 礼之重要性——为君之大柄，以之治政，安君，为民坊。郑子产称之为天经地义，即如现今之法律。(注一)

b 丧葬

(1) 敛

复——人死，则一人升中屋，招以衣，三呼皋某复，此即古时招魂之典。(《礼记·礼运》)

沐浴——"始死必浴，迁尸于床。"(《礼记·丧大记》)

含饭——以玉或米，纳于死者口中。即所谓"饭于牖下"也。(《礼记·檀弓上》)

小敛——三日而敛，小敛（换与死者新衣）于户外。君用锦衾，大夫缟衾，士缁衾。

大敛——大敛（放尸于棺）于阼阶，再加布衾二（以上同上）

（2）葬

殡——“夏人殡于阼阶，殷人殡于两楹之间，周人殡于西阶之上。”（《白虎通》）

葬期——“天子七日而殡，七月而葬；诸侯五日而殡，五月而葬；士大夫三日而殡，三月而葬。”（《王制》）

棺椁——夏人用塈周，商人用棺椁，周人用翣。

明器——凡葬用明器，为涂车刍灵。

（古不合葬，墓而不坟，合葬及坟，自周始。）（以上参考《礼记·檀弓》）

（3）丧

制丧——亲丧三年，自天子至于庶人皆同。为天下之通丧。

方丧——君丧，一如亲丧三年。

心丧——师丧。（以上参考张亮采《中国风俗史》第三章）

（4）服

斩衰——父母之丧，著斩衰服二十五月，谓之三年之丧。

齐衰——祖父母伯叔父母昆弟之丧，著齐衰服十三月，谓之期丧。

大功——从父昆弟之丧，著大功服九月。

小功——再从昆弟外祖父母之丧，著小功服五月。

緦麻——三从昆弟之丧，著緦麻服三月。（以上参考《仪礼·丧服》）

c 婚冠

（1）婚

媒妁——婚姻为合二姓之好，上以事宗庙，下以继后世，必慎重将事，先由媒妁通言，若无媒妁，男女不相知名。惟此时上自君主，下至士人，皆行多妻制。（注二）

六礼

纳采——男家托贽物于媒氏，使纳于女家。

问名——女家接贽物表示承认意，则问女之名。

纳吉——男家卜之吉，则告于女家。

请期——媒氏告婚期于女家。

纳征——纳元纁十端，兽皮二枚于女家，为女身代价。

亲迎——男亲往女家迎其妇。（以上参考《礼记·曾子问》及《昏义》）

附： 婚姻期限男三十女二十合而为五十以适大衍之数。（《内则》）

（2）冠

资格——男子二十而冠，表示成人资格，其礼行于宗庙，父兄立于东阶，将冠者立于西阶，嫡子以醴礼之，庶子以酒醮之。

手续——冠凡三加，初加缁布冠，次加皮弁，再加爵弁。每次皆有祝辞，冠毕，则命之以字而不名，而冠者谒亲戚之长者，及乡大夫，乡先生，且升筵坐，以会宾客。（以上参考《礼记·曲礼》及《士冠礼》）

d 祭祀

（1）祭之要义——“国家大事，在祀与戎。”（《左传》）

“明乎郊社之礼，禘尝之义，治国如示诸掌。”（《论语》）。可知祀之重要，若祀礼不讲，必招讨伐。（注三）

（2）祭之对象

1. 祭天祭祖——“万物本乎天，人本乎祖”（《礼·郊·特牲篇》），祭天祭祖盖为追宗报本之义。

2. 祭司命，中霤，国门，国行，厉，户，灶，——“天子祀其七，诸侯祀其五，大夫祀其三，士祀其二，庶人祀其一”（《礼记·祭法篇》）。

3. 祭先烈——凡法施于民，以死勒事，以劳定国，能御大灾，能捍大患，能殖百穀，能平九土等，皆祀之。（《国语·鲁语》）

（3）祭之繁琐——当时每食必祭，不祭不敢食新。（《论语·乡党篇》及《礼·少仪》）

附： 商俗，生子以其日干为名，故凡祭先公先王，必以其人名之日祭之，例如祭祖甲，用甲日。（王国维《戬寿堂殷墟文字考释》）

C 美术

a 建筑——三代以前，皆以泥土为建筑，《古史考》谓夏代已用砖，此为建筑上之大进步。故《考工记》谓“夏用世室，殷用重屋，周用明堂。”而明堂之建筑，尤为宏大。（注四）

b 绘画——夏商绘画，多不可考。《周·地官》有掌管地图之吏，每画交龙熊虎鸟隼于旂旗，画虎于王宫之正门，画尧舜桀纣之象于明堂四门之墉，当时画家封膜为周君画筴，敬君为齐王画九重台，鲁公输班能写水神忖留之貌，极有名于世。（陈彬龢译《中国美术史》第三、四、五章）

c 音乐——周代音乐，列为学校必修科。当时士大夫，无不娴熟。至于乐器，殷墟甲骨，卜词，已有鼓声二字，周代乐器，见于《诗经》，则有箫，管，埙，箎，琴，瑟，钟，鼓，笙，簧，柷敔等，可证三代音乐之盛。（《礼记·乐记》，《殷墟书契》及《诗经》）

D 姓氏——姓者，生也，古人知有母而不知有父，故从生母以为姓，如姜，姬，姒等，盖以明世系而别种族也。氏者，犹家也，所以明贵贱而表家门，故周之王子及诸侯，多以国邑为氏。（注五）

E 文字——最初文字，即出于图画进而为象形字，再进而为指事字，谐声字，会意字，再进而为假借字，转注字，此即所谓六书。（注六）《周礼》谓：八岁入小学，保氏教以国子，先以六书，是周代已有六书。及周宣王史籀著大篆，颇与古文异，且周之钟鼎文亦较商之龟甲文为繁饰。（吕思勉《中国文字变迁考》第三章）

【注解】

注一 “礼也者，理之不可易者也。”（《礼记·乐记》）“礼者，君之大柄也，所以别嫌……所以治政安君也。”（《礼记·礼运》）“礼者，因人之情而为之节文，以为民坊者也。”（《礼记·坊记》）足见礼在当时之重要性。

注二 古代之一夫多妻制，表列如下：（《礼记·昏义》）

天子——一后，三夫人，九嫔，二十七世妇，八十一御妻。

诸侯——一夫人，二媵，六娣姪。

卿大夫——一妻，二妾。

士——一妻，一妾。

注三 古人崇拜神权，凡天子诸侯，祭祀不谨，必招天讨。例如汤征葛，武王伐纣，皆责以不祀。（《牧誓》及《孟子》）

注四 明堂之构造，据王国维《明堂寝庙通考》谓：四屋相对，中为太室，每室各有一堂一室，堂之左右为房，室之左右为个，是堂及左右共十二，室及左右，亦十二，总共二十四房个，非常宽大。

注五 周分封之诸侯及其后裔之氏，如下：

1. 以国为氏——如韩，赵，魏。

2. 以官为氏——如司马，司徒。

3. 以爵为氏——如王孙，公孙。

4. 以住地为氏——如西门，南宫。（顾亭林《日知录·姓及氏姓》与《潜夫论·志民姓》）

注六 指事者，视而可识，察而见意，上下是也。象形者，化成其物，随体诘诎，日月是也。象声者，以事为名，取譬相成，江河是也。会意者，比类合谊，以见指撝，武信是也。转注者，建类一首，同意相受，考老是也。假借者，本无其字，依声托事，令长是也。（《说文》）

第四节　三代之社会

A 奴隶

a 捕虏之奴——掠取降顺之敌人，以为奴隶，《说文》“臣”之一字，乃是稽颡肉袒屈服之象形字。故《周礼·秋官》有蛮隶，闽隶，夷隶，貉隶，此即捕虏之奴。

b 坐罪之奴——“其奴男子入罪隶，女子入于舂藁。”（《周礼·秋官·司寇》）所以童妾仆等字，皆从“辛”——罪字，可知古代奴隶，乃为坐罪之人（以上参考唐道海译《奴隶制度·附录·中国奴隶制度概说》）。

附： 按春秋以前无私奴，孔子之御，尚为弟子樊迟，此即一例证。

B 阶级

a 贵族

（1）王（天子）。

（2）诸侯：公，侯，伯，子，男共五等。

（3）大夫。

（4）士。

b 平民——庶人（皂，舆，隶，僚，仆，台共六等）。（注一）

c 待遇不平

（1）礼节上——“礼不下庶人”，可知宗庙，丧葬等，平民贵族，皆有不同。

（2）教育上——公卿之子弟，可入国学，庶人子弟，只能入乡学。

（3）刑法上——贵族犯罪，有宽宥之典（注二），且有“刑不上大夫”之明文保障。（以上散见《礼记》及《左传》）

附： 按“诸侯食贡，大夫食邑，士食田，庶人食力，工商食官，皂隶食职。”（《国语·晋语》）自士以上，皆有世禄，可称为贵族阶级，士以下无世禄，可称为平民阶级。

C 交通

a 门关之防——周代王城有门，诸侯与王畿之间有关，凡往来出入，必有节或传，无此，不得通过。故《周礼》谓："守邦国者用玉节，守都鄙者用角节。"此节传，即如今护照之类。(《周礼·地官·司关》)

b 旅行之备——旅客于路有标记，有保护，于客栈有宿食，有牧料，设备颇周。(注三)

c 邮递之法——"传命则有置邮"，"每五十里一置。"（《孟子·梁惠王篇》及《韩非子·难势篇》)

D 宗法

a 起源——起于周代立嗣必立嫡之制，嫡为大宗，庶为小宗。（陆懋德《中国上古史讲义》第十八章)

b 组织——"别子为祖，继别为宗，继祢为小宗。"（《礼记·丧服小记》)"凡大宗为百世不迁之宗，小宗为五世则迁之宗。"(《礼·大传》）其组织法，颇为井然。(注四)

c 影响——按我国国民今日，只有宗族观念，而无国族观念，皆受此宗法制度之影响。

E 习尚

a 普通的

(1) 跳舞娱乐——《竹书纪年》谓："夏桀之死，禁止歌舞。"想夏代跳舞，必极盛行。商代有"万舞"，《商颂》谓"庸敦有斁，万舞有奕"；又"恒舞于宫，酣歌于室"；尤知商民，对于跳舞之兴趣。周定跳舞为学校必修科，《礼记·内则》谓："十三学舞勺，成童舞象。"则当时之注重跳舞，似为古今所未有。(陈文波《中国古代跳舞史》,《清华学报》第二卷第一期)

(2) 祭神大会——古人每年十二月，举行大祭一次，夏曰清祀，殷曰嘉平，周曰腊。每次举行，国人若狂，此为岁十二月，合聚万物而祭其神之礼。(《礼运》郑注及《礼·郊·特牲篇》)

(3) 祭祀用尸——古无画像设像之俗，祭祖必用尸以代神灵，而尸必用孙。(《礼记·曾子问篇》及《礼器篇》)

b 个别的

(1) 民之性质不同——夏尚忠，殷尚质，周尚文。(《史记·高祖本纪》)

(2) 色之好尚不同——夏后氏尚黑，殷人尚白，周人尚赤。（《礼记·檀弓》)

(3) 商人信鬼——商人信鬼，每事必卜。卜筮在政治舞台，极占势力。(注五)

F 乡饮——周制，每三年集一乡之人而礼饮，乡大夫为主人，乡父老为宾客，凡年六十者坐，五十者立，六十者三豆，七十者四豆，八十者五豆。盖以尊贤养老，以明长幼之序，每于十月行之，饮酒以后，继之以射，亦为社会行乐之一种。(《礼记·乡饮·酒义》及《射义》)

G 工业——商代工业，已颇进步，有食器（鼎尊等），土木（舟车等），纺织（丝绵等），武器（弓矢等）。周代工业更成专门化，极其精工，有攻木之工，攻金之工，攻皮之工，设色之工。(《考工记》) 惟工人在社会上，地位极低，亦颇影响于工业之发展。(注六)

H 农业——三代农事技术，尚为幼稚，农具概为木石所制，其主者为耒与耜。大抵商人用耒，周人用耜，掘土甚浅。且无牛耕，(《山海经》谓“后稷之孙叔均始作牛耕”，信否特证。) 只用耦耕方法，以事播种，效率极低。(万国鼎《汉以前人口及土地利用之一斑》,《金陵学报》第一卷一期)

【注解】

注一《左传·昭公十年》芋尹无宇曰：“天有十日，人有十等，下所以事上，上所以共神也。故王臣公，公臣大夫，大夫臣士，士臣皂，皂臣舆，舆臣隶，隶臣僚，僚臣仆，仆臣台。”阶级极为森严。

注二 周代优待亲贵有功之人犯罪，共八条：

1. 议亲之辟，2. 议故之辟，3. 议贤之辟，4. 议能之辟，5. 议功之辟，6. 议贵之辟，7. 议勤之辟，8. 议宾之辟。(《周官·司寇》)

注三《周语·功引》谓：“列树以表道，立鄙食以守路，国有郊牧，疆有寓望，薮有圃草，圃有林池。”对于旅行之设备，颇为完善。

注四 大宗小宗图（《皇清经解续编》）

国

先君
- 嗣君　一世君　二世君　三世君　四世君　五世君　君君君君(以后不计世数)
- 别子
  - 一世继　二世宗　三世宗　四世宗　五世宗　宗宗宗宗　不迁
  - 支子祢　继　小　小　小　迁

宗

族

族　公子祢　继　小　小　小　迁

族　同上

族　同上

注五《书·洪范》曰：“汝则有大疑，谋及乃心，谋及卿士，谋及庶人，谋及卜筮。”又曰：“庶民从，龟从，筮从，汝则逆，卿士逆吉。”筮有议决之权，且比卿士之权还大。

注六 按《礼记·王制》：“凡执技以事上者，不贰事，不移官，出乡不与士齿。”又谓：“仕于家者，出乡不与士齿。”工士不平等，足见工人地位之低。

问 题

1. 古代井田之制如何，试述其大略。（师大一二年）①

2. 尧舜之禅让，周公之共和，与民国之共和政体为同为异，试晰言其义。（成都大学一四年）

3. 古者有田则赋之，有身则役之，及唐改为租庸调，然究竟事实上，有无异同？（师大一五年）

4. 上世之井田，中世之均田，其用意安在？其制度是否相同？（北大一五年）

5. 汤武革命，周召共和，其意义如何？与现时国情是否相合？（法大一七年）

6. 周代封建之制，最为明备，试就事实上证明其利弊。（中山大学一八年）

7. 封建制度在何时确定？何时废止？（东吴二〇年）

8. 中国上古史应以何时为历史时代？（清华一九年）

9. 试述三代之际，四夷杂居状况。（中山大学一九年）（参考下章）

10. 略述封建制度之利弊。（朝阳大学一九年）

---

① 中华民国一二年，即1923年。

第三章　春秋战国

（西历纪元前七七〇年至前二二二年，共五四八年）

第一节　春秋战国之事略

一、春秋之事略

A 周室衰微

a 原因

（1）内乱频仍——周自东迁后，有子颓之乱，叔带之乱，子朝之乱。最后又分为东周、西周，互争雄长。（注一）（孟世杰《先秦文化史》第八章）

（2）疆土日蹙——平王以岐（陕西凤翔）丰之地与秦，虎牢（河南汜水县西）与郑，酒泉（河南渑池）与虢。襄王再以温（河南温县）、原（河南济源）数邑与晋，所余只有河南（王城），洛阳，穀城（在今洛阳西北），平阴（在今孟津东），偃师（河南偃师），巩（河南巩县），缑氏（在今偃师县南）七城而已。（《读史方舆纪要》）

b 结果

（1）诸侯各自为政——例如桓王十年，宋有内乱，殇公被杀，其子自郑入，立为庄公，同宗懿亲之鲁侯，乃会齐侯、陈侯、郑伯以平宋乱，承认庄公为君，周之威令，殆已扫地无余。（《东洋历史集成》卷上第一五章七六节）

（2）诸侯凌侮周室——1. 桓王任虢公为卿，郑庄公怒，发兵取温之麦，及成周之禾，王伐之，反为所败。2. 楚庄王伐陆浑之戎，遂至于洛，使人问鼎之大小轻重，目无天子。（《左传·隐公三年》及《宣公三年》）

B 诸侯强大

a 叠起为霸

（1）伯者之标榜

1. 尊周——“周道虽衰，天命未改。”（《左传·宣公三年》）

2. 攘夷——“夷狄交侵，中国不绝如缕。”（《公羊传·僖公四年》）

3. 伐楚——“楚子问鼎中原”。（《左传·宣公三年》）

（2）五伯之成因

1. 齐桓公——伐楚，存三亡国，会诸侯于葵邱，定五命。（注二）（《左传·僖公四年》及《孟子》）

2. 晋文公——为周襄王平叔带之乱，破楚师于城濮（山东濮县南）。（《左传·僖公二十五年》及《二十八年》）

3. 宋襄公——定齐国五子争位之乱，惟伐楚，败绩于泓。（《左传·僖公二十三年》）

4. 秦穆公——伐戎，增国十二，开地千里，遂霸西戎。（《史记·秦本纪》）

5. 楚庄王——灭庸伐宋郑，伐陆浑之戎，问鼎于周，败晋军于河上，遂称霸。（《史记·楚世家》）

附：按前四者之霸，皆以尊周为标榜，称为尊王派。楚庄王则帝制自为，目无天子，其后吴越崛起，称霸一时，然亦庄王之流，称为非尊王派。

b 互相攻伐

（1）齐楚——召陵（河南郾城）之役（讲和）。（《左传·僖公四年》）

（2）晋楚

城濮（山东濮县）之战（晋胜）。（《左传·僖公二十八年》）

邲（河南郑县）之战（楚胜）。（《左传·宣公十二年》）

鄢陵（河南鄢陵）之战（晋胜）。（《左传·成公十六年》）

（3）晋秦

韩原（陕南韩城）之战（秦胜）。

殽函（河南洛甯）之战（晋胜）。

王官（山西虞乡）之役（秦胜）。（以上参考《左传·成公十三年》）

（4）晋齐——鞍（山东历城）之战（晋胜）。（《左传·成公二年》）

（5）吴楚——柏举（湖北麻城）之战（吴胜）。（《国语·吴语》）

（6）吴齐——艾陵（山东泰安）之战（吴胜）。（同上）

（7）吴越

檇李（浙江嘉兴）之战（越胜）。

夫椒（在太湖中）之战（吴胜）。

姑苏（江苏吴县）之战（越胜）。（以上参考《国语·吴语》及《越语》）

c 兼弱攻昧

（1）齐——并纪，郕，谭，遂，鄣，阳，莱七国。

（2）晋——并虢，耿，霍，魏，虞，陆浑，潞氏，甲氏，留吁，铎辰，偪阳，焦，杨，韩，肥，鼓十六国。

（3）秦——并梁，滑，都三国。

（4）吴——并来州，徐，巢三国。

（5）楚——并陈，蔡，权，申，邓息，弦黄，唐顿等，二十一国。

（6）宋——并宿，曹二国。（以上参考顾栋高《春秋大事表》）

C 国际公法

a 平时

（1）朝聘——凡君主即位，小国来朝，大国来聘。（《左传·襄公元年》）

（2）吊灾——例如宋大水，鲁使人吊之。（《左传·襄公十一年》）

（3）吊寇——僖公三十三年，鲁侯至齐，吊其遭狄寇。（《左传》）

（4）告变——国内有变，告于邻国，例如晋杀太子申生，以告于鲁。（《左传·僖公五年》）

（5）报伐——兴兵征伐，先通知邻，例如晋伐郯，先报告鲁国。（《左传·成公八年》）

（6）捕罪——罪人逃入邻国，邻国有捕缉之责。（《左传·宣公十九年》）

b 战时

（1）不害使臣——两国因战争而发生交涉事件，不得加害于使臣。

（2）不伐君丧——不得乘丧伐人，闻丧必退师。例如襄公十九年，晋士匄侵齐，及穀，闻丧而还。

（3）不害国君——两国发生战争，君虽被虏，不得加害。

（4）交换俘虏——两国俘虏，常互相交换。

（5）不伐内乱——闻敌国内乱，不得乘机伐之。例如昭公二十七年，楚伐，吴闻乱即退师。（以上参考新见吉治《春秋时代国际公法》，《史学杂志》第十二编第八，九号）

D 和平运动

a 弭兵运动

（1）提倡者——宋人向戌善于赵文子，及令尹子木。时晋楚最强，二子适居晋楚要职，乃联络为弭兵运动，以消除此杀人盈野盈城之战争。

（2）赞成者——向戌先说晋，晋侯从之。说楚，楚亦从之。最后秦齐又赞成之，遂共盟于宋。

（3）结果——当盟誓时秦晋，不交相见，邾滕为私属，咸不与盟。与盟者，仅有十国，而晋楚又互挟小诸侯以自重，鲁宋卫曹从晋，成为一派，陈蔡郑许从楚，成为一派，互争盟主。后晋退让，乃草草完事。故此运动，皆无良好结果，不过空留历史上之美名而已。（以上参考《左传·襄公二十七年》）

b 统一运动

（1）孔子之大一统——《春秋》第一句曰："元年，春，王，正月。"《公羊传》云："何言乎王正月，大一统也。"《春秋》之微言大义，分三世，一据乱世，二升平世，三太平世。太平世，天下远近，大小若一，夷狄进至于爵，可知孔子之学术思想，皆以大同世界为目的。（注三）

（2）老子之观天下——老子常以"以天下观天下"，"以无事观天下"，"抱一为天下式"为言。皆无国家观念，而从事于统一运动。

（3）墨子之一天下——墨子尝曰："视人之国，若视其国"，"天子一同天下之义。"且劝人兼爱，无存此疆彼界之见，则其欲谋世界大同，更为明显。（以上参考梁任公《先秦政治思想史》第十七章）

E 夷狄滑夏

a 原因

（1）生活压迫——按游牧民族，以物质缺乏，为生活所迫，侵略农业民族，为古今中外之通例。中国自春秋以后，屡受北狄南侵，此即为重要原因。

（2）杂居内地——夷狄杂居内地，实为心腹之患。当时山西杂居廧，咎如蒲；陕西杂居白狄，骊戎；河南杂居戎，蛮，陆浑之戎；河北杂居鲜虞，无终；山东则有长狄及戎；一旦华夏势弱，随时随地，皆可起而作乱。（《读史方舆纪要》）

b 事实

（1）犬戎东侵——周平王封秦襄公为诸侯，赐之岐以西之地，曰："戎无道，侵我岐丰之地，秦能攻逐戎，即有其地。"此为犬戎东侵之例。（《史记·秦本纪》）

（2）北狄南犯——狄人南下侵冀，攻黎（山西黎城县），黎侯弃国奔卫，遂侵卫灭之；复伐邢（河北邢台），覆其都，最后又灭温，侵晋，取狐厨、受

铎、昆都数邑，同时山戎亦南犯，攻略燕地。(《左传·闵公》)

(3) 东夷作乱——莱夷数以兵戎，与齐相见，淮夷杂居宋鲁郯杞之间，常病杞谋周，且迫郯杞夷化，观“杞桓公来朝，用夷礼”。即其明证。(《左传·僖公十三年》)

附： 华人借戎狄兵力，以从事战争者，亦数见不鲜：

(1) 僖公十一年，王子带召伊雒扬拒泉皋之戎，以入王城。

(2) 僖公二十四年，晋及姜戎，败秦师于殽。

(3) 僖公三十三年，先縠召赤狄伐晋。(《左传·僖公》)

c 结果

(1) 华人发生民族思想——“南夷与北狄交侵，中国之不绝也如缕。”(《公羊传》) 华人感异族侵害之危险，联络本族以谋抵抗，自是当务之急，故霸者必以攘夷为要务，观管仲之不死公子纠，而能攘夷，孔子尚以仁称之，即可概见。(《左传》及《论语》)

(2) 夷狄渐习华化

1. 称中国爵号——例如骊戎以男称，陆浑、姜戎、无终等以子称。(《左传·庄公二十八年》)

2. 用中国官制——官制有相，如狄之酆舒，鼓之风沙厘。(《晋语八》韦注)

3. 称中国姓氏——鲜虞、骊戎为姬姓，鼓为祁姓。(顾栋高《春秋大事表》)

4. 与中国通婚——汉族嫁女于戎狄，如潞子婴儿，以晋景公之姊为夫人，而晋献公文公，皆取戎女为妻妾，此为戎狄嫁女于中国之例。(《左传·宣公十五年》及《庄公二十三年》)

5. 习中国文字——范宣公将执戎子驹支，驹支赋《青蝇》而退，此为通汉文之证。(《左传·襄公十四年》)

附：《左传》称诸戎“饮食衣服，不与华同，贽币不通，言语不达”。此为狄华风俗不同之一斑。(《左传·襄公十四年》)

【注解】

注一 东周、西周之名前后凡三变：最初之东西周，是以镐京与洛邑相对而言；自平王东迁，至敬王再迁都成周（在今洛阳县东北），所谓东西周，是以成周与洛邑（在今洛阳县西北）相对而言；及考王封其弟桓公于洛邑，桓公之孙惠公，又别封少子班于巩，所谓东西周，又以洛邑与巩相对而言。

(《读史方舆纪要》)

注二 “初命曰诛不孝，无易树子，无以妾为妻。再命曰尊贤育才，以彰有德。三命曰敬老慈幼，无忘宾旅。四命曰士无世官，官事无摄，取士必得，无专杀大夫。五命曰无曲防，无过籴，无有封而不告。”(《孟子·告子篇》)

注三 孔子之大同主义，即《礼记》所说：“大道之行也，天下为公，选贤与能，讲信修睦。故人不独亲其亲，不独子其子，使老有所终，壮有所用，幼有所长，鳏寡孤独废疾者，皆有所养。男有分，女有归，货恶其弃于地也，不必藏诸己；力恶其不出于身也，不必为己。是故谋闭而不兴，盗窃乱贼而不作，故外户而不闭，是谓大同。”(《礼记·礼运篇》)

备　考

(1) 春秋之世，东周凡一十九王，三百四十八年。即（一）平王—（二）桓王—（三）庄王—（四）僖王—（五）惠王—（六）襄王—（七）顷王—（八）匡王—（九）定王—（一〇）简王—（一一）灵王—（一二）景王—（一三）悼王—（一四）敬王—（一五）元王—（一六）贞王—（一七）哀王—（一八）思王—（一九）考王

(2) 春秋之局势，凡三变：隐桓之后，政权在诸侯；僖文之后，政权在大夫；定哀之后，政权在陪臣。(《东洋历史集成》卷上第一四章)

(3) 春秋时较大之国，为晋，楚，齐，秦，鲁，卫，郑，宋，燕，曹，陈，蔡等十二国。吴越二国，乃其后起者。兹将各国之初封者及国都，列于下：

鲁为周公子伯禽，封地在今山东曲阜县。

晋为武王子叔虞，封地在今山西太原县。

楚为熊绎，封地春秋时都郢，在今湖北江陵县。

齐为太公望，封地在今山东临淄县。

秦为非子，封地在今甘肃天水县。

卫为武王少弟康叔，封地在今河南淇县东北。

郑为厉王子友，封地在今陕西华县。

宋为微子启，封地在今河南商邱县。

燕为召公奭，封地在今北平大兴县。

曹为武王弟叔振铎，封地在今山东定陶县。

陈为舜后胡公，封地在今河南陈县。

蔡为武王弟叔度，封地在今河南上蔡县。

吴为太伯，封地在今江苏无锡县东南三十里。

越为夏氏之后，封地在今江浙会稽县。（以上参考陆懋德《中国上古史讲义》第十三章）

二、战国之事略

A 七雄之角逐

a 三卿之分晋——晋初有六卿，至春秋末，范氏、中行氏、知伯氏，相继灭亡，所存者惟魏氏、赵氏、韩氏。周威烈王二十三年，三氏共分晋地，王乃命魏斯、韩虔、赵籍列为诸侯。（《战国策》魏策赵策韩策）

b 田氏之篡齐——陈国厉公之子田完，以国乱奔齐，为大夫，至田无宇树恩于民（注一），民心归之，乃弑景公太子荼而立景公子阳生，自为宰相，再传至田和，魏文侯为请于周，得立为诸侯，齐姜遂不祀。（《战国策·齐策》）

c 兼并之结果——春秋时诸侯之国十二，以分合兼并之结果，只余秦、楚、燕、齐、韩、赵、魏七国。（注二）

B 秦孝公之变法

a 原因

（1）秦自穆公后，国内多乱，久不争霸中原，晋且乘隙西侵，取河西之地，秦之积弱，已非一日。

（2）秦自穆公后，闭关自守，时关东诸侯，竞尚功利，以攻伐为贤，秦欲逐鹿中原，非变法不可。

（3）楚魏与秦接境，魏筑长城，北有上郡，楚自汉中，南有巴黔中，皆以夷狄视秦，不与中国诸侯同盟，孝公观察环境，非变法不足可强秦，乃用卫之庶公子鞅为左庶长，定变法之令。（以上参考《东洋历史集成》卷上第二七章一三一——一三二两节）

b 事实

（1）变井田——三代井田制，至此疆界慢乱，难以实行，秦乃废之，开阡陌，与民以产业自由，听民占田，世为永业，务使地尽为田，田皆出税。

（2）辟土田——秦以地广人寡，三晋地狭人稠，乃使晋人入秦，辟地耕种，务使地尽其利，人无废职。

（3）督耕稼——使大小僇力本业，民有二男以上，不分异者，倍其赋，致粟帛多者免役，事工商末利及怠而贫者，没为奴婢。

（4）行保甲——五家为保，十家为连，一家有罪，九家连坐，告奸者，与斩敌首同赏。不告奸者腰斩，匿奸者与降敌同罚，诛其身而没其家。

（5）定兵制——行全国皆兵之制，分军为三，壮男为一军，壮女为一军，老弱为一军，壮男之军，使盛食厉兵，陈而待敌，壮女之军，使盛食负垒，陈而待令。此制固为周以来之征兵制，亦与欧美今日军国民之义相似。（以上参考《史记·商君传》）

c 结果——“行之十年，山无盗贼，家给人足，国以富强。”（同上）

C 边地之开拓

a 云南之开辟——楚威王遣庄跻略取巴蜀以西，至于滇池，地方三百里，旁及肥饶平地三千里。此为云南归入中国版图之始。（《史记·西南夷列传》）

b 甘肃之兼并——秦惠王尝伐义渠，拔三十五城，拓地至今甘肃之地。（《汉书·匈奴传》）

c 绥远之内属——赵武灵王以屡被胡害，乃教民胡服骑射，北伐胡虏，略地自代、云中以至九原，包有今绥远之地。（同上）

d 满洲西南之开拓——燕将秦开尝袭东胡，东胡却地千里，燕拓地至今满洲之西南。（同上）

附：按开辟土地，于汉族文化之传播，经济之发展，大有关系。

D 贵民主义——君王连年战争，草菅人命，使父兄不相见，兄弟妻子离散，孟子乃本“民为邦本”之义，提倡“贵民主义”，尝曰：“民为贵，君为轻，社稷次之”，此与今日民有，民治，民享之义，实相吻合。（《孟子·尽心下》）

E 秦之统一

a 原因

（1）秦国方面

1. 地势险固——秦据崤函之险，拥雍州之固，四塞之国，地势险固，进足以攻，退足以守。（《战国策·秦策》）

2. 利用客卿——孝公用卫人公孙鞅变法强秦，惠王用魏人张仪定连衡策，使六国事秦，昭王用范雎强公室，杜私门，蚕食诸侯。（李斯《谏逐客书》）

3. 吏治修明——“其百姓朴，其声乐不流汙，其服不佻，甚畏有司，而顺古之民也，其百吏肃然莫不恭俭，敦敬忠信而不楛，古之吏也。”（《荀子·强国篇》）

（2）六国方面

1. 地不如秦之大。

2. 民不如秦之众。

3. 金钱粟不如秦之富。

4. 国不如秦之治。

5. 相不如秦之贤。

6. 将不如秦之武。

7. 律令不如秦之明（司空马与赵王之问答）。（参考《战国策·秦策》）

附：张仪见楚王亦说："秦地半天下，兵敌四国，……虎贲之士百余万，车千乘，骑万匹，粟如丘山，法令既明，士卒安难乐死。"可知赵王所言，自是实情。（同上）

b 经过

（1）灭东西周——昭王五十一年，赧王献邑于秦。越五年，复灭东周，迁惠公于阳人，周室遂不祀。

（2）灭韩赵——秦王政十七年，内史胜灭韩，虏其王安。十九年王剪伐赵，灭之，虏其王迁。

（3）灭燕——二十一年，燕太子丹怨秦王政，使荆轲刺之不中，政乃令王剪攻燕，围蓟拔之，燕王喜出奔辽东，斩太子丹以献于秦，二十五年，王贲再伐燕，虏其喜燕。

（4）灭楚——二十四年，遣王剪以兵六十万伐楚，大破楚军，杀其将项燕，虏其王负刍，楚亡。

（5）灭魏——二十二年，王剪之子贲率师伐魏，引河沟以灌其城，魏王降，杀之，魏亡。

（6）灭齐——秦王政二十六年，王贲袭齐，突入临淄，齐王建出降，秦徙之于共（河南道辉），处之松柏之间，后饿死。（以上参考《史记·始皇本纪》）

附：秦未灭之国二，卫至二世始灭之，以其小而不遽加以诛夷也。越始终存在，至汉武帝始灭，则以其远而不欲灭之也。（顾亭林《日知录》）

c 影响——按秦并吞六国后，废封建为郡县，实行中央集权，为中国政治组织，开一新纪元，传至今日，中央集权制，尤为国人一致拥护，可见秦之统一，于历史上之价值，实极重大。

【注解】

注一　田氏树恩惠，以结齐民，上之请爵禄行诸大臣，下之私大斗斛区釜以出货，小斗斛区釜以收之，杀一牛，取一豆肉，余以食士，终岁布帛，取二制焉，余以衣士。（晏子对齐景公语见《韩非子·外储说右上》）

注二 春秋战国兼并表

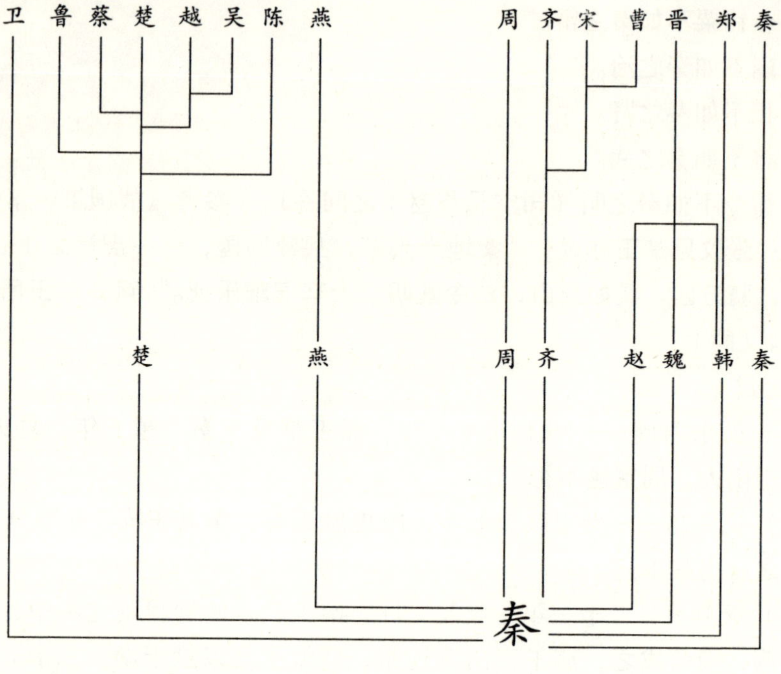

备 考

(1) 春秋与战国差异之点:(一) 春秋时犹重礼信,战国则绝不言礼信。(二) 春秋时犹宗周,战国则不言王。(三) 春秋时犹严祭祀,重聘享,战国则无其事。(四) 春秋时犹论宗姓氏族,战国则无一言及之。(五) 春秋时赴告策书,战国则无其事。(六) 春秋时宴会赋诗,战国则不然。(顾亭林《日知录》)

(2) 战国时周朝尚有六王为:威王烈—安王—烈王—显王—慎靓王—赧王。

第二节 春秋战国制度之改变

A 原因

a 周室衰微——周之制度,过于严密,在西周之盛,尚不易实行,及东周之末,王室衰微,一切旧制,自难维持,故有鲁侯之请郊礼,晋文之请隧。

b 诸侯怨恶——周代制度，极为整齐划一，且名分太严，（注一）及诸侯势大，恶其异已，咸去其籍。

c 民智日开——周代制度，对于平民，多不平等，所谓“礼不下庶人，刑不上大夫”。及天子失官，学在人民，民智日开，自然发生打倒旧有制度之呼声。

d 人口增加——依马尔萨斯人口增加之定例，则周代至春秋数百年间，人口必定增多，生存竞争，渐超剧烈，旧时制度，自不合时代要求而被废弃。（以上参考顾敦福《中国文化史》第四章）

B 事实

a 官制之改变——春秋诸侯，增设官职甚多，名称亦随地而异，如宋有太宰，秦有庶长，楚有令尹，及至战国，官职愈多，中央有相国将军之官，地方有县尹，县公，县令之名，此皆为周官所无。（夏曾佑《中国历史》第一册第四章二四节）

b 兵制之改变

（1）军额——周代王有六军，大国三军，至春秋，此制已破。如晋文御狄，则作五军，成公赏功，则作六军。（《左传·僖公三十二年》）至战国，则燕带甲数十万，车六百乘，骑六千匹，赵带甲数十万，车千乘，骑万匹，韩带甲数十万，魏武士二十万，苍头二十万，齐带甲数十万，楚带甲百万，又十倍于春秋矣。（《史记·苏秦列传》）

（2）战术——三代至春秋，皆用车战，每车一人主御，一人主射，一人持矛。至于攻城，则有临车冲车。春秋时，战车队为主力军（注二）（多为贵族家士），徒步兵补助之（多为农夫）。至战国赵武灵王胡服骑射，骑兵成立，战车之用渐衰，此为古今战术之大转变。至于吴楚战争，用舟师，魏之武卒，衣三属（上身一，髀裈一，胫缴一）之甲，操十二石之弩亦古所未有也。（松井之《中国上古车战》，《东洋学报》第二卷一号）

c 田制之改变——周之彻法，至春秋时已废，当时鲁行“初税亩”。（注三）至战国，魏李悝尽地利（注四），秦商鞅开阡陌，（注五）田制全与古异，打破公有制度而为私有制度，社会民生，遂起莫大变化。（夏曾佑《中国历史》第一册第四章二四节）

d 刑法之改变——战国时，贵族阶级打破，议亲议贵之刑取消，刑法乃为国民一律遵守，然其残酷，则比前更甚。秦刑有诛三族，七族，十族，车裂，腰斩，抽胁，鬼薪。齐刑有烹，楚刑有冥室，椟棺（活葬之法）。赵刑有夷，至于魏，则有《法经》，处罚特详。（同上）

e贵族阶级之崩溃——周代诸侯，皆是宗族懿戚，同姓称为伯父叔父，异姓称为伯舅叔舅。至于士大夫，亦是世官。春秋时，诸侯卿大夫，渐行僭窃，贵族阶级，已受破坏。自齐用甯戚，楚用孙叔敖，秦用百里奚，皆为下层阶级者。诗所谓“舟人之子，熊罴是裘，私人之子，百僚是试”（《大东篇》），尤为寒士出身之证。降及战国，需材孔亟，鸡鸣狗盗之徒，尚被罗用。（胡适之《中国哲学史大纲》第一篇一章）

【注解】

注一 周代名分极严，名分之下，有一定制度。例如天子棺四重，诸公三重，诸侯再重，大夫一重，士不重。且天子每日四饭，诸侯三饭，卿大夫二饭。（服部宇之吉《经传上中国古代风习之一斑》，《东洋学报》第七卷一号）

注二 例如齐侵晋，即用战车队为主力军，分为先驱，申驱，启，襄，大殿五队，先驱为前卫，申驱为中间部队，启为左卫，襄为右卫，大殿为后卫。布置极其整严。（《左传·襄公二十三年》）

注三 孔子对鲁哀公曰：“盍彻乎，公曰：二，吾犹不足，如之何其彻也。”（《论语》）可证当时彻法已废。初税亩，杜预注：公取其一，今又履其余亩，复十收其一，故谓二，吾犹不足，后以为常，所以曰初。

注四 李悝尽地利之教，以为地方百里，提封九万顷，除山泽邑居三分去一，为田六百万晦，治田勤谨，则晦益三斗，不勤，则损亦如之。地方百里之增减，辄为粟百八十万石矣。（《汉书·食货志》）

注五“商鞅为田，开阡陌封疆。”（《史记·商君列传》）又“鞅以三晋地狭人贫，秦地广人寡，……诱三晋之人，利其田宅，复三代无知兵事，而务本于内，而使秦人应敌于外，故废井田制，开阡陌，任其所耕，不限多少”。（《通典》）

第三节　春秋战国之文化

A 学极之发达

a 原因

（1）言论之自由——周代“执左道以乱政，杀，……学非而博，顺非而泽，以疑众，杀。”（《礼记·王制》）言论极受束缚。及周道不纲，“人奋其私智，家尚其私学者，蜂起于中国”。（曾巩《新序目录序》）于是学术大盛。

（2）交通之频繁——按兼并盛行，国越少则交通越便，同时交换智识之机会亦越多。例如老子游秦，孔子观周，颜回游宋，墨翟南游于楚卫，陈良北学于中国。其他韩宣子聘鲁，见《易象》《春秋》，吴季札聘上国，知十五国风。此皆有功于学术之发达。

（3）书籍之众多——古代得书极难，至春秋战国，传抄之本日多。例如晏子藏书于楹，孔子得百二十国宝书，苏秦发书，陈箧数十，惠施多方，其书五车。书籍既多，学术之传播，自然容易。

（4）人才之见重——当时以战争剧烈，人主务在强兵并敌，故争求贤以自辅，贤者声价十倍，有“生王之头，不及死士之垄，照乘之珠，不敌千城之将”（《战国策》）之称。士之欲取重时者，莫不精研学问，因而学术思想，呈蓬勃之观。

（5）讲学之风盛——当时学校虽废，但私家讲学颇众，孔子设教于洙泗，弟子三千人，墨子之钜子，偏于宋郑齐之间，孟子之后车数十乘，从者数百人，许行之徒数十人。讲学如此其盛，学术自然发达。（以上参考陆懋德《周秦哲学史》）

b 派别

（1）儒家——孔子、孟子、荀子、景子、世子、芊子、公孙尼子等。其学说提倡“孝”、“悌”、“忠”、“信”、“仁”、“义”。而孔子编六经（注一），尤为历代儒者之圣典。

（2）道家——老子、庄子、文子、蜎子、列子、老莱子等，其学说鼓吹“自然”、“虚无”。

（3）法家——李悝、商鞅、申不害、韩非子等，其学说“崇法术”、“尚刑名”。

（4）兵家——孙武、吴起、穰苴、尉僚子等，其学说专“谈兵”。

（5）墨家——墨子、田俅子、隋巢子等，其学说主“非攻”、“兼爱”、“利他”。

（6）名家——惠子、尹文子、公孙龙等，主张“综覈名实”。

（7）杂家——吕不韦，其言论儒而杂道墨。

（8）纵横家——苏秦、张仪、苏代等，专以“权术”为言论。

（9）阴阳家——邹子专论“怪迂之变”。

（10）小说家——燕丹子、宋子言多怪诞。（以上参考太史谈《六家要旨》及《汉书·艺文志》）

B 音乐之精妙——师旷、师襄、师挚等，皆精于音乐。传说师旷弹琴，

能使白云起，风雨至，而孔子闻韶乐，三月不知肉味，美妙之处，可不言而喻矣。(《东洋历史集成》卷上第四一章二二二节)

C 建筑之壮丽——古代帝王多，以卑宫室为孅，峻宇雕墙为戒，春秋战国之诸侯，争为潜侈，宫室壮丽，楚有章华之臺，吴有姑苏之臺，齐威王有瑶臺，梁惠王有范臺，楚襄王有兰臺，燕昭王有黄金臺，齐宣王有大室，建筑极伟大。(注二)(《国语·楚语》,《吴越春秋·说苑》及《吕氏春秋》)

D 铁器之应用——"古者以铜为兵，春秋迄于战国，……攻争纷乱，兵革互兴，铜既不克给，故以铁足之。"（江淹《铜剑赞·序文》）当时兵器多以铁造之，故《史记·礼书》谓：楚人作鑽（兵器），《应侯传》有铁剑之名，而《左传》谓晋赵鞅铸铁鼎，管仲以铁制器。则铁又应用于日用器物矣。(《东洋历史集成》卷上第四三章二六节)

E 器物之发明

a 山戎作秋千。

b 公输般作云梯及硙。

c 庄子作锯凿。

d 仲由造砚。

e 公叔文子作輗轴。(以上参考《世本》及《事物起原》)

F 文学之派别

a 儒理文学——即孔子、孟子、荀卿及孔门弟子，其重要著作有"四书"、"五经"及《荀子》。

b 玄理文学——即老子，庄子，鬼谷，韩非一派，《道德经》、《庄子》、《韩非子》为其著作之代表。

c 纵横文学——即苏秦、张仪等之文学，其著作散见于《战国策》。

d 骚赋文学——即屈原、宋玉一派之楚国文学，屈原《离骚》，宋玉扇其风骚体遂大昌明，在文学上，独树一帜。(以上参考曾毅《中国文学史》第五章)

附：中原文化之南移

按春秋战国以前，楚王尝以蛮夷自称，吴亦断发文身，不与中原同，尚在未开化时代，(《史记》楚世家吴世家）及春秋战国，墨子南游于楚，孔子弟子澹台子羽教学于楚，而陈良楚产也，亦北学于中国。至于吴则有晋人教以乘车战阵，而季札聘上国，得观十五国风，自此江南之地，渐沐中原文化，楚国曾以华夏自居，至谓"赫赫楚国，……抚有蛮夷，以属诸夏"。（《左传》）足见其文化进步之一斑。

【注解】

注一　六经原本出于古代圣王，而孔子删定之，笔削去取，皆有深义，特略述之如下：（以下参考《汉书·艺文志》）

1.《易》——包牺画八卦，文王作卦辞，周公作爻辞，而孔子作彖辞，象辞，文言，系辞，序卦，说卦，杂卦，是为十翼，以授鲁商瞿子木，凡《易》十二篇。

2.《书》——孔子删订，断自唐虞，下讫秦穆，典谟训诰誓命之文，凡百篇，而为之序。

3.《诗》——孔子删《诗》，取自周诗，上兼商颂，以授子夏，凡三百一十一篇。

4.《礼》——孔子自卫返鲁而删《礼》，惟遇秦火，今所存者，只《仪礼》可信，《周礼》、《礼记》皆汉人所掇拾耳。

5.《乐》——孔子自卫返鲁，然后乐正，然乐尤微眇，以音律为节，又为郑卫所乱，故无遗法。

6.《春秋》——孔子因鲁旧史作《春秋》，上述周公遗制，下明将来之法，勒成十二公之经，以授子夏，凡《春秋》十二篇。

注二　春秋战国，诸侯宫台之壮丽，例如楚之章华台，三休始至其顶（贾谊《新书》），燕之黄金台，则台上之宽，东西八十余步。（《水经注》）而齐宣王之大室，《吕氏春秋》谓其“大益百亩，堂上三百户，以齐之大，具之三年，而未能成”。（《骄恣篇》）

第四节　春秋战国之社会

A 工业之进步

a 用铁器——“今铁官之数曰，一女必有一鍼一刀，……耕者，必有一耒一耜一铫……行服连轺辇者，必有一斤一锯一锥一鉴。”（《管子·海王篇》）工业既用铁器，产品自然增多，已非三代自足自给之工业矣。

b 专门化——“士之子恒为士，农之子恒为农，工之子恒为工，商之子恒为商。”（《管子》）工之子既恒为工，工业成了专门化，造出物品，当然精美绝伦。

B 商业之发达

a 原因

（1）关税减少——按周初，列国并立，多至一千八百国，国家愈多，关禁愈繁，商税愈重，则商人之受困愈深，商业难望发达。自兼并以后，国家既少，关禁无多，商人受困减轻，于是商业，乃日趋发达。

（2）人民好贾

1. “东周人喜为商贾。”（《汉书·地理志》）

2. “鲁人好贾趋利。”（《史记·货殖传》）

3. “陈人在夏楚之间，其民多贾。”（同上）

4. “韩人好商贾。”（《汉书·地理志》）

5. “齐人织作冰纨绮绣之物，冠盖衣履天下。”（同上）

b 结果（发生资产阶级）

（1）“吕不韦为阳翟大贾，家僮万人。”（《史记》本传）

（2）“范蠡治产于陶，三致千金。”（《史记·货殖列传》）

（3）“子贡鬻财于曹鲁之间，而结驷连骑，于七十子之徒，最为富益。”（同上）

（4）“猗顿用盐起家。”（同上）

（5）“郭纵以铁冶成业，与王者埒富。”（同上）

（6）郑弦高贩牛商人，为郑犒秦师，能纾国家之难。（《左传·僖公三十二年》）

（7）“绛之富商，金玉其车，文错其服。”（《国语·晋语》）

C 都市之兴起

a 万户之邑（赵）——“古者，四海之内，分为万国，城虽大，无过三百丈者，人虽众，无过三千家者，……今千丈之城万家之邑相望也。”（《战国策·赵策》）所谓千丈之城相望，则当时都市之广大繁多，已可想见。

b 七万户口之都（齐）——“临淄之中七万户……临淄之途，车击毂，人肩摩，连衽成帷，举袂成幕，挥汗成雨，家敦而富，志高而扬。”（《战国策·齐策》）都有七万户，必成人烟稠密，贸易繁盛之区。

c 美姬出名之都——邯郸女子，鼓鸣瑟，跕屣，游媚贵富，入后宫，偏诸侯。美姬既如此出名，则邯郸之地，必是人物麕集，蔚为大都。（《史记·货殖列传》）

附：都市兴起为商业发达之结果，故今人谓西周为村落经济时代，春秋为市镇经济时代，（万国钧《汉以前人口及土地利用之一斑》）而战国可称为都市经济时代矣。

D 民生之痛苦

a 衣食不足——“人可以食，鲜可以饱。”（《诗经·苕之华章》）“贫者短褐不完，含菽饮水。”（《汉书·食货志》）鲜可以饱，及短褐不完，其衣食不足情况，溢于言外。

b 官吏暴虐——“人有土田，女反有之；人有民人，女覆夺之；此宜无罪，女反收之；彼宜有罪，女覆说之。”（《诗经·大雅·瞻印章》）官吏横暴如此，无怪人民，怨声载道，而有《硕鼠》之歌也。（注一）

c 兵役频繁——“何草不黄，何人不矜，哀我征夫，独为匪民。”（《诗经·何草不黄章》）当时人主，为兵役征发，常夺民时，使不得耕耨，以养其父母，父母冻饿，兄弟妻子离散者，不知凡几。（《孟子》）

附：《诗经·苕之华》谓：“苕之华，其叶青青，知我如此，不如无生。”人民感到环境压迫之厉害，至不欲生，则其生活之痛苦，似已达于极度矣。

E 生活之改变——古人席地而坐，惟睡则用床，凭则用几，赵武灵王始用胡床，即如今交椅。席坐之风，为之一变；王又令国人胡服骑射，服装又为之一变。（《风俗通》及王国维《古胡服考》）

【注解】

注一《诗》云“硕鼠硕鼠，无食我黍，三岁贯女，莫我肯顾，逝将去女，适彼乐土，乐土乐土，爰得我所”。（《魏风·硕鼠章》）

第五节　春秋战国之风俗

A 各国之特俗

（1）卫俗刚强，多豪桀侵夺，薄恩礼，好生分，有桑间濮上之阻，男女亟聚会，其俗淫。

（2）陈人尊贵，妇人好祭，用巫史，其俗巫。

（3）赵中山地薄人众，丈夫相聚游戏，悲歌慷慨，好作奸巧，女子弹弦跕躧，游媚富贵，遍诸侯之后宫。

（4）韩俗朴鄙，自申子、韩非以来，其民高仕宦，好文法。

（5）鲁俗俭啬爱财，丧祭之礼，文备实寡，自孔子以来，其民好学，上礼义，重廉耻。

（6）宋俗重厚，好稼穑，恶衣食，以致蓄藏。

（7）齐自僖公以后，其俗弥侈，长女不嫁，为家主祠。（注一）

（8）燕俗敢以急人，宾客相过，以妇侍宿。（注二）

(9) 楚人信巫鬼，重淫祀，其民偷生而无积聚。

(10) 吴越之民，君皆好勇，故其民轻死易发。惟越以奖励生育，其民淫。(注三)(以上参考《汉书·地理志》)

(11) 秦人家富子壮则出分，家贫子庄则出赘，借父耰锄虑，有德色，母取箕帚，立而谇语，妇姑不相悦，则反唇而相稽。(贾谊《治安策》)其民好稼穑，务本业，修习战备，高上气力。(《汉书·地理志》)

B 普遍之风俗

(1) 游说——当时以战争频繁，各国争罗贤才，以强兵并敌，自苏秦、张仪以合纵连横，游说诸侯，得居高位后，谋夫说客，极其众多，凡有一技一艺之长，能作说客剑客或力士，以及鸡鸣狗盗者，莫不受宾礼，靡衣玉食，以馆于上，故当时养士之风甚盛。(注四)

(2) 豪侠——此风倡自春秋，盛于战国。晋之公孙杵臼、程婴，吴之专诸皆豪侠好义，已诺必诚，牺牲自己生命。战国时如赵之豫让，韩之聂政，燕之荆轲，尤轻死重义，为人之所不敢为。(以上参考张亮采《中国风俗史》第二编第一章三节及四节)

(3) 淫乱

贵族

1. 周襄王狄后与夫弟叔带通奸。(《左传·僖公二十四年》)

2. 鲁庄公哀姜与夫弟庆父通奸。(《左传·闵公二年》)

3. 齐声孟子与大夫庆克通奸。(《左传·成公十七年》)

4. 晋骊姬与优人通奸。(《国语·晋语》)

5. 齐襄公与其妹文姜通奸。(《左传·桓公十八年》)

平民

1. 卫国男女淫乱，至常私约，俟于城隅。(《诗·国风·氓章》)

2. 郑国女人，甚至遵大路以揽人袪，且谓："子不我思，岂无他人。"此秽亵情绪，显然如画。(《诗·国风·遵大路章》)

3. 陈国女子淫奔，至以不织不麻，而赴男女歌舞之会者。(《诗·国风·东门之枌章》)

【注解】

注一 齐以"管仲身在陪臣，而取三归，故其俗弥侈。……桓公兄襄公淫乱，姑姊妹不嫁，于是令国中民家长女不得嫁，名曰巫儿，为家主祠，嫁者不利其家，民至今以为俗"。(《汉书·地理志》)

注二“初燕太子丹宾养勇士，不爱后宫美女，民化以为俗，至今犹然，宾客相过，以妇侍宿，嫁娶之夕，男女无别，反以为荣，其俗轻薄无威，亦有所长，敢以急人，燕丹遗风也”。(同上)

注三 越王勾践“令壮者无取老妇，令老者无取壮妻，女子十七不嫁，其父母有罪，丈夫二十不娶，其父母有罪……生丈夫二壶酒，一犬，生女子二壶酒一豚，生三人，公与之母，生二人，公与之饩”。(《国语·越语上》)勾践又输淫佚过犯之寡妇于山上，士有忧思者，令游山上以喜其意，故其俗淫。(《吴越春秋》)

注四 春秋战国养士之风极盛，越王勾践有君子六千人，魏无忌、齐田文、赵胜、黄歇、吕不韦皆有客三千人，而田文招致任侠奸人六万家于薛。齐之稷下，谈者亦千人，魏文侯、燕昭王，燕太子丹，皆致客无数。(张亮采《中国风俗史》第二编第一章四节)

问 题

1. 春秋弭兵之策，创于何人？其不能持久之原因何在？(南开一二年)

2. 中国自周以来，历次分裂之局，试略述其大意。(武昌师大一二年)

3. 春秋时有孔墨老三家，其姓名，生地及其学说之大要，试略言之。(女师大一二年)

4. 商鞅变法而秦强，王安石变法而宋弱，果其法之本身，有优劣欤？抑时期之未至欤？抑或有其他重要之原因欤？(师大一二年)

5. 中国从前社会阶级之制，最盛于何时？消灭于何时？(民大一三年)

6. 周末七雄汉末三国，所据之区域，在今何地？(清华一五年)

7. 杨墨之学说如何？试略述之。(北大一七年)

8. 战国七雄，互相之形势如何？(中山大学一八年)

9. 文化发育盛于春秋战国，试略举当时之学问家、外交家、法律家、理财家、实业家、政客、刺客。(上海交大一八年)

10. 中国学术昌明，至战国为极盛，究因何故？(中大一八年)

11. 试言战国时诸子之流派与每派之代表人物。(青大二〇年)

12. 五伯桓文为盛，然齐桓死后，霸业不继；晋则文公以后，数世皆得为诸侯盟主，其故为何？(东吴二〇年)

13. 何谓合纵连横？(同上)

第二编

中古史

第一章　秦

（西历纪元前二二一年至前二〇七年）

第一节　秦之事略

A 统一之成功

a 思想之统一

（1）书同文——始皇以前，“言语异声，文字异形，秦始皇初兼天下，丞相李斯乃奏同之，罢其不与秦文合者。”（《说文·叙》）（注一）秦代统一文字，即为思想统一之根本，不然，文字异形，认识非易，思想何由统一。

（2）焚诗书——“臣（李斯）请史官，非秦纪，皆烧之，非博士官所职，天下敢有藏诗书百家者，悉诣守尉杂烧之。”（《史记·秦始皇本纪》）当时诗书，只有及秦纪及博士官所职成了清一色，思想自然统一。

（3）坑儒生——当时儒生，皆“私学而相与，非法教人，闻令下，则各以其学议之，入则心非，出则苍议”。（同上）思想极不一致，甚至故造谣言，以乱黔首，始皇坑之，以为扰人心者戒。

b 政治之统一

（1）置郡县——始皇废封建为郡县，此为政治统一重要之举。共分天下为三十六郡（注二），后加闽中、桂林、象、南海四郡，总四十郡。（同上）

（2）改官制——为实行中央集权，于郡置守（掌政）、尉（掌兵）、监（监察）。于县置令（掌政）、尉（掌兵）等官，使皆听命于中央，执行政务。至于中央，则设丞相（掌政）、太尉（掌兵）、御史大夫（监察）三官。而全权操于皇帝，故国家政治，施行极易，如身之使臂，臂之使指。（《汉书·百官公卿表》）

（3）制反动——始皇谋政治之统一，恐人民起而作乱，成分离之势，乃

一面徙富豪于咸阳，一面收天下兵器，铸为金人，使反动者，感经济及军械之缺乏，无敢犯上作乱。（《史记·秦始皇本纪》）

c 制度之统一——春秋战国，田畴异亩，车涂异轨，律令异法，衣冠异制，始皇统一天下，李斯乃奏同之。一法度衡石丈尺，车同轨，书同文，将平斗斛度量文章，布之天下。此秦统一制度之大概也。（《史记·秦始皇本纪》及《李斯传》）

B 民生之痛苦

a 徭役繁兴——秦因筑长城，营宫室，徭役繁兴，每人年役三月，三十倍于古。

b 赋税苛重——秦废井田制，一夫有田，虽不及百亩，而纳税亦以百亩为准。而无田农民，耕富豪之田，内税更重。《汉书·食货志》谓："秦田租口赋，盐铁之利，二十倍于官，或耕豪民之田，见税什伍。"当时人民，除纳公税外，再纳私租，计纳两重税。

c 衣食不足——秦民贫者，常衣牛马之衣，食犬彘之食。且因始皇并天下，内兴功作，外攘夷狄，男子力耕，不足粮饟，女子纺织，不足衣食。足见其生活之苦。（以上参考《汉书·食货志》）

C 人民之徙移

a 经过

（1）移于北边——"始皇使蒙恬，将十万之众，北击胡，悉收河南地，……徙戍以充之。"（《史记·匈奴传》）

（2）移于岭南——"始皇三十三年，发诸尝逋亡人赘婿贾人，略取陆梁地，为桂林、象郡、南海，以适遣戍。"（《史记·秦始皇本纪》）

（3）移于陇西——"八年（秦王政）王弟长安君成桥将军，击赵反死，屯留军吏皆斩死，迁其民于临洮。"（同上）

（4）移于巴蜀——蜀之卓氏，本为赵人，秦破赵，迁卓氏，于临邛（大邑），卓氏即铁山鼓铸，运筹策，倾滇蜀之民，此为中原人民，徙移于西南之证。（《史记·货殖列传》）

b 结果——秦代迁徙人民，在当时虽为暴虐之举，然反因之传播汉族文化于榛柸之地，使野蛮民族，同化于汉族。汉高祖诏曰："粤人之俗好相攻击，前时秦徙中县之民，南方三郡，使与百粤杂处，会天下诛秦，南海尉佗居南方，长治之，甚有文理，中县人以故不耗减，粤人相攻击之俗益正。"据此则秦民之徙移，实有移风易俗之功。（《汉书·高帝纪》）

D 灭亡之原因

a 吏治太严——秦国以吏为师，吏握政教两大权且以厉行暴政为贤明，所谓“税民深者为明吏，杀人众者为忠臣”。（《史记·李斯传》）于是民怨沸腾，及陈胜、吴广等，奋臂一呼，天下响应。（《史记·李斯传》及《陈涉传》）

b 国基未固——秦统一天下后，经十余年，始皇即死，六国豪俊，隐然思逞，统一之基，因之动摇。故当时有“始皇死而地分”之谣。（《史记·秦始皇本纪》）

c 二世愚昧——“朕少失先人，无所识知，不习治民。”（二世对李斯语）二世既不习治民，焉能治国，故当群雄作乱时，人趋告之，反遭刑戮。因此乱事日益扩大，遂以亡秦。（同上）

d 经济困穷——始皇死，二世复治阿房，外抚四夷，一如始皇，尽征材士五万人，屯卫咸阳，令教射狗马禽兽，当食者多度不足，下调郡县转输菽粟刍藁，皆令自赍粮食，咸阳三百里内，不得食其穀，因此海内骚然，秦遂以亡。（同上）

【注解】

注一 楚人谓“乳”为“穀”，谓“虎”为“于菟”，齐人谓“求得”为“登来”。同一笔也，楚谓之“聿”，吴谓之“不律”，燕谓之“弗”，秦谓之“笔”，此言语异声也。宋公鼎“公”作“[illegible]”，鲁公鼎“公”作“[illegible]”，周公鼎“文”作“[illegible]”，周敦“文”作“[illegible]”。此文字异形也。（《通志·诸国殊文图》）

注二 秦之三十六郡：1. 内史（陕西中部）2. 三川（河南黄河两岸）3. 河东（山西西南部）4. 上党（山西东南部）5. 太原（山西中部）6. 代（山西东北及河北蔚县）7. 雁门（山西西北部）8. 云中（山西长城外之地）9. 九原（内蒙古）10. 上（陕西北部）11. 北地（甘肃东北部）12. 陇西（甘肃东南部）13. 颍川（河南中南部）14. 南阳（河南西南部，湖北北部）15. 砀（河南东部，山东西南部，江苏及安徽北部）16. 邯郸（河北西南一部，河南北部）17. 上谷（河北西部中部）18. 巨鹿（河北西南部）19. 渔阳（北平）20. 右北平（河北山海关至热河一带）21. 辽西（河北东北及沈阳辽河以西）22. 辽东（沈阳东南部）23. 东（河北南部及山东西北部）24. 齐（山东东部）25. 薛（山东南部）26. 琅琊（山东东南部）27. 泗水（江苏北部）28. 汉中（陕西南部）29. 巴（四川东部）30. 蜀（四川中部）31. 九江（江苏、安徽江北一带及江西北部）32. 鄣（江苏西南部，安徽东南部，浙江西北部）33. 会稽（江苏东南部，浙江东南部）34. 南（湖北东南部）35. 长沙（湖南东半部）36. 黔中（湖南西半部）

备　考

(1) 秦自始皇称帝，一传至二世胡亥，再传至子婴而降于汉，凡三世，共十五年而亡。

(2) 世辄以焚书坑儒，为始皇之暴虐，惟刘大櫆《焚书辩》谓："六经之亡，非秦亡之，汉亡之也，何则？李斯恐天下学者，道古以非今，于是禁天下私藏诗书百家之语，……故曰，非博士官所职，诣守尉杂烧之，然则博士之所藏具在，未尝烧也。迨项羽入关，……烧秦宫室……而后唐虞三代之法制，古先圣人之微言，乃始荡为灰烬，……项羽不烧，则圣人之全经犹在也。"至于坑儒，始皇尝曰："吾前收天下书不中用者，尽去之，悉召文学方术士甚众，欲以兴太平，方士欲以练求奇药，今闻韩众去不报，徐市等费以巨万计，终不得药，徒奸利，相告日闻。卢生等吾尊赐之甚厚，今乃诽谤我，以重吾不德，诸生在咸阳者，吾使人廉问，或为谣言，以乱黔首。"于是使御史悉按问诸生，诸生自除犯禁者，四百六十余人，皆坑之于咸阳，比所坑之儒，乃是求神仙之方士及谣言惑众之士，并非儒学之正派，再观其以儒者（李斯）为相，行儒家之政，大一统，尊天子，抑臣下，制礼乐，齐律度，同文字，攘夷狄，尊贞女，重博士，无不同于儒术，尤为始皇非坑儒之证。(《史记·秦始皇本纪》及夏曾佑《中国历史》第二篇第一章六节)

第二节　秦之社会及文化

A 交通之便利

a 五十步宽之道——始皇以游幸四方，开通大道，交通极便。汉贾山曰："秦为驰道于天下，东穷燕齐南极吴楚……道广五十步，三丈而树，厚筑其外，隐以金椎，树以青松。"驰道广五十丈，且远及齐燕吴楚，则当时东北东南之交通，荡荡坦途，无险可阻矣。(《史记·秦始皇本纪》及《汉书·贾山传·至言》)

b 千八百里长之道——"始皇欲游天下，道九原，直抵甘泉，乃使蒙恬通道，自九原抵甘泉，堑山堙谷千八百里，道未就，始皇崩。"(《史记·蒙恬传》) 秦之驰道，汉时犹可通行，所谓未就者，殆未加以修饰耳。（柳诒征《中国文化史》第二十九章，《学衡》第五二期)

B 文字之简便

a 作小篆——秦以史籀大篆字笔之繁复，乃易以小篆，当时李斯作《仓颉篇》，赵高作《爰历篇》，胡毋敬作《博学篇》，皆取史籀大篆，略为改省，以为小篆，此为古来文字变迁之一。（《汉书·艺文志》及段玉裁《说文》注）

b 作隶书——“是时秦烧灭经书，涤除旧典，大发吏卒与戍役，官狱职务繁，初有隶书，以趋约易，而古文由此绝矣。”（《说文·序》）因官狱务繁，而欲求简单之文字，以为纪录。故始皇命程邈作隶书，此又为古来文字变迁之一。按古今文字凡七变，“而秦占其二，可见其文字，在历史上，居极重要之位置”。（注一）（张怀瓘《书断》）

C 文具之创造

古时已有笔，楚曰聿，吴曰不律，燕曰弗，惟多粗陋不适用，秦蒙恬改良之，以柘木为管，鹿毛为柱，羊毛为被，制造精美，书写便之，此于中国文化发展，大有贡献。（《古今注问答释义》）

D 自治之组织——秦制，乡设官，以资自治，十里一亭，亭有亭长，职在捕盗，十亭一乡，乡有三老，有秩，啬夫，游徼。三老掌教化，凡有孝子顺孙贞女，皆扁表其门，以兴善行，有秩（乡户五千置之）或啬夫（乡户不及五千置之）主知民之善恶，为役先后，知民贫富，为赋多少，盖为乡自治之行政者，游徼掌徼循禁，司奸盗，盖乡之巡警也。三老由于选举，且直接言事于天子。可知秦代政治，虽属专制而自治组织，尚称完备，且其权力，亦颇伟大。（《汉书·百官表》及《高帝纪》）

E 男女之平等——秦始皇刻石辞文所言，多男女对举且同等处罚，可为男女平等之证。刻石在泰山云：“男女礼顺。”在碣石门云：“男乐其畴，女修其业。”在会稽则云：“（妇人）有女而嫁，倍死不贞；夫为寄豭，杀之无罪。”（顾亭林《日知录·论秦刻石》）

F 生活之奢侈——“秦始王骄奢靡丽，好作高台榭，广宫室，则天下豪富制屋宅者莫不仿之，设房闼，备厩库，善雕刻，琢画之，好博玄黄琦玮之色，以乱制度。”（陆贾《新语》）足见秦国豪富，受始皇影响，居处之奢侈矣。

G 风俗之薄恶——“秦国失理，天下大败，众揜寡，知欺愚，勇劫懦，壮凌衰，攻击奋者为贤贵，人善突盗者为忻，诸侯设諂而相饰，设輹而相绍者为知。”（贾谊《新书·时变》）其险薄如此，故《淮南子·要略训》谓：秦国之俗，贪很强力，可成以刑，不可化以善。

H 建筑之宏大——“始皇营作朝宫，谓南上林苑中，先作前殿阿房，东西五百步，南北五十丈，上可坐万人，下可以建五丈旗，周驰为阁道，自殿下直抵南山，表南山之颠，以为复道，自阿房渡渭，属于咸阳，以象天极阁道，绝汉抵营室也，……关中计宫三百，关外四百。”（《史记·秦始皇本纪》）足见其建筑之宏大。

【注解】

注一 中国文字，变迁凡七，始有文字，以后形声相益，孳乳浸多，而五帝三王之世，又有改易（许慎谓为古文）一也。史籀著《大篆》十五篇，与古文或异二也。六国之世，言语异声，文字异形三也。秦有天下李斯奏同之，罢其不与秦文合者，又颇省改大篆，以为小篆四也。因官狱职务之繁，初有隶书，以趋约易五也。汉兴而有草书六也。至王莽好古，其所谓六书中，乃复有古文奇字七也。（吕思勉《中国文字变迁考》第三章）

备　考

秦国之历史及文化，原来极浅，周孝王时封非子为附庸，宣王时命其曾孙秦仲为大夫，始有车马礼乐御之好，至平王东迁，始封襄公为诸侯，赐以岐西之地，襄公乃与诸侯通使，其后穆公孝公，利用客卿，变法于内，攘夷于外，国势始强，迨及始皇，始有六王毕，四海一之局面。（郑氏《诗谱》及《史记·秦本纪》）

问　题

1. 秦汉以来，大都以今陕西、河南、直隶三省为建都之地，试列表以说明之。（北大一三年）

2. 秦始皇、汉武帝学术专制之异同。（北大一四年）

3. 秦皇之焚书，汉武之崇儒，果为摧残文化欤？抑统一人民思想之通例耶？其影响于后世者何如？（女师大一八年）

4. 略述自秦至清中国领土之扩充史。（南开一八年）

5. 试述中国自秦以来，历代国都之迁易。（北大二〇年）

6. 我国历史上三大行政区域制度为秦之郡，唐之道，元之省，试分别其梗概。（上海交大二〇年）

7. 试列举秦，西汉，东汉，孙吴，西晋，南朝梁，北宋南宋各朝建都之地点。（同上）

8. 秦始皇之武功与文治。（北大一九年）

9. 说明秦始皇之事功。（齐鲁二〇年）

第二章 汉

（西历纪元前二〇六至纪元后二二〇年）

第一节 两汉之事略

附王莽之社会改革

一、西汉之事略

A 楚汉之兴亡

a 地势之优劣——项羽都彭城（江苏徐江），无险可守，为四战之国，高祖都长安，被山带河，四塞之地，进足以攻，退足以守，此为汉楚兴亡之一因。

b 粮食之多寡——汉将彭越将兵居梁地，往来苦楚兵，绝其粮食，致使项王，兵罢食绝，此为楚亡之重要原因。至于高祖因（1）萧何给馈，不绝于道，（2）袭陈留得秦积粟，（3）得宛（河南南阳）之积粟，故粮食充足，能以久战，致胜楚项。

c 民心之向背——项羽性情暴戾，常坑降卒，大失民心，据《史记》所载：（1）坑秦卒二十余万，（2）杀汉卒十余万于穀泗水，（3）杀汉卒十余万于睢水，睢水为之不流。（4）秦二世元年，又攻襄城，襄城（在河南许昌县西南）无遗类皆坑之。而高祖则豁达大度，无坑卒之举，大得民心。

d 人才之得失——项羽有一范增而不能用，高祖则任用三杰，以为政治经济军事之筹画，此亦为楚汉兴亡所关。（以上参考《史记·高祖本纪》，《项羽本纪》）

B 高祖之政治

a 行郡国制

（1）原因

1. 鉴秦孤立而亡，取折中办法，行郡国制。

2. 赖诸将之力，以得天下，不得不分茅赐土。

（2）事实

1. 封异姓王者八国，即西魏王魏豹，楚王韩信，梁王彭越，赵王张敖，韩王信，淮南王英布，燕王卢绾，长沙王吴芮。惟后多被杀戮。（注一）

2. 封同姓王者九国，即齐王胞，淮南王长，燕王建，赵王如意，梁王恢，代王恒，淮阳王友，楚王交，吴王濞。（以上参考《史记》各人列传）

b 减刑法——高祖初与秦父老，约法三章，杀人者死，伤人及盗抵罪，后萧何捃摭秦法，取其宜于时者，作律九章。（一）盗法（二）贼法（三）囚法（四）捕法（五）杂法（六）具法（七）户律（八）兴律（九）厩律。（章太炎《检论》卷三《原法》附录《汉律考》）

c 制朝仪——“群臣饮酒争功，醉或狂呼，……叔孙通起朝仪，……竟朝置酒，无敢喧哗失礼者，于是帝曰：‘吾乃今日，知为皇帝之贵也。’”（《史记·叔孙通传》）

C 诸吕之乱

a 原因——高祖之吕后，遍王诸吕。（1）吕禄掌北军，（2）吕产掌南军，（3）吕台封为吕王，（4）诸吕封为侯者六人。诸吕既握军事政治之大权，乃隐谋作乱。

b 经过——“我崩必据兵卫宫，慎毋送丧，为人所制。”（吕后对吕禄语）及吕后死，诸吕乃欲作乱，幸齐王联络诸侯，声讨于外。周勃、陈平设计于内，夺诸吕兵柄，始族诛之。（以上参考《史记·吕后本纪》）

D 文景之治

a 除肉刑——当斩左趾者笞五百，劓者笞三百。

b 减笞刑——减笞三百为二百，二百为一百。

c 减田租——汉初十五税一，今减为三十税一。

d 惩贪官——令二千石各修其职，凡不事官职作乱者，丞相以闻，即治其罪。

e 奖农桑——令郡国务劝农桑，益种植。（以上参考《汉书》文帝景帝本纪）

E 七国之乱

a 原因——诸侯秣马厉兵，素蓄反志，吴王濞所谓“寡人节衣食之用，积金钱，修兵革，聚穀食，夜以继日三十余年矣，凡为此者”，（《史记·吴王濞传》）即足明证，及景帝用晁错计，欲削诸侯地，诸侯乃反。

b 经过——吴王接到削会稽豫章郡之书，乃联络楚王戊、赵王遂，胶西王昂，齐南王辟光，淄川王贤，胶东王雄渠，举兵反，诛汉吏二千石以下。

c 结果——景帝为谋实际之统一，命周亚夫讨之，吴王为东越王所杀，其余各王，亦多自杀，大乱乃平。（以上参考《史记·吴王濞传》及《汉书·晁错传》）

F 武帝之事迹

a 政治

（1）重儒术——“孝武初立，卓然罢黜百家，表章六经。”（《汉书·武帝赞》）儒家学术，在中国学术界独占威权者，自此始，然儒教所以成独尊者，自亦有其适应时代潮流之势。（注二）

（2）用夏正——汉初丞秦制，以亥月为岁首，武帝改用夏正建寅之制，以正月为岁首，后世沿用之不改。（《汉书·律历志》）

（3）策贤良——文帝时，曾策举贤良，后中绝。武帝恢复之，诏举贤良方正，直言极谏之士，问以古今治道，此为天子临轩策士之始。（《汉书·武帝纪》）

（4）卖官爵——帝用兵四方，国用不足，乃令民得纳资“买爵”、“赎禁锢”、“免臧罪”，官爵名为武功爵，级十一（注三）级十七万，凡直三十余万金。（《前汉书·食货志》）

（5）建年号——“武帝建元元年，师古曰：自古帝王，未有年号，帝王有年号，始起于此。”（《汉书·武帝纪》注）

（6）用儒生——“郡国县官，有好文学……能通一艺以上，补文学掌故缺，其高第可以为郎中。”（《汉书·儒林传·叙》）学者遂以学术为利禄之途。

（7）置均输平准官——“往者郡国诸侯，各以其物贡输，往来烦杂，物多苦恶，或不偿其费，故置运输官，以相给运，而使远方之贡，故曰均输，开委府于京，以笼货物，贱则买，贵则卖，是以县官不失实，商贾所无贸利，故曰平准。”（《史记·平准书》及《货殖列传》）

（8）设盐铁榷酤法——武帝以军费浩大，国用不足，乃因官器作鬻盐官与牢盆，敢私铸铁器煮盐者，钛左趾，没入其器物。郡不出铁者，置小铁官，使天下盐铁，皆为官卖，再设榷酒法，禁民酤酿，独官开置，以营天下之利。

(《汉书·武帝纪》韦昭注)

b 武功

(1) 击匈奴——初使卫青七出塞，击匈奴，收河南地，置朔方郡。后又使霍去病六出塞，击匈奴左地，置酒泉、武威、张掖、敦煌四郡。

(2) 伐大宛——使李广利伐大宛，斩其王毋寡，自敦煌西至盐泽，起亭障，屯田于轮台渠黎，开地至西北。

(3) 取南粤——使路博德、杨仆等，取南粤，以其地为儋耳、珠崖、南海、苍梧、鬱林、合浦、交趾、九真、日南九郡。开地至极南。

(4) 降东越——使杨仆、韩说等，击东越，东越人杀其王余善降，遂徙其民于江淮，而空其地，开地至极东。

(5) 平西南夷——初使唐蒙、司马相如讽谕西南夷，继遣中郎郭昌、卫平等以平南为牂柯郡、邛都为越巂郡、莋都为沈黎郡，冉駹为文山郡，白马为武都郡，而夜郎滇王，先后入朝，以滇池为益州郡。开地至西南。

(6) 服朝鲜——使杨仆、荀彘等，击朝鲜，以其地为真番、临屯、乐浪、元菟四郡，开地至东北。

(7) 通西域——使张骞通西域，西域三十六国君长，皆慕化入贡，开地至极西。(以上参考《二十二史札记》、《汉书·武帝纪赞不言武功》)

附：按武帝用兵四方，开拓土地，为中国疆土立一大基础，后世多因之，此其与创立儒教之孔子，实行中央集权制之始皇，同为中国历史上之三大伟人。再境土开拓，往往有贤太守兴学布教，汉族文化，益以传布四方，开化文化较低之民族。例如文翁治蜀，《汉书·循吏传》谓："至今巴蜀好文雅，文翁之教也。"

G 昭宣之治

a 废出马令——武帝时，以战争频仍，需用马匹，有令民出马之令。昭帝五年，乃罢天下亭母马，及马弩关。

b 议罢盐铁榷酤——昭帝六年，问郡国所举贤良文学，民所疾苦，乃议罢盐铁榷酤，令民以律占租，以易武帝之专卖制而为征税制。

c 免口赋钱——汉仪注民年七岁至十四岁，出口赋钱，人二十三，昭帝免收口赋钱五年。

d 除田租——宣帝神爵元年，所振贷物于人民免收，且令毋出田租。

e 重吏治——宣帝常遣丞相御史椽二十四人，循行天下，举冤狱，察吏擅为苛禁深刻不改者。

f 置常平仓——宣帝四年，大司农中丞耿昌奏，设常平仓以给北边。（以上参考《汉书·昭帝》、《宣帝纪》）

【注解】

注一 高祖杀戮功臣，盖即惧其逼己，楚王韩信于六年被戮，韩王信于七年反，降匈奴，赵王张耳死后，即废其后不立，其他如彭越、布英皆于十一年被杀。（《史记·高祖本纪》）

注二 儒家成为一尊之原因：①诸家学说，与帝王冲突，如墨家主平等，道家主放任，皆不利于专制时代之治。②儒家与民言服从，与君言仁政，甚合帝王专制之治。③儒家学说，范围极广，言训诂注疏校勘典章制度等，皆可附从，故得信仰者众。（梁任公《饮冰室·中国学术思想变迁之大势》）

注三 一级曰造士，二级曰闲舆卫，三级曰良士，四级曰元戎士，五级曰官首，六级曰秉铎，七级曰千夫，八级曰乐卿，九级曰执戎，十级曰政戾庶长，十一级曰军卫。（《食货志》注）

备　考

（1）秦灭亡后，经时五年，多为诸侯割据各地，而主要者，即楚汉之纷争。

（2）西汉自高祖刘邦起，历十二世，共二百十四年，为王莽所篡，兹将其世系列于下。

（一）高祖—（二）惠帝—（三）文帝—（四）景帝—（五）武帝—（六）昭帝—（七）宣帝—（八）元帝—（九）成帝—（一〇）哀帝—（一一）平帝—（一二）孺子婴

二、王莽之社会改革

A 原因

a 王莽之复古——莽性好古，始建国元年，即下令颂古井田之善，故一切措施，辄托古改制。（《汉书·王莽传》）

b 时势之需要——西汉改革，多未尽善，社会日趋腐败，例如田租：《汉书·食货志上》曰："汉氏减轻田租，三十而税一……实什税伍也，富者骄而为邪，贫者穷而为奸，俱陷于辜。"王莽乃乘时弊，起而改革社会。

B 事实

a 平均地权——"令天下田，皆为王田，不得买卖，一家男口不满八口，

2. 白山派——其教派有白帽回，即白山派。（同上）

（2）区域——自唐以来，其教久传于西北各地，其后渐蔓延于内地诸省，惟西藏、蒙古因盛行喇嘛教之故，未受其浸染。（同上）

e 基督教

（1）派别

1. 天主教——在中国旧教曰天主教，传旧教者曰神父，多法兰西、意大利二国人。其教设小像，而教师有代民赦罪之权。（《中国史纲要·清代之文明》）

2. 耶稣教——新教曰耶稣教，传教者曰牧师，多英、美二国人。其教不设小像，而无代人民赦罪之权。（同上）

（2）发展情况

1. 清初之崇信——世祖时，命汤若望掌管钦天监印信使司历法，后又加太常寺少卿，累进通议大夫，光禄大夫，故传教之事业甚盛。（陈垣《中国宗教史》）

2. 清廷之禁止——世祖死，杨光先排斥西教，谓各省教士和汤若望图谋不轨，乃俱被幽，其教遂被严禁，世宗时，又因与宫人谋不轨，禁留居澳门以外之地，并严禁人民信教，其势不振。（同上）

3. 传教之宏布——英法联军役后，清廷始撤禁令而约当保护教徒，来者益众，分传教有五。

G 美术

a 书画

（1）书

1. 帖学派——许乃普，祁隽藻，陈学恩，赵光，皆以书法著名，称为四大书家。（李泰棻《中国史纲要·清代之文明》）

2. 碑学派——道光以后，碑学中兴，张祖翼，汪洵，吴昌硕，高邕，皆善书法，号四大家。（同上）

（2）画

1. 浙派——亦称武林派，虽于明代极盛，然因董其昌等有“尚南贬北”之论，致坠声价。终以蓝瑛为后劲，至其三子深，涛，孟，及门人鸿胪寺序班禹之鼎等殆绝矣，蓝瑛不逊于浙派祖之戴进，笔力雄奇老苍，极尽画家之能事。（陈彬龢译《中国美术史》第十七章《清》）

2. 袁派——此派特长楼阁之画，树石布置亦巧妙，最著者为袁江，袁耀，

袁雪，三家之后绝无能继其后者。（同上）

3. 常州派——恽南田见石谷之山水，服其才，自耻为天下第二手，专画花卉，写花不用钩勒，创一种之新没骨体，为常州派之祖。（同上）

4. 娄东派——沈德潜之《归愚文钞》，列举当代以画名者五人，曰恽寿平，吴历，王原祁，王翚，黄鼎。烟客，廉州，麓台之徒，称娄东派。（同上）

5. 虞山派——石谷之末流，称虞山派。（同上）

6. 海派——八大山人（朱耷），善山水花鸟，其落派为“笑之”，“哭之”二字，盖示其哀宗室绝祀之情也。清末人喜其画，为今海派之本。（同上）

7. 翟派——翟大坤以画传于其子继昌及门人等，时称为翟派。（同上）

8. 云间派——陆昀之画，挑笔密点，浓淡布置，别具一帜，时称云间派。（同上）

9. 金陵派——上官周之《晚笑堂画传》，为清朝人物图本之杰作，金古良之《无双谱》，今尚行世，时称二人为金陵派。（同上）

b 雕刻

（1）雕木——雕木多用黄杨，紫檀，而席玩，如意，砚屏，笔筒，砚匣，扇坠，杖头，拂柄等，多有镌刻动植物之种种形象。（陈彬龢译《中国美术史》第十七章《清》）

（2）竹刻——嘉定之竹刻，尤为特色，封锡禄，锡璋，特长于竹根人物，如佛像，梵僧，采药仙翁，散花仙女等，极其奇峭清新。（同上）

（3）象牙——此则装嵌于小屏，小障，龛厨，小匣等之木器上，又有刻作楼阁动植等之小玩具上，绣户闭门，漏空巧密，是雕技之最细巧者也。（同上）

（4）石刻——石之雕刻，大者如宫殿陵墓之华表，石兽，碑头，石楹，其最易见者，如殿前之石狮子，亦随琢工之技艺与想像，而成各种不同之形态。（同上）

【注解】

注一 其著名于当时者，如《旧五代史》，《读资治通鉴长编》，《建炎以来系年要录》，《岭外代答》，《诸蕃志》，《宋朝事实》等。（《清朝全史》）

注二 知名于清初者，如浙江宁波范氏之天一阁，慈裕郑氏之二老阁，杭州赵氏之小山堂，嘉兴项氏之天籁阁，朱氏之曝书亭，江苏常熟钱氏之述古楼，昆山徐氏之传是楼等。四库馆令此等藏书家之子孙进献，约以进献之书誊写后，即付还，因之进献颇多，一人送到五百种以上者，赏《图书集成》一部。（同上）

备　考

按桐城派虽占文坛要地，然自方苞以后每况愈下，嗣无人，直至曾国藩出，其学乃大炽昌，国藩虽宗依方姚，而雅气充沛，实出其上，故宗师者，又谓之为湖湘派。

第四节　清代之民生状况

A 赋税

a 赋

（1）田赋——因夏麦秋粮之法纳税，分前后两期。其月限各省不同。又税率亦因各省地之肥瘠远近不同而定。（《钦定大清会典事例卷一六二·户部田赋》）

（2）丁赋——丁分成丁，未成丁及贫户富户而课之。雍正以后，将丁税摊入田赋之中，于是丁口日增。（《钦定大清会典事例卷一五七·户部户口》）

（3）杂赋

1. 芦课——江苏，安徽，江西，湖南，湖北，各省沿海，沿湖，沿河之地，其岸多为芦苇丛生之田地，荒芜既久，人民渐占领而开垦之田地，官因查勘其地，课之以税，课之芦课，芦州虽年年生缺，然亦定亩分类，每亩之税，亦各不同。（《钦定大清会典事例卷二四二·户部杂赋》）

2. 茶课——茶以百斤为引而课之。凡引各省有无多寡不等（直隶、奉天、山东、山西、河南、福建、两广无茶引余或多或少），纳课轻重不一。（同上）

3. 盐课——行盐有引票，其运销之量，皆有定数，以引为单位，每引斤数各处不同，亦时有增加，要皆视其出产之多寡与运之远近以配引而行于各地，以灶课引课杂，课税，课包，课分榷之。（《钦定大清会典事例·户部盐法》）

4. 渔课——江海河泊产鱼之地，征收鱼课，各地多寡不同，而鱼网亦征税银，惟蒙古鱼网，及拉萨地方鱼网不收税银。（《钦定大清会典事例卷二四五·户部杂赋》）

b 税

（1）关税

1. 内地关税——就经过内地诸关之物品课之。（《钦定大清会典事例·户

部关税》)

2. 海关税——课外国贸易之物品，然其权操于各国，无自由增加之权，殊可耻也。(同上)

(2) 杂税

1. 契税——凡民间田地，互买互卖，必须随时报税，立契，有红契，白契之别，迄今仍沿用之。(《钦定大清会典事例卷二四五·户部杂赋》)

2. 牙税——凡城厢衢市山场集镇舟车所辏，货财所聚，择民之良者授之帖，以为牙侩，使辨物平价，以通贸易，而税以帖，曰牙税。而牙税之类，以河南为最多，约七万六千九百九十二张，以云南为最少，仅九十二张，合京城各省奉天计之约十七万八千八百余张。(同上)

3. 当铺税——当税由当帖而生，顺治九年，规定直省各当铺，年纳税银五两。康熙三年，令京城各当铺，纳税如外省例，嗣后又定按其等级，每年纳税银五两、四两、三两、二两、五钱不等。(同上)

4. 落地税——清初沿明末之陋习，各市集乡镇，皆有落地税，且无专法，流弊甚多。雍正时，规定在府城州县内者照例征收。其在乡镇村落者，全行禁革。(同上)

5. 牛马猪羊税——此等税银，各地不同，而征收之数目，亦多寡不同。(同上)

B 钱币

a 钱

(1) 制钱

1. 天命通宝钱——天命元年铸天命通宝钱，依古九府圆制铸钱二品，输郭外周作字，阳起，一为国书，一汉字，其满文一品钱质较大。(《皇朝通考·钱币考》)

2. 天聪通宝钱——天聪元年亦铸钱二品，一为满文，一汉字，曰天聪通宝，大小各如旧制。(同上)

3. 顺治通宝钱——顺治元年，置户部泉局，工部宝源局，铸顺治通宝钱，一面铸宝泉二字用满文，一面铸年号用汉文，每文重一钱。(同上)

4. 康熙通宝钱——康熙元年，将宝泉，宝源二局钱改铸康熙通宝，轻重如旧制，发各省局依式铸造，与顺治通宝钱相兼行。(同上)

5. 雍正通宝钱——雍正元年，将宝泉、宝源二局钱改铸雍正通宝钱。(同上)

6. 乾隆通宝钱——乾隆元年，令宝泉，宝源二局改铸乾隆通宝钱。（同上）

7. 嘉庆通宝钱——自嘉庆元年为始，乾隆、嘉庆年号钱文，各半分钱。（《钦定大清会典事例卷二一四·户部钱法》）

8. 道光通宝钱——嘉庆二十五年，题准铸道光通宝制钱，颁行天下。（同上）

9. 咸丰通宝钱——道光三十年，题准铸咸丰通宝制钱，颁行天下。（同上）

10. 同治重宝——同治六年，奏准宝泉局鼓铸当十大钱，每文改为三钱二分，用同治重宝字样。（同上）

11. 光绪重宝——光绪元年，奏准户工两局鼓铸当十大钱，用光绪重宝字样。（同上）

（2）铜元——光绪二十五年以后，铜元兴与制钱相辅而行，至二十七年，铸出铜元约四十五万之多。三十一年户部奏定铜币四种而通行者，仅十文、二十文两种。（李泰棻《中国史纲要·清代之文明》）

（3）银元

1. 本国银元——光绪十三年，广东试造银元，而铸光绪元宝四字，是为中国仿造银元之始。宣统三年，又铸大清银币。至今仍通行市面。（同上）

2. 外国银元——有“鹰银”，即墨西哥银币，“本洋”，即西班牙银币，“站人洋”，即香港银币。而“美国洋”、“印度洋”通行沿海诸地，不久即废。（同上）

b 钞——清初因鉴于明时之弊，不用钞法，而一任商人自家发行，然不久即有失其信用者。又因与外国通商，各国纸币，亦至流通，至德宗末年，始发大清银行纸币。（同上）

c 银行

（1）本国银行

1. 中国银行——光绪二十二年，盛宣怀奏请先于京都、上海设立中国银行，奉旨兴办。（《光绪政要》）

2. 中国通商银行——创始于光绪二十四年，为盛宣怀等发起，具普通商业银行性质。（《民元世界年鉴·经济类》）

3. 户部银行——光绪三十一年，在京师，天津，上海等处先行开设，是为户部银行。（《中国泉币沿革》）

4. 交通银行——光绪三十三年设立。（《光绪政要》）

（2）外国银行——外国银行，计有十三家，曰：麦加利银行，曰：花旗银行，曰：英国宝信银行，曰：汇丰银行，曰：中华汇理银行，曰：义丰银行，曰：德华银行，曰：华比银行，曰：东方汇理银行，曰：有利银行，曰：荷兰银行，曰：华俄道胜银行，曰：横滨正金银行。（《世界年鉴》）

C 产业

a 农产

（1）米——苏浙皖赣为产米最富之区，两湖川闽粤省，约产二万七千万石，鱼豫约产八千万石，黔滇两省约产三千七百余万石，合余省计之，大约不小十二万五千万石。（李泰棻《中国史纲要·清代文明之大概》）

（2）麦——麦为北方重要农产品，产额亦巨，惟无精确统计。（同上）

（3）豆类——黄河流域及东三省等处，产额颇富，用途甚多，行销极广。（同上）

（4）茶——南部诸省，无不产茶，对外贸易极盛，世界茶市，为我独占。光绪十二年，调查各国需茶五万万斤。而我国之茶占全数五分之三。（同上）

（5）丝棉——丝富于江南，而棉则多产于江北，二者皆为大宗出口货物。（同上）

b 工业

（1）第一期——由同治元年，至光绪七年，凡二十年，多设立军械厂也，如同治四年曾国藩设江南造船厂，五年左宗棠设福建船政局，六年李鸿章设江南制造局，光绪三年丁宝桢设四川兵工厂等是也。（同上）

（2）第二期——由光绪八年至甲午战争，此期提倡实业。若光绪八年李鸿章奏请在上海试办机器织布局，十六年始成立。又左宗棠在甘肃创办机器织呢厂，张之洞在武昌创办织布纺纱，制麻，缫丝局，而李鸿章所办之招商局，北洋电报，尤为重要。（同上）

（3）第三期——自甲午战后，各国在我国纷纷设立工厂，如日之东华司，英之怡和，老公茂，鸿源，德之瑞记。而张之洞在鄂设立工业学堂，此外张謇所办之大生纱厂，夏粹芳所办之商务印书馆，亦始于此期。（同上）

（4）第四期——由光绪二十九年至宣统三年，为中国政府奖励工业最力时代，如袁世凯在天津设工艺总局，商部在京师设劝工陈列所，及奏请设各省高等实业学堂。宣统二年，端方在南京举行南洋劝业会，为六十年内仅见之盛举。（同上）

D 商业

a 内地商业——各处皆设有关，而税通过之货物。洪杨乱后，又惩收厘金，交易颇为不便。(李继煌《中国文化史》第九章《清时代之文化》)

b 外国贸易——对外贸易，初仅盛行于广东，迨鸦片战争后，各处相继开为商埠，于是对外贸易大盛，外货侵入内地，损失甚巨。(同上)

第五节　清代之风俗

A 饮食

a 春饼——春前一月，市上以插标供买春饼，居人相馈贶。卖者自署其标曰应时春饼。(顾禄《清嘉录卷一·春饼》)

b 撑腰糕——二月二日，以隔年糕油煎食之，谓之撑腰糕。(《清嘉录卷二·撑腰糕》)

c 乳酪——寒冬，乡农畜乳牛，取乳汁入瓶，日担于城，鬻于主顾之家，呼为乳酪。(《清嘉录卷十一·乳酪》)

d 饧糖——土人以麦芽熬米为糖，名曰饧糖。寒宵担卖，锣声铿然，凄绝街巷。(《清嘉录卷十一·饧糖》)

e 腊八粥——十二月八日为腊八，居民以菜果入米煮粥，谓之腊八粥，或有馈自僧尼者曰佛粥。(《清嘉录卷十二·腊八粥》)

f 年夜饭——除夕夜，家庭举宴，长幼咸集，多作吉利话，曰年夜饭，俗呼合家欢。(《清嘉录卷十二·合家欢》)

g 口数粥——十二月二十五日以赤豆杂米作粥，大小遍餐，有出外者，亦覆贮待之，虽襁褓小儿猫犬之属亦预，名曰口数粥，以辟瘟气，或杂豆渣食之，能免罪过。(《清嘉录卷十二·口数粥》)

h 凉冰——土人置窖冰，街坊担卖，谓之凉冰，或杂以杨梅桃子，红花之属俗呼冰杨梅，冰桃子，鲜鱼肆以之护鱼，谓之冰鲜。(《清嘉录卷六·凉冰》)

B 月令

a 新年

(1) 守岁——家人围炉团坐，小儿嬉戏，通夕不眠，谓之守岁。(《清嘉录卷十二·守岁》)

（2）拜年——男女以次拜家长毕，主者率卑幼出谒邻族亲友，或止遣子弟代贺，谓之拜年。（《清嘉录卷一·拜年》）

（3）闹元宵——元宵前后，比户以锣鼓铙钹，敲击成文，谓之闹元宵。有跑马雨夹雪，七五三跳，财神下西风诸名。或三五成群，各执一器，儿童围绕以行，且行且击，满街鼎沸，俗呼走马锣。（《清嘉录卷一·闹元宵》）

（4）黄河九曲灯——正月十一日至十六日，乡村人缚秫秸作棚，周悬杂灯，地广二亩，门遥曲点藏三四里入者误不得迳，即久迷不出，曰黄河九曲灯。（刘侗《帝京景物略·元旦》）

b 白赏节——五月五日，俗称端午，瓶供蜀葵石榴蒲蓬等物，妇女簪艾叶榴花号为端午景。人家各有宴会，庆赏端阳药市酒肆馈遗主顾，则各以其所有。雄黄芷术酒糟等品百工，亦名辍所业，群入酒肆哄饮，名曰白赏节。（《清嘉录卷五·端午》）

c 巧果——七夕前，市上已卖巧果，有以面白和糖绾作苎结之形，油氽令脆者，俗呼为苎结。至是或偕花果陈香蜡于庭，或露台之上，礼拜双星以乞巧。（《清嘉录卷七·巧果》）

d 中秋节

（1）拜符像——中秋之夕，人家各置月宫符像，符上兔如人立，陈瓜果于庭，饼面绘月中蟾兔。男女肃拜烧香，旦而焚之。（陆启浤《北京岁华纪》）

（2）走月亮——八月中秋，妇女盛妆出游，互相往还，或随喜尼庵，鸡声喔喔，犹婆娑月下，谓之走月亮。（《清嘉录卷八·走月亮》）

（3）月饼——是日人家馈贻月饼，为中秋节物，十五日夜则偕瓜果以供祭月筵前。（《清嘉录卷八·月饼》）

（4）塔灯——村民于旷野，以瓦叠成汲浮屠，中供地藏之像，四围燃灯，谓之塔灯。（《清嘉录卷八·塔灯》）

e 重阳节

（1）登高——是日牵羊赌彩，为摊钱之戏，或借登高之名，遨游虎阜，箫鼓画船，更深乃返。（《清嘉录卷九·登高》）

（2）重阳糕——居人食米粉五色糕，名重阳糕，自是以后，百工入夜操作，谓之做夜作。（《清嘉录卷九·重阳糕》）

C 装饰

a 妇女

（1）染红指甲——捣凤仙花汁，染无名指尖及小指尖，谓之红指甲。相

传留护至明春元旦，老年人阅之，令目不昏。（《清嘉录卷七・染红指甲》）

（2）戴杨柳球——清明日，妇女结杨柳球，戴鬓畔云红颜不老。（《清嘉录卷三・戴杨柳球》）

（3）过年鞋——新妇度岁，必先日整治洁履，至是以献于舅姑，谓之过年鞋。（《清嘉录卷十二・过年鞋》）

b 小儿

（1）老虎头——编钱为虎头形，系小儿胸前，以示服猛，谓之老虎头。（《清嘉录卷五・端午》）

（2）老虎肚兜——小儿系赤色裙襕，亦彩绣为虎形，谓之老虎肚兜。（同上）

（3）长寿线——结五色丝为索，系小儿之臂，男左女右，谓之长寿线。（同上）

D 丧葬

a 送寒衣——十月朔，纸坊剪纸五色，作男女衣，长尺有咫，曰寒衣，奠焚于门，曰送寒衣。（《帝京景物略》）

b 纸绽

（1）白纸绽——土俗家祭墓祭，皆焚化纸绽，纸以白阡切为陌，俗呼白纸绽。（《清嘉录卷二・纸绽》）

（2）挂钱——其有挂于墓者，则彩笺剪长缕，俗呼挂钱。（同上）

c 上年坟——元旦携糖茶果盒展墓，谓之上年坟。（《清嘉录卷一・上年坟》）

E 赌博

a 升官图——以官阶升降为图，以六骰掷之，取入阁之谶谓之升官图。（《清嘉录卷一・升官图》）

b 状元筹——取科目名色制筹为局戏，岁夕聚博，以六骰掷之，得状元者为胜，取及第争先之谶，谓之状元筹。（《清嘉录卷一・状元筹》）

F 游戏

a 放纸鸢——纸鸢俗呼鹞子，春晴竞放，以原远近摇曳百丝，晚或系灯于线之腰，接三连五，曰鹞灯，又以竹芦黏簧缚鹞子之背，因风播响，曰鹞鞭。（《清嘉录卷三・放断鹞》）

b 斗赚绩——白露前后，驯养蟋蟀，以为赌斗之乐，谓之秋兴，俗名斗赚绩。（《清嘉录卷八・秋兴》）

c 斗鹌鹑——霜降后，斗鹌鹑，角胜标头，一如斗蟋蟀之制。（《清嘉录卷九·斗鹌鹑》）

G 杂俗

a 灌酒——大祀福酒，光禄寺堂官验，尝敬贮龙瓶，名曰：灌酒。然后护以龙袱，抬赴祭所，灌后有余，许携以归，亦受福之遗意也。酒味甘，色黑，小户尤宜，良酝三升，至今犹恋。（戴璐《藤阴杂记》卷三）

b 戏馆——京师戏馆，惟太平园，四宜园最久，其次则查家楼，月明楼，此康熙末年酒园也。查楼木榜尚存，改名广和，余皆改名，大约在前门左右庆乐，中和似其故址。（《藤阴杂记》卷五）

c 贺岁——京师元旦贺岁，奔忙可笑，然礼设已久，台垣虽门贴概不贺节公约，而不能止也。（同上）

d 烧秦桧——金鱼池西精忠庙祀岳忠武，自灵佑宫灯市罢后，庙设烟火，人竞往观。又土塑秦桧，以煤炭燔之至尽，曰：烧秦桧。（同上）

e 逛厂——琉璃厂正月，游人杂沓，名曰逛厂。（《藤阴杂记》卷十）

f 宴会——陶然亭，又名江亭，春秋佳日，宴会无虚。（同上）

图书在版编目（CIP）数据

中国通史纲要 / 黄现璠，刘镛著. —北京：中国国际广播出版社，2013.9

ISBN 978-7-5078-3629-5

Ⅰ.①中… Ⅱ.①黄… ②刘… Ⅲ.①中国历史—古代史 Ⅳ.①K22

中国版本图书馆CIP数据核字（2013）第197028号

中国通史纲要

著　　者	黄现璠　刘　镛
责任编辑	孙兴冉
版式设计	国广设计室
责任校对	徐秀英
出版发行	中国国际广播出版社（83139469　83139489[传真]）
社　　址	北京复兴门外大街2号（国家广电总局内）
	邮编：100866
网　　址	www.chirp.com.cn
经　　销	新华书店
印　　刷	北京艺堂印刷有限公司
开　　本	710 × 1000　1/16
字　　数	260千字
印　　张	24
版　　次	2013 年 9 月　北京第一版
印　　次	2013 年 9 月　第一次印刷
书　　号	ISBN 978-7-5078-3629-5 / K · 237
定　　价	48.00 元

CRI 中国国际广播出版社　欢迎关注本社新浪官方微博　官方网站 www.chirp.cn

而田过一井者，分余田与九族乡党，犯法令至死。”（《汉书·食货志上》）此颇含有平均地权之义。

b 变官制——例如更名大目农曰义和，大理曰作士，太常曰秩宗，大鸿胪曰典乐，少府曰共工，水衡都尉曰予虞，与四辅，三公，司卿，凡九卿，分属三公，每一卿置大夫三人，一大夫置元士三人，凡二十七大夫，八十一元士，分主中都官诸职。（《汉书·王莽传中》）

c 禁买卖奴隶——王莽令奴隶婢曰私属，皆不得买卖。（《汉书·食货志上》）

d 改革货币——王莽摄政时造“大钱五十”、“契刀五百”、“一刀直五百”等钱，即真又罢后二者，及五铢钱，更铸“小钱直一”与“大钱五十”，二品并行，始建国二年，又铸金银龟贝钱布之品，名曰宝货，凡二十八品，最后又更货布及货二品，钱币先后四变，民生日苦。（《汉书·食货志下》）

e 设六筦（管）之令——建国二年初设六筦之令，命县官（一）酤酒（二）卖盐（三）卖铁器（四）铸钱（五）诸采取名山大泽众物者，税之。又令（六）市官收贱卖贵，赊货于民，收息百月三。（《汉书·王莽传中》）

f 设五均官

（1）税工商——“长安及五都，立五均官，工商能采金银铜连锡登龟取贝者，皆自占司市钱府，顺时气而取之。”（《汉书·食货志下》）

（2）税杂业——“诸取众物鸟兽鱼鳖百虫于山林水泽，及畜牧者，嫔妇桑蚕织纺绩补缝工匠医巫卜祝及他方技商贩贾人……计其利，十一分之，而以其一为贡。”（同上）

（3）平物价——“诸司市常于四时中月，宅定所掌，为物上中下之贾，各自用为市平，毋拘他所。”（同上）

（4）收滞货——商人卖五穀布帛丝绵之物，有不售者，均官考其价，以本价收买之，毋令折钱。（同上）

（5）卖贱价——“万物昂贵，过平一钱，则以平价卖与民……以防贵庾（积也）者。”（同上）

C 结果（失败）

a 地主反对——当时地主，田连阡陌，养尊处优，势极大，王符所谓：“京师贵戚衣服饮食车舆文饰庐舍，皆过王制。”（《潜夫论·浮侈篇》）莽一旦将天下田，改为王田，欲齐贫富，抑兼并，自必遭地主积极之反对，不易实行，后莽即下令取销，“诸名食王田，皆得卖之，勿拘以法，犯私买卖庶人

者，且一切勿治。”（《汉书·王莽传下》）

b 官吏为奸——“大都督，大奸猾，擅弄者，皆便为奸于外，扰乱州郡，货赂为市，侵渔百姓。”（同上）所谓货赂为市，侵渔百姓，可知常时官吏反利用改革新政，以为利己害民之事，致使农民怨声载道。（同上）

c 平民暴动——天凤四年，临淮瓜田仪琅邪女子吕母起兵，众皆万数，“莽遣使者即赦盗贼，还言：盗贼解辄复合，问其故，皆曰：愁法禁烦苛，不能举手力作，所得不足以给贡税……民穷悉起为盗贼。”（同上）以一女子尚领万数之众，起而革命，则百姓之怨恨新政，不言可知。

附：王莽篡汉，改国号曰新，历十五年而亡，其改政策，皆不能实行，徒使人民，蒙莫大之痛苦，据《王莽传》及《食货志》所载如下：

1. 禁民私铸泉布，犯者皆没入为官奴婢，男子槛车，儿女子步，以铁锁锁当其颈，传诣钟官以十万数，到者易其夫妇，愁苦死者什六七。
2. 内郡愁于征发，民弃城郭，流亡为盗贼。
3. 北边及青徐地，人相食，洛阳以东，米石二千。
4. 三辅大饥，人相食，城郭皆空。

三、东汉之事略

A 光武之政治

a 偃武修文——皇太子尝问攻战之事，帝曰：“此非尔所及”，此时北匈奴衰微，诸将上书请伐之，帝报书曰：“柔能克刚，弱能胜强”，诸将自后亦不言兵，于是敦儒学，立五经博士，解王莽之繁苛，还汉世之轻法，与民休养生息。

b 保全功臣——西汉诸帝，皆虐待功臣，高祖戮杀功臣，文帝薄待周勃，景帝亦诬及亚夫，惟光武则力改祖法，保全功臣，诸功臣得增邑更封者，凡三百六十五人。

c 奖励名节——西汉末年，士气堕落，王莽篡汉，上表颂功德者，多至四十八万七千人。光武力矫其弊，奖励名节，征处士周党、严光、王霸、逢萌等至京师，诸士多不就，帝亦优礼待之。

d 减轻赋税——诏改田税什一之制，为三十税一。

e 统一货币——王莽乱后，货币用布帛金粟等，币制凌乱，光武即位，始废之，一律用五铢钱。（以上参考《后汉书·光武纪》）

B 宦官之祸

a 原因——东汉之世，外戚势大。（注一）君主多假宦官以诛之，例如窦宪之死，假手于郑众，邓骘之死，假手于李闰，梁冀之死，假手于单超，故势力坐大，时人有“左回天，具独坐，徐卧虎，唐两堕”之语。

b 事实

（1）夺人田宅——例如侯览前后夺人宅三百八十一所，田一百十八顷，营建第宅，十六区。

（2）夺人妇女——据左雄疏称：宦竖皆虚以声劳，威夺良家妇女，闭之，白首而无配，想当时宦官夺人妇女，必不在少数。

（3）包揽选举——审忠疏称：“宦官势盛，州郡牧守，承顺风旨，辟召选举，释贤取愚”，似此则朝廷用人行政之权，皆在宦官之手。

c 影响

（1）酿成黄巾贼之乱——宦官流毒遍天下，黄巾贼张角等，遂因民怨起而作乱。

（2）造成钩党之狱——（见下）

（以上参考《二十二史札记》卷五《东汉宦官》）

C 钩党之狱

a 原因——光武奖励名节，士大夫多以名行相尚，桓灵之间，主荒政缪，国命委于宦官，然倾而未颓，决而未溃者，皆赖士大夫力持正论，指斥权奸。然即因此引起宦官怨恶，遂造成钩党之狱。

b 经过

（1）第一次党狱——桓帝延熹九年，有善风角者张成，推占当有赦令，教子杀人，河南尹李膺捕之，果遇赦免，膺怒，竟杀之，成之弟子牢修，遂诬告膺，交结生徒，诽谤朝廷，帝怒，收执膺等二百余人下狱，后虽赦归田，但仍书名王府，终身禁锢，永不叙用，此为第一次党狱。

（2）第二次党狱——党人自禁锢后，声望日隆，有三君八俊八顾八及八厨之称。（注二）建宁元年，党人窦武下宦官郑飒于北寺狱，朱瑀、共普等乃迫帝治窦武、陈蕃等死罪，并捕党人李膺、杜密等百余人下狱，四年又捕太学诸生千余人，且诏党人门生故吏，父兄子弟在位者，皆禁锢免官，直至黄巾贼起，乃赦之，此为第二次党狱。

c 影响——士气大受摧残，至魏晋之世，或作新朝佐命，或尚放达，辩玄理，而成清谈之风。（以上参考《二十二史札记》卷五《东汉宦官》及《党禁之起》）

D 盗贼之乱

a 黄巾贼——东汉之世，多有盗作乱（注三），灵帝时张角以妖道惑人，聚众作乱（注四），以黄巾为标帜，时人称为黄巾贼或蛾贼，有众三十六万（将军号），自称天公将军，扰乱天下，帝遣皇甫嵩剿平之。（《后汉书·皇甫嵩传》）

b 黑山贼——自黄巾贼平定，后复有称号奇特之贼作乱（注五），常山贼张燕连合中山、赵郡、上党、河内诸贼，众至百万，号为黑山贼，朝廷不能讨，逼寇京师，朱儁始击却之，余众为袁绍所定。（《后汉书·朱儁传》）

【注解】

注一 例如章帝立贵人窦氏为皇后，窦宪兄弟亲幸，并侍宫省，宪恃宫掖声势，遂以贱值夺沁水公主园田。桓帝时梁冀以外戚故，一门之中，前后七侯，三皇后，六贵人，三大将军，夫人女食邑称君者七人，尚公主者三人，其余卿将尹校五十七人，冀专擅威柄，几二十年，天子拱手而已。（《东汉会要》卷二十三《外戚贵盛》）

注二 窦武、陈蕃、刘淑号为三君，君者，一世之宗也。李膺、杜密、王畅等，号为八俊，俊者，人之英也。郭泰、范滂、尹勋等，号为八顾，顾者，以德行导人也。张俭、翟超、岑晊、刘表等，号为八及，及者，能追宗以导也。度尚等，号为八厨，厨者，能以财救人也。（《后汉书·党锢传·序论》）

注三 光武时郏贼延褒作乱，安帝时，海贼张伯路，剧贼刘文河、周文光与汉阳贼王信作乱，顺帝时，广陵贼张婴寇扬徐十余年，桓帝时，琅琊贼公孙举、东郭窦等，寇青徐兖三州，连年讨之不平。（《东汉会要》卷三十四《盗贼》）

注四 钜鹿人张角自称大贤良，奉事黄老道，蓄养弟子，跪拜首过符水咒说以疗病者颇愈，百姓信向之，因而聚众越多，乃讹言苍天已死，黄天当立，遂作乱。（同上）

注五 例如大声者称雷公，骑白马者称张白骑，轻便者称飞燕，多髭者，称氐根，大眼者称大目。种种称号，各有所因。（同上）

备　考

东汉自光武称帝，至献帝禅位于曹丕，凡十四世，共一百九十五年而亡，其世系如下：

（一）光武帝—（二）明帝—（三）章帝—（四）和帝—（五）殇帝—（六）安帝—（七）少帝—（八）顺帝—（九）冲帝—（一〇）质帝—（一一）桓帝—（一二）灵帝—（一三）废帝—（一四）献帝

第二节　两汉之制度

A 官制

a 中央官

（1）上公

1. 太师
2. 太傅
3. 太保

（以上三者）本周官，位在三公之上，不常置，东汉每帝初立，置太傅，崩即废之。

（2）三公

1. 丞相——总理庶务，秩万石，高祖置之，东汉末废。
2. 廷尉（太尉）——管军事，秩万石，武帝不置，东汉复置。
3. 御史大夫——监察，秩万石。

（3）九卿

1. 太常——管宗庙，礼仪，秩中二千石。
2. 光禄勋——管宫殿掖门，秩中二千石。
3. 中大夫令——管门卫屯兵，秩中二千石。
4. 太仆——管舆服车马，秩中二千石。
5. 大理——管刑狱，秩中二千石。
6. 大行令——管宾客朝觐，秩中二千石。
7. 宗伯——管王族之事，秩中二千石。
8. 大司农——管钱穀，秩中二千石。
9. 少府——管山泽租税，秩中二千石。

（4）军官

1. 大将军——西汉位在三公下，东汉位在三公上。
2. 骠骑将军——武帝元狩四年置之。
3. 车骑将军——高祖时，曾迁靳歙为车骑将军。

b 地方官

（1）郡国

1. 司隶校尉——捕巫蛊，及管督大奸猾，秩二千石。
2. 部刺史——管奉诏条，察州事，秩二千石，成帝，更名为牧，光武为刺史，灵帝为州牧。

3. 太守——治其郡，初为郡守，景帝改今名。

4. 内史（相）——王侯国所设，职同郡守。

5. 都尉——佐守典武，职掌甲卒。

6. 中尉——为王侯国所设，掌军事。

（2）县

1. 县令长——治其县，县有万户以上称令，不及万户称长。

2. 县丞——主管刑狱囚徒。

3. 县尉——缉捕盗贼，管军事。（以上参考《汉书·百官公卿表师古注》）

B 兵制

a 种类

（1）京师之兵

1. 北军——中尉主之，掌宫城门外之宫城。

2. 南军——卫尉主之，掌宫城门内之宫门。

3. 光禄勋——与南军同卫护宫门。（《通考·兵制考》）

（2）地方之兵

1. 步卒——平地战争用之。

2. 轻车——同上。

3. 骑士——同上。

4. 材官——山岭战争用之。

5. 楼船——水上战争用之。（《后汉书·光武纪》注引《汉官仪》）

（3）戍田之兵——初为屯田守边后间调以作战。（《汉书·食货志》）

b 征免——民年二十三为正卒，一岁在郡国为材官，骑士，楼船等兵，一岁出住于京师，为南北军。后即归田，以待征发，年五十六免役。正卒又有卒更践更过更之制。（注一）（《汉书·高帝纪》注引如淳说汉仪注）

C 刑法

a 流刑——“汉武帝时，始启河右，四部议诸疑罪而谪徙之。”（《魏书·刑法志》）将疑罪者，谪于边地。此即为流刑。

b 徒刑

（1）罚作复作（一岁）——复作者，女徒也。谓轻罪，男子守边一岁，女子软弱不任守，复作于官亦一岁。故谓之复作徒也。（《前汉书·宣帝本纪》注）

（2）司寇作（二岁）——司寇男备守，女为作如司寇，皆作二岁。（卫

宏《汉旧仪》）

（3）鬼薪白粲（三岁）——鬼薪者，男当为祠祀鬼神伐山之薪蒸也，女为白粲者，以为祠祀择米也，皆作三岁。（同上）

（4）完城旦舂（四岁）——城旦者，旦起行治城，舂者，妇人不豫外徭，但舂作米，皆四岁。（《惠帝本纪》注）

（5）髡钳城旦舂（五岁）——男髡钳为城旦，女为舂，皆作五岁。（《汉书·刑法志》）

c 肉刑

（1）黥——刺面，例如偷物，则刺窃字。

（2）劓——割鼻。

（3）刖——左右趾。

（4）笞——用竹板。

（5）腐宫——丈夫割势不能生子，如腐木不生实。（《司马迁传》如淳注）

附：汉代肉刑，屡除屡复，其事不详。

d 死刑

（1）弃市——刑人于市与众弃之。

（2）磔——谓死而张其尸也。（师古注）

（3）腰斩——斫头曰斩，斩腰曰腰斩。（释名）

（4）枭首——枭首以示众。（以上参考《汉书·刑法志》）

D 田制

a 籍田——天子躬耕之田，藉以奖励农业，开始于周，文帝复兴之。耕田时，天子乘耕田。（注二）（《汉书·食货志》）

b 屯田——此为守边之兵，平时耕种，自食其力，有事则事防御，以固边圉，汉代如武帝文帝，皆行此制。（《西汉会要》卷五十九《屯田》）

c 私田——人民私有之田，开始于井田制打破之后。

E 赋税

a 田税——高祖初十五税一，文景光武诸帝则三十税一，惟桓帝三十税一，外加课亩钱，灵帝亦于三十税一，外加课亩十钱，名为修宫钱。

（《汉书·食货志》及《后汉书·灵帝纪》）

b 杂税

（1）口赋——汉初民年七岁至十四岁，出口赋钱人二十，文帝改为二十三岁以上，惟武帝令生子，满三岁，即征口赋。（《昭帝纪》注）

（2）算赋——民年十五以上至五六，赋钱人百二十为一算，贾人与奴婢则倍算，以作治库兵车之用。（《高祖纪》注）

（3）缗钱——一贯钱，出算二十。即商贾有钱一贯，（一千）纳税钱二十。凡匿不自占，占不悉，戍边一岁，没入缗钱。（《汉书·食货志》）

（4）车船算——常人轺车一算，商贾轺车二算，船长五丈以上亦一算。（同上）

F 钱币

a 荚钱——汉初用之，重五分。

b 八铢钱——高后时所用之铁钱，即八铢钱。

c 四铢钱——文帝时用之。

d 三铢钱——武帝时用之，后因轻而作伪，乃铸五铢钱。

e 半两钱——秦之钱，汉初用之，后废。

f 五铢钱——汉代通用之。

g 皮币——白鹿皮，方尺缘之以缋，为皮币，直四十万。

h 龙币——其文龙形圆，重八两直二千。

i 马币——其文马形方，重差小，直五百。

j 龟币——其文龟形椭，重复小，直三百。（以上参考胡钧《中国财政史》第二章）

G 邮递

a 机关

（1）驿——中国内地，每三十里置一驿。（《续舆服志》）

（2）邮亭——西南夷，置邮亭，每高出道上，以便远望。（《汉书·尹赏传》注）

（3）亭——西域筑亭，亭有食宿处以便旅行者之往来。（《西汉会要》卷六六《亭障》）

b 工具

（1）车传——汉初承秦制，用车为传递，后废。

（2）驰传

1. 置传——四马高足为置传。

2. 驰传——四马中足为驰传。

3. 乘传——四马下足为乘传。

（3）步传——专为公家所用，于重要地点，设都尉以监之。（以上参考

《汉书·高祖纪》注如湻引律）

c 关禁

（1）禁兵铁器出关——胡人不得持兵器及铁器出关。（《汉书·汲黯传》注应劭引律）

（2）禁马弩出关——景帝禁马五尺九寸以上，齿未平，不得出关。（同上《景帝纪》）昭帝亦禁马弩出关。（同上《昭帝纪》）

（3）禁珠入关——凡以珠入关者处死。（《列女传》引汉律）

H 选举

a 贤良方正——汉每逢灾变时，辄举贤良方正，直言极谏之士。其法，令公卿或州郡举之，诣公车，天子亲临策问。

b 孝廉——孝，为天下之大顺。廉，为吏民之表率，故举孝廉之人为吏。其举法，西汉未详，东汉则由郡国，用比例法选举，（注三）惟须年在四十以上，始有被选资格。

c 茂材异等（四行）——非常之士，天子诏举之，西汉称为茂材异等，东汉称为茂材四行（敦厚，质朴，谦让，节俭）。

d 学童——西汉太史，试学童能讽书九千字以上，乃得为史，又以六体试之，最优者以为尚书御史。东汉亦诏童子入仕，有童子郎及圣童奇童之称。（注四）

e 任子——子弟荫其父兄为官，曰任子。其制二千石以上，视事满三岁得任子弟一人为郎，约分父任，兄任，族父任，宗家任四种。（注五）

f 技艺——凡有一技之长，皆可入仕。例如卫绾以戏车为郎，郑通以濯船为黄头郎。伍宏以医待诏。（以上参考《西汉会要》卷四十四，五《选举》及《东汉会要》卷二十六《选举》）

【注解】

注一 律，谓徭役为更，古者正卒无常，人当选为之，一月一更，是为卒更，贫者欲得雇更钱，则次直者（依次应值役者）出钱雇之，月二千，是为践更。再天下之人，皆戍边三月，虽丞相子，亦在戍边之调，诸不行者，出钱三百入官，官以给戍者，是为过更。（《汉书·昭帝纪》注）

注二 耕车有三盖，一曰芝车，置辐车耒耜之箙上，为天子亲耕所乘。（《东汉会要》卷九《舆服》上）

注三 郡国人口二十万以上举一人，六十万以上举三人，八十万以上举四人，百万以上五人，不满十万亦一人。（《文献通考·选举考》）

注四 黄琬以公孙为童子郎，任延年十二，为诸生，显名太学中，号为任圣童。杜安年十三，入太学，号奇童。(《东汉会要》卷二十六《选举》)

注五 父任，如苏武以父任为郎。兄任，如霍去病任光为郎。族父任，如侯霸以族父任为太子舍人。宗家任，如周阳子由以宗家任为郎。(《西汉会要》卷四十五《任子》)

第三节 两汉之文化
附西域文化之输入

A 学术

a 经学

(1)《易》——始皇焚书，惟《易》不焚，故传者不绝，初田何传之，后分为施高、孟喜、梁邱贺、京房、费直、高相六家，前四家立于学官，后二家于行民间。

(2)《书》——自秦焚书后，伏胜口授《尚书》，称今文《尚书》。后孔安国于孔壁得蝌蚪文《尚书》，称古文《尚书》。《尚书》遂有古文今文之分。伏胜又以之转授欧阳生、夏侯胜、夏侯建。三氏之学，皆立于学官，至西晋而亡。(注一)

(3)《礼》——鲁高唐生传其学，后分为三家，称庆氏礼，大戴礼，小戴礼。(注二)

(4)《诗》——汉初诗有四家，鲁有申倍公，齐有辕固生，燕有韩婴，赵有毛苌，称为鲁诗，齐诗，韩诗，赵诗。后齐诗亡于魏，鲁诗亡于西晋，韩诗亦无继续之人，无传于世。惟郑玄笺毛诗，独行于世。

(5)《春秋》——春秋有公羊，穀梁，左，邹，夹之传，公羊为周公羊高所传述，董仲舒宗之，始显于世。穀梁为周穀梁赤所传述，汉宣帝好之，与前者并立大学。《左传》为周左丘明所传述，贾谊、刘歆宗之。后汉立博士，故后世称《公羊传》，《穀梁传》，《左氏传》，为春秋三传。邹夹二氏传，亡于王莽时。(以上参考前后《汉书·儒林传》、《汉书·艺文志》及廖平《古今学考》)

b 史学——汉代史学有司马迁作《史记》，班固作《汉书》，荀悦作《汉纪》，尤以前二者为巨著。(注三)

c 训诂名物学——汉代诸儒，专攻一经之风，极为盛行，对于经学之研究，益入微细，训诂名物之学，乃雷厉风行。训诂为解释字之音义，名物为解释经之名物意义，其最著者，有许慎《说文解字》，郑玄笺《毛诗》，马融《易注》。许慎《说文》，字数只有九千余，历代增加，至今已达五万余字。（注四）

d 文学——汉代文学极盛，贾山之《至言》，贾谊之《治安策》、《过秦论》，皆洗战国嚣张之习，别开生面。至于司马迁之《史记》司马相如之《子虚》、《上林》及《长门赋》，刘向之《说苑》，尤具特色，皆为文坛健将。（曾毅《中国文学史》第二、三、四、五章）

e 谶纬学——“夫不经之言，而有应验者，号曰谶也，其以纬言者，即对经之义也。”（《蜀志》孟达与刘封书）谶纬来源，本脱胎于五行之说。前汉哀平之际，已见盛行。后汉光武尤信之，常时学风，以为不通纬，不为大儒，于是纬书极多，有易纬，书纬，诗纬，礼纬，孝经纬，春秋纬，即此可以占谶纬学之盛矣。（俞正燮《癸巳类稿·纬书论》）

f 天文学

（1）地动说——蔡邕、谯周等，以地动比诸行舟，现今之地动说。似尚拾其牙慧。

（2）大章车——前汉人所造，其构造在车上设一机关，在进行间，知里数之多少。（以上参考李继煌译《中国文化史》第一一七页）

（3）浑天仪，候风地动仪——二器皆为张衡所造，而候风地动仪之构造，尤为奇特。（注五）（《后汉书·张衡传》）

B 美术

a 图画——汉代注重画，明帝特设画官，故图形极多，有宣帝麒麟阁十一功臣像，光武帝凌烟阁二十八功臣像，明帝云台二十八将像，灵帝鸿都门，书孔子及七十二弟子像，而当时画家，则毛延寿工于图形，陈敞、刘白工画牛马飞禽，阳望善于布色，至于张衡画浦城县之神兽，刘褒画云汉之图，尤为吾国画界写景之始。（陈彬龢译《中国美术史》第七章）

b 雕刻——汉初刻木极盛，近人于广州城东，发掘一南越贵人遗冢，得隶书木刻字极多。东汉因门生故吏，多为府主伐石颂德，故石刻遍于郡邑，因此雕刻，极盛行于世。（语石及《东方杂志》十四卷第一号载谭镳《上朱省长保存汉初木刻字书》）

c 建筑——武帝建未央宫，周回二十八里，前殿东西四十丈，深十五丈，高二十五丈，又建建章宫周二十余里，千门万户，其东凤阙高七丈五尺，中有神明台，高五十余丈，南有璧门三层，高三十余丈，中殿十二间，阶陛咸以玉为之，铸铜凤五丈，饰以黄金，楼屋上椽首，薄以玉璧，因曰璧玉门。据此其建筑之伟大华丽，亦可睹矣。(《三辅黄图》及《水经注》)

d 音乐

(1) 乐府——武帝所立，任李延年为协律都尉，司马相如作诗赋，论其律吕，使合八音之调。(《汉书·礼乐志》)

(2) 乐章

1. 太子乐——用于郊庙上陵之祭。

2. 雅颂乐——用于辟雍六宗社稷之祭。

3. 黄门鼓吹乐——用于天子宴群臣之时。

4. 短箫铙歌乐——用于行军之时。(以上参考《东洋历史集成》卷上第九一章四九九节)

e 书法——前汉史游作章草，后汉王次仲作楷书，刘德昇作行书，蔡邕作飞白，张芝作草书，书法大进，于古今书法各体，皆大备。(陈彬龢译《中国美术史》第七章)

C 学校

a 京师学——“建武五年，修起太学，其后复为功臣子孙四姓未属，别立校舍，搜选高能以受其业，顺帝更修黉宇，凡所构造二百四十房，千八百五十室，自是游学书盛，至三万生。”(《后汉书·儒林传》)京师太学生，多至三万人，则学校之多，可以想见。

b 地方学——“元始三年，立学官，郡国曰学，县道邑侯国曰校，校置经师一人，乡曰庠，聚曰序，序庠置孝经师一人。”(《汉书·平帝纪》)故班固曰：“四海之内，学校如林，庠序盈门。”(《东都赋》)地方学校之盛如此如此。

D 宗教

a 道教之成立——道教起源甚古，我国先民笃信鬼神祭祀山川，此其远因也。迨始皇求神仙于海上，觅不死之药于蓬莱，方士真人，接踵而起，皆为构成道教之重要原因。后汉张道陵讲长生之术，著《道德经》二十四篇，以符水禁咒之法愚民，从之者出五斗米，称五斗米教，其徒称陵为天师，道教盖因此成立。

b 佛教之输入——哀帝时，博士弟子秦景宪受大月氏使伊存口授《浮屠经》，此为中国人知佛经之始。明帝遣蔡愔等使天竺求佛，及释迦之像，而沙门迦叶摩、腾竺法兰与愔同来中国，因以白马驼经，乃建白马寺于洛阳，使二僧译经于寺中，此为中国建佛寺译佛经之始，佛教至此，盛行于世，影响于学术思想甚大。

E 文具（纸）——自古书契，多编于竹简，其用缣帛者谓之为纸，缣贵而简重，并不便于人，伦乃造意，用树皮麻头及敝布鱼网以为纸，……故人咸称“蔡伦纸”。（《后汉书·蔡伦传》）蔡伦造纸为传播文化之利器，其嘉惠士林，实非浅鲜。

【注解】

注一 伏胜以其学授张生，张生授欧阳生，欧阳生授倪宽，宽又授欧阳生之子，于是《书》有欧阳氏之学。张生又授夏侯都尉授族子始昌，始昌授族子胜，胜又授从子建，于是有大小夏侯氏之学。

注二 汉有萧奋通《礼》，庆普传其学，曰庆氏礼。戴德删古礼二百四十一篇，为五十八篇，曰《大戴礼》。戴圣又删《大戴礼》为四十九篇，曰《小戴礼》。

注三《史记》“上记轩辕下至于兹（武帝）著十二本纪……作十表……八书……三十世家……七十列传凡百三十篇。”（《史记》司马迁《自序》）《汉书》则“起元高祖终于孝平，王莽之诛，十有二世，二百三十年……为《春秋考纪》”（《帝纪》）表志传百篇（纪十二表八志十列传七十）（《后汉书·班彪传》）

注四 许慎《说文解字》有九千三百五十三字，魏张揖《广雅》有一万八千一百五十字，梁顾野王《玉篇》有二万二千七百二十六字，宋陈彭年《广韵》有二万六千一百九十四字。明之《字汇》有三万三千一百七十九字，清《康熙字典》有三万九千七百五十三字，降及现世，已达五万余字。（儿岛献吉氏《支那大文学史》）

注五 候风地动仪“圆径八尺，合盖隆起，形似酒尊……有都柱，傍行八道施关发机，外有八龙口，衔铜丸，下有蟾蜍，张口承之。……如有地动，尊则振龙机发吐丸，蟾蜍含之，虽一龙发机，而七首不动，寻其方向，乃知震之所在。”（《后汉书·张衡传》）

附：西域文化之输入

A 原因

a 张骞通西域——武帝欲联络月氏，共击匈奴，乃募能使月氏者，张骞以郎中应募，出使西域，历经大宛、康居、大月氏等国，不得要领而还。后又出使乌孙，别遣副使使大宛、康居、大月氏、大夏、安息及身毒诸国，诸国皆派使俱入中国。于是西域之交通日繁，输入文化愈多。

b 班超定西域——东汉明帝时班超使西域，至鄯善，其王初奉礼甚备，后匈奴离间，忽疏慢，超乃与其吏士三十六人，袭杀匈奴使者，鄯善王大惊，纳子入质，于是西域诸国，皆内属，超又遣甘英使大秦（罗马）抵条枝（阿剌伯）临大海，欲渡，而安息船人谓海风凶恶，须挟三岁粮，始可往，乃止。

c 大秦王通使——桓帝时大秦王安敦遣使自日南徼外献象牙、犀角、瑇瑁。

B 事实

a 植物之输入——有红蓝花，番红花，胡麻（即脂麻），蚕豆，大蒜，胡荽，苜蓿，黄瓜，安石榴，胡桃，葡萄，酒杯藤。至于琉璃，及琥珀，亦由大秦输入。

b 音乐之输入——乐器有箜篌，（隋《音乐志》谓出自西域）琵琶，（《乐府杂录》谓乌孙公主造）笛，（《长笛赋》谓近世杂支笛从羌起）而乐谱则有横吹乐曲，李延年即因胡曲，更造新声二十八解。

c 动物之输入——有驴，骆驼，天马（大宛产），狮子（安息产），安息雀等。

d 美术之输入——据近代美学家研究，汉以前中国之绘画雕刻，简单幼稚，其构思及体裁，虽庄重古雅，而粗朴怪奇，变化太少，及武帝以后，美术界忽然大进步，古代朴陋生硬之风尽脱，渐臻自然精致之域，现今存入之汉代古青铜镜及石刻画象，颇有昔日之欧风，是皆受希腊文化输之影响也。（以上参考张星烺《中西交通史料》第一册）

附：中国之丝，及香料，亦于此时输入欧洲。

第四节　两汉之民生政策

自秦废井田，打破共产制而为私产制，于是兼并盛行，富者田连阡陌，贫者地无立锥，社会上发生无产阶级，汉兴承秦之敝，天下大困，所谓“汉之为汉，几四十年矣，公私之积，犹可哀痛”。（《汉书·食货志》）故民生政策之施行，实为裕国库，苏民困之不二法门。

A 移民垦荒——汉承秦敝，民失作业，高祖乃令民卖子就食蜀汉，文帝时晁错议徙民塞外，以为屯田，赵充国继之，立屯田之制，章帝更有优待移民之办法（注一），以奖励人民移边垦荒，救内地人满之患。（《汉书·食货志》及《后汉书·章帝纪》）

B 赡养贫民——武帝时，降胡者数万人，衣食皆仰给于县官，又山东被水灾，民多饿之，天子虚郡国仓廪以振之，尚不能相救，乃徙贫民于关以西，及克朔方，以南新秦中，七十余万口，衣食皆仰给于县官，数岁贷与产业，汉代之对待贫民，可谓厚矣。（《汉书·食货志》及《西汉会要》卷五十五《振贷》）

C 限民名田（占田）——武帝时董仲舒以为古代井田难行，宜少近古，限民名田，以赡不足。哀帝时，师丹建言，圣王莫不设井田，今民田宜略为限，使列侯在长安，及公主名田，县道关内侯吏民名田皆无得过三十顷。犯者以律论，惟因豪强反对，实行上大感困难。（《汉书·食货志》及《哀帝纪》）

D 重农抑商

a 重农

（1）贵粟——文帝从晁错之言，令民入粟边六百石，爵上造，稍增至四千石，为五大夫，万二千石，为大庶长，及徒复作得输粟于县官，以除罪，此为劝民重农之意。（《汉书·食货志》）

（2）减税——文，景，光武，明，章诸帝，皆三十税一，以宽裕农民。（《后汉书》各帝纪）

b 抑商

（1）禁入官——汉武帝时，国家穷乏，而商贾或滞财役贫，或累万金，不佐公家之急，黎民重困，于是为国家所忌，限制入官。文帝时，贾人禁锢不得为吏，景帝时，凡有市籍不得为官。（《汉书·景帝纪》及《贡禹传》）

（2）禁服饰——禁贾人毋得衣锦绣绮絺纻罽，操兵骑马。（《高祖纪》）

（3）禁占田——贾人有市籍及家属，皆无得名田，敢犯令者，没入田货。（《汉书·食货志》）

（4）重赋税——吏民轺车一算，商贾轺车则二算，再有算缗钱（见前），盖以困商也。（同上）

（5）戍边地——汉戍边有七科，而商人占其四（注二），抑制商人，可谓至矣。（同上）

E 行代田制——武帝下诏曰："方今之务，在于力农，以赵过为搜粟都尉，过能为代田，一亩三甽，岁代处，故曰代田。"（《汉书·食货志》）此易岁耕种，以休地力，而增殖生产，过又创牛耕法，于农业生产技术，益见进步。（注三）

F 奖励生育

（1）征不嫁——惠帝时令民女子，年十五以至二十岁不嫁，五算，此寓奖于征，用意在增加人口。（《前汉书·惠帝纪》）

（2）复子家——章帝元和二年诏曰："人有产子者复免勿算三岁，令诸怀妊者赐胎养谷人三斛，复其夫勿算一岁。"此复有子之家，即以奖生育也。（《后汉书·章帝纪》）

（3）养贫子——"有子而不能养者，有廪谷之制。"（同上）救护贫寒子弟，亦为繁殖人口之故。

G 解放奴婢

a 免官奴

（1）文帝后四年免"官奴婢为庶人"。

（2）武帝建元年赦"吴楚七国孥，轮在官者"。

（3）哀帝即位，恩诏"命官奴婢，年五十以上，免为庶人"。

（4）光武建武六年诏"王莽时，吏人没入为奴婢，不应旧法者，免为庶人"。

（5）安帝永初四年诏"诸没入为官奴婢者，免为庶人"。

b 赦私奴

（1）高祖五年诏"民以饥饿自卖者皆免为庶人"。

（2）光武建武二年有"民有嫁妻卖子欲归父母者，恣听之，敢拘执论如律"。自后十二，三，四年皆免陇蜀益凉被略为奴婢之民。（唐道海译《奴隶制度》附录二《中国奴隶制度概说》）

H 假民田苑——西汉高祖以故秦苑囿园池令民田之。武帝罢苑马，以赐贫民，元帝以江海陂湖园池属少府者，以假贫民。东汉明帝诏郡国以公田赐贫民，其他如章帝、和帝、安帝，亦假民田苑，以救无田贫民。（《西汉会要》卷五十《假民公田》及《东汉会要》卷二十八《假民田苑》）

I 禁民奢侈——文帝时贾谊疏云："帝之身，自衣皂绨，而富民墙屋被文绣，天子之后，以缘其领，庶人孽妾，缘其履，此臣所谓舛也。"至武帝乃下令禁奢侈，闭城门大搜，东汉王符《潜夫论·俘侈篇》指讦奢侈。故章帝、

安帝皆下令禁止奢侈。(《西汉会要》卷十七《禁逾侈》,《东汉会要》卷二十九《戒奢侈》)

J 严治贪官——文帝、景帝皆有严治贪官之令(注四),以除民害,东汉如和帝、顺帝亦派使下郡国,访查吏治,以劾奏奸猾,表荐公清,官吏犯赃罪,即伏法,且三世禁锢,不得入仕籍。(《西汉会要》卷四十三《戒贪官》,《东汉会要》卷二十三《班宣风化》及卷三十五《赃罪》)

【注解】

注一 章帝令郡国募人无田,欲徙他界就肥饶者,恣听之,到所在赐给公田,为雇耕佣,赁种饷,贳与田器,勿收税租五岁,除算三年,此为优待移民之办法。(《后汉书·章帝纪》)

注二 武帝天汉四年发天下七科谪出朔方,一吏有罪,二亡命,三赘婿,四贾人,五故有市籍,六父母有市籍,七大父母有市籍,七科之中除一二三科外,商人占四科。(《西汉会要》卷五十七《发谪徙》)

注三 当时人民耕作,用耦犁,二牛三人,一岁之收,常过缦田。(不为甽之田)晦一斛以上,善者倍之。(同上卷五十《代田》)

注四 文帝十三年定律曰:吏坐受赇枉法守县官财物,而即盗之,已论命,复有笞罪者,皆弃市。景帝后三年诏曰吏,发民若取庸采黄金珠玉者,坐臧为盗,二千石听者与同罪。(《西汉会要》卷四十三《戒贪官》)

第五节　两汉之风俗

A 同居——秦法令民有二男以上,不分异者,倍其赋,汉则以分居为恶俗,同居为美德,例如蔡邕与叔父从弟同居,三世不分财,乡党高其义。自此以后,历代多有分居之禁。(注一)(《后汉书·蔡邕传》)

B 乡评——两汉乡举里选,必选考其生平,故注重乡评,一玷清议,则终身不齿。因此君子有怀刑之惧,小人存耻格之心。陈汤无节,不为州里所称,主父偃学纵横,诸儒排摈不容。至东汉末叶,臧否人伦之风尤盛,汝南有许劭月旦之评,遂以成俗。(张亮采《中国风俗史》第二编第二章九节)

C 婚姻

a 废礼——“东汉魏晋以来,时或艰虞,岁遇吉良,急于嫁娶,乃以纱。蒙女首,而夫氏发之,因拜舅姑,便成婚礼,六礼俱废。”(《通典·嘉礼

典》）当时且有自由恋爱之风。（注二）

b 不论行辈——惠帝娶其姊之女为后，是与甥女结婚也，哀帝娶祖母从弟之女为后，是与外家诸姑结婚也，其行辈颠倒如此。（《二十二史札记·婚姻不论行辈》）

c 淫乱——武帝之姊，馆陶公主宠董偃十余年，而武帝尚称董偃为主人翁，昭帝之姊安鄂邑盖公主，私通于丁外人，昭帝知之，而不绝主欢。想当时淫奔之风必极流行，不足为德之累也。（《汉书·东方朔传》）

D 丧葬

a 短丧——“文帝下令天下吏民，三月即释服。”（《汉书·文帝纪》）至后汉亦有厚葬之禁令。（注三）

b 挽歌——“挽歌者，高皇帝召田横，至尸乡自杀，从者不敢哭，而不胜哀，故为此歌以寄哀焉。”（《文选》注引《谯周法训》）此为送丧用挽歌之始。

c 墓碑——碑在周代，立于宫殿之前，以识日影。及至汉代，墓多立碑，近年云南昭通，掘出之孟旋碑，为汉和帝时之物，故汉墓碑传至今日者，颇为不少。（陈彬龢译《中国美术史》第七章）

E 游戏

a 蹴鞠——“蹴鞠刻镂。”（《汉书·枚乘传》）颜注云，蹴，足蹴之也。鞠，以韦为之中，实以物，蹴踏为戏乐也。

b 戏车——戏车，即今之马戏，《汉书·卫绾传》谓其以戏车为郎，可知当时极重视戏车。

c 斗鸡走狗——“郡国狗马，蹴鞠，辐凑，董氏常从游北宫，观鸡蹴之会，角狗马之足。”（《汉书·东方朔传》）当时斗鸡有会，走狗有会，即此可见。

d 角抵——“元封三年作角抵戏。”（《汉书·武帝纪》）注文颍曰两两相当，角力角技，艺射御，盖杂技乐也。惟此或为享四夷使者而设，（注四）元帝时罢之。（《汉书·元帝纪》）

F 跳舞

a 滑稽舞——“酒酣乐作，长少府擅长卿起舞，为沐猴与狗斗。”（《汉书·盖宽饶传》）盖即今之滑稽舞也。

b 巴渝舞——即鞞舞，为持小鼓而舞也。（《汉书·司马相如传》）

c 假面舞——“朝贺置酒，有常从倡三十人，常从象人四。”（《汉书·礼乐志》）注韦昭曰象人，著假面者也。

G 清洁——汉人好尚清洁，例皆五日一浴，故官吏例假，谓之休浴，《汉书·石建传》云："每五日洗浴归谒。"《郑当时传》亦云："每五日洗沐"，即其例证。

H 群饮——汉初三人以上，无故群饮酒，罚金四两。想当时群饮之风，必极盛行，直至东汉尤为厉害，有"嚼复嚼"（饮酒相强之词）之歌。（注五）（《通考·榷酤考》）

I 妆饰

a 女子

（1）露髻——"以发为大紒，如今妇人露紒其象也。"（《仪礼·丧注服》）即露髻之状态。惟高髻之风，亦风行全国。（注六）

（2）傅粉

1. 面——"傅粉黛青者众"，（《盐铁论》）此盖傅于面也。

2. 胸——"望卿袒裼傅粉其旁"，（《汉书·广川惠五传》）此盖傅于胸也。

（3）黛画——"为妇画眉长安中，传张京兆眉媚。"（《汉书·张敞传》）此言女子画眉。

b 男子——汉代男子有傅粉之风，《汉书·佞幸传》云："孝惠时，郎侍中皆冠鵔鸃，具带傅脂粉"，是傅粉之饰，男子亦不让女子专美。

J 士风——西汉武帝表章六经，儒术虽盛，而大义未明，故王莽居摄，颂功德者遍于天下，光武即位，矫而正之，尊崇节义，敦厉名实，士风为之一变。及东汉之末，朝政混乱，国事日非，而独行之辈，依仁蹈义，风雨如晦，鸡鸣不已，三代以下，风俗之美，无尚于东汉者。（顾亭林《日知录十三》）

【注解】

注一 分居之风历代君或士大夫，皆不赞同，例如唐肃宗，元宗，宋太祖，太宗，真宗，及辽圣宗，皆下诏禁止，或论罪，而隋卢思道聘陈以诗嘲南人，有"共甑分炊饭，同铛各煮鱼"之句。宋刘安世劾章惇谓父在别籍异财，绝灭义理。（张亮采《中国风俗史》第二编第二章七节）

注二 汉代婚姻虽以父母为主，但自由恋爱，依然流行，卓文君恋司马相如乃夜奔以相从。朱买臣之妻求去，买臣不能留，遂听其去，此即自由离婚也。（《汉书·司马相如传》及《朱买臣传》）

注三 明帝永平十二年诏曰：丧贵致哀，礼在宁俭，今百姓送终之礼，竞

为奢靡，生者无担石之储，财力尽于坟土，……有司其申明科禁，宜于今者，宣下郡国。(《东汉会要》卷三十《禁厚葬》)

注四 孝武之世，开玉门，通西域，设酒池肉林，以飨四夷之客，作……漫衍鱼龙角抵之戏以观视之。(《西汉会要》卷二十二《角抵》)

注五 桓帝之末京都童谣曰：“茅田一顷中有一井，四方纤纤不可整，嚼复嚼，今年尚可，后年铙。”(《后汉书·五行志》)

注六 长安语曰：“城中好高髻，四方高一尺，城中好庶眉，四方且半额，城中好大袖，四方全匹帛。”足见汉代装饰之一斑。(《后汉书·马廖传》)

问 题

1. 汉武帝之文治武功。(北大一三年)
2. 重农政策，在中国何时最盛。(师大一二年)
3. 试述东汉、唐、北宋及明各代党争不同之点。(北大一四年)
4. 试述汉武帝之武功。(女师大一三年)
5. 西汉之功臣多诛戮，东汉之功臣多保全，其故为何？试述之。(中法大学一五年)
6. 汉儒尚考据宋儒谈性理各有得失，试略述之。(北大一六年)
7. 汉高祖与明太祖革命事业之比较。(北大一八年)
8. 楚汉相争，项羽何以为刘邦所灭。(女师大一八年)
9. 钩党之狱，成立之原因及其结果？(清华一八年)
10. 试述东汉党禁之起讫，及对当日大局之关系。(中山大学一八年)
11. 试略述秦汉以来汉民族与外族斗争屈伸之大势。(武大二〇年)
12. 说明汉代对于西方之交通。(齐鲁二〇年)
13. 佛教何时始入中国。(北大一七年)
14. 佛教何时传入中国，对于中国文化，有何影响？(齐鲁二〇年)
15. 佛教传入后，对于我国文化上影响何如？(青岛大学一九年)
16. 试述王莽均田平价失败之原因。(中山大学一九年)
17. 道教与佛教有何不同。(上海光华大学一九年)

第三章　三国

（西历纪元后二二一年至二六五年）

第一节　三国之事略

A 鼎立之由来——建安十三年七月，曹操下荆州，刘备遣诸葛亮使吴说孙权，共拒曹操，权乃使周瑜督军，与刘备败操于赤壁，三国鼎立之势，因此成立。（《三国志·蜀志·先主》）

B 疆土之广狭

a 魏——置司隶、豫、青、兖、徐、凉、秦、冀、幽、并、雍、扬、荆十三州，共六十八郡。

b 蜀——置益、梁二州，共二十四郡。

c 吴——置扬、荆、郢、交、广五州，共四十三郡。（以上参考《三国·郡县表》）

C 战和之概况

a 和局

（1）吴蜀

1. 建安十三年，吴蜀连兵，破操于赤壁。

2. 刘备死后，诸葛亮辅后主，遣使联吴。

（2）吴魏

1. 吴蜀战争时，吴称臣于魏，魏以权为荆州牧。

2. 魏文帝即位，封权为吴王。

b 战局

（1）魏蜀

1. 曹操南征，自长安击汉中，赵云败之，操引还。

2. 诸葛亮六出祁山。魏使司马懿拒之。

（2）吴蜀

1. 蜀不还荆州，吴将吕蒙杀关羽，取荆州。

2. 刘备以吴杀关羽，自将兵伐吴，吴使陆逊破之于猇亭。

（3）吴魏

1. 魏责吴质子不至，起兵伐吴，至濡须不利而还。

2. 魏以吴蜀通好，复伐吴，至广陵，见江涛汹汹而还。（以上参考《三国志》纪传）

D 异族之征伐

a 魏

（1）降匈奴——建安二十一年，单于来朝，魏武处其众于邺，分为五部，部中立贵者为帅，选汉人为司马，以监督之。（《通志·四裔略》）

（2）征乌桓——“建安十一年，太祖自征蹋顿，（乌桓王）于柳城……乃破其众，临阵斩蹋顿首。”（《三国志·乌丸传》）

（3）伐鲜卑——“黄初五年，步度根诣阙贡献……轲比能小种鲜卑……控弦十余万骑，每钞略……幽州刺史王雄遣勇士韩龙刺杀比能，其种离散边陲。”（《三国志·鲜卑传》）

b 蜀征南蛮——诸葛亮征南蛮，虏孟获。纵使更战，七擒七纵，而亮犹遣获，获止不去曰：“公天威也，南人不复反矣。”遂至滇池，南中平。（《汉晋春秋》）

c 吴平交趾——“建衡二年，遣监军虞汜……击交趾，……三年破交趾，禽杀晋所置守将，九真日南皆属吴。”（《三国志·孙皓传》）

E 曹魏之政治

a 抑宦官——黄初元年，诏以士人为散骑常侍，以代中常侍，宦官为政，不得过诸署令。

b 抑宗室——“近且婚构不通，兄弟之礼绝，吉凶之问塞，庆吊之废，恩纪之违，甚于路人，隅关之异，殊于胡越。”（曹植《求通亲表》）魏代断绝宗室往来，抑制备至，于此可见。

c 贬外戚——“黄初三年九月，诏：妇人，与政治乱之本也。自今以后，群臣不得奏事太后，后族之家，不得当辅政之任，又不得横受茅土之爵，……若有违背，天下共诛之。”（《三国志·魏志》）

d 立九品中正——陈群以汉察举之流弊，乃立九品中正之法，以举选贤才，凡郡邑设小中正，州设大中正。小中正品第人才，列为九品，以上大中正；大中正核实，以上司徒；司徒再核，然后交尚书选用。(《二十二史札记》卷八)

备　考

(1) 魏自曹丕篡汉称帝，至元帝禅位于司马炎，凡五世，共四十六年而亡，其世系如下：

(一) 文帝—(二) 明帝—(三) 废帝芳—(四) 废帝髦—(五) 元帝。

(2) 蜀自刘备称帝，至后主刘禅降魏，凡二世，共四十三年而亡。

(3) 吴自孙权称王，至皓降晋，凡四世，共五十八年而亡，其世系如下：

(一) 大帝—(二) 废帝亮—(三) 景帝休—(四) 皓。

(4) 三国纷争，制度大率多仍汉旧，故从略。

第二节　三国之文化

A 学校

a 京师学——魏黄初五年夏四月，立大学，制五经课试之法。(《三国志·文帝纪》)

b 郡国学——魏建安八年，令郡国各修文学，县满五百户，置校官，选其乡之俊，造而教学之。(《三国会要·学校》)

附：据王国维《博士考》谓：吴蜀亦兴学校，且立博士，与魏略同。(《观堂集林》)

B 学术

a 文学

(1) 魏有建安七子（注一），及曹氏父子，谢灵运有“天下才人一担，曹氏占八斗”之语。亦可想魏文学之盛矣。

(2) 吴有韦昭擅长诗赋。

(3) 蜀有秦宓、郤正、诸葛亮皆长于文学。（以上参考曾毅《中国文学史》第十一章）

b 医学——“华佗精方药，其疗病合汤，不过种类，心解分剂，不复称量，……若当针，亦不过一两处下针……当须刳割者，便饮其麻沸散，须臾便如醉死，无所知，因破取病，若在肠中，便断肠，洗，缝腹膏摩置，日差不痛，人亦不自寝，一月之间，便平复矣。”（《三国志·魏志·方技传》）华佗医术之精，今日之大夫，殆无出其左者。

C 美术

a 织画

（1）“曹不兴能画佛像五十绢，画一像，心灵手运，须臾立成，为孙权画屏，误笔点蝇如生。”（《历史名画记》）故不兴之画，在当时称为八绝之一。（注二）

（2）吴王夫人赵氏，为赵达之妹，能书画，善艺巧，曾以彩丝织龙凤之锦，又绣帛，作五岳列国之地形，再以胶续发作轻幔，当时有“机，针，丝”三绝之称。（陈彬龢译《中国美术史》第八章）

b 建筑

（1）吴主作昭明宫，二千石以下，皆自入山督伐木，大开苑囿起土山楼观，穷极伎巧，功役之费，以亿万计。（《通鉴·晋纪·世祖武皇帝》）

（2）魏明帝之凌云台，楼观精巧，先称平众木轻重，然后构造，台上壁方十三丈，高九尺，楼方四丈，高五丈，栋去地十三丈五尺。（《世说新语·下巧艺》第二十一）

D 发明器

a 织绫机——“旧绫机五十综者五十蹑，六十综者六十蹑，先生（马钧）患其丧功费日，乃皆易以十二蹑。”（《魏志·杜夔传注》）马钧改良织绫机，使不丧工费日，其功极伟。

b 翻车——“居京都城内，有地可为囿，患无水以灌之，先生（马钧）作翻车，令儿童转之，而灌水自覆，更入更出，其巧百倍于常。”（同上）

c 发石车——马钧又作发石车，于轮悬大石数十，以机鼓轮为常，则以断悬，石飞击敌城，使首尾电至。（同上）

d 木牛流马——诸葛亮造之，为行军运粮之用，颇有功效。（注三）（《蜀志·诸葛亮传》）

e 连弩——“亮（诸葛亮）损益连弩，谓之元戎，以铁为矢，矢长八寸，一弩十矢俱发。”（《三国志》裴注引《魏氏春秋》）

【注解】

注一 七子之说，各有不同，据曹丕《典论》即孔融、陈琳、王粲、徐幹阮瑀、应玚、刘桢七人。

注二 八绝即吴范相风，刘惇占气，赵达算，皇象书，严子卿棋，宋寿占梦，曹不兴画，孤城郑妪相。（陶潜《圣贤群辅录》）

注三 木牛之效用，为“人行六尺，牛行四步，载一岁粮，日行二十里，而人不大劳”。（《蜀志》五注引《魏氏春秋》）

第三节 三国之社会

A 屯田之盛行

a 魏以遭丧乱，粮縠缺乏，建安元年，用棘祇韩浩等议，始兴屯田。嘉平四年，关中饥，司马懿表徙冀州农夫五千人，佃上邽兴、京兆、天水、南安、盐池，实行屯田。其他如刘靖于蓟南，皇甫隆于敦煌，徐邈于凉州，亦皆行屯田。

b 蜀诸葛亮以出祁山，由斜谷运粮，每患不继，乃分兵行屯田，杂于渭滨居民之间。蜀且有督农之官，主屯田，供给军粮。

c 吴黄武五年，陆逊以所在少縠，表令诸将增广农亩，又吕蒙拜庐江太守，别赐寻阳屯田，六百户，可见吴国屯田之多。（以上参考《三国会要·食货》）

B 学风之败坏

a 专重交际——“当今年少，不复以学问为本，专更以交游为业，国士不以孝悌清修为首，乃以趋势游利为先。”（《三国志·董昭传》）当时学风之坏，一至于此。

b 傲慢好酒——蒋济奏章，谓学者不恭肃，慢师，酗酒好讼，罚饮水三升。可见学者傲慢好酒之风，必极其盛行，故置此处罚。（《三国会要·学校》）

C 民风之各异——按三国接人待物，各有不同，曹魏以权术相驭，孙吴以意气相投，刘蜀以性情相契，故民风各异，大概魏多奸诈，而吴蜀较为厚重。

D 风俗之奢侈——华覈谓今民贫俗奢，百工作无益之器，妇人为绮靡之饰，绣文黼黻，转相放效，兵民之家，犹复遂俗，家无儋石之储，出有绮绫之服。而刘琰亦谓时人车服饮食，务为侈靡，侍婢数十，皆能为声乐。据此则当时风俗，必极奢侈，故邓飏与李胜等，曾结为浮华友，及在中书，浮华事发，乃被斥。（《三国会要·庶政》）

E 民生之困苦

a 人相食——李傕、郭汜相攻长安，城空四十日，强者四散，羸者相食，二三年间，关中无复人迹。(《后汉书·董卓传》)

b 物昂贵——当时物价昂贵，穀一斛，钱五十万，豆麦一斛，二十万，人民得食甚难，多相食。(同上)

c 食桑椹——袁绍在河北，军士仰食桑椹，袁术在江淮，取给蒲嬴。(《三国志·魏纪》注引《武帝教令》)

F 僧侣之剃度——“黄初中，中国人始依佛戒剃发为僧。”(《隋书·经籍志》) 则当时社会，已发生坐食阶级。

G 冥婚之流行——冥婚之制，前所未闻，乃创自三国，魏武子邓王，冲幼而岐疑，年十三年死，魏武甚悼之，为之聘甄氏亡女与合葬，即其例证。(李泰棻《中国史纲》卷二第十三篇第二章)

第四章　晋

（西历纪元后二六六年至四一九年）

第一节　晋之事略

A 武帝之治

a 行封建制

（1）封建之原因——帝惩魏立孤而亡，乃恢复封建制度，分封宗戚共三十四王（注一），权力最著者为八王。（见后）（《晋书·武帝本纪》）

（2）诸王之特权

1. 政权——诸王得置官吏，有傅友，典书令丞，文学，郎中令，中尉，大农等官，各治其国。

2. 军权

大国拥有三军，兵五千人。

次国拥有二军，兵三千人。

小国拥有一军，兵千五百人。（以上参考《文献通考·封建考》）

b 去州郡兵

（1）原因——帝以平吴后，诏令天下罢兵役，示海内大安，悉去州郡兵。

（2）事实

大郡仅置武吏百人。

小郡仅置武吏五十人。

（3）结果——永宁（惠帝年号）之后，寇贼屡起，州郡无备，天下遂大乱。（以上参考《晋书·山涛传》）

c 奖励生育

（1）责令婚嫁——泰治八年下令，女子年十七不嫁者，使长吏配之。

（2）复多女之家——咸宁元年下令，将士家有五女者给复。（免徭役为复）（《晋书·武帝纪》）

B 八王之乱

a 乱事之经过

（1）第一次（汝南王亮、楚王玮死）——武帝死后，杨骏专政，惠帝贾后令汝南王亮、楚王玮杀之，以汝南王亮辅政，其后又杀亮玮二王。

（2）第二次（贾后死）——赵王伦，齐王冏，声罪讨贾后，杀之，废惠帝于金墉城。

（3）第三次（赵王伦死）——帝废后，赵王伦专权，齐王冏、成都王颖、河间王颙合兵诛之，迎帝复位。

（4）第四次（齐王冏死）——帝复位后，以齐王冏专政，颖颙二王，又约长沙王乂攻冏杀之。

（5）第五次（长沙王乂又死）——颖颙二王，后与长沙王乂冲突，乃连东海王越，执乂炙而杀之。

（6）第六次（成都王颖、河间颙死）——最后颖颙二王专权，挟帝赴邺，东海王越杀之。迎帝还洛阳，惟后又弑之，而立太弟炽为帝，诸王互相残杀，所存者，惟东海王越一人。（以上参考《二十二史札记》卷八）

b 乱后之影响——刘渊曰：“自汉亡以来，我单于虽有虚号，降同编户，今司马氏，骨肉相残，四海鼎沸，兴邦复业，此其时矣。”足证五胡乱华，皆由八王之乱，有以致之。及永嘉五年，石勒兴兵南下，大败晋师，尽戮王室，虏怀帝北去，西晋乃亡。（《晋书·怀帝纪》）

C 晋室南渡——当怀帝愍帝被虏，琅玡恭王觐之子，名睿，建国于建康，称为元帝，晋室南渡，史家称为东晋。（《晋书·元帝纪》）

D 强藩之乱

a 王敦之乱——元帝时，王导为相，王敦为将，威望日隆，时人有“王与马，共天下”之语。后帝欲夺王敦权，王敦遂反，帝忧愤而崩。明帝立，命温峤讨之，敦适病死，其余众为苏峻所平。（《晋书·本传》）

b 苏峻之乱——苏峻以平乱有功，加封冠军将军，适明帝崩，成帝立以兄庾亮辅政，峻与亮不和，遂举兵反，蹈京师，温峤陶侃合兵平之。（《晋书·庾亮传》）

c 桓玄之乱——桓玄为大司马桓温之子，温死后，玄袭父职，安帝时，且领有荆、江、司、雍、秦、梁、益、宁八州诸军事，势力坐大，遂举兵反，直犯京师，迫帝禅位，建国号大楚。后刘裕刘毅等讨之，玄败走汉中，途中为益州刺史毛据所杀。(《晋书·本传》)

E 北伐之师

a 祖逖北伐——元帝拜祖逖为奋威将军，逖率二千人北伐，恢复黄河以南之地，方欲越河洛，扫清冀朔，而朝廷乃欲遣戴若思代其职，遂愤恨发病而死。(《晋书·本传》)

b 殷浩北伐——前赵石虎死，胡内大乱，殷浩出师北伐，进至洛阳，以姚襄为前驱，后姚襄反，浩无功而还。(同上本传)

c 桓温北伐——穆帝时，桓温统兵四万北伐，已进至蓝田，大破苻坚，惟以粮尽，引还。(同上本传)

d 刘裕北伐——安帝时，南燕慕容超寇宿豫（江苏宿迁县），刘裕将兵伐之，大破燕兵，超遁还广固，裕进攻，执而杀之，此为裕第一次北伐。其后后秦姚兴死，关中大乱，刘裕又北伐，攻入长安，斩秦主泓，惟裕以急于东归受禅，遂再失关中、河洛、山东之地。(《南史·宋高祖纪》)

F 清谈之风

a 成因

(1) 重名之反感——东汉之末，士大夫极重名节，其弊或流于狷介偏固，降及魏晋，乃贱气节，相率与时俯仰以为高。

(2) 战乱之反感——汉末以至三国，战乱频仍，民生苦之，至晋武帝，又荒淫暴虐，民不聊生，于是一般思想，多流于厌世，而好清谈。

(3) 佛教之影响——自佛教输入后，注入出世之人生观，一般士大夫，遂厌弃经学诂训之风，而趋向老庄虚无之说。(以上参考顾敦福《中国文化史》卷上第六章)

b 派别

(1) 放纵派——阮籍、阮咸、向秀、王戎、谢鲲、胡毋辅之、毕卓等，皆任达不拘，居止放纵。

(2) 自得派——王弼、何晏、山涛、郭象等，逍遥自在，与物推移。

(3) 激烈派——刘伶、嵇康、鲍敬言等，皆思想激烈，欲打倒一切礼教。(详后)(以上参考金兆梓《本国历史参考书》第二编第十一章)

c 影响

(1) 酿成五胡乱华——清谈派主张齐物无华夷之见，坐使五胡乱华。顾亭林曰："演说老庄，王、何为开晋之始，以至国亡于上，教沦于下，羌戎互僭，君臣屡易，非林下诸贤之咎，而谁咎哉。"盖清谈诸人，皆在政治上，占极大势力。(注二)

(2) 酿成风流之风——时人好清谈，多逍遥自在，一事不为，所谓"进仕者，以苟得为贵，而鄙正居，当官者，以望空为高，而笑勤恪。"(《晋书·愍帝纪》) 当官者，以望空高，风流自在，则遗误政务，殊非浅鲜。

G 思想革命家

a 废弃礼教者——以清谈之故，发生思想革命颇多，嵇康明目张胆，反对礼教，恣意攻击社会习俗，其与山涛书有"七不堪"、"二甚不可"。皆为废弃礼教之张本。(注三)

b 打倒廉耻者——光逸见辅之、毕卓、羊曼、桓彝、阮孚、谢鲲、阮放等，散发裸袒闭室酣饮，便于户外脱衣露头，从狗窦中窥之而大叫，谢鲲等乃呼入共饮。时人称为八达，而刘伶尤无耻，竟常脱衣裸形在屋中，人见讥之，反曰："吾以天地为宅舍，以屋宇为裈衣，诸君自不当入吾裈中，又何恶乎。"(《晋书·本传》) 此不独思想，而且实行。

c 无政府主义者——鲍敬言尝曰："曩古之世，无君无臣，穿井而饮，耕田而食，……安得聚敛以夺民财，安得严刑以为坑阱。"又曰："君臣既立，众慝日滋……百姓煎扰乎困苦之中，闲之以礼度，整之以刑政，是犹辟滔天之源，障之以指掌也。"此即谓解除民生痛苦，非礼乐刑政所能成功，必根本推翻君主制度而后可。(《抱朴子·外篇·诘鲍篇》)

【注解】

注一 晋之二十七王即安平王孚，义阳王望，平原王幹，扶风王亮，东莞王伷，汝阴王骏，梁王彤，琅玡王伦，渤海王辅，下邳王晃，太原王瓌，高阳王珪，常山王衡，沛王景，彭城王权，陇西王泰，范阳王绥，济南王遂，谯王逊，中山王睦，北海王陵，陈王斌，齐王攸，安乐王鉴，燕王几，东平王楙，及作乱之八王。

注二 清谈诸人例如庾顗曾做军咨祭酒，胡毋辅之曾做从事中郎，郭象主簿，阮修行参军，在政治上占极大之势力。(《晋书》各人本传)

注三 嵇康与山涛告绝书曰："人伦有礼，朝廷有法，自惟至熟，有必不堪者七，甚不可者二，卧喜晚起，而当关呼之不置，一不堪也。抱琴行吟，弋钓草野，而吏卒守之不得妄动，二不堪也。危坐一时，痺不得摇，性复多虱，把搔无已，而当裹以章服，揖拜上官，三不堪也。素不便书，不喜作书，而人间多事，堆案盈机，不相酬答，则犯教伤义，欲自勉强，则不能久，四不堪也。不喜吊丧，而人道以此为重，已为未见，恕者所怨，至欲见中伤者，虽瞿然自责，然性不可化，欲降心顺俗，则诡故不情，亦终不能获无咎无誉如此，五不堪也。不喜俗人，而当与之共事，或宾客盈坐，鸣声聒耳，嚣尘臭处，千变百伎，在人目前，六不堪也。心不耐烦，而官事鞅掌，机务缠其心，世故繁其虑，七不堪也。又每非汤武而薄周孔，在人间不止此事，会显世教所不容，此甚不可一也。刚肠疾恶，轻肆直言，遇事便发，此甚不可二也。"（《抱朴子·外篇·诘鲍篇》）

备 考

晋自司马炎篡位，凡十四主，共一百五十六年，而禅于刘裕，其世系如下：

（一）武帝炎—（二）惠帝衷—（三）怀帝炽—（四）愍帝业—（五）元帝睿—（六）明帝绍—（七）成帝衍—（八）康帝岳—（九）穆帝丕—（一〇）废帝奕—（一一）简文帝昱—（一二）孝武帝曜—（一三）安帝德宗—（一四）恭帝德文

附：五胡十六国

A 五胡之建国

a 匈奴——建立前赵、北凉、铁弗、夏四国，其后前赵灭于后北凉，铁弗及其他诸国，皆为后魏所灭，其中分合，极为复杂。（注　）

b 羯——建立后赵一国，惟在五胡中，国势最强。

c 鲜卑——建立前燕、后燕、西燕、南燕、西秦、南凉、辽西、代八国。

d 氐——建立仇池、前秦、后凉三国，而以前秦为最强。

c 羌——建立后秦一国。

f 巴氐——建立成一国。

g 汉——建立前凉、魏、西凉、北燕、蜀五国。（以上参考夏曾佑《中国历史》第三册第二篇第二章第八节至十四节）

附：史称五胡十六国，其实胡非仅五，国亦非仅十六，不过习传如此称之而已。

B 乱华之原因

a 移居内地——自汉以后，胡人投降，常徙居内地，赵充国以西羌徙于今兰州。光武以南匈奴数万众，徙居于汾阳。晋初，匈奴余众归化，武帝居之于塞内，与汉人杂处，识时之士，如郭钦、江统等，深知内地胡人，将必为患，

建议徙之于塞外（注二），可惜朝廷不纳，遂有五胡之乱。（《晋书·匈奴传》）

b 受汉人虐待——中国战胜胡人，降者徙居内地，地方官不独不加以教养，且待之如牛马奴隶，例如大安中并州饥，刺史司马腾执诸胡于山东，卖充军费，两胡一枷，胡人既受如此虐待，有机可乘，自必揭竿而起。（《晋书》载纪石勒上）

C 民族之战争

a 汉人北伐——东晋之世，以夷狄猾夏，祖逖、殷浩、桓温、刘裕等，曾誓师北伐歼彼胡虏，惟皆无功而还。

b 氐人南侵——氐人苻坚建国前秦国，太元八年，举兵六十余万，骑二十七万南侵，与晋战于淝水，此实为汉胡民族存亡关头，幸为谢安打败，汉民乃得偏安江左。（《晋书》载记苻坚下）

D 五胡之结局（同化于汉）——例如吕婆楼强平等本为氐种，乃改今名。（《十六国春秋前秦记》）《魏书·官氏志》五胡改称汉姓，同化于汉者，尤不胜数。又《唐书·宰相世系表》所著世系为五胡之裔不少。

【注解】

注一　五胡十六国分合国：

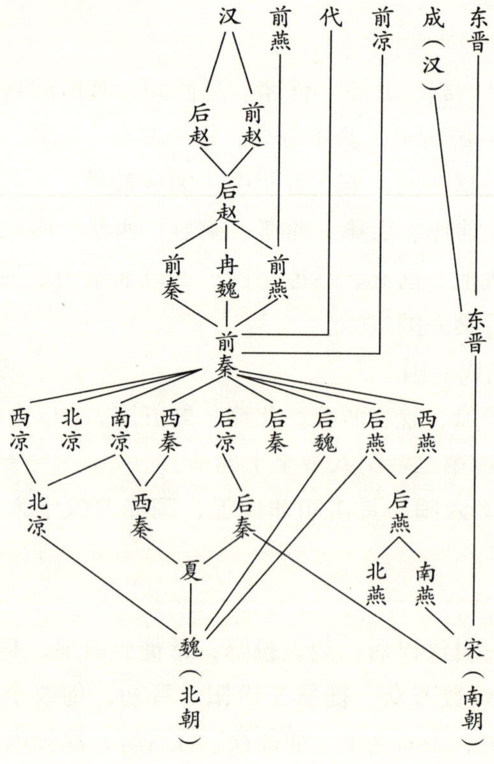

注二　晋武帝时，郭钦上疏曰：“若有风云之警，胡骑自平阳上党，不三日而至孟津，宜尽徙内地杂胡以边地。”惠帝时江统作《徙戎论》谓“当今之宜，宜及兵威方盛，众事未罢，徙冯翊、北地、新平、安定界内诸羌著先零，罕刑，析支之地。徙扶风、始平、京兆之氐，出还陇右，著阴平武都之地”。皆深知五胡杂居内地，必终为中国祸也。（《晋书·江统传》）

备　考

自晋惠帝永兴元年（西历三〇四年），刘渊称帝，至南宋文帝元嘉十六年（西历四三九年），北凉降于魏止，在宋魏对峙以前，凡一百三十六年，史称为五胡乱华。

第二节　晋之制度

A 官制

a 中央官

（1）八公——晋代无三公，惟以太宰，太傅，太保，太尉，司徒，司空，大司马，大将军，为八公。位在三省九卿之上。（《晋书·职官志》）

（2）三省

1. 尚书省——设有令左右仆射，及列曹（如吏部，殿中，度支），总掌诸政。

2. 中书省——设有监，及令，以掌诏敕等事。

3. 门下省——设有侍郎，郎中，以掌侍从傧相等事。（同上）

（3）九卿——太常，光禄，卫尉，太仆，廷尉，大鸿胪，宗正，大司农，少府，职掌多与汉同。（同上）

b 地方官

（1）刺史——州置刺史，三年一入秦，刺史任重者，为使持节都督，轻者为持节，凡庶姓刺史而无将军衔者，为单车刺史。（《通典·职官典》）

（2）太守——郡置太守，惟河南郡，京师所在，则曰尹，晋代郡守，皆加将军，无者以为耻。（《文献通考·职官考》）

（3）令长——大县置令，小县置长。（同上）

B 选举——晋初用人，亦用九品中正制，惟弊端丛生，为中正者，“高下任意，荣辱在手”，上品者非公侯之子孙，即当途之昆弟，故当时有“上品无寒门，下品无世族”之诮。南渡后，举孝廉秀才者，先试策论，后试经义，若落第，则罪举主，滥竽应举之弊，至此乃革。（《晋书·刘毅传》、《段灼传》及《通考·选举考》）

C 兵制

a 京师兵

（1）七军——晋初宿卫禁兵有七军五校，七军为左卫，右卫，前军，后军，左军，右军，骁骑，皆设有将军，而以中领军总统之。

（2）五校——屯骑，越骑，步骑，长水，射声，各领千兵为营，皆在城中。（以上参考钱仪吉《补啬兵》）

b 州郡兵——晋初国郡，皆置军，平吴后削去。（见前）

c 特点——晋自南渡后，调兵不出三吴（《水经》以吴兴、吴郡、会稽为三吴），大发毋过三万，且每次出征，多以奴为兵，此其所以异于前代也。（《晋书·会稽王道子传》）

D 刑法

晋代刑法，多承魏代，所不同者，约有数端。

a 重生命之法二

（1）父母杀子者，同凡论。

（2）走马城市杀人者，不得以过失杀人论。

b 平吏民之法一——部民杀长吏，同凡论。

c 抑富人之法二

（1）商贾殊其服，侩卖者巾著白帖，额上书明所侩卖及姓名。又一足穿白履，一足穿黑履。

（2）富人有罪，不得赎。（以上参考章太炎《五朝法律索隐》）

E 田制

a 均田——男子占田七十亩，女子三十亩。（《通考·田赋考》）

b 禄田——晋制，凡官品第一至第九，各以贵贱占田，品第一者，占五十顷。品第二，四十五顷，每品减五顷以为差，品第九为十顷，以为禄田。（《晋书·食货志》）

F 赋税

a 田租

（1）户调——晋武帝制户调之式，丁男之户，岁输绢三疋，绵三斤，女及次丁男为户者，半输。其诸边郡，或三分之二，远者三分之一，夷人输宾布户一匹，远者或一丈。

（2）义米——正丁（男女年十六以上至六十）、次丁（十五以下至十三及六十以上至六十五）、老小（十二以下及六十六以上）不事远夷，不课田者，输义米，户三斛，远者五斗，极远者算钱，人二十八文。（以上参考《晋书·食货志》）

b 买卖捐——“晋自过江后，至于梁陈，凡货卖奴婢马牛田宅有文券，率钱一万，输估四百入官，卖者三百，买者一百。无文券者，随所堪亦百分收四，名为散估。”（《通典·食货典》）

附：北方南渡之人民，而不为州县编户籍之浮浪人，及为诸王公贵人之佃客，典计，衣食客，皆免课役。（《通考·田赋考》）

第三节 晋之文化及社会

A 学术

a 经学

（1）汲冢四书之发现——太康（武帝年号）二年汲郡人不准盗发魏襄王墓或言安釐王冢得竹书数十车，今除《逸周书》，《竹书纪年》，《穆天子传》，《盛姬遗事》外，皆不传。（《晋书·武纪·东皙列传》）

（2）伪《古文尚书》之流行——按晋元帝时，梅赜奏伪《古文尚书》，自谓得苏愉、郑冲之传，晋君臣多信之，由是治《尚书》者，咸以伪孔传为主，立于学官，至清初阎若、璩惠栋、王鸣盛、孙星衍等，始确指其伪。

b 史学

（1）《三国志》——陈寿仕晋，为著作郎，著《三国志》魏纪二十六列传，蜀十五列传，吴二十列传，凡六十一篇，惟寿以仕晋故，书多偏袒，以魏为正统，蜀吴为僭窃。（《晋书·陈寿传》）

（2）《后汉书》——华峤著《后汉书》，起自光武，终于孝献，司马彪著《续汉书》，起自兴祖，终于孝献，袁宏再撰《后汉纪》三十卷。（《晋书·华峤传》）

c 文学

（1）文人——晋初文学大家，有阮籍、嵇康、陆机、潘岳、张华等，而左思、刘琨、郭璞，亦以文学著名，左思作《三都赋》，洛阳为之纸贵。至晋末，陶渊明出，亦文坛健将，其《归去来辞》，尤脍炙人口。

（2）文体——盛行四六骈俪文体，华美绚烂，颇足惊人心目，惟拘形式而忽精神，渐流于委靡之境。（以上参考曾毅《中国文学史》第十五，六，七章）

B 美术

a 图画

（1）顾恺之善丹青，图写特妙，谢安深重之，以为有苍以来，未之有也。常画人成，或数年不点睛，人问之答曰：传神写照，妙正在阿堵中。俗传他有三绝，书绝，才绝，画绝，为画中四圣之一。（其三为宋陆探微、梁张僧繇、唐吴道子）。（《晋书·本传》）

（2）王廙善画，明帝尝师之，曾画佛像，及古人物故实，颇得神采，笔迹超迈。（《晋书·本传》）

（3）戴逵善画圣贤像，兼长雕塑，其作品庄严雅致，令人起敬畏之心。（《晋书·本传》）

b 书法

（1）草书——尚书令卫瓘与尚书郎索靖皆善草书，时人称为一台二妙。草书本创于后汉张芝，瓘得其筋，靖得其肉，虽肥瘦不同，然精妙则一致。（《晋书》各人本传）

（2）隶书

1. 卫夫人，名铄，为李矩之妻，最善隶书，著《笔阵图》，所谓阵云，坠石，断犀，弩发，枯藤，崩浪，悬针，垂露，玉筋，古钗等笔法，甚喧腾于世。（陈彬龢译《中国美术史》第九章）

2. 王羲之少学卫夫人之书，南渡后学碑文，自书《兰亭序》，《黄庭经》后，遂为古今书圣。唐诗有“羲之俗书逞姿媚”之句，足可想见其笔势。（《晋书·本传》）

C 学校

a 京师学——武帝初设立学校，太学生三千人，太始八年，太学生七千余人。迨及东晋，因于干戈，黉舍荒废，虽间事恢复，然亦名不副实。

b 地方学——虞溥为鄱内史，大修庠序，广招学徒，至者七百余人，其余各地，亦多兴学。（以上参考《通考·学校考》）

D 发明

a 大舡连舫——“王濬伐吴，作大舡连舫，方百二十步，受二千余人，以

木为城，起楼橹，开四出门，其上所得驰马往来，……舟棹之盛，自古未有。”（《晋书·王濬传》）

b 记里鼓车——其制，驾四，形状如指南车，中有木人执搥向鼓，行一里则打一搥。（《晋书·舆服志》）

c 平底釜——杜预欲减省薪火作平底釜，此于国民经济，大有辅助。（《晋诸公赞》）

d 墨——“上古无墨，竹挺点漆而书，中古以石磨汁……魏晋始有‘墨丸’，乃漆烟松煤为之。”（宋赵希鹄《洞天清录》）

E 贿赂——“纲纪大坏，货赂公行，势位之家，以贵凌物。”（《晋书·惠帝纪》）当时官场，非钱不行，故鲁褒作《钱神论》，惟贿赂又尽入私而不归公，刘毅尝对惠帝曰：“桓灵卖官，钱入官库，陛下卖官，钱入私门。”（《晋书·刘毅传》）

F 奢侈——何曾日食万钱，犹嫌无下箸处，子劭食必尽四方珍异，一日之供，以钱二万为限。石崇则室宇宏丽，庖膳穷山水之珍。贤者如谢安亦盛建楼馆，肴馔屡费百金，则世俗之奢侈可知。（《晋书》各本传）

G 礼俗

a 答妾拜——汉魏故事，王公群妾见夫人，夫人不答拜，晋礼乃定妃公侯夫人，答妾拜。（《晋书·礼志》）

b 拜陵——“江左，元帝崩后，始有谒陵告辞之事，盖由眷向友执，率情而举，非京洛之旧也。”（同上）按古无墓祭之礼，故无拜陵，拜陵之风，乃自东晋始。

c 修禊——晋之风俗，自中朝公卿，至于庶人，三月初三，皆禊于洛水之侧，即《兰亭诗序》所谓修禊事也。（同上）

问　题

1. 西晋之士风。（民大一三年）

2. 东汉屡徙外族于内地，其结果若何？（北大一四年）

3. 取士之法魏晋有九品中正之制，至隋唐而科举以兴，试说明二制度之梗概并举其利弊以对。（浙大一八年）

4. 东晋偏安江左，既有王祖谢诸贤，先后继起支持大局，何以卒不能恢复中原。（东吴二〇年）

第五章　南北朝

（西历纪元后四二〇年至五八九年）

第一节　南北朝之事略

A 君位之僭夺

a 南朝——按宋齐梁陈君位相传，皆由于篡夺，初刘裕篡晋，国号曰宋，后齐萧道成，梁萧珩、陈霸先，亦由于篡夺，因此南北朝，成为中国君主弑杀最多之时期（注一）。

b 北朝——按北魏自孝文帝崩后，国势衰弱，分为东魏、西魏，后东魏灭于高洋，洋建国号曰齐。西魏灭于宇文觉，觉建国号曰周。最后周又灭齐，而被篡于隋。

B 官吏之贪污

a 南朝寒人掌机要——南朝以寒人掌机要，贪赃枉法，自然难免。例如法亮在中书尝语人曰："何须觅外禄，此户内，岁可办百万。"所有佃夫宅舍园池，胜于诸王，女妓数十，艺貌冠绝，一餐珍馐，多至数十种，足见其贿赂之盈溢。（《二十二史札记》卷八）

b 北齐断役为县令——北魏百官无禄，（注二）至孝文帝始班禄，后明元帝，诏使者巡行诸州，阅守令资财，非自家所赍，悉簿为赃，太武帝行幸中山，免守宰贪污者，数十人。足知当时贪官之多，及至北齐，以断役为县令，贪风更甚。（《二十二史札记》卷十五）

C 民族之恶感

a 南人骂北人为索虏——北魏为鲜卑族，胡语，胡服，不与中国同，而最特别者，则在头发装饰，大概胡人，皆辫发，故南人骂之为索虏。（《宋书》

卷九十五《索虏传》及《齐书》卷五十七《魏虏传》)

b 北人骂南人为岛夷——北人以南朝地位滨海，骂之为岛夷（《魏书·岛夷刘裕传》《岛夷萧道成》及《岛夷萧衍传》)，甚至呼汉人为汉狗（《资治通鉴·陈纪》）或一钱汉（《资治通鉴·梁纪》)。

D 北魏之重农——北魏每年春至秋，令男子年二十五以上，皆出田亩。蚕桑期间，妇女年十五以上，皆从事蚕桑。又令家有耕牛，而无耕人，有耕人，而无耕牛者，互助，务须地无余利，人无游手。在边僻之地，皆营屯田，置监督官以调查其年终所得，而定褒贬。此制历北齐、北周，尚行之未改。(《魏书·食货志》)

E 魏孝文帝之改革

a 迁都洛阳——魏初都平城，惟以霜雪交加，风沙常起，适于用武，非可文治，帝乃托为南征，迁都于洛阳，以便吸收中国文化。（《魏书·任城王澄传》)

b 行均田制——魏之时代环境，与王莽不同，故能实行均田制（注三)。男夫年十五以上受露田（不栽树曰露田）四十亩，妇人二十亩，男夫另给桑田二十亩，奴婢依良丁牛一头，受田三十亩，限四牛。所授之田，率倍之，三易之田，再倍之，凡民年十八受田，老免及身没则还，田惟桑田永为世业，不还。(《魏书·食货志》)

c 改姓氏——帝谓祖先出于黄帝，以土德王，故为拓跋氏（北人谓土为拓，后为跋)，田土为黄中之色，万物之元，乃命诸功臣旧族，改姓为元。(《通治通鉴》)

d 断北语——帝诏令人民不得以北俗之语，言于朝廷，若有违者，免所居官。(《魏书·高祖孝文帝纪》)

e 禁胡服——太和十年，定五等公服，（注四）夹领小袖之胡服，完全禁止。(同上)

f 婚名族——帝奖励人民，与汉人通婚，自为诸弟娶中州名族女为妻，而以前妻为妾媵，此于种族同化，极生效力。(同上)

【注解】

注一 南朝二十四君，善终者只十人，北朝二十六君，善终者亦只十君，表列如下：(李继煌译《中国文化史》第四章)

南北朝弑废表

代名	帝数	被弑者	被废者	善终者
南朝	八七四五	四四三	一二	三三一三
北朝	五六五十	一〇二三	一	五三二
合计五〇		二六	四	二〇

注二　后魏百官无禄，廉者贫苦异常，贪者取给于富豪，逼人假贷，或与盗魁相交。(《二十二史札记》卷一四)

注三　北魏能行均田制，因丧乱之余，田多无主，争讼不决，乃不得以无主之田，赐予贫民，以绝豪强之觊觎，且其行之之法，亦与王莽异，故马端临谓观其立法，所受者为露田，诸桑田不在还受之限，意桑田必是人户世业，是以栽植桑榆其上，而露田不栽树，则似所种荒闲无主之田，必诸远流配谪无子孙及户绝者，墟宅桑榆，尽为公田，以供授受，则固非尽夺富者之田，以予贫民也。又令盈者，得卖其盈，不足者得买不足，……是令其从便卖买，以合均给之数，则又非强夺以为公田。(《通考·田赋考》)

注四　公服即朝廷之服，五等为朱，紫，绯，绿，青，五种色。(《通鉴》注)

备　考

(1) 南朝宋齐梁陈，及三国时之吴，与东晋，皆都于建康，故史家称为六朝。

(2) 宋刘裕受晋禅称帝，凡八主，共六十年而亡。

(3) 齐萧道成受宋禅称帝，凡七主，共二十三年而亡。

(4) 梁萧衍受齐禅，称帝，凡四主，共五十五年而亡。

(5) 梁经侯景乱后，分为二国，梁建都于荆州，陈建都于扬州。

(6) 陈陈霸先受梁禅称帝，凡五传，共三十三年而灭于隋。

(7) 北魏始祖为拓跋珪，自秦苻坚败归，国中大乱，珪乃称代王，旋改魏王，皇始二年，取燕，乃称帝，凡十七主，共一百一十一年而为齐周所灭。

第二节　南北朝之制度

A 兵制

a 募兵——南北朝，连年战争，兵多临时召募，宋且有同伍犯法。(注一)

例如宋元嘉二十七年伐魏，召募青、冀、徐、豫、兖诸州民丁为兵，魏文帝南征，亦诏发扬徐州氏丁为兵，可知南朝北魏，皆行募兵制。(《通考·兵考》)

b 府兵——北周太祖，仿周典置六军，创行府兵制，凡民年十五受田，二十充兵，六十免役，其编制法如下：(同上)

官名	员数	内容
柱国	六	每柱国二大将军
大将军	一二	每大将军统二府
开府	四二	全国兵分二十四军，每开府领一军
郎将	一〇〇	全国为百府，每府一郎将主之

B 刑律

a 南朝刑律，仍沿晋之旧，惟其特点，在注重清议，例如陈定律令，谓“缙绅之族，犯亏名数，不孝，及内乱者，发诏弃之，终身不齿”。(《隋书·刑法志》)

b 北朝刑律犹带夷狄之风，备极严峻，当时之律有三百七十条而门房之诛占其四，大辟占百四十五。例如饮酒，亦处死刑。(《通考·刑考》)

C 货币

a 南朝用四铢钱，孝建钱（重四铢），二铢钱，鹅綖环钱，两柱钱，铁钱，惟交广之地，多以盐米布交易，俱不用钱。(《隋书·食货志》及《通考·钱币考》)

b 北朝用永安五铢钱，五行大布钱，永通万国钱，常平铢钱，独冀州以北，则用绢布交易。(同上)

D 赋税

a 租税

(1) 户调之法——南朝赋税不详，北魏则沿晋制，行户调之法，每户一夫一妇，出帛一疋，粟一石，人年十三以上，未娶者，四人出一夫一妇之调，奴任耕，婢任绩者，八口当未娶者四，耕牛十头，当奴婢八，其麻布之乡，一夫一妇，出布一疋。(同上)

(2) 一床之税——北齐已婚娶者，调绢一疋，绵八两，义租五斗，垦租二石，谓之一床之税。北周有室者，亦岁调绢一匹，绵八两，米五斛，丁者半之。(同上)

b 杂税

(1) 盐税——南北朝，凡出盐之地，国家皆立官司，以司收税。(《魏书·

食货志》及《通考·征榷考》)

(2) 房捐——北魏分店舍为五等，收税有差。(《魏书·食货志》)

(3) 入市税——北魏北周，皆征入市税，每人一钱。(同上)

(4) 僧尼税——北齐收僧尼税，谓其坐受供养，游食四方，损害不少，宜向之征税。(《通典·食货典》)

(5) 关税——陈朝东有石头津，西有方山津，各置一人，荻炭鱼薪之类过津者，十分税一。(《通考·征榷考》)

E 选举

a 九品中正——南北朝任官选举，仍袭魏晋九品中正之制，惟南朝限于年岁，宋陈定三十而仕，六周而代，(注二) 梁定二十五而仕，年岁浅者，虽贤，亦不能用，年岁深者，虽愚，亦得先用。(《通考·选举考》)

b 考试

(1) 试法——北齐考试之法，中书策秀才，格五问，(注三) 集书策贡士，考功郎中策廉良，天子常服乘舆，出于朝堂中楹，秀孝各以班草对。(同上)

(2) 处罚——应试者，字有脱误，呼起立席后；书有滥劣，饮墨水一升，文理孟浪，则夺席。(同上)

【注解】

注一 南朝以连年战争，难以召兵，乃定同伍犯法，以召军队，若一家犯罪，四家不举，即共罚为兵。(《宋书·王弘传》)

注二 宋文帝定三十年而仕，郡县以六周(六年)而代，凡为郡县官六年始代，孝武帝时，始除入仕年限，定三周而代。(《通典·选举典》)

注三 北齐试秀才，凡五问，全合者为上，合四三者为中，合二者为下。一不合者落第。(《通考·选举考》)

第三节 南北朝之文化

A 学术

a 经学

(1) 南朝经学，宗于王肃，有崔灵恩撰《三礼义》，沈文阿撰《春秋礼》、《孝经》、《论语》、《义疏》，何佟之撰《礼义》百余篇，学风之盛，逊于北朝。

（2）北朝经学，宗于郑康成，集其大成者，为徐遵明，《易》、《礼》、《春秋》、《书》，莫不通晓，撰有《春秋章义》三十卷，传于世，其余专通一经者，实繁有徒。（以上参考《二十二史札记》卷十五）

b 史学——南北朝史学颇盛，关于正史者，有范晔著《后汉书》，沈约著《宋书》，萧子显著《齐书》，魏收著《魏书》。（《隋书·经籍志》）

c 音韵学——自佛教输入后，婆罗门书以十四字统一切音之术，亦传入中国，魏孙炎因之作反切，至梁沈约始创平上去入四声，神珙创反纽图，有三十字母，至唐僧守温，增加六字，共有三十六字母（注一），此为今国语注音字母母声之所本。（江慎修《音学辨微》）

d 玄学——魏正始中，何晏王弼等，祖述老庄，以为天地万物，皆以无为本，无也者，开物成务，无往不存，此即为玄学之张本。晋世清谈，玄学益盛，至南北朝，宋文帝遂立玄学，聚生徒，降及梁代，《庄》、《老》、《周易》，总称三玄，武帝且躬自讲论，周宏正奉赞，大猷化行，都邑学徒千余，极一时之盛。（《颜氏家训·勉学篇》）

B 美术

a 绘画

（1）南朝陆探微以顾恺之画法，作连绵不绝之笔画，极润媚之妙。有"顾得其神，陆得其骨"之评。张僧繇每画龙，多不点睛，曰：恐其破壁飞去也。又长画山水彩色，创没骨皴法，极似印度之晕染法。（陈彬龢译《中国美术史》第十章）

（2）北朝曹仲达，以绘净土画著名，画中衣褶紧张，呈露曲线美，又有杨子华巧以写生，时人称为画圣。（郭若虚《图画见闻志》）

b 造像——南北朝造像极盛，南朝宋明帝，常造丈六丈七之铜像，梁武帝造有丈八弥陀铜像，丈八檀像及铜像，陈武帝修营，侯景乱时，所焚金陵七百寺，造先皇等身之檀像十二躯，金铜像一百万躯，宣帝亦造二万躯之金像，至于北魏于今山西大同，凿造石窟五所，名曰灵岩，所造佛像，尤著名于世，至今犹有存者。（陈彬龢译《中国美术史》第十章）

c 音乐——"永嘉之乱，海内分崩，伶官乐器，皆没于刘石，江左初立宗庙，……于时以无雅乐器。"（《晋书·乐志下》）足知晋时，雅乐已亡。至南北朝俗乐乃兴，梁武帝作乐器四通（注二），已与古乐回异。同时北朝，亦竞尚淫靡之音，"杂乐有西凉鼙舞龟兹等，然吹笛、弹琵琶玉弦及歌舞之伎，自文襄以来，皆所爱好"。（《隋书·音乐志》）

C 学校

a 四门国学——宋文帝，设玄学，史学，文学，儒学，四门国学。不专重经学，当时学术，颇有平均发展之势。(《宋书·雷次宗传》)

b 四门小学——北魏宣帝，立四门小学，选儒生以为小学博士员四十人，经术弥显。(《魏书·儒林传·序》)

c 集雅馆——梁武帝初置五经博士，胄子律博士，后又置集雅馆，以招远学。(《梁书·儒林传·序》)

附： 因清谈之故，讲学之风极盛，亦文化之大贡献，如宋伏曼容辄升座讲学，生徒常数十百人，梁植之每当讲学，听者千余人，而北魏刘献之、张吾贵每一讲授，辄门徒千数，其风亦不下于江南。(《隋书·经籍志》)

D 宗教

a 道教——道教向缺组织，惟至南北朝，见佛教势力，有凌驾之之势，及从事于内部组织，编撰经典，北魏寇谦之隐居嵩山，自言太上老君，命其继张道陵为天师，作图箓真经，太武帝起天师道场，亲授图箓，道教乃大盛。惟其教义，亦各有不同（注三）。(《隋书·经籍志》)

b 佛教——南北朝，西僧如鸠摩罗什、迦温弥罗及菩提达摩等来中国，翻译经典，当时以承清谈余风，及战乱频仍，上自君主，下自人民，皆念经求佛，梁武帝曾三次舍身于同泰寺，故寺宇极多，南朝金陵一地，有四百八十寺，北魏有三万余寺，时人虽有以华夷及伦理之观念，反对佛教，但亦无阻此潮流之力（注四）。(《魏书·释老志》及《魏书·武帝纪》)

E 发明

a 舂车——舂车者，中有木人，车动则木人踏碓，行十里，成米一斛。为北朝解飞所造。(《邺中记》)

b 改良指南车——“初宋武平关中，得姚兴指南车，有外形而无机巧，每行使人于内转之，……冲之改造铜机，圆转不穷，而司方如一。”(《南齐书·祖冲之传》）祖冲之改良指南车，以致司方如一，便利殊多。

c 千里船——“（冲之）造千里船，于新亭江试之，日行百余里。”（同上）冲之之千里船，实为中国之大发明，值得纪念。

附： 汉族文化之南下——南方文化之开拓，自周朝吴楚之受封，为第一期之开拓。秦始皇开桂林（广西）、南海（广东）、象郡（安南北部），并谪罪人，移居百粤，为第二期之开拓。两汉拓地至西南夷，及南越，选贤守令以行教化，为第三期之开拓。南方经此三次开拓，文化虽渐盛，然犹不能与文化策源地之北方相抗，自晋室南渡，亡官失守之士，多避乱南方，北方文化，尽为胡人蹂躏，而南北文化，遂生剧烈之转变。及至南北朝，南方文化，乃凌驾于北方。北齐颜之推曰：冠冕君子，南方为优；闾里小人，北方为愈。(《颜氏家训》）隋文中子曰：江东，中国之旧也，衣冠礼乐之所就也。(《述史篇》）而唐杜佑所说，尤为显明。“永嘉之后帝室东迁，衣冠避难，多所萃止，艺文儒术，斯之为盛。”（《通典》卷百八十二）可为南方文化，凌驾北方之证。

【注解】

注一 三十六字母，为见，溪，群，疑，端，透，定，泥，帮，滂，并，明，非，敷，奉，微，知，澈，澄，娘，精，清，从，心，邪，照，穿，床，审，禅，晓，匣，影，喻，来，日等字。(王鸣盛《蛾术编》卷三四）

注二 武帝自制定礼乐，立为四器，名之为通，皆施三弦，一曰玄英通，二曰青阳通，三曰朱明通，四曰白藏通。(《隋书·音乐志》)

注三 道教教义，约分为三种，（一）去邪累，清心神，则能辟谷导引，白天昇天；（二）炼丹养气，服食药饵，则可返老还童，长生不老；（三）符水图箓，祈礼齐醮，则仙人可致，黄金可成。(梁任公《饮冰室·中国学术思想变迁之大势》)

注四 时高欢著《夏夷论》力斥中夏之人，崇拜佛教，致变戎夷之化。刘勰有《三破论》，攻击佛教第一破曰入国而国破；第二破曰入家而家破；第三破曰入身而身破。(《南史·高欢传》及刘勰《灭惑论》)

第四节　南北朝之风俗

附南北朝风化之不同

A 阶级（士庶之分）——中国贵族平民之阶级，至春秋已打破，南北朝又有士庶之分，王俅曰：“士庶区别国之章也。”（注一）故两者不得同坐，不通婚姻。(注二)

B 婚姻

a 指腹为婚——南朝韦放、张率之侧室，俱有孕，因指腹为婚。北朝王宝兴母与卢遐妻俱有孕，时崔浩曰：“汝辈将来所生，皆我之自出，可指腹为婚。”可知指腹为婚，南北一致。(《魏书·王宝兴传》及《南史·韦睿传》)

b 少年早婚——北朝重早婚，年十二三即授室，如北魏献文帝让位时，年十七，而孝文已五岁。北齐王族高俨死时，年十四，有遗腹子五人，本上行下效之旨，早婚之风盛行于世。(《二十二史札记》卷十五)

C 丧葬

a 相地为葬——自晋郭璞著《葬经》一书，相地之术，乃为世人注重，亲死必先相得吉地，而后葬之，以期地灵人杰，南北朝时，此风益盛。(《二十二史札记》卷八)

b 丧事用佛——北魏胡太后父卒，诏自薨至七七，皆为设千僧斋，令七人出家，百日设万僧斋，令二十七人出家，自是有七七百日斋僧之俗，为后世七七百日斋僧之始。(《魏书·胡国珍传》)

D 妆饰

a 女人

(1) 脸傅燕支——梁简文帝《绝歌篇》有“分妆开浅靥，绕脸傅斜红”之句。足为女人脸擦燕支之证。

(2) 靥上作星——庾信《镜赋》所谓“靥上星稀，黄中月落”。即指此而言。

(3) 额上画黄——宋武帝女寿阳公主，卧于含章殿檐，梅花落额上，成五出花，拂之不去，后遂效为梅花妆。(《宋书·武帝纪》)

b 男人

(1) 傅粉施朱——《颜氏家训》谓梁朝全盛时代，贵游子弟，多薰衣剃面，傅粉施朱。

(2) 手带香囊——《世说新语》谓谢遏年少时，好著紫罗，香囊垂覆手。

(3) 以绳缠发——崔祖思，尝献太祖缠发绳一枚。(《齐书·本传》) 想以绳缠发之风必极盛行。

E 游戏

a 戏马——南朝流行戏马，有卧骑，颠骑，倒骑等，王神念尝于梁高祖前，驰马往来，冠绝群伍，而扬华能作惊军骑，为一时妙技。(《南齐书·礼志》及《梁书·王神念传》)

b 赌博——自晋以来，赌博甚盛，君主提倡于上，人民风靡于下，遂成风俗，陶侃诸参佐，无不嗜赌，宋武帝，常与刘毅聚赌，齐明帝大会新亭，亦与诸军，樗蒲为戏。(《宋书·郑鲜之传》)

c 弈棋——南北朝，承晋余风，颇好弈棋，梁武帝因好弈棋，至使柳恽定棋谱，北周武帝，且亲撰象经，集群臣为讲说，足知此风之盛。（《梁书·柳恽传》及《周书·武帝纪》）

F 社交——《魏书·高允传》谓："今之大会，内外相混，酒醉喧浇，罔有仪式。"据此则北朝男女社交，似极公开。

G 生活——"夫食方丈于前，所甘一味，今之燕喜相竞夸豪，积果如山岳，列肴同绮绣，露台之产，不同一燕之资。"（《梁书·贺琛传》）足为生活奢侈一般之鉴。

H 垂足坐——古代多屈膝而坐，至此始垂足而坐，为生活上之一大改变。（《南齐书·宗室传》及《南史·侯景传》）

【注解】

注一 六朝最重世族，其时有所谓旧门、次门、后门、勋门、役门之类，以士庶之别，为贵贱之分，积习相沿，遂成定制。（《二十二史札记》卷十一）

注二 士庶不相坐，例如宏兴宗欲就王俅坐，俅举扇曰："卿不得尔。"不相通婚，例如沈约劾王源曰："风闻东海王源嫁女与富阳满氏，王满联姻，实骇物议。"北魏崔巨伦姊眇一目，家人议下嫁，其姑独不赞成。（《南史·王俅传》及《北史·崔巨伦传》）

附：南北朝风化之不同

A 文化

a 南朝爱诗赋，北朝尊经学。

b 南朝文学有委婉纤弱之倾向，北朝则有劲烈直截之气。（注一）

c 南朝信佛，北朝亦信佛，惟以道教为国教。

B 生活

a 南朝受魏晋之风，人民喜抱膝，长坐清谈，北朝则爱出郊外游猎。

b 南朝出辄乘舆，北魏多骑马，虽儒生，亦能兵射。

c 南朝多饮茶食鱼，北朝多饮酪食肉。

d 南朝爱逸而恶劳，北朝则男耕女织，极为勤勉。（以上参考《东洋历史集成》卷中第一四七章七七七节）

C 门第——南朝以名望为高门，北朝则以官位为高门，而士庶之别，南朝由士大夫主之，北朝则由君主主之。（《南史·江敩传》及《魏书·世祖纪上》）

D 家室——南朝不讳庶孽，丧室之后，多以妾媵终家事，北朝鄙于侧出，不预人流。（《颜氏家训·后娶篇》）

E 言语——南朝水土和柔，音清举而切诣，北朝山川深厚，音沉浊而讹钝。（同上《音辞篇》）

【注解】

注一　南北文学之比较

北方文学例如"谁家女子能步行，反著夹裆后裙露，天生男女共一处，愿得两个成翁妪"。（《捉搦歌》）"明月光光星欲堕，欲来不来早语我。"（《驰驱乐歌》）全将心事信口说出，直截了当。

南方文学例如"谁能望相思，三更书石阙，忆子夜啼碑（悲），奈何不可言，早看莫牛蹄（牛蹄，蹄也），知是宿蹄（啼）痕"。又如"一坐复一起，黄昏人定后，许时不来已"。（《华山畿》）皆半吞半吐，委婉缠绵，有说不尽之心事。（以上参考徐嘉瑞《中古文学概论》第二编第四章三节）

问　题

1. 拓跋魏以迁都洛阳而致衰弱，宋室以迁都临安而致灭亡，其故安在？（中法大学一五年）

2. 解释南北朝及五胡诸名词。（中央大学二〇年）

3. 试言南北朝纷乱之由来。（上海交大二〇年）

4. 北魏为何人种所立之国家。（燕大二〇年）

5. 解释春秋、六朝、五胡、八王诸名词。（浙大一九年）

第三编

近古史

第一章　隋

第一节　隋代之事略

一、隋之统一

A 篡后周——太建十三年（西历五八一年），周主下诏，逊居别宫，禅位于隋。隋主即皇帝位于临光殿，大赦，改元开皇。（《资治通鉴卷一七五·陈纪·高宗宣皇帝下之下》，《隋书卷一·帝纪第一·高祖上》）

B 大诛宇文氏——虞庆劝隋主尽灭宇文氏，高颎、杨惠亦依违从之，李德林固争以为不可。隋主作色曰："君书生，不足与议此。"于是周太祖孙谯公乾恽，冀公绚；闵帝子纪公湜；明帝子酆公贞，宋公实；高祖子汉公赞，秦公贽，曹公允，道公充，蔡公兑，荆公元；宣帝子莱公衎，郢公术，皆死焉。（《资治通鉴卷一七五·高宗宣皇帝下之下》）

C 灭后梁——祯明元年（开皇七年，西历五八七年），隋主征梁主入朝，别遣崔弘度将兵戍江陵（湖北荆州），军至都州。梁王岩、王瓛等，恐弘度袭之，乃遣沈君公诣荆州刺史、宜黄侯慧纪，请降。慧纪引兵至江陵城下，岩等驱文武男女十万口来奔。隋主闻之，遂废梁国。（《资治通鉴卷七五·陈纪·长城公主下》）

D 灭陈——开皇九年，贺若弼拔陈京口（江苏丹徒），韩擒虎拔陈南豫州（安徽当涂县），进师入建业（南京），获陈主叔宝。陈国平，合州三十，郡一百，县四百。（《隋书卷二·帝纪第二·高祖下》）

备　考

隋代疆土——高祖受禅，维新朝政。开皇三年，遂废诸郡，洎于九载，廓定江表，寻以户口滋多，析置州县。炀帝嗣位，又平林邑，更置二州。既而并省诸州，寻即改州为郡，乃置司隶刺史，分部巡察。五年，平定吐谷浑，更置四郡。大凡郡一百九十，县一千二百五十五，户八百九十万七千五百四十六，口四千六百一万九千九百五十六，垦田五千五百八十五万四千四十一顷。其邑居，道路，山河，沟洫，砂碛，咸卤，丘陵，阡陌，皆不预焉。东西九千三百里，南北万四千八百一十五里，东南皆至于海，西至且末，北至五原，隋氏之盛，极于此矣。(《隋书卷二九·地理志》)

二、文帝之内治

A 改官制

a 高祖既受命，改周之六官，其所制名，多依前代之法。(《隋书卷二八·百官志》)

b 置三师、三公及尚书、门下、内史、秘书、内侍等省；御史、都水等台；太常、光禄、卫尉、宗正、太仆、大理、鸿胪、司农、太府、国子、将作等寺；左右卫，左右武卫，左右武侯，左右领，左右监门，左右领军等府，分司统职焉（注一）。(《隋书卷二八·百官志》)

B 定新律

a 开皇元年，诏高颎、郑译、杨素、常明、韩濬、李谔、柳雄亮等，更定新律。(《隋书卷二五·刑法志》)

b 其刑名有五：笞、杖、徒、流、死（注二）。又置十恶之条（注三），多采后齐之制，而颇有损益。(《隋书卷二五·刑法志》)

C 减调役——开皇三年，减十二番，每岁为二十日役；减调绢一疋为二丈。(《隋书卷二四·食货志》)

D 颁历法

a 杨素、牛弘等，复荐张胄玄历术。上令杨素与术数人立议六十一事，皆旧法久难通者。(《资治通鉴卷一七八·隋纪·高祖文皇帝上之下》)

b 又令刘晖等与胄玄等辩析，晖杜口一无所答，胄玄通者五十四。上乃拜胄玄员外散骑侍郎，兼太史令，赐物千段，令参定新术，至是胄玄历成，诏颁新历。(同上)

c 前造历刘晖等四人，并除名。(同上)

E 统一币制

a 初周、齐所铸钱凡四等，及民间私钱名品甚多，轻重不等。隋主患之，

更铸五铢钱，背面肉好，皆有周郭，每一千重四斤二两。(《资治通鉴卷一七五·陈纪·宣帝下之下》)

b 悉禁古钱及私钱，置样于关，不如样者没官销毁之。自是钱币始壹，民间便之。(同上)

F 行均田法——开皇十二年，文帝以天下户口岁增，京畿及三河，地少人众，衣食不给，议者咸欲徙就宽乡。帝乃发使四出，均天下之田，其狭乡每丁才至二十亩，老少又少焉。(《文献通考卷一·田赋考》)

G 制礼乐

a 开皇初定令置七乐部：一曰国伎，二曰清商伎，三曰高丽伎，四曰天竺伎，五曰安国伎，六曰龟兹伎，七曰文康伎。又杂有疏勒，扶南，康国，百济，突厥，新罗，倭国等伎。(《隋书卷十五·音乐志下》)

b 大业中，炀帝乃定清乐，西凉，龟兹，天竺，康国，疏勒，安国，高丽，礼毕以为九部，乐器工，依创造既成，大备于兹矣。(同上)

H 兵制

a 隋之兵制，沿用后周之府兵制。盖府兵之制，起自西魏、后周，而备于隋，唐兴因之。(《新唐书卷五十·兵志》)

b 隋制十二卫：曰翊卫，曰骁骑卫，曰武卫，曰屯卫，曰御卫，曰侯卫，为左右，皆有将军，以分统诸府之兵。府有郎将，副郎将，坊主，团主，以相统治。又有骠骑车骑二府，皆将军。后更骠骑曰鹰扬郎将，车骑曰副郎将，别置折冲果毅。(同上)

【注解】

注一 隋代职官表

职官

A 三师

a 太师
b 太傅 } 不主事，不置府僚。
c 太保

B 三公

a 太尉
b 司徒 } 参议国之大事，置府僚，无其人则缺。
c 司空

C 五省

a 尚书——事无不总，置令及左右仆射各一人，下置吏部、礼部、兵部、都官、度支、工部等六曹。

b 殿内——掌宫禁服御之事。

c 门下——掌献纳。

d 内史——掌出纳王命。

e 秘书——掌图籍著作。

D 三台

a 谒者——掌受诏劳问出使抚慰。

b 司隶——掌诸巡察之事。

c 御史——掌纠察。

E 五监

a 少府——掌尚方服务。

b 长秋——掌宦者之事。

c 国子——掌教育之事。

d 将作——掌营造之事。

e 都水——掌河堤水运之事。

注二 隋五刑表

五刑

A 死

绞。

斩。

B 流

千里居作二年。

千五百里居作二年半。

二千里居作三年。

C 徒

一年。

一年半。

二年。

二年半。

三年。

D 杖

百。

九十。

八十。

七十。

E 笞

六十。

五十。

四十。

三十。

二十。

注三 十恶

1. 谋反——谓谋危社稷。

2. 谋大逆——谓毁宗庙山陵及宫阙。

3. 谋叛——谓谋背国从伪。

4. 恶逆——谓殴及谋杀祖父母、父母，杀伯叔父母、姑、兄姊、外祖父母、夫之祖父母、父母者。

5. 不道——谓杀一家非死罪三人，及支解人，造畜蛊毒厌魅。

6. 大不敬——谓盗大祀神御之物，乘舆服御物，盗及伪造御宝；合和御药，误不如本方及封题误；若造御膳误犯食禁；御幸舟船误不牢固；指斥乘舆，情理切害；及对捍制使而无人臣之礼。

7. 不孝——谓告言诅詈祖父母及父母；父母在别籍异财；若供养有阙；居父母丧身自嫁娶；若作乐释服从吉；闻祖父母父母丧，匿不居哀；诈称祖父母父母死。

8. 不睦——谓谋杀及卖缌麻以上亲；殴告夫及大功以上尊长，小功尊严。依《礼》：夫者妇之天。又云：妻者齐也。恐不同尊长，故别言夫。号大功尊长者，依礼男子无大功尊，唯妇人于夫之祖父母及夫之伯叔父母是大功尊。大功长者，谓从父兄姊是也，以上者伯叔父母、姑、兄姊之类。小功尊属者，谓从祖父母姑从祖伯叔父母姑外祖父母舅姨之类。

9. 不义——谓杀本属府主刺史县令，见受业师，吏卒，本部五品以上官长，及闻夫丧匿不举哀，若作乐释服从吉及改嫁。

10. 内乱——谓奸小功以上亲，父祖妾，及与和者。奸小功以上亲者，谓据礼男子为妇人著小功服而奸者；若妇人为男夫，虽有小功之服，男子为报服缌麻者，非谓外孙女于外祖父及外甥于舅之类。

三、炀帝之荒政

A 营宫室

a 东都——大业元年三月，始建东都（河南洛阳），役丁二百万人，徙洛州郭内居民及诸州富商大贾数万户以实之。(《隋书卷二四·食货志》)

b 显仁宫——大业元年三月，又营显仁宫（河南洛阳东南），采海内奇禽异兽草木之类，以实园苑。(《隋书卷三·炀帝纪》)

c 西苑——大业元年五月，筑西苑（河南洛阳西），周二百里。其内为海，周十余里，为方丈，蓬莱，瀛洲诸山，高出水百余丈。台观宫殿，罗络山上，向背如神。海北有龙麟渠，萦纡注海内。缘渠作十六院，门皆临渠。每院以四品夫人主之，穷极华丽。(《资治通鉴卷一八〇·隋纪·炀帝上之上》)

d 迷楼——帝为江都（江苏江都）之游，项昇进新宫之图，帝命如图营造，经岁而成，千门万牖，工巧之极，自古无有。人误入者，虽终日不能出。帝幸之大喜，顾左右曰：使真仙人游此，亦当自迷，可目之曰“迷楼”。(《古今诗话》)

e 离宫——大业元年，自长安至江都置离宫四十余所，悉充以美女。(《资治通鉴卷一八〇·炀帝上之上》)

B 筑长城

a 开皇初，发丁三万，于朔方、灵武筑长城，东距河，西至绥州（陕西绥德），绵历七百里。又发丁十五万，于朔方以东，缘边险要，筑数十城，以遏胡寇。(《隋书卷六十·崔仲方传》、《资治通鉴卷一七六·陈纪·长城公下》)

b 开皇七年，发丁男十万余人，修筑长城，二旬而罢。(《隋书·高祖纪》、《资治通鉴卷一七六·陈纪·长城公下》)

c 大业三年七月，发丁男百余万，筑长城，西距榆林，东至紫河（山西归绥）。(《隋书·炀帝纪》)

d 大业四年七月，发丁国二十余万，筑长城，自榆林谷而东。(同上)

C 巡幸——炀帝北巡长城河右，又屡幸东都、江都，更巡幸各地，卫卒武士，动至数万人，供亿烦苛，岁费甚巨。(《资治通鉴卷一八一·炀帝上之上》)

D 侈靡——大业六年，帝以诸番酋长毕集洛阳，盛陈百戏。戏场周围五千步，执丝竹者万八千人，声闻数十里。自昏至旦，灯火光烛天地，终月而罢，所费巨万，自是岁以为常。(《资治通鉴卷一八一·炀帝上之下》)

E 侈征伐——大业七年，下诏讨高丽，造船三百艘，官吏督役，昼夜立水中，略不敢息，自腰以下皆生蛆，死者什三四。又伐江淮以南，民夫及船运黎阳（河南浚县东北）及洛口（河南巩县东北）诸仓米至涿郡，往还在道，常数十万人，填咽于道，昼夜不绝，死者相枕，臭秽盈路，天下骚动。此外征吐谷浑、琉球，士卒死者甚众，糜费以万万计。（《资治通鉴卷一八一·炀帝上之下》）

备　考

（1）炀帝筑西苑，其内宫树秋冬雕落，则剪采为华叶，缀于枝条，色渝则易以新者，常如阳春。沼内亦剪采为荷芰菱芡，乘舆游幸，则去冰而布之。十六院竞以淆羞精丽相高，求市恩宠。上好以月夜，从宫女数千骑游西苑，作《清夜游》曲，于马上奏之。（《资治通鉴卷一八〇·隋纪·炀帝上之上》）

（2）大业元年，上行幸江都，御龙舟。龙舟四重，高四十五尺，长二百丈，上重有正殿内殿，东西朝堂，中二重有百二十房，皆饰以金玉，下重内侍处之。皇后乘翔螭舟，制度差下，而装饰无异。别有浮景九艘三重，皆水殿也。又有漾彩，朱鸟，苍螭，白虎，玄武，飞羽，青凫，陵波，五楼，道场，玄坛，板舱，黄篾等数千艘，后宫诸王、公主、百官、僧尼、道士、蕃客乘之，及载内外百司供奉之物。共用挽船士八万余人，其挽漾彩以上者九千余人，谓之殿脚女，皆以锦采为袍。又有平乘，青龙，艨艟，艚艇，八棹，艇舸等数千艘，并十二卫兵乘之，并载兵器帐幕。兵士自引不给夫，舳舻相接，二百余里，照耀川陆，骑兵翊两岸而行，旌旗蔽野。所过州县，五百里内，皆令献食，多者一州至百举，极水陆珍奇，后宫厌饫，将发之际，多弃埋之。（同上）

（3）诸番请入丰都市交易，帝许之。先命整饰店肆，檐宇如下，盛设帐帷，珍货充积，人物华盛，卖菜者亦藉以龙须席。胡客或过酒店，悉令邀延入坐，醉饱而散，不取其值，给之曰：中国丰饶，酒食例不取值。胡客皆惊叹，其黠者颇觉之，见以缯帛缠树，曰：中国亦有贫者，衣不盖形，何如以此物与之，缠树何为？市人惭而不能答。（《资治通鉴卷一八一·隋炀帝上之下》）

四、隋之开边

A 海外经营

a 琉球

（1）大业元年，炀帝令朱宽入海，求访异俗。何蛮言之，遂与蛮俱往，

同到琉球国（即今之台湾），言不通，掠一人而返。（《北史卷九四·琉球传》）

（2）明年，复令宽慰抚之，不从，取其布甲而归。（同上）

（3）帝又遣陈稜、张镇州率兵至琉球。琉球不从，稜击走之，进至其都，焚其宫室，虏其男女数千人，载军实而还。（同上）

b 倭

（1）大业三年，其王多利思比孤，遣朝贡使者曰：闻海西菩萨天子，重兴佛法，故遣朝拜兼沙门数十人来学佛法。国书曰：日出处天子，致书日没处天子无恙云云。帝览不悦，谓鸿胪卿曰：蛮夷书有无礼者，勿复以闻。（《北史卷九四·倭传》）

（2）明年，上遣裴世清使倭国。其王与世清来贡方物，此后遂绝。（同上）

c 赤土

（1）有谓即今之暹罗国，盖因暹罗有红土故也。其俗敬佛，尤重婆罗门。（《北史卷九五·赤土传》）

（2）大业三年，募能使绝域者，屯田主事常骏，虞部主事王君政请使赤土。（同上）

（3）其年十月骏等乘舟使其国，至赤土之界。其主遣婆罗门鸠摩罗以舶三十艘来迎。并遣使贡方物。（同上）

d 真腊

（1）即今之暹罗中部柬蒲寨，其国在林邑西南，多奉佛，尤信道士。佛及道士，并立像于其馆。（《北史卷九五·真腊传》）

（2）大业十二年，遗使贡献，帝礼之甚厚，于后亦绝。（同上）

e 婆利

（1）即今之婆罗洲，盖其国东西四日行，南北四十五日行故也。大业十二年，遣使献贡，后遂绝。（《北史卷九五·婆利传》）

（2）于时有丹丹、盘盘（即今之吕宋）二国，亦来贡方物，其风俗物产大抵相类云。（同上）

B 陆地经营

a 西域

（1）裴矩写《西域图记》，共成三卷，合四十四国。又别造地图，穷其要害，由富商大贾，周游经涉，故诸国之事，罔不遍知。发自敦煌至于西海，凡为三道，各有襟带。而知伊吾，高昌，鄯善，并西域之门户也。总凑敦煌，是其咽喉也。以突厥、吐谷浑，分领羌胡之国，为其拥遏，故朝贡不通。

(《隋书卷六七·裴矩传》)

(2)大业五年，炀帝巡河右，诸胡佩金玉，被锦罽，焚香迎候道左。帝乃令武威、张掖士女盛饰纵观，衣服车马不鲜者。州县督课以夸示之。(《隋书卷八三·西域传》)

(3)其年破吐谷浑，进至燕支山，高昌、伊吾及西域二十七国请降，遂置西海、河源、鄯善、且末等郡。六年诸蕃来朝。(《隋书卷八三·西域传》)

b 突厥

(1)高祖受禅，待之甚薄，北夷大怒，自是乃屡入寇，然均为所败。(《隋书卷八四·突厥传》)

(2)后其国内有乱，炀帝用裴矩之计，分裂其国。矩更遣向氏使诣处罗所，论朝廷弘义，丁宁晓谕之，遂入朝。(同上)

c 吐谷浑

(1)高祖时奉表称藩，并献方物，请以女备后庭。帝以光代公主妻伏，自是朝贡岁至，而常访国家消息，上甚恶之。(《隋书卷八三·吐谷浑传》)

(2)炀帝即位，铁勒犯塞，帝遣冯孝慈出敦煌以御之，铁勒遣使谢罪请降。帝遣裴矩慰抚之，讽令击吐谷浑以自效。铁勒许诺，乃大破吐谷浑，其王伏允遁逃。自是西平、临羌以西，且末以东，祁连以南，雪山以北，东西四千里，南北二千里，皆为隋有。置郡县镇戍，发天下轻罪徙居之。(同上)

d 高丽

(1)高祖受禅，其主汤遣使诣阙，进授大将军，改封高丽王，岁遣使朝贡不绝。汤卒，子元嗣立，率靺鞨之众万余骑，寇辽西营州，韦冲击走之。高祖闻而大怒，命将讨之，元亦惶惧，遣使谢罪。上于是罢兵，待之如初，元亦岁遣朝贡。(《隋书卷八一·高丽传》)

(2)炀帝嗣位，天下全盛。于是征元入朝，元惧，藩礼颇阙。大业七年，下诏讨之，八年率兵一百一十三万三千八百，号二百万，分道伐之，不利，将帅奔亡，还者二千余人，乃班师。(《隋书卷八一·高丽传》、《隋书卷四·炀帝纪》)

(3)大业九年，帝复亲征之，乃敕诸军以便宜从事，诸将分道攻城，贼势日蹙。会杨玄感作乱，反书至，帝大惧，即日六军并还。(《隋书卷八一·高丽传》)

(4)大业十年，又发天下兵，会盗贼蜂起，人多流亡，所在阻绝，军多失期，至辽水。高丽亦困弊，遣使乞降，许之。帝归至京师，仍征元入朝，元竟不至。帝敕诸军严装，更图后举，会天下大乱，遂不克复行。（同上）

五、杨玄感之乱

A 原因

a 玄感父素，恃功骄倨，朝宴之际，或失臣礼。帝心衔而不言，素亦觉之。及素薨，帝谓近臣曰：使素不死，终当夷族。玄感颇知之。（《资治通鉴卷一八二・隋纪・炀帝中》）

b 玄感爱重文学，四海知名之士，多趋其门。自以累世尊显，有盛名于天下，在朝文武，多是父之将吏。复见朝纲渐紊，帝又猜忌日甚，内不自安，遂与诸弟潜谋作乱。（《隋书卷七十・杨玄感传》）

B 经过

a 起兵——大业九年，帝征辽东，命玄感于黎阳督运，于时百姓苦役，天下思乱。欲令帝所军众饥馁，每为逗留，不时进发。玄感无以动众，乃遣家奴伪为使者，从东方来，谬称将军来护儿失军而反。玄感遂入黎阳，闭城大索男夫，众至十余万，以讨来护儿为名，发兵。（《隋书卷七〇・杨玄感传》）

b 战况

（1）玄感将谋举兵，迎李密以为谋主。密划三策，用其下策（注一），攻取东都，久不能克，已而援军大集，乃引兵西奔。（《隋书卷七〇・杨玄感传》、《资治通鉴卷一八二・隋纪・炀帝中》）

（2）玄感释洛阳，西图关中。宇文述等诸军蹑之，至弘农宫，攻之三日，城不下，追兵遂至。玄感且战且行，复阵于董杜原，诸军击之，玄感大败，独与十余骑窜林木间，将奔上洛（陕西商县），追骑至，玄感叱之，皆惧而反走。至葭芦戍，玄感窘迫，自知不免，令其弟积善抽刀斫杀之。（同上）

C 影响——玄感之反也，帝谓苏威曰：此小儿聪明，得不为患乎？威曰：夫识是非，审成败者，乃所谓聪明。玄感粗疏，非聪明者，必无所虑，但恐浸成乱阶耳！自后群雄四起，势不可遏，隋因之而亡。（《隋书卷四一・苏威传》）

【注解】

注一 玄感举兵，潜遣人入关，迎李密。密至谓玄感曰：今天子出征，远在辽外，地去幽州，悬隔千里，南有巨海之限，北有胡戎之患，中间一道，理极艰危。今公拥兵出其不意，长驱入蓟，直扼其喉，前有高丽，退无归路，不过旬朔，赍粮必尽，举麾一召，其众自降，不战而擒，此计之上也。关中四塞，天府之国，有卫文昇，不足为意。若经城勿攻，西入长安，掩其无备，天子虽还，失其襟带，据险临之，固当必克，万全之势，此计之中也。若随近逐便，先向东都，顿坚城之下，胜负殊未可知，此计之下也。玄感曰：公之下计，乃上策也。今百官家口，并在东都，若不取之，何以动众。且经城不拔，何以示威？密计遂不行。(《旧唐书卷五三·李密传》)

备　考

玄感与樊子盖书云：今上纂承宝历，宜固洪基，乃自绝于天，殄民败德，频年肆眚，盗贼于是滋多。所在修治，民力为之凋尽。荒淫酒色，子女必被其侵。耽玩鹰犬，禽兽皆离其毒。朋党相扇，货贿公行，纳邪佞之言，杜正直之口，加以转输不息，徭役无期，士卒填沟壑，骸骨蔽原野。黄河之北，则千里无烟；江淮之间，则鞠为茂草。玄感世荷国恩，位居上将。先公奉遗诏曰：好子孙为我辅弼之，恶子孙为我屏黜之。所以上禀先旨，下顺民心，废此淫荒，更立明哲。(《隋书卷七〇·杨玄感传》)

六、隋之灭亡

A 群雄蜂起

a 窦建德——大业七年起兵，初据高鸡泊，后有河北、山东诸地，称夏王。(注一)

b 杜伏威——大业九年起历阳（安徽和县），在江苏中部之地，称吴王。

c 辅公祏——大业九年起兵，有江苏中部之地，称宋帝。

d 李子通——大业十一年，起长白山，南入江都，为杜伏威所败，转袭沈法兴复与之对抗。渡淮号楚王，入江，即帝位，国号曰吴。

e 朱粲——大业十一年起兵，掠荆沔及山南各郡县，据湖北中部，初称迦楼罗王，旋称楚帝。

f 林士弘——大业十二年，据九江、临川、南康、宜春等郡，有江西、广东之地，国号楚。

g 高开道——大业十三年，据北平、渔阳，有河北东部之地，称燕王。

h 徐圆郎——大业十三年，据琅邪以西北至东平，有山东中东二部之地，称鲁王。

i 梁师都——大业十三年，据延安等郡，有绥远及甘肃东北部之地，称梁帝。

j 刘武周——大业十三年，据马邑，掠汾阳、并州等处，有山西北部之地，称定阳天子。

k 李密——大业十三年，据黎阳，有河南之地，称魏公。

l 郭子和——大业十三年，起兵榆林，有陕西北部之地，称永乐王。

m 薛举——大业十三年，据陇西，有甘肃中部之地，自称西泰霸王，建元泰兴。

n 李渊——大业十三年，举兵晋阳，至长安，有陕西大部之地，称唐帝。

o 李轨——大业十三年，取河西诸郡，有甘肃西北部之地，称河西大凉王，寻称天子。

p 萧铣——大业十三年举兵，有两湖、两广之地，称梁王。

q 王世充——大业十三年举兵，有河南西部之地，称郑王，后称帝。

r 沈法兴——大业十三年起兵，有江浙间之地，称梁王。

B 炀帝被弑

a 大业十二年，炀帝至江都，荒淫益甚，见中原已乱，无心北归，欲都丹阳，保据江东。而从驾骁果，多关中人，久客思乡里，见帝无西归意，多谋叛乱。(《资治通鉴卷一八五·唐纪·高祖上之上》)

b 虎贲郎将司马德戡率兵自玄武门入，欲弑帝。帝曰：天子死自有法，何得加以锋刃。使令狐行达顿帝令坐。帝自解谏巾授行达，缢杀之。时恭帝义宁二年（西历六一八年）三月事也。(同上)

【注解】

注一 按是时群雄并起，凡一百三十余人之多，令所录者，皆其要也。可参见《隋书·炀帝纪》及各列传，《资治通鉴纪元编》诸书。

第二节　隋代之文化

A 学术思想

a 学儒

(1)《易》——梁陈郑玄、王弼二注，列于国学，齐代唯传郑义，至隋王注盛行，郑学浸微，今殆绝矣。(《隋书·经籍志》)

(2)《书》——梁陈所讲，有孔（孔安国《尚书》为王肃所伪造）郑二家，齐代唯传郑义，至隋孔郑并行，而郑氏甚微。(同上)

(3)《诗》——郑玄作《毛诗笺》，齐《诗》魏代已亡，鲁《诗》亡于西晋，韩《诗》虽存，而无传之者。唯毛《诗》郑笺，至今独立。（所谓今者指唐初而言，后仿此。）（同上）

(4)《礼》——《周官六篇》，《古经十七篇》，《小戴记四十九篇》：凡三种。唯郑注立于国学，其余并多散亡，又无师说。（同上）

(5)《春秋左氏》——晋时杜预又为《经传集解》，《穀梁》范宁注，《公羊》何休注，《左氏》服虔、杜预注，俱立国学。然《公羊》、《穀梁》但试读文，不能通其义。后学三传通讲，而《左氏》唯传服义，至隋杜氏盛行，服义及《公羊》、《穀梁》浸微，今殆无师说。（同上）

(6)《孝经》——梁代安国及郑氏二家，并立国学。而安国之本，亡于梁乱。陈及周齐，唯传郑氏。至隋秘书监王邵，于京师访得孔传，送至河间刘炫。炫因序其得丧，述其议疏，讲于人间，渐闻朝廷，遂著令，与郑氏并行。（同上）

(7)《论语》——古《论》先无师说，梁陈之时，唯郑玄、何宴立于国学，而郑氏甚微。周齐郑学独立，至隋何郑并行。（同上）

b 佛学——后周禁佛，骤见衰歇。至隋文帝信之，其教复兴。开皇元年，普诏天下，任听出家营造经像，写经收藏。天下之人，从风而靡，竞相景慕。（同上）

c 老学——高祖雅言佛法，于道士蔑如也。（同上）

B 文学

a 文章——开皇四年，普诏天下，公私文翰，并宜实录。其年九月，泗州刺史司马幼之上表华丽，付有司理罪。由是公卿大臣，咸知正路，莫不钻仰坟素，弃绝华绮，以矫齐梁之弊。（《隋书卷六六 · 李谔传》）

b 诗赋

(1) 新声之盛——炀帝不解音律，大制艳篇，辞极绮，令乐正白明达造新声，创《万岁乐》、《七夕相逢乐》及《十二时》等曲，掩抑摧藏，哀音断绝，帝悦之无已。

(2) 律体进步——律体始于沈约声病之论，而成于陈隋之间。

C 交通

a 开河渠

(1) 广通渠——开皇四年，命宇文恺率水工凿引渭水，自大兴城东至潼关，三百余里，名曰广通渠，转运便利，关内赖之。（《隋书卷二四 · 食货志》）

（2）通济渠——即北运河。大业元年三月，发河南、淮北诸郡民百余万，开广济渠。自西苑引榖洛水达于河，自板渚（河南汜水县东北）引河通于淮。又发淮南民十万余，开邗沟，自山阳至扬子入江，渠广四十步，渠旁皆筑御道，树以柳。（《隋书·炀帝纪》、《资治通鉴卷一八〇·隋纪·炀帝上之上》）

（3）永济渠——即卫河。大业四年，诏发河北诸郡男女百余万，开永济渠。引沁水南达于河，北通涿郡。（《隋书·炀帝纪》）

（4）江南河——即南运河。大业六年，敕穿江南河，自京口至余杭（浙江杭县），长八百余里，广十余丈。（《资治通鉴卷一八一·隋纪》）

b 凿驰道

（1）炀帝初即位，发丁男数十万，掘堑，自龙门（山西河津）东接汲县，抵临青关（河南新乡东北，今名临清镇），渡河至浚仪（河南开封）、襄城（河南襄城），达于上洛（陕西商县），以置关防。（《隋书·炀帝纪》）

（2）大业三年，发河北十余郡丁男，凿太行山，达于并州，以通驰道。（同上）

（3）自榆林北境，东达于蓟，开为御道，长三千里，广百步。（同上）

D 制造

a 用物品

（1）杨素居永安，造大艦，名曰五牙。起楼五层，高百尺，左右前后置六拍竿，并高五十尺，容战士八百人。（《隋书卷四八·杨素传》）

（2）冀州俗薄，市井多奸诈。赵煚为铜斗铁尺，置之于肆，百姓便之。上闻而嘉焉，颁告天下，以为常法。（《隋书卷四六·赵煚传》）

b 军事品

（1）宇文恺造“观风行殿”，上容侍卫者数百人，离合为之，下施轮轴，推移倏忽，有若神助。（《隋书卷六八·宇文恺传》）

（2）初，何稠制“行殿及六合城”，至是帝于辽左，与贼相对，夜中施之。其城周回八里，城及女垣，合高十仞，上布甲士，立仗建旗，四围置阙，而别一观，观下三门，迟明而毕。高丽望见，谓若神助。（《隋书·何稠传》）

c 工艺品

（1）波斯尝献金绵锦袍，组织殊丽，上命稠为之。稠锦既成，逾所献者。（《隋书·何稠传》）

（2）中国久绝琉璃之作，匠人无敢厝意。稠以绿瓷为之，与真不异。（同上）

（3）豫章之俗，颇同吴中。有夜浣纱，而旦成布者，俗谓鸡鸣布。（《隋书·地理志》）

d 测量器——耿询创意造浑天仪，不假人力，以水转之，施于闇室，与天时合如符契。又作马上刻漏，世称其妙。（《隋书卷七八·耿询传》）

E 美术

a 绘画

（1）展子虔以画车马为胜，郑法士以游宴豪华胜，孙尚子以鬼神鞍马胜，董伯仁以臺阁车马胜，杨契丹以衣冠簪组胜，各有所长。杨郑二氏，又同画光明寺之壁画，而小尉迟则有凹凸阴影之妙。（陈彬龢译《中国美术史》第十一章《隋》）

（2）隋之遗品，则有开皇时令夏侯郎所画之《三礼图》十卷，炀帝所撰之《古今艺术图》五十卷。（同上）

b 造像

（1）隋代佛教造像之盛，远非南北朝之比。开皇元年，发诏修复佛寺，至仁寿末年，造金银檀香夹苎牙石等像，大小一十万六千五百八十躯，并修治旧像一百五十万八千九百四十躯。（陈彬龢译《中国美术史》第十一章《隋》）

（2）炀帝亦铸刻新像三千八百五十躯，其中有一百三十尺之弥陀坐像等，旧像之修治，则达十万一千躯。（同上）

（3）今山东历城千佛山佛峪，益都云门山驼山，东平白佛山长清五峰山，河北磁州南响堂山，河南安阳万佛沟及龙门等地，隋代雕造之窟龛像，遗存至今者颇多。（同上）

c 雕刻——开皇十三年，敕废像遗经，悉合雕板，是为刻书之始。（《河汾燕间录》）

备　考

（1）时之文人，见称当世，则范阳卢思道，安平李德林，河东薛道衡，赵郡李元操，巨鹿魏澹，会稽虞世基，河东柳䛒，高阳许心等。（《隋书·文苑传》）

（2）雕本始于隋，行于唐，盛于五代，精于宋。（胡应麟《笔丛》）

（3）按《隋书》搜集图者最勤，得书最多，虽伪撰不少（据《刘炫传》），然《隋书·经籍志》所著录，盛极古今，遂开唐宋学术一新纪元。

第三节　隋代之民生状况

A 均田

a 均田之制，创行于后魏，经齐周而至于隋，皆相承袭，不过微有损益而已！(《隋书卷二四・食货志》)

b 隋制自诸王以下，至于都督，皆给永业田，各有差，多者至一百顷，少者至四十亩。(同上)

c 其丁男，中男，永业露田，皆遵后齐之制。并课树以桑榆及枣，其园宅率三口给一亩，奴婢则五口给一亩。(同上)

d 京官又给职分田，一品者给田五顷，每品以五十亩为差，至九品为一顷。外官亦各有职分田，又给公廨田，以供公用。(同上)

B 赋税

a 赋

(1) 租——丁男一床（一夫一妇谓之一床），租粟三石。（《隋书・食货志》）

(2) 调——桑土调以绢絁，麻土调以布，绢絁以疋，加绵三两，布以端，加麻三斤。单丁及仆隶各半之，未受地者不课。(同上)

b 役

(1) 隋仍依周制，凡人十八以上，至五十有九，皆任于役。(《隋书・食货志》)

(2) 丰年不过三旬，中年则二旬，下年则一旬。又周制役丁为十二番，匠则六番。开皇三年，令军人以二十一成丁，减十二番为二十日役。(同上)

(3) 凡起徒役，无过一家，其人有年八十者一子，不从役。百年者，家不从役。废疾非人不养者，一人不从役。又有品爵，及孝子顺孙义夫节妇，并免课役。(同上)

c 杂税——周设官置酒坊收利，盐池盐井，皆禁百姓采用。开皇三年，罢酒坊，通盐池盐井，与百姓共之，远近大悦。又罢入市之税。（《隋书・食货志》）

C 币制

a 开皇元年，以天下钱货，轻重不一，乃更铸新钱。背面肉好，皆有周

郭，文曰五铢，而重如其文，每钱一千，重四斤二两。(《隋书·食货志》)

b 开皇三年，诏四面诸关，各付百钱为样，从关外来，勘样相似，然后得过，样不同者，则坏以为铜，入官。诏行新钱以后，前代旧钱，有五行大布，永通万国及平常，所在勿用，以其贸易不止。四年诏依旧不禁止，县令夺半年禄。然百姓习用既久，犹不能绝。五年诏又严其制，自是钱货始一，所在流布，百姓便之。(同上)

c 大业以后，王纲弛紊，巨奸大猾，遂多私铸，钱转薄恶。初每千犹重二斤，后渐轻至一斤，或剪铁锞裁布糊纸，以为钱相杂用，货贱物贵，以至于亡。(同上)

D 阶级制度

a 奴婢——考奴婢制度，由来已久，隋仍沿袭之。《隋书·食货志》载奴婢则五口给一亩等。而“杨素诸子，家僮数千，后庭妓妾，曳绮罗者，以千数”。(《隋书卷四八·杨素传》)

b 乐户——括天下周齐梁陈乐家子弟，皆为乐户。(《隋书卷六七·裴蕴传》)

E 户籍制度——五家为保，保有长。保五为闾，闾四为族，皆有正。畿外置里正，比里正，党长比族正，以相检察焉。(《隋书·食货志》)

F 仓廪

(1) 开皇三年，朝廷以京师仓廪尚虚，议为水旱之备，乃于卫州置黎阳仓，洛州置河阳仓，陕州置常平仓，华州置广运仓。(《隋书·食货志》)

(2) 其后关中连年大旱，而青、兖、汴、许、曹、亳、陈、仁、谯、豫、郑、洛、颍、邳等州大水，百姓大饥，乃命苏威等，分道开仓赈给。又命王亶发广通之粟三百余万石，以拯关中。又发故城中周代旧粟，贱粜于人。(同上)

G 物产——“文帝时，百姓承平日久，虽遭水旱，而户口岁增。诸州调物，每岁河南自潼关，河北自蒲坂，达于京师，相继于路，昼夜不绝者数月。”由此可知文帝时天下承平，人得休息，故物产颇丰饶。(《隋书·食货志》)

H 商业

a 内地——“炀帝即位，始建东都。徙天下诸州富商大贾数万家，以实之。”按“富商”、“大贾”至数万家，则当时各地商务之繁盛，可以推知。而洛阳为商贾之集中地，则无疑义。(《隋书·食货志》)

b 西域——“西域多诸宝物，令裴矩往张掖监诸商胡互市。”按张掖互市，至设官监之，其繁盛可知。（同上）

c 海外——按海外贸易，东晋以后渐盛，隋通琉球、日本诸国，沿海如广州，泉州，杭州等处，为外商纷集之地。

备　考

（1）当时人增地少，调剂之法，惟在开垦。开皇九年，任垦田千九百四十万四千二百六十七顷。又大业中，天下垦田五千五百八十五万四千四十顷。（《通考·田赋考》）

（2）隋之赋税制度，仍沿袭六朝之制，以人丁为标准。男女三岁已下为黄，十岁已下为小，十七岁已下为中，十八岁已上为丁。炀帝即位，改男二十二成丁。（《隋书·食货志》）

（3）开皇三年，是时山东尚承齐俗，机巧奸伪，避役惰游者十六七。四方疲人，或诈老诈小，规免租赋。高祖令州县大索“貌阅”，户口不实者，正长远配。而又开相纠之科，大功以下，兼令析籍，各为户头，以防容隐。于是计账，进四十四万三千丁，新附一百六十四万一千五百口。高颎以文账出没，复无定簿，难以推校，乃为“输籍定样”，请遍下诸州。每年正月五日县令巡人，各随便近，五党三党共为一团，依样定户上下，帝从之，自是奸无所容。（《隋书·食货志》）

（4）隋代物产，各地出产情形，据《隋书·地理志》所载，分别列表于后：

州名	出产品
雍	农。
梁	田，渔，猎，绫锦，雕镂。
豫	尚稼穑。
兖	农。
冀	农，桑，雕刻。
青	农，桑，织，绣。
徐	务稼穑。
扬	渔，稻，纺绩，犀，象，瑇瑁，珠玑。
荆	同扬州。

第四节　隋代之风俗

A 嫁娶

a 最重门第，士族不通婚姻。“凡皇族卿傅王公侯伯及士民之家，不得与百姓工技皂姓为婚。”(《魏书·文成帝纪》)

b 通婚之时，往往比量祖父，故庶族以娶高门士女为荣，即夫家坐罪没官之妇女，寒人得之，荣幸无比。(《北齐书·郭琼孙骞传》)

B 丧吊

a 江南丧哭，时有哀诉之言耳。山东重丧，则唯呼苍天，期功以下，则唯呼痛深，便是号而不哭。(《颜氏家训·风操篇》)

b 又出丧之日，门前燃火，户外烈灰，袚送家鬼。(同上)

c “胡太后父卒，诏自始薨至七七，皆为设竿僧斋，百日设乐僧斋。”按是或后世七七、百日等所自始，亦丧礼中用佛事之滥觞也。(《北史》)

C 家庭

a 江右不讳庶孽，丧室之后，多以妾媵终家事，疥癣蚊虫，或未能免，限以大分，故稀阋之耻。河北耻于侧出，重娶再三，前兄后弟，时起诉讼，子诬母为妾，弟黜兄为佣，播扬先人之词迹，暴露祖考之长短，以求己直者多有。(《颜氏家训·后娶篇》)

b 江南风俗，儿生一期，为制新衣，盥浴装饰，男则用弓矢，纸笔，女则刀尺针缕，并加饮食之物，及珍宝服玩，置之儿前。观其发意所取，以验贪廉愚智，名之为试儿。(《颜氏家训·风操篇》)

c “河北妇人织纴组之事，黼黻锦绣罗绮之工，大优于江东也。”于此可推知妇女，所操之职业。(《颜氏家训·治家篇》)

D 衣饰

a 开皇七年，帝幸蒲州，宴父老，上极欢曰：此间人物，衣服鲜丽，容止闲雅，良田仕宦之乡，陶染成俗也。(《隋书卷一·高祖纪》)

b 大业中，官多服半臂，又谓之背子。本妇人女子之服，后则男子亦用之。(《事物纪原》)

c 晋处士冯翼衣布大袖，周缘以皂，下加栏，前系二长带，隋唐朝野服之。谓之冯翼之衣，今呼为直裰。(郭若虚《图书见闻志》)

E 习尚

a 商贾——京兆王都所在，俗具五方，人物混淆，华戎杂错，去农从商，争朝夕之利，游手为事，竞锥刀之末。贵者崇侈靡，贱者薄仁义。(《隋书·地理志》)

b 武节——平凉、朔方、盐川、灵武、榆林、五原，地接边荒，尚武节，亦俗然也。(同上)

c 儒学——东郡、东平、济北、武阳、平原等郡，得其地焉，兼得邹鲁齐卫之交，旧传太公、唐叔之教，亦有周孔遗风。今此数郡，其尚多好儒学，性质真，怀古义，有古之风烈矣。(同上)

d 俭约——安定、北地、上郡、陇西、天水、金城，于古为大郡之地。其人性犹质真，然尚俭约，习仁义，勤于稼穑，多畜牧。(同上)

e 奢侈——今北土风俗，率能躬俭节用，江南奢侈，多不逮焉。(《颜氏家训·治家篇》)

F 游戏

a 幻术——大业十二年，突厥来朝，总追四方散乐，大集东都。有舍利先来戏于场内，须臾跳跃，激水满衢，鼋鼍龟鳌，水人虫鱼，遍覆于地，又有大鲸鱼，喷雾翳日，倏忽化成黄龙，长七八尺，耸踊而出，名曰黄龙变。(《隋书卷十五·音乐志》)

b 马戏——大业十二年，又以绳系两柱，相去十丈，遣二倡女，对舞绳上，相逢切肩而过，歌舞不辍。又为夏育扛鼎，取车轮，石臼，大瓮器等，各于掌上而跳弄之。(同上)

c 竞渡——屈原以五月望日，赴汨罗，土人追至洞庭不见，湖船大小，莫能济者，乃歌曰：何由得渡湖，因而鼓棹争归，竞会停止，习以相传，为竞渡之戏。(《隋书·地理志》)

第二章　唐

第一节　唐代之事略

一、唐之统一

A 平陇右——高祖武德元年，十一月，秦王世民击降薛仁杲，陇右平。(《资治通鉴卷一八六・唐纪》)

B 平河西——李轨将安修仁，兄兴贵，仕长安，表请说轨降唐，轨不听。乃与修仁阴结诸胡起兵击轨，败之，并执轨至长安，并其子弟，皆伏诛。时武德二年五月也。(《资治通鉴卷一八七・唐纪》)

C 平并州——武德三年四月，秦王世民大破宋金刚于介州（山西汾阳），金刚与刘武周俱奔突厥，遂平并州。(《资治通鉴卷一八八・唐纪》)

D 平河北河南——武德四年，秦王世民大破窦建德之众于武牢，擒建德，河北悉平。时王世充举东都来降，河南亦平。(《资治通鉴卷一八九・唐纪》)

E 平岭南——武德五年六月，隋汉阳太守冯盎承、李靖檄帅所部来降，于是岭南悉平。(《资治通鉴卷一九〇・唐纪》)

F 平山东——武德四年七月，窦建德旧部刘黑闼起兵举事，尽复建德故地。五年三月为唐所破，亡奔突厥，六月黑闼引突厥掠山东，十二月破之于魏州。六年正月，其将诸葛德威执黑闼，举城降，乃斩之于洛州。(同上)

G 定江淮——武德四年十月，李靖以水军平江陵，获萧铣，斩之于长安。五年七月杜伏威入朝于唐，至是江淮之地悉定。(《资治通鉴卷一八九・唐纪》)

H 平余乱——武德六年正月，李世勣讨徐圆朗，平之。七年二月，高开道为部将张金树所杀，以其地降。贞观二年四月，梁师都为其从父弟洛仁所

杀，以城降，于是国内统一。(《资治通鉴卷一九〇至一九二·唐纪》)

二、玄武门之变

A 原因

a 建成之猜忌——太宗功业日盛，高祖私许立为太子。建成密知之，乃与齐王元吉潜谋作乱。(《旧唐书卷六四·隐太子建成传》)

b 妃嫔之谗諂

(1) 高祖晚生诸子王诸母，擅宠椒房，亲戚并分事宫府，竞求恩惠。太宗每总戒律，惟以抚接才贤为务，至于参请妃嫔，素所不行。(同上)

(2) 妃嫔等奏言至尊万岁后，秦王得志，母子定无孑遗，因悲泣哽咽。又云：东宫慈厚，必能养育妾母子，高祖恻怆久之。自是于太宗恩礼渐薄，废立之心，亦以此定。建成、元吉，转蒙恩宠。(同上)

B 经过

a 建成之阴谋——建成、元吉，为将密谋，请太宗同游于昆明池，将加屠害。敬德闻其谋，与长孙无忌，遽启太宗曰：大王若不速正之，则恐被其所害，社稷危矣！敬德又与侯君集，日夜进言，然后计定。(《旧唐书卷六八·尉迟敬德传》)

b 建成之被杀

(1) 武德九年六月三日，密奏建成、元吉淫乱后宫。四日，太宗与长孙无忌，将尉迟敬德，侯君集，张公谨，刘师立，公孙武达，独孤彦云，杜君绰，郑仁泰，李孟尝九人，至玄武门自卫。建成、元吉行至临湖殿，觉变，即回马将东归宫府。太宗乃射之，建成应弦而毙，元吉中流矢而走，尉迟敬德杀之。(《旧唐书卷六五·长孙无忌传》及《隐太子传》)

(2) 其宫府诸将薛万彻等，率兵人至，屯于玄武门，杀屯营将军，敬德持建成、元吉首以示之，宫兵遂散。是时高祖泛舟于海池，太宗命敬德侍卫高祖。敬德披甲持矛，直至高祖所，高祖大惊问曰：今日作乱是谁？卿来此何也？对曰：秦王以太子、齐王作乱，举兵诛之，恐陛下惊动，遣臣来宿卫，高祖意乃安。南衙北门兵马，及三宫左右，犹相拒战。敬德奏请降手敕：令诸军并受秦王处分，于是内外始定。(《旧唐书·尉迟敬德传》)

C 结果——武德九年八月，高祖禅位于太宗，次年改元为贞观。

备　考

(1) 唐公李渊有四男，长子建成，次子世民，次玄霸，次元吉。而世民聪明勇决，识量过人，见隋室方乱，阴有安天下之志，倾身下士，散财结客，咸得其欢心，乃说其父渊以举兵。(《资治通鉴卷一八三·隋纪》)

(2) 玄武门事变发生，高祖谓裴寂等曰：今日之事如何？萧瑀、陈叔达进曰：臣闻内外无限，父子不亲，当断不断，反受其乱。建成、元吉，义旗草创之际，并不预谋，建立以来，又无功德，常自怀忧，相继为恶，衅起萧墙，遂有今日之事。秦王功盖天下，率土归心，若处以元良，委之国务，陛下如释重负，苍生自然乂安。高祖曰：善，此吾之夙志也。乃命招太宗而抚之曰：近日以来，几有投杼之惑！(《旧唐书·隐太子传》)

三、贞观之治

A 奖励武备

a 太宗即位，引诸卫骑兵统将，习射显德殿庭，谓将军以下曰：我今不使汝等，穿池筑苑，造诸淫费，农民恣令逸乐，兵士唯习弓马，庶使汝斗战，亦望汝前无横敌。(《旧唐书卷二·太宗本纪》)

b 太宗每日引数百人于殿前教射，亲自临试，射中者随赏弓刀布帛。(同上)

B 任用贤人

a 贞观三年，令房玄龄为尚书左仆射，杜如晦为尚书右仆射，李靖为兵部尚书右丞，魏徵为守秘书监，参预朝政。(《旧唐书卷二·太宗本纪》)

b 玄龄善谋，如晦能断，二人深相得，同心徇国，故唐代称贤相，必推房杜焉。(《旧唐书卷六六·房玄龄杜如晦传》)

C 淘汰官吏

a 太宗尝曰："朕思天下事，丙夜不安枕，永惟治人之本，莫重刺史。"故录姓名于屏风，卧兴对之，得才否状，辄疏之下方，以拟废置。又诏内外官五品以上举任县令者。于是官得其人，民去叹愁。(《唐书卷一九七·循吏列传序》)

b 太宗又恐官吏不尽职者，乃遣员出而巡察。"贞观八年正月，赵弘智使于四方，观省风俗。"又"贞观二十年正月，遣孙伏伽、褚遂良等二十二人，以六条巡察四方，黜陟官吏。"(《旧唐书卷三·太宗本纪下》)

D 提倡文学

a 上于弘文殿聚四部书二十余万卷，置弘文馆于殿侧。精选天下文学之士，虞世南，褚亮，姚思廉，欧阳询，蔡允恭，萧德言等，以本官兼学士。令更日宿直，听朝之隙，引入殿内，讲论前言往行，商惟政事，或至夜分乃罢。(《资治通鉴卷一九二·唐纪》)

b 又取三品以上子孙，充弘文馆学士。（同上）

E 太宗治绩

a 贞观四年，是岁断死刑二十九人，几至刑措。东至于海，南至于岭，皆外户不闭，行旅不赍粮。（《旧唐书·太宗本纪下》）

b 贞观六年，亲录囚徒，归死罪者三百九十人于家，令明年秋末就刑。其后应期毕至，诏悉原之。（同上）

备　考

（1）时王珪与房玄龄，李靖，温彦博，戴胄，魏徵，同辅政。帝以珪善人物且知言，因谓曰：卿标鉴通晤，为朕言玄龄等材，且自谓孰与诸子贤？对曰：孜孜奉国，知无不为，臣不如玄龄。兼资文武，出将入相，臣不如靖。敷奏详明，出纳惟允，臣不如彦博。济繁治剧，众务必举，臣不如胄。以谏诤为心，耻君不及尧舜，臣不如徵。至激浊扬清，疾恶好善，臣于数子有一日之长。帝称善，而玄龄等，亦以为尽己所长，谓之确论。（《唐书卷九八·王珪传》）

（2）贞观元年，关中饥，米斗直绢一匹。二年，天下蝗，三年，大水，上勤而抚之，民虽东西就食，未尝嗟怨。是岁大稔。流散者咸归乡里，斗米不过三四钱。（《资治通鉴》）

四、唐与诸民族之关系

A 突厥

a 东突厥

（1）高祖起义太原，遣刘文静，聘于始毕，引以为援。始毕遣其特勒康稍利等，献马千匹，会于绛郡，又遣二千骑助军。（《旧唐书卷一九四·突厥传》）

（2）高祖即位，前后赏赐，不可胜纪。始毕自恃其功，益骄踞，每遣使者至长安，颇多恣横。高祖以中原未定，每优容之。（同上）

（3）颉利初嗣，承父兄之资，兵马强盛，有凭陵中国之志。武德七年，突利、颉利二可汗，自原州入寇，侵扰关中。太宗因纵反间于突利，突利悦而归心，自托于太宗，结为兄弟。（《旧唐书卷二·太宗本纪》及《卷一九四·突厥传》）

（4）贞观三年，李勣至云中，与突厥颉利可汗兵会，大败之。颉利与万余人欲渡碛，为勣所阻，其大酋率其部落，并降于勣。颉利计窘，遣使入朝谢罪，请举国内附。太宗遣唐从俭，持节安抚之，颉利稍自安。李靖承间袭

击大破之，遂灭其国。（《旧唐书卷六七·李勣传》及《卷一九四·突厥传》）

b 西突厥

（1）西突厥本与北突厥同祖，初木杆与沙钵略可汗有隙，因分为二。其国即乌孙故地，东至突厥，西至雷翥海，南至疏勒，北至瀚海。其北庭铁勒、龟兹，及西域诸国皆归附之。（《旧唐书·突厥传》）

（2）武德三年，遣使贡条支巨卵。太宗时，臣服于唐。其后屡入寇。至高宗显庆二年，令苏定方率师讨击，贼众大败，分其种落，置昆陵、濛池二都护府，其所役属诸国，皆分置州府，西尽于波斯，并隶安西都护府。西突厥遂亡。（同上）

B 回纥

a 回纥（《新唐书》作回鹘），其先匈奴也，俗多乘高车，北魏时，亦号高车部。或曰敕勒，讹为铁勒。其部落凡十有五种，皆散处碛北。（《唐书卷二一七·回鹘传》）

b 太宗时，其酋胡禄俟利发吐迷度，遣使献款，铁勒十一部皆来归，请置唐官。太宗为置六府七州，府置都督，州置刺史。时吐迷度已自称可汗，署官号，皆如突厥故事。（《唐书·回鹘传》、《旧唐书·回纥传》）

c 玄宗天宝初，骨立裴罗自称骨咥禄毗伽阙可汗，南居突厥故地，徙牙乌德鞬山、昆河之间，北尽碛口三百里，悉有九姓地（注一），诏拜为怀仁可汗，裴罗又攻杀突厥白眉可汗，于是土地愈广，东尽室韦，西至金山，南控大漠，尽得古匈奴地。（《唐书·回鹘传》）

d 肃宗于灵武即位，遣使于回纥，以修好征兵。回纥遣其太子叶护，领兵马四千余众，助国讨逆。乾元元年，诏以幼女封为宁国公主，出降其蕃，册立回纥英武威远毗加可汗。（《旧唐书·回纥传》）

e 德宗即位，可汗入寇，为其相顿莫贺达干所杀。顿莫贺自立为合骨咄禄毗伽可汗，遣使入朝。建中元年，诏拜为武成功可汗。三年遣使献方物，请和亲，帝诏咸安公主下嫁。又请易回纥曰回鹘，言捷鸷犹鹘然也。贞元以后，国内乱，于是日衰。（《唐书·回鹘传》）

C 吐蕃

a 吐蕃本西羌属，盖百有五十种，散处河湟江岷间。其俗谓强雄曰赞，丈夫曰普，故号君长曰赞普，赞普妻曰末蒙。（《唐书·吐蕃传》）

b 太宗时，弄赞嗣位，遣行人往抚慰之，乃遣使入朝，求婚，未之许，遂率众二十余万，顿于松州西境（四川松潘县）。太宗遣侯君集往击之，引兵而

退，遣使谢罪，因复请婚，太宗许之。贞观十五年，以文成公主妻之。（《旧唐书卷一九六·吐蕃传》）

c 高宗时，吐蕃与吐谷浑不和，遂率兵以击吐谷浑。吐谷浑大败，走投凉州，遣使告急。诏以薛仁贵率众十余万讨之，为吐蕃所败，自是吐蕃连岁寇边。（同上）

d 武后长寿元年，武威总管王孝杰，大破吐蕃之众，克复龟兹，于阗，疏勒，碎叶等四镇。乃于龟兹置安西都护使，发兵以镇守之。（同上）

e 中宗神龙元年，赞普之祖母，遣大臣来献方物，为其孙请婚。中宗以金城公主许嫁之，自是频岁贡献。（同上）

f 代宗宝应元年，吐蕃入寇，至长安，留十五日，乃走。又永泰元年，叛将仆固怀恩，诱吐蕃、回纥之众，南犯王畿，至奉天界，京师戒严。郭子仪领众赴援，时回纥三千骑，诣泾阳降款，请击吐蕃为效，子仪许之。于是合兵，攻破吐蕃，京师解严。（《唐书·吐蕃传》、《旧唐书·吐蕃传》）

g 宪宗时，朝贡岁至。文宗以后，内政益乱，自是浸衰。（《唐书·吐蕃传》）

D 南蛮及西南蛮

a 林邑——武德六年，其王范梵志遣使来朝。八年，又遣使献方物。贞观初又来，朝贡不绝。（《旧唐书卷一九七·南蛮传》）

b 婆利——在林邑东南（今婆罗洲）。贞观四年，其王遣使随林邑使献方物。（同上）

c 盘盘——在林邑西南海曲中。其国甚敬佛法。贞观九年，遣使来朝贡方物。（同上）

d 真腊——在林邑西北。武德六年，遣使贡方物。贞观二年，又与林邑同来，高宗、则天、玄宗时，并有使来。（同上）

e 陁洹——在林邑西南大海中。贞观十八年，遣使来朝。二十一年，又遣使献方物。（同上）

f 诃陵——在南方海中洲上，居东接婆利。贞观十四年遣使来朝。大历三年，元和十一年、十三年，遣使献方物。（同上）

g 堕和罗——南与盘盘，东与真腊相接。贞观十二年，其王遣使贡方物。二十三年，又遣使献象牙大珠。（同上）

h 堕婆登——在林邑南海中。贞观二十一年，其王遣使献古贝、象牙、白檀。（同上）

i 东谢蛮——在黔州之西数百里（今贵州西部）。贞观三年，其首领谢元深入朝。（同上）

j 西赵蛮——在东谢蛮之南，贞观三年，遣使入朝。（同上）

k 牂牁蛮——在今贵州南。武德三年，遣使朝贡，其后不绝。（同上）

l 东女国——西羌之别种，俗以女为王。武德中，女王汤滂氏始遣使贡方物。（同上）

m 南诏蛮——本乌蛮之别种也。高宗时来朝。（同上）

E 东夷

a 高丽——出自扶余之别种，其国都于平壤，即汉乐浪郡之故地。武德二年，遣使来朝。（《旧唐书卷一九九·东夷传》）

b 百济——今朝鲜半岛西部。本亦扶余之别种，武德四年，其王遣使贡方物。（同上）

c 新罗——今朝鲜半岛东部，本弁韩之苗裔也。武德四年，遣使贡方物，其后不绝。（同上）

d 倭国——古倭奴国也。在新罗东南大海中，依山岛而居。贞观五年，遣使献方物。（同上）

e 日本——今日本国，倭国之别种也。武后长安三年，遣使贡方物，并遣人来留学。（同上）

F 西戎

a 泥婆罗——今尼泊尔国。贞观中，尉卫丞使天竺，曾经其国。永徽中，遣使朝贡。（《旧唐书卷一九八·西戎传》）

b 党项——今甘肃西部，汉西羌之别种也。自周及隋，或叛或朝，常为边患。贞观三年，其酋长细封步赖举部内附。（同上）

c 高昌——今新疆吐鲁蕃一带。武德七年，其王文泰献狗，雌雄各一，高六寸，长尺余，本出拂菻国。中国有拂菻狗，自此始也。太宗嗣位，复贡玄狐裘。（同上）

d 吐谷浑——今青海之地。太宗时，屡朝屡寇，高宗时，为吐蕃所破，并併其地。（同上）

e 焉耆——今新疆焉耆县。贞观六年，遣使贡方物。（同上）

f 龟兹——今新疆库车县。高祖时，遣使来朝。贞观四年，又遣使献马，由此岁贡不绝。（同上）

g 疏勒——今新疆疏勒县。贞观九年，遣使贡方物，此后朝贡不绝。

（同上）

h 于阗——今新疆于阗县。其国出美玉，贞观六年，遣使献玉带。十三年，又遣子入侍，其后常朝贡。（同上）

i 天竺——今印度半岛。贞观十五年，遣使朝贡。（同上）

j 罽宾——今印度克什米尔。贞观十一年，遣使献名马，其后常有使来。（同上）

k 康国——今俄属中亚细亚中部。武德十年，遣使献名马，自此朝贡岁至。（同上）

l 波斯——今波斯地。永徽元年，为突厥所迫，朝唐，唐置波斯都督府，屡朝贡。（同上）

m 拂菻——或谓即东罗马帝国。贞观十七年，其王波多力遣使献物，太宗答赐。（同上）

n 大食——今阿拉伯半岛。长安中，遣使献马。开元初，遣使来朝。（同上）

G 北狄

a 铁勒——今蒙古、新疆一带，武德初，太宗图颉利，曾遣使通之，来贡方物。（《旧唐书卷一九九·北狄传》）

b 契丹——今河北东北部及辽宁地。居鲜卑之故地。武德初，入寇，六年遣使贡方物。贞观三年，其君摩会率其部落来降。（同上）

c 奚国——今辽宁西部，盖匈奴之别种也，所居亦鲜卑故地。武德中，遣使朝贡。贞观二十二年，酋长可度率其部内属。（同上）

d 室韦——今黑龙江西部地。契丹之别种也。武德贞观中，来使朝贡，此后不绝。（同上）

e 靺鞨——今黑龙江境及吉林以东地。武德中，遣使朝贡。（同上）

f 渤海——今辽吉二境。本高丽别种也。中宗时，遣子入侍。（同上）

g 霫——今辽宁西部。匈奴之别种也。贞观三年，遣使贡方物。（同上）

h 乌罗浑——或即蒙古。贞观六年，其君长遣使贡方物。（同上）

【注解】

注一 九姓之地：

一曰药罗葛，二曰胡咄葛，三曰崛罗勿，四曰貊歌息讫，五曰阿勿嘀，六曰葛萨，七曰斛温素，八曰药勿葛，九曰奚邪勿。

备 考

（1）唐于沿边各地，先后设有六都护府，以资控制四夷。兹表列如下：

都护府名	道别	治所		控制	设置与沿革	备考
		原称	今释			
安东	河北	平壤	朝鲜平壤	高丽诸府州	总章元年平高丽置安东都护府于平壤	
安南	岭南	交州	安南中部	交趾府州及海南诸国	隋交趾郡武德五年改交州总管府调露元年改为安南都护府	
安西	河西	龟兹	新疆库车	西域诸府州	贞观十四年平高昌置西州都护府显庆二年改安西都护府	河西道从陇右道州分出不在十道内
安北	关内	金山	科布多境	碛北诸府州	开元十年置蒲海都护府总章中改安北大都护府	
单于	河东	云中	归绥境	碛南诸府州	龙朔三年置云中都护府麟德元年改为单于大都护府	
北庭	河西	庭州	新疆迪化	天山以北府州	贞观十四年讨高昌及平乃置庭州长安二年改为北庭都护府	同安西

（2）其通各处之道路有七：

唐置羁縻诸州，皆旁塞外。或寓名于夷落，而四夷之与中国通者甚众。若将臣之所征讨，敕使之所慰赐，宜有以记其所从出。天宝中，玄宗问诸藩国远近，鸿胪卿王忠嗣以《西域图》对，才十数国。其后贞元宰相贾耽，考方域道里之数最详。从边州入四夷，通译于鸿胪者，莫不毕纪。其入四夷之路，与关戍走集最要者七：一曰营州，入安东道。二曰登县，海行入高丽渤海道。三曰夏州，塞外通大同云中道。四曰中受降城，入回鹘道。五曰安西，入西域道。六曰安南，通天竺道。七曰广州，通海夷道。(《唐书·地理志》)

五、武韦之乱

A 武后

a 篡唐

(1) 则天顺圣皇后武氏，讳曌，并州交水人也。后年十四，太宗闻其有色，选为才人。太宗崩，削发为比丘尼，居于感业寺。(《唐书》卷四)

(2) 高宗幸感业寺，见而悦，复召入宫。久之，立为昭仪，号宸妃。永徽六年，高宗废皇后王氏，立宸妃为皇后。(同上)

(3) 高宗自显庆后，多苦风疾，百司奏事，时令后决之，常称旨，由是参豫国政。后既专宠与政，而高宗春秋高，苦疾，后益用事，遂不能制。(同上)

(4) 高宗崩，遗诏皇太子即皇帝位，军国大务不决者，兼取天后进止。皇太子即位，尊后为皇太后，临朝称制。(同上)

(5) 嗣圣元年，废皇帝为庐陵王，立豫王轮为皇帝，令居于殿，皇太后仍临朝称制。载初二年（西历六九〇年）九月九日，革唐命，改国号为周，改元为天授。(《旧唐书卷六·则天皇后纪》)

b 诛戮

(1) 后妃——则天及正位后，王后、萧良娣被废，各杖二百，反接投酿瓮中，曰：令二妪骨醉，数日死，犹诛其尸。

(2) 臣僚

1. 窜长孙无忌，褚遂良等，至死。

2. 大臣则裴炎，刘祎之等数十人。

3. 大将则程务挺，李光谊等亦数十人。

4. 庶僚则周思茂，郝象贤等数十百人。

5. 其流徙在外者，又遣万国俊至岭南，杀三百余人。又分遣六御史至剑南、黔中等郡，尽杀流人。

(3) 唐宗

1. 越王贞、琅琊王冲，起兵谋复王室，事败被诛。于是杀韩王元嘉及诸宗室李直等数十百人。

2. 其幼弱流岭外者，亦为各道使所杀。

(4) 武姓

1. 武元庆、元爽，则后兄也，坐事死。

2. 惟良、怀运，则后兄子也。而后姊之女，为高宗所私，封魏国夫人，后私毒之死。又归罪于惟良、怀运，杀之。

（5）诸子

1. 皇太子忠，因武后有子宏，甘让储位，改封梁王，乃废流黔州，赐死。

2. 泽王上金，后宫杨氏所生。许王素节，萧妃所生。诬以谋反，缢素节于驿亭，上金闻之亦自缢。上金七子，素节九子并诛。

（6）亲子

1. 太子宏则后之亲子也，以其聪睿不便于己，竟鸩之死。

2. 宏既死，立其弟贤为皇太子，亦后之亲子也。又以触忌，废为庶人，流巴州，逼杀之。

3. 永泰公主，则后女孙也，亦令自杀。

c 改制

（1）改官制——嗣圣元年，改尚书省及诸司官名，尚书曰文昌台，门下省曰鸾台，中书省曰凤阁，仆射曰左右丞相，六部曰六官。（《旧唐书·则天皇后纪》及《职官志》、《唐书·百官志》）

（2）改正朔

1. 载初元年春正月，依周制，建子月为正月，十二月为腊月，改旧正月为一月。（《旧唐书·则天皇后纪》）

2. 圣历三年冬十月，复旧正朔，改一月为正月，仍以为岁首，正月依旧为十一月。（同上）

（3）易服色

1. 嗣圣元年九月，旗帜改从金色，饰以紫画杂文。（《旧唐书·则天皇后纪》）

2. 垂拱二年春，令都督刺史，并准京官带鱼。（同上）

（4）造新字——瞾（照）而（天）埊（地）𡆠（日）𡈡（月）〇（星）。（《宣和书谱》，郑樵《通志》）

d 唐之复兴——圣历元年，召中宗还东都，立为皇太子，时张易之与弟昌宗，潜图逆乱。神龙元年正月，张柬之等率兵诛之，奉中宗复位，复国号依旧为唐。是年十二月，则天皇后崩。（《旧唐书卷七·中宗纪》）

e 政迹——则天于用人行政之大端，则独握其纲，至老不可挠撼。陆贽谓后收人心，擢才俊，当时称知人之明，累朝赖多士之用。李绛亦言：后命官猥多，而开元中名臣，多出其选。《旧唐书·本纪赞》，谓后不惜官爵，笼豪杰以自助，有一言合，辄不次，用不称职，亦诛废不少假，务取实才真贤。然则区区帷薄不修，固其末节。而知人善任，权不下移，不可谓非女中英主也。

B 韦后

a 韦后，京兆万年人也。中宗为太子时，纳后为妃。嗣圣元年，立为皇后。其年中宗见废，后随从房州。时中宗时欲自杀，后劝而阻之。帝谓后曰："一朝见天日，誓不相禁忌。"（《旧唐书卷五一·中宗韦庶人传》）

b 中宗复位后，韦皇后干预朝政，武三思居中用事，虑桓彦范等，乃日夕谄毁于帝前，皆夺其权。并诬彦范与敬晖，疏皇后秽行，诛之。（《旧唐书卷九一·桓彦范传》）

c 节愍太子重俊，中宗第三子也。圣历二年，立为皇太子。武三思得幸中宫，深忌重俊。重俊乃与李多祚发兵，杀三思及其子崇训于第，并求韦庶人及安乐公主。帝发兵败之，为左右所杀。（《旧唐书卷八六·节愍太子传》）

d 时安乐公主志欲皇后临朝称制，而求立为皇太女，由是与后合谋鸩死帝，立温王重茂为皇太子，于是相王子隆基率兵入宫，斩韦后及诸武诸韦，废温王，立相王，是为睿宗。（《旧唐书卷七·中宗纪》、《卷五一·中宗韦庶人传》及《睿宗纪》）

六、开元之治

A 任贤相

a 上初即位，务德政，军国庶务，多访于崇。同时宰相卢怀慎，源乾曜等，但唯诺而已！崇独当重任，明于吏道，断割不滞。（《旧唐书卷九六·姚崇传》）

b 宋璟刚正，又过于崇，玄宗素所尊惮，常屈意听纳。故《唐史》称崇善应变，以成天下之务。璟善守文，以持天下之正。二人道不同，同归于治，此所以佐唐使中兴也。（《旧唐书·姚崇宋璟传·赞》）

B 澄吏治

a 凡不历都督刺史，虽有高第，不得侍郎。列卿不历县令，虽有善政，不得任台郎。（《唐书卷一二六·张九龄传》）

b 二十九年，又分遣大理卿崔翘等八人，往诸四人，黜陟官吏。（《旧唐书卷九·玄宗本纪》）

C 尚文

a 七年，置弘文、崇文两馆，十一年置丽正书院，为中国书院之始。二十六年，令天下每乡一学，仍择师资其教授。（《旧唐书·玄宗本纪》）

b 二十九年，崇玄学，置生徒，令习《老子》，《庄子》，《列子》，《文中子》。（同上）

D 惩酷吏——武后时，任用酷吏来子珣，万国俊等二十三人，残害宗枝，毒害良善，情状尤重，子孙不许仕官。陈嘉言等四人，情状虽轻，子孙不许近任。（《旧唐书卷八·玄宗本纪》）

E 定开元礼——开元二十年，令萧山高等撰定《开元礼》一百五十卷。由是唐之五礼之文始备，而为后世用之，虽时小有损益，然不能过也。（《唐书卷十一·礼乐志》）

F 政绩——自武后移国三十余年，朝廷罕有正人附丽，无非险革，待苞而请谒，奔走权门，放鹰犬以飞驰，朋比成风，廉耻都尽。开元之世，及纠之以典刑，明之以礼乐，爱之以慈俭，律之以轨仪。黜前朝徼倖之臣，杜其奸也。焚后庭珠翠之玩，戒其奢也。禁女乐而出宫嫔，明其教也。赐酺赏而放哇淫，惧其荒也。叙友而敦骨肉，厚其俗也。朝集而计最，校吏能也。庙堂之上，无非经济之才，表著之中，皆得论思之士。于是贞观之风，复振于斯时也。然玄宗晚年，流于怠荒，不但政治窳败，且唐亡乱因，多种于此时也。（《旧唐书·玄宗纪》）

七、安史之乱

A 安禄山

a 原因

（1）安禄山，营州柳城胡也。天宝三年，代裴宽为范阳（河北北平一带）节度，河北采访使，乃领平卢军。时宰相李林甫，嫌儒臣以战功进，尊宠间己，乃请用蕃将，故帝宠禄山益牢，群议不能轧。（《唐书卷二二五·安禄山传》）

（2）禄山有乱天下意，令麾下刘骆谷，居京师，伺朝廷。杨国忠为相，与禄山有隙，并屡言禄山反，帝不信。然禄山亦惧朝廷图己，遂于天宝十四载十一月，反于范阳，矫称奉恩命以兵讨逆贼杨国忠。（同上）

b 经过

（1）时天下称平日久，人不知战，闻其兵起，朝廷震惊。而禄山得士死力，无不以一当百，郡县皆望风而溃，十二月，进据东京。（《唐书卷二二五·安禄山传》）

（2）天宝十五载，正月，称雄武皇帝，国号燕，建元圣武。（同上）

（3）天宝十五载，六月，陷潼关，京师大骇，河东、华阴、上洛等郡，皆委城而走。玄宗幸蜀，诏以皇太子讳（肃宗）充天下兵马元帅，都统朔方，河东，河北，平卢等节度兵马，收复两京。(《旧唐书·玄宗纪》)

(4) 七月，肃宗即皇帝位于灵武，改元至德。回纥、吐蕃，遣使继至，请和亲，愿助讨贼，皆宴赐遣之。(《旧唐书卷十·肃宗纪》)

(5) 至德二年，禄山为安庆绪所杀，郭子仪以回纥之力，收复西京。庆绪率余众，奔河北，保邺郡，为其下所杀，安乱遂平。(《唐书·安禄山传》，《旧唐书卷二〇·安禄山传》)

B 史思明

a 原因——史思明，营州宁夷突厥杂种胡人也。与禄山同乡里，天宝初，频立战功，至将军，知平卢军事。十四载，与禄山同反。(《旧唐书卷二〇〇·史思明传》)

b 经过

(1) 禄山反，使思明略定河北，留守范阳。至德二年，攻太原，李光弼固守，十月不能拔。而安庆绪袭位，赐姓名荣国，爵妫川郡王。贼之陷西京，常以橐它载禁府珍宝，贮范阳，如邱阜然。思明见富强，惘然骄，欲自取之。(《唐书卷二二五·史思明传》)

(2) 庆绪被围相州，思明往救之，乃却王师，杀庆绪，并其众。更国号大燕，建元顺天，自称天皇帝。进陷洛阳，破汝郑滑三州，旋为朝义（思明孽子也）所杀。(《唐书·史思明传》、《旧唐书·史思明传》)

(3) 仆固怀恩借回纥之兵，再复两京，而朝义又为其部下李怀仙所杀，史乱乃平。时宝应二年也。(《旧唐书·史思明传》)

C 影响

a 国内

(1) 按安史之乱，使宦官监军，自是以后，宦官之权大盛，而酿成宦官之患。

(2) 又收抚其部将，使镇河朔，而藩镇跋扈之势以成。

b 国外——按安史乱际，唐室无力平内乱，借回纥之力始平之，自是回纥、吐蕃为患不已，而尤以吐蕃为最烈。

八、宦官之祸

A 原因

a 掌政

（1）玄宗在藩，高力士倾心奉之，及为太子，奏为内给事。即位以后，四方进奏文表，必先呈力士，然后进御，小事便决之。宇文融、李林甫、杨国忠等相，皆因之而取将相高位，其余职，不可胜纪。（《旧唐书卷一八四·宦官传》）

（2）天宝时，宦者黄衣以上三千人，朱衣者千余人，宦官之盛，自此始。（《唐书卷二〇七·宦官传》）

b 典兵

（1）监军——至德中，常令监军事，九节度讨安庆绪于相州，不立统帅，以鱼朝恩为观军容宣慰处置使。观军容名自朝恩始也。（《旧唐书卷一八四·宦官传》）

（2）禁军

1. 肃宗以李辅国为判元帅行军司马，专掌禁兵。（同上）

2. 代宗时，程元振代辅国判元帅行军司马，专制禁兵。其权甚于辅国，军中呼为十郎。（同上）

（3）专征——宪宗元和四年，王承宗叛，诏以吐突承璀为河中、河南、浙西、宣歙等道，赴镇州行营兵马招讨等使。（同上）

c 典财——宦官管大盈库，为宫市使，而计臣亦多附于宦官，故其势遂盛。

B 事实

a 立君

（1）穆宗——宪宗时，惠昭太子薨，中尉吐突承璀欲立沣王恽，而恽母贱不当立，乃立遂王为皇太子。宪宗崩，宦官陈宏志杀承璀及恽，以皇太子即位，是为穆宗。（《唐书卷八·穆宗纪》）

（2）文宗——敬宗崩，中官刘克明等矫诏以绛王悟句，当军国事。枢密使王守澄等诛克明，杀绛王，奉江王即皇帝位，是为文宗。（《唐书卷八·文宗纪》）

（3）武宗——文宗疾，大渐，中尉仇士良、鱼宏志矫诏，废皇太子成美，复为陈王，立颖王为皇太弟，即位，是为武宗。（《唐书卷八·武宗纪》）

（4）宣宗——宣宗，宪宗第十三子也。武宗崩，中尉马元贽立光王怡为皇太叔，即位，是为宣宗。（《唐书卷八·宣宗纪》）

（5）懿宗——宣宗疾，大渐，以夔王滋属枢密使王归长等。而中尉王宗实及齐元实，矫诏立郓王为皇太子，即位，是为懿宗。（《唐书卷九·懿

宗纪》)

(6)僖宗——懿宗疾，大渐。中尉刘行深、韩文约，立普王为皇太子，即位是为僖宗。(《唐书卷九·僖宗纪》)

(7)昭宗——僖宗大渐，群臣以吉王长，且欲立之。观军容使杨复恭迎寿王为皇太弟，即位，是为昭宗。(《唐书卷十·昭宗纪》)

b 弑君

(1)敬宗——敬宗夜猎还宫，与刘克明等二十八人群饮。既酣，帝更衣，烛忽灭，克明等弑帝更衣室。(《唐书卷二〇八·刘克明传》)

(2)宪宗——元和十五年，宦官陈宏志等反，宪宗遇害。(《唐书卷七·宪宗纪》)

(3)文宗——文宗欲倚李训、郑注诛宦官，甘露之变，反为仇士良等肆逆，横杀朝士，横尸阙下。(《唐书卷二〇七·仇士良传》)

备　考

文宗尝以周赧汉献受制强臣，而已受制家奴，谓不如赧献。对周墀泣下。学士崔慎由夜直，忽仇士良召至秘殿，令草诏更立嗣君，慎由以死拒之。士良引至小殿见帝，士良等历数帝过，帝俯首而已。刘季述锢昭帝于少阳院，亦以杖画地责帝曰：某日某事，尔不从我，罪一也，至数十不止。(《二十二史札记卷二〇·唐代宦官之祸》)

九、藩镇之跋扈

A 原因

a 节度使之设置——开元中，朔方、陇右、河东、河西诸镇，皆置节度使。每以数州为一镇，节度使即统此数州，州刺史尽为其所属，故节度多有兼按察使、安抚使、支度使者。既有其土地，又有其人民，又有其甲兵，又有其财赋，于是方镇之势日强。(《二十二史札记卷二〇·唐节度使之祸》)

b 安史变乱之影响——安禄山以节度使起兵，几覆天下。及安史既平，武夫战将，以功起行阵，为侯王者，皆除节度使。大者连州十数，小者犹兼三四，所属文武官，悉自置署，未尝请命于朝，力大势盛，遂成尾大不掉之势。(同上)

c 朝廷之姑息——父死子握其兵而不肯代，或取舍由于士卒，往往自择将吏，号为留后，以邀命于朝。天子力不能制，则含羞忍耻，因而抚之，姑息

愈甚，方镇愈骄。（同上）

d 边将之专兵——自唐兴以来，边将不久任，不遥领，不兼统，以名著者入为宰相，故将不得专兵。开元中张嘉贞、王晙等，皆以节度使入知政事。李林甫欲杜出将入相之源，奏曰：文士为将，怯当矢石，不如用寒族蕃人。蕃人善战有勇，寒族即无党援。帝以为然，自是高仙芝，哥舒翰皆专任大将，而一变前风矣！（《旧唐书卷一〇六·李林甫传》）

B 事实

a 河北三镇抗命

（1）李宝臣

1. 范阳城旁奚族也。据有恒、定、易、赵、深、冀六州之地，又得沧州。步卒五万，马五千匹。（《旧唐书卷一四二·李宝臣传》）

2. 当时勇冠河朔诸帅，宝臣以七州自给，军用殷积，招集亡命之徒，缮阅兵仗。与薛嵩、田承嗣、李正己、梁崇义等连结姻娅，互为表里，意在以土地传付子孙，不禀朝旨，自补官吏，不输王赋。（同上）

（2）田承嗣

1. 平州人，代宗授魏博节度使。承嗣不习教义，沉猜好勇，虽外受朝旨，而阴图自固。重加税率，修缮兵甲，众十万，郡邑官吏，皆自署置。户板不籍于天府，税赋不入于朝廷，虽曰藩臣，实无臣节。（《旧唐书卷一四一·田承嗣传》）

2. 大历十年，扇惑相州将吏为乱，遂将兵袭击，谬称救应。代宗遣使宣慰，令各守封疆，承嗣不奉诏。（同上）

（3）李怀仙

1. 柳城胡人也。代宗授以幽州卢龙节度使，与贼将薛嵩、田承嗣、张忠志分河朔而帅之。（《旧唐书卷一四三·李怀仙传》）

2. 怀恩叛，西蕃入寇，朝廷多故，怀仙等四将，各招遗孽，治兵缮邑，部下各数万劲兵。文武将吏，擅自署置，贡赋不入于朝廷，虽称藩臣，实非王臣也，而朝廷姑务怀安，以自不能制。（同上）

b 三王二帝专横

（1）三王

1. 王武俊

（甲）契丹奴部落也，开元中，内附。建中三年，以讨李惟岳有功赏薄，怒失赵、定二州，且名位不满其志，乃叛。（《旧唐书卷一四二·王武俊传》）

（乙）十一月，寇赵州，并僭建国，称赵王，伪命官秩。兴元元年，大赦，遂授以承德军节度使。（同上）

2. 朱滔

（甲）朱泚之弟也。建中二年，以破李惟岳有功，加为幽州卢龙节度使，以德棣二州隶焉。滔怒失深州，乃同王武俊共叛。（《旧唐书卷一四三·朱滔传》）

（乙）三年十一月，僭称大冀王，伪署百官，与李纳等并称王。又南结李希烈。（同上）

3. 田悦

（甲）大历十三年，承嗣卒，朝廷用悦为节度留后，寻拜魏博七州节度使。（《旧唐书卷一四一·田承嗣传》）

（乙）建中初，黜陟吏，令其兵四万归田亩，未果，乃怨朝廷。会宝臣卒，子维岳及李纳求袭节度，朝廷不允，遂同叛，旋为朝廷大破。（同上）

（2）二帝

1. 朱泚

（甲）幽州昌平人。代宗时，为陇右节度使。德宗时，泾原兵变，被废。后为群寇所拥，自称大皇帝，国号应天。（《旧唐书卷二〇〇·朱泚传》）

（乙）建中四年，乃侵逼奉天，屡破官兵，李怀光来援，围始解。后又寇武功蓝田，均被击破。（同上）

2. 李希烈

（甲）辽西人。大历末，授淮西节度留后。德宗即位，屡加官职，意志骄纵。（《旧唐书卷一四五·李希烈传》）

（乙）又通河北诸贼，僭称建兴王，天下都元帅。陷汝州，指斥朝廷，进陷汴州。贞元二年死。（同上）

C 影响——诸镇相继叛乱，迨至唐末，天下尽分裂于方镇，至酿成五代十国之局。而朱全忠遂以梁兵移唐祚矣。（《二十二史札记卷二〇·唐节度使之祸》）

备　考

三王联盟——朱滔、王武俊官属建议，请依周末七国故事，并建国号，用天子正朔，且师在外，其动无名，岂长为叛臣，士何所归，宜择日定盟。于是朱滔称冀王，悦称魏王，王武俊称赵王，又请李纳称齐王。三年十一月，

筑擅于魏县中，告天受之。滔为盟主称孤，武俊悦纳称寡人。(《旧唐书·田承嗣传》、《唐书卷二一二·朱滔传》)

十、朋党之倾轧

A 起因

a 李德裕父吉甫，初在相位时，牛僧儒、李宗闵应制举直言极谏科。二人对诏，深诋时政之得失，言甚鲠直，无所回避。吉甫泣诉于上前，由是考策官杨于陵、韦贯之等皆贬。(《旧唐书卷一七四·李德裕传》及《卷一七六·李宗闵传》)

b 元和初，用兵伐叛，始于杜黄裳，诛蜀。吉甫经画，欲定两河，方欲出师而卒。继之元衡裴度，而韦贯之、李逢吉沮议，深以用兵为非，而韦李相次罢相，故逢吉常怒吉甫、裴度，德裕于元和时久之不调，而逢吉、僧儒、宗闵恒以私怨排摈之。(《旧唐书卷一七四·李德裕传》)

c 时德裕与李元绅，元稹，俱在翰林，以学识才名相类，情颇款密，而逢吉之党颇深恶之。(同上)

B 经过

a 牛僧孺之为政

(1) 代宗太和三年，李宗闵辅政，属荐僧孺有才，不宜外居。四年召为兵部尚书同平章事。(《旧唐书卷一七二·牛僧孺传》)

(2) 五年，西川节度使李德裕奏，吐蕃维州守将悉恒以城降，为牛僧孺所沮。僧孺与德裕仇怨，虽议边公体，而怙德裕者，以僧孺害其功，谤论沸然，帝亦以为不直。(同上)

(3) 武宗即位，会昌二年，李德裕用事，罢僧孺兵权。(同上)

b 李宗闵之为政

(1) 文宗太和三年，裴度荐李德裕将大用。德裕自浙西入朝，为中人助宗闵者所沮，复出镇。寻引牛僧孺同知政事，二人唱和，凡德裕之党皆逐之。(《旧唐书卷一七六·李宗闵传》)

(2) 德裕秉政，群邪不悦，而郑注、李训深恶之。文宗乃复宗闵代德裕，既得权位，辅之以训注，尤恣所欲。(同上)

c 李德裕之相业

(1) 排除群小——文宗太和六年，召德裕为兵部尚书，僧孺罢相。七年，以本官平章知事。八年，王守澄进郑注、李训，德裕奏李训小人，不可在陛

下左右，授以别官，训注皆恶德裕排己。其年九月，复召宗闵代德裕。（《旧唐书卷一七四·李德裕传》）

（2）平定回纥——武宗即位，德裕复入相，会昌元年，回纥为黠戛斯所攻，战败，乌介可汗奉太和公主南来。二年，遣使求助兵粮收复本国权，多请击之，德裕力主济以资粮，徐观其变。上然之，俄而回纥宰相嗢没斯杀赤心宰相，以其众来降。（同上）

（3）平定泽潞——武宗会昌二年四月，泽潞节度使刘从谏卒，军人以其侄稹擅总留后，三军请降旌钺。李德裕乃遣何弘敬、王元逵连兵进讨，收邢洛磁三州，稹党遂离，以至平殄。（同上）

（4）驾驭宦官——武宗信任德裕，仇士良恶之，会上将受尊号，御丹凤楼宣赦，士良乃谣乱听闻，德裕上诉，上怒斥之，士良惶愧称谢。而枢密使刘行深、杨钦义皆原悫，不敢与事，老宦者皆尤之曰：杨刘怯懦，败堕旧风，使我辈不得与闻朝政。（《资治通鉴卷一四六及卷一四七·武宗纪》）

d 郑注、李训之为相——太和九年，训注之权，赫然于天下，既得行其志，生平恩雠，丝毫必报，因杨虞卿之狱，挟忌李宗闵、李德裕，心所恶者，自为二人之党，朝士相继斥逐，班列为之一空，人人惴慄。（《旧唐书卷一六九·郑注传》）

C 朋党之两败

a 牛李——武宗会昌二年，李德裕用事，罢僧孺兵权。宣宗大中初卒。会昌三年，刘稹据泽潞叛，德裕以宗闵素与刘从谏厚，出为封州刺史，又贬郴州司马，卒于贬所。杨嗣复大中二年，宣宗征拜吏部尚书，自潮阳还至岳州。病一日而卒。而李珏为淮南节度使，七年卒。自是牛李党魁，死亡殆尽。（《旧唐书卷一七二·牛僧孺传》、《卷一七六·李宗闵杨嗣复传》及《卷一七三·李珏传》）

b 李德裕——宣宗大中元年，德裕贬潮州司户，二年，又贬崖州司户，二年十二月卒，自是李党首领已亡，党患始息。（《旧唐书卷一七四·李德裕传》）

十一、黄巢之乱

A 原因

a 民生困苦

（1）关东大旱——僖宗即位，关东旱灾，自虢至海，麦才半收，秋稼几无，冬菜至少。贫者硙蓬实为面，蓄槐叶为齑，或更衰羸，亦难收拾，常年不稔，则散之邻境，今所在皆饥，坐守乡闾，待尽沟壑。(《资治通鉴卷二五二·僖宗上之上》)

(2) 租税繁苛——州县有上供及三司钱（注一），督趣甚急，动加捶挞，虽撤屋代屋，雇妻鬻子，止可供所由（注二），酒食之费，末得至于府库也。(同上)

b 政治不良

(1) 官吏腐败——僖宗乾符元年，翰林学士卢携上言，乞敕州县，应所欠残税，并一切停，以俟蚕麦，仍发所在义仓，亟加赈给，上从其言，而有司竟不能行，徒为空文而已。(《资治通鉴卷二五二·僖宗上之上》)

(2) 上下相蒙——上年少，政在臣下，而关东连年水旱，州不以实闻，上下相蒙，百姓流殍，无所控诉，相聚为盗，所在蜂起，州县兵少，加以承平日久，人不习战，每与盗遇，官军多败。(同上)

B 经过

a 黄巢，曹州冤句（山东菏泽）人，乾符初，王仙芝作乱于长垣（河北长垣）。二年，黄巢率群盗与仙芝攻剽州县。五年，仙芝被斩，众遂推黄巢为王，号冲天大将军。(《旧唐书卷二百下·黄巢传》及《资治通鉴卷五二二·僖宗纪》)

b 乾符五年，朝廷大破巢，乃降，会度藩镇不一，乃叛，转寇浙东，逾江西，破虔（江西赣县）、吉（江西卢县）、饶（江西鄱阳）、信（江西上饶）等州，因刊山开道七百里，直趋建州（福建建瓯），时六年三月也。儳路围福州（福建闽侯），进寇广州，破之，执节度李迢杀之。(《唐书卷二二五·黄巢传》)

c 巢在岭南，会大疫，众死什四，遂引北还，自桂（广西桂林）编大桴，沿湘而下，破潭州（湖南长沙），进逼江陵（湖北江陵）。十月为官军所败，渡江东走，后势复振，陷鄂州（湖北武昌）。(同上)

d 广明元年，陷宣州（安徽宣城）。自采石渡江，侵扬州，更渡淮，陷申州（河南信阳），进陷东都。十二月，破潼关，直趋长安。田令孜以神策军五百奉帝趋咸阳。张直方与群臣迎贼灞上，入长安，僭即位，号大齐，大赦，建元金统。(同上)

C 灭亡——僖宗中和三年，李克用破黄巢，收复长安。四年六月，巢自刎而死，乱始平。(同上)

【注解】

注一 三司——户部、转运、盐铁为三司。

注二 所由谓督促租税之吏卒。

备 考

(1) 黄巢入长安，甫数日，大掠，缚箠居人索财，号淘物，富家皆跣而驱贼，酋阅甲第而争取人妻女乱之。又捕得官吏悉斩之，宗室王侯，屠之无数。(《唐书卷二二五·黄巢传》)

(2) 巢因民谣有“逢儒则肉，师必覆”之语，遂戒军中，不得害儒者，所俘民称儒者，辄捨之。至福州，杀人如麻，过校书郎董朴家，令曰：“此儒者，乃灭火弗焚。”(《二十二史札记卷二〇·黄巢李自成》)

十二、唐之灭亡

A 诸镇之骄恣

a 割据——光启元年，僖宗自蜀还京，时李昌符据凤翔，王重荣据蒲陕，诸葛爽据河南洛阳，孟方立据邢洺，李克用据太原上党，朱全忠据汴滑，秦忠权据许，蔡时溥据郓齐曹濮，王敬武据淄青，高骈据淮南八州，秦彦据宣歙，刘汉宏据浙东，皆自擅兵赋，迭相吞噬，朝廷不能制。而江淮赋不上供，但岁时献奉而已，郡将自擅，常赋殆绝，藩侯废置，不自朝廷，王业于是荡然。(《旧唐书卷十九下·僖宗纪》)

b 吞并——光启元年，幽州节度李可举，镇州节度使王容，以易定二郡，为朝廷所有，乃同议攻王处存，以分其地，会燕将李全忠有夺帅之志，军情相疑，全忠方围易州，处存出奇骑败之。全忠收合残众攻幽州，李可举自焚而死，全忠自称留后，而沧州军乱逐其帅，杨令孜立衙将卢彦威为留后。(同上)

c 酿乱

(1) 王重荣——光启元年，僖宗还京，丧乱之后，国藏虚竭，田令孜奏以安邑、解县两池榷课，直属省司，以充赡给，重荣不许，并上书劾令孜，离间方镇，乃遣邠宁朱玫进讨，重荣求援于太原，李克用率军进逼京师，僖宗出幸凤翔。三年，车驾始返京。(《旧唐书卷一八二·王重荣传》)

(2) 李茂贞

1. 李茂贞既得兴元，愈跋扈不轨，宰相杜让能兴师诛之。茂贞大败王师，

数宰相之罪，帝乃赐让能死，进茂贞为秦王。(《唐书卷二〇八·宦者·刘季述传》，《旧唐书卷二〇·昭宗纪》)

2. 乾宁二年，李茂贞、王行瑜、韩建各率精甲入觐，京师大恐，而三帅谋废昭宗，立吉王，幸李克用讨之，乃解围。(《旧唐书卷二〇·昭宗纪》)

B 朱全忠之代唐

a 入援专政

(1) 光化三年，刘季述废昭宗，迎皇太子监国，孙德昭以兵攻季述，昭宗反正，宰相崔胤告难于朱全忠，请以兵问罪。时韩全诲及茂贞相善，崔胤与朱全忠相善，四人各为表里。全忠欲迁都洛阳，茂贞欲迎驾凤翔，各有挟天子令诸侯之意。(《旧唐书·昭宗纪》)

(2) 全忠引四镇之师七万赴河中，京师闻之大恐，韩全诲奉车驾出幸凤翔。崔胤促全忠以兵迎驾，围凤翔，茂贞惧，杀全诲等，告谕四镇兵士，车驾入京师。(同上)

b 篡位称帝

(1) 全忠威震天下，胤揣全忠将篡，密募兵以备之。天佑元年，全忠杀胤，胁帝迁洛阳。(《唐书卷二二三·崔胤传》)

(2) 自帝迁洛阳，全忠方事四讨，虑起于中，乃弑昭宗，立皇太子柷即位。天佑五年，帝为全忠所害，唐室遂亡。(《旧唐书卷二〇下·哀帝纪》)

第二节　唐代之制度

A 官制

a 中央官

(1) 三司

1. 太师
2. 太傅
3. 太保

（以上三者）不主事，不置府僚，但与天子坐而论道。

(2) 三公

1. 太尉
2. 司徒
3. 司空

（以上三者）参议国家大事，置府僚，无其人则阙。

(3) 三省

1. 尚书

(甲) 左司

甲吏部——掌官吏之进退。

乙户部——掌赋税之事。

丙礼部——掌礼仪之事。

(乙) 右司

甲兵部——掌兵备之事。

乙刑部——掌刑罚之事。

丙工部——掌土木之事。

2. 门下——掌献纳及进御。

3. 中书——掌出纳诏命。

(4) 一台——掌纠察弹劾之事。

(5) 五监

1. 少府监——掌尚方服御。

2. 国子监——掌教育之事。

3. 将作监——掌营造之事。

4. 军器监——掌军器之事。

5. 都水监——掌河堤水运之事。

(6) 九寺

1. 太常寺——掌陵庙礼乐之事。

2. 光禄寺——掌宫殿门户及膳食之事。

3. 卫尉寺——掌军器仪仗帐幕之事。

4. 宗正寺——掌皇亲属籍之事。

5. 太仆寺——掌乘舆仪卫之事。

6. 大理寺——掌讼狱之事。

7. 鸿胪寺——掌蕃客朝贡及吉凶吊祭之事。

8. 司农寺——掌仓廪储蓄之事。

9. 太府寺——掌财物库藏之事。

b 地方官

(1) 诸使——观风，转运，按察，巡抚，租庸，两税，黜陟，户口度支，营田采访，处置招讨，宣慰，安抚。

（2）都督——并州，益州，荆州，扬州，潞州。

（3）都护——安东，安西，安南，安北，单于，北庭。

（4）刺史——分上中下三等，天宝元年，改州为郡，刺史为太守。

（5）县令——分上上至下下九等。

B 州郡制

a 自隋季丧乱，群盗初附，权置州郡，倍于开皇大业之间。太宗贞观元年，悉令并省，于山河形便，分为十道。（注一）（《旧唐书卷三八·地理志》）

b 贞观十三年，定簿，凡州府三百五十八，县一千五百五十一。至十四年，平高昌，又增二州六县，自北殄突厥颉利，西平高昌，北逾阴山，西抵大漠，其地东极海，西至焉耆，南尽林州南境，北接薛延陀界，凡东西九千五百一十里，南北万六千九百一十八里。（同上）

c 玄宗开元二十一年，分天下为十五道。（注一）二十八年，户部计账，凡郡府二百二十有八，县千五百七十有三，羁縻州（盖有八百），不在此数。（同上）

C 兵制

a 常备军

（1）府兵

1. 太宗贞观十年，更号统军为折冲都尉。别将为果毅都尉，诸府总曰折冲府。凡天下十道，置府六百三十四，皆有名号。而关内二百六十有一，以隶诸卫。（《唐书·兵志》）

2. 自高宗武后时，天下久不用兵，府兵之法浸坏。番役更代，多不以时。卫士稍稍亡去。此征调之法先坏。（同上）

3. 玄宗开元六年，始诏折冲府兵，每六岁一简。至是教阅之制亦坏。（同上）

（2）彍骑

1. 时当番卫士，浸以贫弱逃亡略尽。宰相张说，乃请一切募宿卫。玄宗开元十一年，取京兆蒲同岐华府及白丁，而益以潞州长从兵，共十二万，号"长从宿卫"，岁二番。命尚书左丞萧嵩，与州吏共选之。明年，更号曰彍骑。（《旧唐书卷九七·张说传》、《旧唐书·兵志》）

2. 自天宝以后，彍骑之法，又稍变废，士皆失拊循。八载，折冲诸府至无兵可交。李林甫遂请停上下鱼书。其后徒有兵额，官吏，而戎器驮马锅幕糗粮并废矣！故时府人目番上宿卫者曰"侍官"，言侍卫佐，悉以假人为童奴，京师人耻之，至相骂辱，必曰侍官，而大军旧卫皆市人，富者贩绘彩，食粱肉，壮者为角觝翘木扛铁。及禄山反，皆不能受甲矣！（《旧唐书·兵志》）

b 禁军

（1）左右羽林军

1. 太宗贞观十二年，始置左右屯宫于玄武门，领以诸卫将军，号飞骑。（《旧唐书·兵志》）

2. 高宗龙朔二年，始取府兵越骑步射，置左右羽林军，禁军自此盛矣！（同上）

（2）左右龙武军

1. 太宗贞观初，取元从军（注二）善射者百人，号曰百骑。（同上）

2. 武后改百骑曰千骑。（同上）

3. 睿宗又改千骑曰万骑，分左右营。（同上）

4. 玄宗以万骑平韦氏，改为左右龙武军。（同上）

（3）左右神武军——肃宗赴灵武，士不满百，及即位，稍复旧，补北军。至德二载，置左右神武军，亦曰神武大骑，制如羽林。（同上）

（4）左右神策军

1. 肃宗上元中，以北衙军使卫伯玉为神策军节度使，镇陕州。中使鱼朝恩，监其军。（同上）

2. 广德元年，代宗避吐蕃，幸陕，朝恩举在陕兵与神策军迎扈，悉号神策军。及京师平，朝恩遂以军归禁中，自将之。（同上）

3. 永泰元年，吐蕃复入寇，朝恩又以神策军屯苑中，自是浸盛。分为左右厢，势居北军右，遂为天子禁军，非他军比。（同上）

（5）左右神威军——德宗贞元十二年，使内侍张尚进为左右神威军中护军，宪宗元和四年，废左右神威军。（同上）

D 刑法制

a 五刑——唐之五刑，大致与隋相同，惟流刑自二千里至三千里为异。（《旧唐书卷五〇·刑法制》）

b 十恶——十恶之罪，亦沿隋制，一曰谋反，二曰谋大逆，三曰谋叛，四曰谋恶逆，五曰不道，六曰大不敬，七曰不孝，八曰不睦，九曰不义，十曰内乱。（《旧唐书·刑法制》）

c 八议——又有议请减赎当免之法八：一曰议亲，二曰议故，三曰议贤，四曰议能，五曰议功，六曰议贵，七曰议宾，八曰议勋。（同上）

E 学制

a 学校

（1）中央

1. 国子学——国子学生三百人，以文武三品以上之子孙，若从二品以上曾孙及勋官二品县公京官四品带三品动封之子为之。（《唐书卷四四·选举志》）

2. 太学——太学生五百人，以五品以上子孙职事官，五品期亲，若三品曾孙及勋官三品以上有封之子为之。（同上）

3. 四门学——四门学生千三百生，其五百人以勋官三品以上无对，四品有封，及文武七品以上子为之。八百人以庶人之俊异者为之。（同上）

4. 律学——律学生五十人，以八品以下子及庶人通其学者为之。（同上）

5. 书学——书学生三十人。（资格同上）（同上）

6. 算学——算学生三十人。（资格同上）（同上）

7. 弘文馆——门下省有弘文馆生三十人，以皇缌麻以上亲，皇太后大功以上亲，宰相及散官一品功臣，身食封者，京官职事从三品，中书黄门侍郎之子为之。（同上）

8. 崇文馆——东宫有崇文馆生二十人。（资格同上）（同上）

（2）地方

1. 京都学
2. 府学
3. 州学
4. 县学

（以上四项：）京都学生八十人，大都督中都督上州各六十人，下都府中州各五十人，下州四十人，京县五十人，上县四十人，中下县各州三十五人，下县二十人。（同上）

b 课程

（1）学经——凡《礼记》、《春秋·左氏传》为大经，《诗》、《礼》、《仪礼》为中经，《易》、《尚书》、《春秋·公羊传》、《穀梁传》为小经。通二经者大经小经各一，若中经二。通三经者大经中经小经各一。通五经者大经皆通，余经各一，《孝经》、《论语》皆兼通之。凡治《孝经》、《论语》共限一岁，《尚书》、《公羊传》、《穀梁传》各一岁半。《易》、《诗》、《周礼》、《仪礼》各二岁，《礼记》、《左氏传》各三岁。（同上）

（2）学书——学书日纸一幅，间习时务一束，读《国语》、《说文》、《字林》、《三苍》、《尔雅》。凡书学石经三体，限三岁，《说文》二岁，《字林》二岁。（同上）

（3）学算——凡算学《孙子》、《五曹》，共限一岁，《九章》、《海岛》共三岁，张丘建夏侯阳各一岁，《周髀》、《五经算》共一岁，《级术》四岁，《缉古》三岁，记遗三等数皆兼习之。（同上）

c 考试

（1）督课——岁终通一年之业，问大义十条，通八为上，六为中，五为下，与在学九岁，律生六岁，不堪贡者罢归。（同上）

（2）举贡——凡六学生每岁有业成，上于监者，以其业，与司业，祭酒试之。（《唐会要》）

F 选举制

a 考试

（1）科目

1. 文科

（甲）贡举——其科目有秀才，有明经，有俊士，有进士，有明法，有明字，有明算，有一史，有三史，有开元礼，有道举，有童子。（《唐书卷四四·选举志》）

（乙）制举——天子自诏曰制举，其名目随其人主临时所欲，而列为定科者，如贤良方正，直言极谏，博通坟典，达于教化，军谋宏远，堪任将率，详明政术，可以理人之类，其名最著。（同上）

2. 武科——其制有长垛，马射，步射，平射，筒射，又有马枪，翘关，负重，身材之选，翘关者长一丈七尺，经三寸半，凡十举后，手持关钜，出处无过一尺。负重者负米五斛，行二十步，皆为中第。（《通考·选举考》）

（2）应试人

1. 生徒——每岁仲冬，州县馆，监举其成者送之尚书省。（《唐书卷四四·选举志》）

2. 乡贡——始自县考试，定其可举者，然后升于州若府，其不能中科者，不与是数焉。州若府总其属之所升，又考之如县，加详察焉，定其可举者，然后贡于天子，而升之有司，其不能中科者，不与是数焉，谓之乡贡。（《韩昌黎集卷二〇·送张童子序》）

（3）法制

1. 考官——开元廿四年，考功员外郎（户部）李昂为举人诋诃，帝以员外郎望轻，遂移贡举于礼部，以侍郎主之，礼部选士自此始。（《唐书卷四四·选举志》）

2. 场规——礼部阅试之日，皆严设兵卫，荐棘围之，搜索衣服，讥诃出入，以防假滥焉。（《通典卷一五·选举典》）

（4）流弊——唐时科举，不问试艺高下，专取知名之士，谓之通榜。其榜帖可托人为之，如郑灏都尉第一榜，托崔雍员外为榜帖。又杜黄门主文第三场，由举子袁枢为榜帖，而百列为状元之类。（王定保《摭言》）

b 铨选

（1）主管——凡选有文武选，文选吏部主之，武选兵部主之，皆为三铨，尚书侍郎分主之。（《唐书卷四五·选举志》）

（2）手续——每岁五月，颁格于州县，选人应格，则本属或故任所选，列其罢免善恶之状，以十月会于省，过其时者不叙。其以时至者，乃考其功过同流者五，五为联，京官五人保之，一人识之。（同上）

（3）方法——凡择人之法有四：一曰身，体貌丰伟；二曰言，言辞辩正；三曰书，楷法遒美；四曰判，文理优长。（同上）

（4）出身

1. 其进士大抵千人得第者百一二，明经倍之，得第者十一二。（《通典·选举典》）

2. 有唐以来，出身入仕者，着令有秀才、明经、进士、明法、书算，天宝三载，又置崇玄学习《道德》等经，同明经例。其秀才有唐以来无其人。秀才出身上上第正八品上，上中第正八品下，下第从九品。明经出身，上上第从八品下，上中第从九品上，进士明法出身，甲第从九品上，乙第从九品下，若通二经已外，每一经加一第。（《旧唐书卷四二·职官志》）

【注解】

注一 唐代诸道表：

<table>
<tr><th rowspan="2">太宗时道</th><th colspan="2">疆域</th><th rowspan="2">玄宗时道</th><th colspan="2">疆域</th></tr>
<tr><th>沿革及属州</th><th>今释</th><th>沿革及属州</th><th>今释</th></tr>
<tr><td rowspan="2">关内</td><td rowspan="2">古雍州之境
其州二十二</td><td rowspan="2">陕西中部至河套地又甘肃东部地</td><td>关内</td><td></td><td>陕西北部及河套地</td></tr>
<tr><td>京畿</td><td></td><td>陕西中部及甘肃地</td></tr>
<tr><td>河东</td><td>古冀州之境
其州十九</td><td>山西省地</td><td>河东</td><td></td><td>同上</td></tr>
</table>

续表

太宗时道	疆域		玄宗时道	疆域	
	沿革及属州	今释		沿革及属州	今释
河南	古豫兖青徐四州之境其州二十八	黄河以南长淮以北山东河南二省地	河南		山东及河南安徽地
			都畿		河南西部
河北	古幽冀二州之境其州二十五	黄河以北山东河南河北及辽宁西部	河北		同上
山南	古荆梁二州之境其州三十二	四川东北部湖北西部湖南北部陕西河南二省南部	山南东		河南湖北湖南地
			山南西		陕西四川地
淮南	古扬州之境其州十四	淮南江北江苏安徽湖北三省地	淮南		同上
江南	古扬州之南境其州五十一	长江以南南岭以北江西江苏安徽浙江福建湖北湖南贵州四川地	江南东		浙江江苏安徽福建地
			江南西		江西湖南湖北地
			黔中		贵州四川湖南地
陇右	古雍梁州之境其州二十一	甘肃西部至新疆地	陇右		同上
剑南	古梁州之境其州三十三	四川西部及甘肃云南地	剑南		同上
岭南	古扬州南境其州七十	两广及安南地	岭南		同上

注二　初高祖以义兵起太原，已定天下，悉罢遣归。其愿留宿卫者三万人，以渭北白渠旁子弃腴田分给之，号元从禁军。(《唐书·兵志》)

备 考

（1）唐之赎罪法，笞十赎铜一斤，递加一斤，至杖一百，则赎铜十斤，自此以上，递加十斤。至徒三年，则赎铜六十斤。流二千里者，赎铜八十斤。流二千二百里者，赎铜九十斤。流三千里者，赎铜一千二百斤。又许以官当罪。以官当徒者，五品以上犯罪者，一官当徒二年。九品以上，一官当徒一年，若犯公罪者，各加一半。以官当流者，三流同比徒四年，仍各解见任除名者，比徒三年。免官者，比徒三年。免所居官者，比徒一年。(《旧唐书·刑法志》)

（2）断罪之年龄，亦有规定。年七十以上，十五岁以下，及废疾犯流罪以下亦听赎。八十岁以上，十岁以下，及笃疾犯反逆杀人应死者，上请。盗及伤人亦收赎。余皆勿论。九十以上，七岁以下，虽有死罪，不加刑。(《旧唐书·刑法志》)

第三节　唐代之文化

A 文艺

a 文艺特盛之原因

（1）治者阶级之提倡

1. 太宗讨平东夏，海内无事，乃锐意经籍。贞观二年，乃于国学增筑学舍一千二百间，大学四门博士亦增置生员，其书算合置博士学生，以备艺文，凡二千二百六十员。而是时儒士多抱负典籍，云会京师。俄而高丽及百济、新罗、高昌、吐蕃等诸国酋长，亦遣子弟，请入于国学之内，鼓箧而升讲筵者八千余人，济济洋洋，儒学之盛，古昔未有之也。(《旧唐书卷一八九上·儒学传》)

2. 高宗嗣位，政教渐衰，薄于儒术，尤重文吏。(同上)

（2）承南北朝之遗风

1. 南北朝时，南北各自为风，唐承隋统一南北，于是南北文学融化。(《唐书卷一九八·儒学传》)

2. 贞观二十一年，诏左丘明、卜子夏、公羊高、穀梁赤、伏胜、孔安国、刘向、郑玄、王肃、王弼、何休等二十一人，用其书行其道，宜有以褒大之，自今并配享孔子庙庭。此唐代文学，所以灿然大观也。(同上)

（3）国外文艺之输入——按中国自汉通西域，经略匈奴，外国音乐，时有传入。至唐初，国威大盛，而唐之家法，向无歧视外族之成见，故与外国之交通益盛，国外音乐输入者益多，因而新诗歌之产生亦大盛。

（4）社会之离乱——按唐代之盛也，四裔称臣入贡，及其衰也，外寇内乱，迭相承继，征戍之劳，赋税之亟，于是社会不安，而为呻吟之声，以书离乱之苦。

b 文学

（1）文

1. 骈文——唐初尚骈俪，高宗时，王勃、杨炯、卢照邻、骆宾王，号称四杰。玄宗时，张说、苏颋，亦以文章显，时称燕许大手笔（说封燕国公，颋封许国公），皆骈体也。（《唐书卷二〇一・王勃传》）

2. 古文——按其力主变骈俪而为散文者，姚思廉之《梁书》，已开其端。陈子昂继之，力除浮靡之习。及韩柳起，倡为古文，而文格为之一变，所谓起八代之衰者是也。然骈俪文依然盛行，不能废也。

（2）诗

1. 古体——诗之体制，至唐而大成，汉魏六朝诸作，祖述风骚，陶写情性，篇无定句，句无定声，长短曲折，惟意所从，世号古体。（曾毅《中国文学史》第三篇第三章《古今体诗格之成立》）

2. 今体——今体一曰近体，始终唐人取古体古七言诗，而调以声律，加以排整，句有绳尺，篇有矩矱，世号律诗，或曰今体，以别于古体。古今体唐代始划立鸿沟，迄今未敢改也。（同上）

（3）赋——诗莫盛于唐，而赋亦莫盛于唐。唐总八朝之众轨，启后代之支流，古赋、排赋、律赋、文赋，百体争开，昌其盛矣！韩柳为扫除对偶之宗，亦即倡导声音之祖，试观所著，意味深长，风骨苍劲，挟周翼汉，其他有韵之辞，大率类是，唐于辞赋信可云善变矣。（曾毅《中国文学史》第三篇第二章《唐之文化及思潮》）

（4）小说

1. 叙历史者，有张鷟之《朝野佥载》，康骈之《剧谈录》。（曾毅《中国文学史》第四篇第十七章《唐代小说之盛兴》）

2. 记社会者，有《唐语林》、《芝田录》。（同上）

3. 资谐笑者，有李商隐之《杂纂》。（同上）

4. 供辨者，有李匡义之《资暇》。（同上）

5. 述鬼怪者，有《博异志》,《陆氏集异记》。(同上)

6. 谈义侠者，有《虬髯客传》,《剑侠传》。(同上)

7. 言情者，有《游仙窟》，《章台柳传》，《步非烟传》，《霍小玉传》。(同上)

c 史学

(1) 正史

1. 官修——房乔等撰《晋书》百三十卷，姚思廉撰《梁书》五十八卷及《陈书》三十六卷，李百药撰《北齐书》五十卷，令狐德棻与岑文本等共撰《周书》五十卷，魏徵撰《隋书》八十五卷，皆正史也。(李继煌译《中国文化史》第五章《唐时代之文化》)

2. 私著——李延寿忧宋齐梁陈诸史与魏齐周隋诸史之烦芜，爰自撰《南史》八十卷及《北史》百卷。此为私著之正史也。(同上)

(2) 政史——先是刘秩（开元时）摭百家言侔，周六官法，为《政典》三十篇。而杜佑以为未尽，因广其阙，参益新礼为二百篇，自号《通典》。其书约而详，为开后世通志通考等通史之例。(《唐书卷一六六·杜佑传》)

(3) 史注

1. 颜师古为太子承乾注《汉书》，解释详明，太宗命编之秘阁。其叔游秦，先撰《汉书决疑》，师古多取其义。此颜注汉书，至今奉为准的者也。(《唐书·颜师古传》)

2. 章怀太子注《后汉书》。

(4) 史评——刘子玄，本名知几，著《史通》二十卷，备论史策之体，为后世史评之祖。(《旧唐书卷一〇二·刘子玄传》)

d 美术

(1) 绘画

1. 李思训画皆超绝，尤工山石林泉，笔格遒劲，得湍濑潺湲烟霞漂渺难写之状。其子昭道，亦能传乃父之风，而思训画法，以工丽善于傅彩称，遂开后世北宗之一派。(《宣和画谱》)

2. 王维书画特臻其妙，笔纵指思，参于造化，而创意经图，即有所缺，如山水平远，云峰石色，绝迹天机，非绘者之所及也。维之画法，以随意写景，妙得神韵称，遂开后世南宗之一派。(《旧唐书卷一九〇下·王维传》)

(2) 书法

1. 虞世南，越州余姚人。其同郡沙门智永，善王羲之书，世南师焉，妙

得其体。(《旧唐书卷七二·虞世南传》)

2. 欧阳询，潭州临湘人。询初学王羲之书，后更渐变其体，笔力险劲，为一时之绝，人得其尺牍文字，咸以为楷范焉。高丽甚重其书，尝遣使求之。高祖叹曰：不意询书名，远播夷狄。(《旧唐书》卷一八九)

3. 褚遂良，工楷隶。魏徵白见遂良，帝令侍书，帝方博购王羲之故帖，天下争献。然莫能质直伪。遂良独论所出，无舛冒者。(《唐书卷一〇五·褚遂良传》)

4. 张旭草书得摹法后，传崔邈、颜真卿。旭言始吾见公主担夫争路，而得摹法之意，后见公孙氏舞剑器，而得其神。而后辈言笔札者，颜虞褚薛，或有异论，至张长史无间言矣。(李肇《国史补》)

5. 柳公权初学王书，遍阅近代摹法，体势劲媚，自成一家。当时公卿大臣家碑版，不得公权手书者，人以为不孝。外夷入贡，皆别属货贝曰：以购柳书。(《旧唐书卷一六五·柳公权传》)

6. 颜真卿，善正草书，笔力遒婉，世宝传之。(《唐书卷一五三·颜真卿传》)

(3) 造像

1. 佛像

(甲) 唐承魏隋之后，至盛唐末，佛教之造像极盛，技巧发达，凌驾前代，高宗之世，有巧工吴智敏，塑士安生，巧匠张净眼，相近韩伯通等；又武周时窦宏果、孙仁贵等出，而塑土，雕木，蜡样等，各尽其妙。(陈彬龢译《中国美术史》第十二章《唐》)

(乙) 今唐山之宣雾山，磁州之响堂山，邠州之大佛寺，历城之千佛山，益都之驼山，巩县及龙门之宾阳洞壁等，自唐初至盛唐末，磨崖龛像，雕造无数。(同上)

2. 道像

(甲) 道教之祖老子，与唐帝室同姓，故依附之而能大兴。武后命匠人廖元立铸天真像。玄宗时诏西京及天下州郡，各建开元观，以官铜铸天尊像安置之。(同上)

(乙) 又如太清宫，取太白山(长安武功县)南之曰玉石，命名匠元伽儿作玄元像，侧立玄宗之御容；骊山(临潼县东南)华清宫，亦以幽州之白玉，命元伽儿制老君像置之，道像以此为精绝，真旷古无俦也。(同上)

B 经学

a 五经——太宗以经籍去圣人久远，文字多讹谬，乃诏颜师古定五经，颁于天下，命学者习焉。(《旧唐书卷一八九上 · 儒学传》)

b 五经正义——太宗又以儒学多门，章句繁杂，诏孔颖达与诸儒撰定《五经义疏》，凡一百七十卷，名曰：《五经正义》，令天下传习。(同上)

C 医学

a 孙思邈撰《千金方》三十卷行于代。(《旧唐书卷一九一 · 孙思邈传》)

b 于志宁与李勣，修定《本草》，并图，合五十四篇。(《唐书 · 于志宁传》)

c 甄权撰《脉经》，《针方》，《明堂人形图》各一卷。其弟立言撰《本草音义》七卷，《古今录验方》五十卷。(《旧唐书卷一九一 · 甄权传》)

D 工艺品

a 金工

(1) 金工之物，以镜为最。其制与前代有别，精丽无比，鸟兽花背，花鸟背，鹦鹉背，蒲萄背等，皆其绝佳之品。就中以蒲萄背特为佳品。铸背之外，又有螺钿背，平脱背，银背，彩釉背等之诸镜。(陈彬龢《中国美术史》第十章《唐》)

(2) 此类之镜，中国亦有存者，而螺钿镜，近顷始有出土，然蚀腐太甚，无足鉴赏。平脱背、银背之镜，近有由洛阳出土者。(同上)

b 窑工

(1) 武德四年，命江西新平霍仲初等，制器进御，色白质薄，其釉莹徹如玉，时称霍器。盖此器次第发达，而成后日景德镇之瓷器也。(同上)

(2) 越州窑（浙江绍兴）之青磁器最佳，其质明澈如水，莹润类玉；鼎州（西安泾阳县）之瓷盌次之；婺瓷（浙江金华）又次之；岳州之青瓷更次之；寿州（安徽凤阳）之瓷黄、洪州（江西南昌）之瓷褐色最劣。(同上)

c 织染

(1) 织物有兽锦、瑞锦等，又有大裥盘龙，对凤，麒麟，狮子，双胜等等文锦。绫有龙凤，天马等吴绫。(同上)

(2) 染物有羃缬，绫缬，夹缬三种，并有遗物可考。(同上)

E 域外交通

a 互市通商

(1) 陆路——唐灭东西突厥，开中西交通之路，西方诸国，来通商者益多，而中国人之赴中央亚细亚，波斯，印度等地通商者亦复不少。尤以犹太人乘机自红海经印度洋，而至南方各海港，或自地中海东岸安弟阿可亚（Antiocra）经波斯呼罗珊（Korasan）中央亚细亚，天山南路而至长安。于是唐乃置互市监征收关税。（李继煌译《中国文化史》第五章《唐时代之文化》）

（2）海路

1. 唐始置市舶使，以岭南帅臣监领之。设市区，令蛮夷来贡者为市。稍收利入官。贞观十七年，诏三路市舶司，番商贩到龙脑，沉香，丁香，白豆蔻四色。并抽解一分。（《天下郡国利病书》卷一三〇）

2. 其通商之地，为广州，杭州，泉州诸港，通商最多。（李继煌译《中国文化史》第五章《唐时代之文化》）

b 文化沟通——唐与日本，文化关系甚密，日本自隋通中国，得其文化。至唐咸亨长安中，屡遣使于唐，浮屠空海等留学二十余年始归。中国文物，输入日本者，以此时为最盛，制度典章，衣冠礼乐，一依唐制，遂为日本文化之源泉。（参看《日本国史略》）

F 宗教

a 佛教

（1）唐初佛教不甚盛。贞观初，僧玄奘，往游西域，撰《西域记》十九卷。贞观十九年，归至京师，太宗见之，大悦，令其翻译，所成新书甚多，于是佛教大兴。（《旧唐书卷一九一·僧玄奘传》）

（2）“武宗即位，废浮屠法，天下毁寺四千六百，招提兰若四万，籍僧尼为民二十六万五千人，奴婢十五万人，田万千顷。上都，东都，每街留寺二，每寺僧三十人。诸道留僧以三等，不过二十人”。佛家称为武宗之厄。（《唐书·食货志》）

b 道教

（1）高祖武德七年，幸终南山，谒老子庙。（《旧唐书·高祖纪》）又高宗乾封元年，次亳州，幸老君庙，追号曰太上玄元皇帝。（《旧唐书·高宗纪》）由此可知唐初崇奉道教。

（2）开元二十一年，制令士庶家藏《老子》一本，每年贡举人，量减《尚书》、《论语》两条，策加《老子》。（《旧唐书·玄宗纪》）道教经玄宗极力提倡，而达极盛时代。

（3）按道教之兴盛，实由进献丹药，一时风尚所趋。中唐以后，上自君相，下至人民，无不信丹饵者，以辟佛卫道自命之韩愈，尚服硫磺，其余更可知矣。此足征隋唐以后，道教在社会上之力量。

c 三夷教

（1）景教

1.“大秦国有上德曰阿罗本，占青云而载真经，望风律以驰艰险。贞观九年，至于长安，帝使宰臣房公玄龄，总杖西郊，宾迎入内，翻经书殿，问道禁闱，深知真正，特令传授。”（《大秦景教流行碑》）此为景教传入中国之始。

2.“高宗大帝，克恭缵祖，润色真宗，而于诸州各置景寺，仍崇阿罗本为镇国大法王。”（《大秦景教流行碑》）可知唐代景教流行之盛。迨至武宗崇道教，景教遂与佛寺并废。

（2）袄教

1. 北齐北周之际，曾流行中国北边，然传布未广。其后大食勃兴，压迫波斯，波斯人遁入中国者甚众，其教亦随之流传于中国。高祖时，于长安建袄神祠，太宗贞观五年，有阿碌至长安，从事布教，太宗建袄寺，并置“袄正”、“袄祝”等教职。（李继煌译《中国文化史》第五章《唐时代之文化》）

2. 玄宗时，曾受排斥，未几即复盛，武宗时，又遭压抑，其教始衰，此后与唐偕亡。（同上）

（3）摩尼教——波斯人摩尼创之。则天武后时拂多诞来传，流行西北及回纥间，虽各地有摩尼寺之设，然不甚盛行。（同上）

d 回教——安史乱后，由回纥人传入，流行北方。南方则由大食国人至江南，请于唐，于广州等处建教堂，盛布其教。武宗信道，严禁其余诸教，乃渐衰微。（同上）

备 考

（1）唐诗之变迁：

（甲）初唐——自高祖武德元年，至玄宗开元初，凡一百年。初唐之际，犹秉六朝余风，未能湔除旧习，王（勃）杨（炯）卢（照邻）骆（宾王）四杰之作，不脱脂粉之气，骈俪之调，及陈子昂出，始慨然有志复古，开风雅之源，而为盛唐之先驱。中宗之世，多以诗文取士，而轻佻之风日炽，沈佺期，宋子问二人，尤为班首。（曾毅《中国文学史》第四篇第二章《唐之文化及思潮》）

（乙）盛唐——自玄宗开元元年，至代宗大历初，凡五十余年。方是时，唐威振四夷，承累世之富，府库充实，长安繁华，前后无比，丝竹之声，昼夜不绝，洋洋乎太平之象也。故建筑，雕刻，绘画等诸艺，咸极一时之盛，而诗亦开未曾有之大观。李（白）杜（甫）诗中之圣者也，而翼之以王维，孟浩然，储光羲，王昌龄等徒，互相辉映，诚极盛时期也。（同上）

（丙）中唐——代宗大历元年，至文宗太和九年。凡七十余年，中唐以后，专求语句之工巧，气象迫促，已不如盛唐之混涵，其间惟韦应物之雅澹，钱起之清瞻，庶几接踵前武。元和之世，韩（愈）白（居易）二家，并宗杜甫，然一失之险，一失之易。（同上）

（丁）晚唐——文宗开成元年，至昭宗天祐三年，凡八十余年。晚唐自李商隐、温庭筠、杜牧以下，有许浑、刘沧，而赠水残山，难语于大，至皮日休、陆龟蒙，已开宋诗之端，而唐诗于此绝响。（同上）

(2) 唐画之变迁：

（甲）初唐——其时画家，有阎立德、阎立本兄弟，并擅丹青，蜚声当代。凡宫殿之建筑装饰，及兖冕车舆伞扇之制，均由立德案定，立本时称丹青神化，于武德九年，画秦府十八学士，贞观十八年，于凌烟阁画二十四功臣之像，其真迹现存闽中林氏。此外张孝师善画地狱，范长寿、何长寿共长佛教画，尉迟乙僧擅凹凸画，皆唐初妙手。（陈彬龢译《中国美术史》第十二章《唐》）

（乙）盛唐——此时吴道玄（道子），李思训，李昭道，曹霸，韩幹，周昉，王维等辈出，而画运一变。道玄乃绝代妙手，其生平杰作，为西京寺观内所绘之三百余壁画，数仞之画或由臂，或足为先，巨壮诡怪，笔力飞舞。而稠密精细之画，亦所兼长。佛道人物，神鬼禽兽，山水臺榭，树石草木，皆冠绝于世。曹霸为古今独擅之鞍马妙手，其弟子韩幹，亦负盛名。周昉则最长仕女，以秾丽丰盈之态，称赏于人。（同上）

（丙）中唐——中唐画师，有毕宏，韦鶠，张璪等出，始极树石之妙。道芬，郑町，王默等出，皆能作山水。其余边鸾之花卉，戴嵩之水牛，萧悦之竹等，亦著名。（同上）

（丁）晚唐——佛教画家张南本，以成都金华寺、宝历寺著名。山水家荆浩，其谓山水之画法，丈山尺树，寸马豆人，远水无波，远人无目，为精绝不刊之言。其风格超逸，真唐末之异彩也。（同上）

(3) 唐与外国通商，海路最为发达，其输入之物，则有象牙，宝石，香料，药物，织物等；至于输出，则为金银绢布，陶磁器及其他杂货物。（李继煌译《中国文化史》第五章《唐时代之文化》）

(4)《大秦景教流行中国碑》，为唐德宗建中二年长安大秦寺僧景净等所建立，高凡一丈余，幅五尺，厚一尺余，盖一大石材也。碑之正面，除篆额

"大秦景教流行中国碑"各字外，乃一一千八百七十余汉字之碑颂及序文，又有细利亚（Syria）文凡四十余。碑之左右两侧，录景教宣教师姓名凡六十余人，各各列汉字与细利亚之本名相与对照。此碑于明熹宗天启年间，发现于陕西西安府。（同上）

（5）景教原属基督教之一派，其开祖为高僧纳司托留司（Nestorius）。西纪三二五年，尼开亚（Nicaea）会议后，异说百出，而彼非马利亚神母说，于四三一年之爱忽所司（Ephesos）会议，被视为异端，而夺其职，加以排斥，遂偕其徒十七人，经小亚细亚，入波斯，受波王拍乐慈（Peroz）之保护，乃成一团体，其后教势日见兴隆。第六世纪末叶，入中国称景教。（同上）

（6）祆都乃波斯之左罗阿司托尔（Zoroaster）教，拜火，故又名拜火教，又拜天日，故在中国称之曰祆教。（同上）

第四节　唐代之民生状况

A 田制

a 受田

（1）丁男给永业田二十亩，口分八十亩，其中男年十八以上，亦依丁男给。（《通典·食货典》）

（2）老男笃疾废疾，各给口分田四十亩。（同上）

（3）寡妻妾各给口分田三十亩。（同上）

（4）以工商为业者，永业口分各减半给之。（同上）

b 卖买

（1）唐制，诸庶人有身死家贫无以供葬者，听卖永业田，即流移者亦如之。（同上）

（2）乐迁就宽者，并听卖口分田。（同上）

（3）凡卖买皆须经所部官司申牒，年终，彼此除附，若无文辄卖买，财没不追，地还本主。（同上）

B 赋税

a 田赋

（1）租庸调

1. 租——每丁岁人租粟二石正。（《旧唐书·食货志》）

2. 庸——凡丁岁役二旬。若不役则收其庸，每日三尺，有事而加役者，旬有五日免其调，三旬则租调俱免，通正役不过五十日。（同上）

3. 调——调则随乡土所产，绫绢絁各二丈，布加五分之一，输绫绢絁者，兼调绵三两，输布者麻三斤。（同上）

（2）两税法——凡百役之费，一钱之敛，先改其数，而赋于人。且里出制入，户无主客，以见居为簿。人无丁中，以贫富为差。不居处而行商者，在所州县税三十之一，度所取与居者，均使为侥利居人之税。夏秋两入之，俗有不便者正之。其租庸杂徭悉省，而丁额不废，其田亩之税率，以大历（代宗）十四年垦田之数为准，而均收之。夏税尽六月，秋税尽十一月，岁终以户赋增失，进退长吏。（《唐书卷一四五·杨炎传》）

b 杂税

（1）盐税

1. 肃宗时，尽榷天下盐，斗加时价百钱而出之，为钱一百一十。复赋税不足供费，盐铁使刘宴，以为因民所急而税之，则国用足。于是上盐法轻重之宜。宴之始至也，盐利岁才四十万缗，至大历末，六百余万缗，天下之赋，盐利居半。宫廷百官之费，皆仰给焉。（《唐书·食货志》）

2. 德宗贞元四年，江淮盐每斗增二百，为钱三百一十，其后复增六十。河中两盐池，每斗为钱三百七十，江淮豪贾财利，或时倍之，官收不能过半，民始怨矣！（同上）

（2）茶税——德宗贞元九年，初税茶，每十税一。穆宗时增天下茶税，率百钱增五十。武宗即位，是时茶商所过州县有重税，诸道置邸以收税，谓之塌地钱。其后又有剩茶钱。（《唐书·食货志》）

（3）酒税——唐初无酒税，代宗广德二年，敕天下州，如量定酤酒户，随月纳税。大历六年，量定三等，逐月税钱。德宗建中三年，禁人酤酒，一官自置店酤，收利以助军费。昭宗之世，以用度不足，易京畿边镇曲法，后榷酒以赡军。（《通考·征榷考》）

（4）关税——德宗时，置吏阅商贾钱，每缗税二十，竹木茶漆税十分之一。文宗开成二年，凡经过衣冠，商客，金，银，牛马，见钱，茶，盐，绫绢等，一物以上并税，停绝。（《通考·征榷考》）

c 苛税

（1）九等户税——代宗大历四年，定天下百姓及王公以下，每年税钱分为九等，上上户四千文，上中户三千五百文，上下户三千文，中上户二千五

百文，中中户二千文，中下户一千五百文，下上户一千文，下中户七百文，下下户五百文。(《旧唐书卷四八·食货志》)

(2) 税间架——德宗时，军用不足，乃税间架。其法屋二架为间，上间钱二千，中间一千，下间五百，吏执笔握算，人人家计其数。(《续通志·食货略》)

(3) 算除陌——其法公私给及买卖，每缗官留五十钱，给他物及相贸易者，约钱为率算之。(同上)

d 私税——有田之家，坐食租税，京畿田亩，税五升，而私家收亩税一石，官取一。(《唐书卷五二·食货志》)

C 币制

a 钱

(1) 铜钱——唐初，仍沿用隋之五钱，武德四年，铸“开元通宝”，得轻重大小之中，洛并幽益桂等州皆置监(《唐书卷五四·食货志》)，是为有通宝钱之始。其后由宋迄于晚清，皆承兹系统。

(2) 飞钱——宪宗时，商贾至京师，委钱诸道进奏院及诸军诸使，富家以轻装趋四方，合券乃取之，号飞钱(《唐书·食货志》)，启后世汇兑之渊源。

(3) 陋规(短陌)——宪宗时，京师用钱，每贯头除二十文。穆宗长庆元年，以所在用钱垫陌不一，敕内外公私，给用钱宜每贯一例除垫八十，以九百二十文成贯。至昭宗末，京师以八百五十为贯，每陌才八十五，河南府以八十为陌。(《日知录卷十一·短陌》)

b 银货——唐宋以前，上下通行之货，一皆以钱。宪宗元和三年诏曰：天下有银之山，必有铜矿，铜者可资于鼓铸，银者无益于人生，其天下自五岭以北见采银坑，并宜禁断。然韩愈奏状，言五岭买卖，一以银元。稹奏状言，自岭以南金银为货币(《日知录卷十一·银》)。于此可知金银货颇不普通。

D 度量衡

a 度——凡权衡度量之制度，以北方巨黍中之一黍之广为分，十分为寸，十寸为尺，十尺为丈。(《旧唐书卷四八·食货志》)

b 量——以巨黍中者容一千二百为籥，二籥为合，十合为升，十升为斗，三升为大升，三斗为大斗，十大斗为斛。(同上)

c 衡——以巨黍中者百黍之重为铢，二十四铢为两，三两为大两，十六两为斤。(同上)

E 物价

a 盛时——贞观时，斗米三钱。（《唐书卷九七·魏徵传》）玄宗开元十三年，东都米斗十钱，青齐米斗五钱。（《旧唐书卷八·玄宗本纪》）

b 乱时——安庆绪被围于相州，斗米钱七万。（《唐书卷二二五·安庆绪传》）黄巢据长安，斗米三十千。（《唐书卷二二五·黄巢传》）杨行密围扬州，金一斤，通迟带一条，得米五斗。（《唐书卷二二四·高骈传》）

F 实业

a 农业

（1）水利

1. 窦公渠——青州北海，武德八年，令窦琰于故营邱城东北穿渠，引白浪水，曲折三十里，以溉田，号窦公渠。（《唐书卷三八·地理志》）

2. 十石垆渠——河中府龙门东南二十三里，有十石垆渠。贞观二十三年，县令长孙恕，凿溉良田沃，亩收十石。（《唐书卷三九·地理志》）

3. 玉梁渠——蔡州新息西北五十里，有隋故玉梁渠。开元中，令薛务增濬，溉田三千余顷。（《唐书卷三八·地理志》）

4. 开浚乡渠——穆宗长庆二年，温造为郎州刺史，奏开浚乡渠九十七里，溉田二千顷。（《通考·田赋考》）

（2）屯田

1. 唐开军府，以捍要冲，因隙地，置营田。上地五十亩，瘠地二十亩，稻田八十亩，则给牛一。诸屯以地之良薄，与岁之凶丰，为三等具民，田岁获多少，以中熟为率，有警则以兵。（《通考·田赋考》）

2. 宪宗元和中，东起振武，西逾云中，极于受降城，凡六百余里，垦田三千八百顷。宪宗末，天下营田皆雇民或借庸以耕。又以瘠地易上地，民间苦之。穆宗即位，诏还所易地，而耕以官兵，耕官地者给三分之一以终身。（同上）

b 商业

（1）商制

1. 京都诸市令，掌百族交易之事，丞为之贰。凡建标立候，陈肆辨物，以二物（注一）平市，以三买（注二）均市。（《唐六典》）

2. 凡与官交易，及题平赃物并用中买。其造弓矢长刀，官为立样，仍题工人姓名，然后听鬻之。诸器物亦如之。以伪监之物交易者，没官，短狭不中量者，还主。（同上）

3. 凡卖买奴婢牛马，用本司本部公验以立券，凡卖买不和，而摧固及更

出，开闭共限一价，若参市而规自入者，并禁之。（同上）

4. 凡市以日午击鼓三百声，而众以会；日入前七刻，击钨三百声，而众以散。（同上）

（2）宫市

1. 时宦者主宫中市买，谓之宫市，抑买人物，稍不如本估，末年不复行。文书置白望数十百人于市及要闹坊，曲阅人所卖物，但称宫市，则敛手付与，真伪不可复辨，无敢问所从来，及论价之高下者，率用直百钱物，买人直数千物，仍索进奉门户及脚价钱。人将物诣市，至有空手而归者，名为宫市，其实夺之。（《旧唐书卷一四〇·张建封传》）

2. 尝有农夫，以驴驮柴，宦者市之，予绢数尺，又就索门户，仍邀驴送柴之内。农夫啼泣，以所得绢与之，不肯受曰：须得尔驴。农夫曰：我有父母妻子待此而后食，今与尔柴而不取直，而汝尚不肯，我有死而已！遂殴宦者，卫使擒之以闻，乃黜宦者，赐农夫绢十匹。（同上）

c 矿业

（1）银——银冶五十八。元和初，天下银冶废者四十。二年禁采银，一两以上者笞二十，递出本界，州县官吏节级科罪。宣宗时，增银冶二。（《通考·征榷考》）

（2）铜——铜冶九十六，高宗麟德二年，废陕西铜冶四十八。宣宗时，又废铜冶二十七。（同上）

（3）铁——铁山五，宣宗时，增铁山七十一。（同上）

（4）锡——锡山二。（同上）

（5）铅——铅山四。宣宗时，废铅山一。（同上）

【注解】

注一 二物谓秤以格，斗以概。

注二 三买谓上中下之差。

备 考

（1）唐初定令式，国家有租赋庸调之法。开元中，玄宗以宽仁为理本，不为版籍之书，人口浸溢，堤防不禁。丁口转死，非旧名矣！田亩移换，非旧额矣！贫富升降，非旧第矣！户部徒以空文，总其故书，盖得非当时之实。旧制人丁戍边者，蠲其租庸，六十免归。玄宗方事夷狄，戍者多死不返，边将怙宠；而讳不以死申，故其籍贯之名不除。至天宝中，王鉷为户口使，方务聚敛，以丁身且存，则丁身焉往？是隐课而不出耳！遂案旧籍，计除六年之外债，征其家三十租庸，天下之人苦而无告，则租庸之法久弊矣！迨德宗之后，天下兵起，始以兵役，因之饥疠，征求运输，百役并作，人户凋耗，版图空虚；军国之用，仰给于度支，转运二使，四方征镇。又自给于节度都团练使，赋敛之司数四，而莫相统摄，于是纲目大坏。朝廷不能处诸使，诸使不能处诸州，四方贡献，悉入内库，权臣滑吏，因缘为奸。或公托进献，私为赃盗者，动万万计。河南，山东，荆襄，剑南，置重兵处，皆厚自奉养，王赋所入无几。吏职之名，随人署置，俸给厚薄，由其增损。故科敛之名凡数百，废者不削，重者不去，新旧仍积，不知其涯。百姓受命而供之，沥膏血，鬻亲爱，旬输月送，无休息，因其苛蚕食于人，凡富人多丁者，率为官为僧，以色免役。贫人无所入，则丁存，故课免于上，而赋增于下。是以天下残瘁，荡为浮人，乡居地著者，自不四五，如是者殆三十年。（《旧唐书卷一一八·杨炎传》）观上言，制度已败坏至极，故杨炎有两税法之建议。

（2）唐代重农业。玄宗开元十六年，帝种麦苑中，瑛诸王侍登。帝曰：是将荐宗庙，故亲之，亦欲若等知稼穑之难。因分侍臣曰：《春秋》书无麦禾，古所甚重。比诏使者阅田亩，所对不以实，故朕自莳，以观其成云。（《唐书卷八二·太子瑛传》）

第五节　唐代之风俗

A 嫁娶

a 制度——贞观元年二月诏，其庶人男女无家室者，并仰州县官人以礼聘娶，皆任其同类相求，不得仰取。男年二十，女年十五以上，及妻丧达制之后，孀居服纪已除，并须申以婚媾，令其好合。若守志贞洁，并任其情，无劳抑以嫁娶。（《通典·嘉礼典》）

b 习俗

（1）唐世婚礼纳采，有合欢，嘉禾，阿胶，九子蒲，朱苇，双石，绵絮，长命缕，乾漆九事，皆有词。胶漆取其固，绵絮取其调柔，蒲苇为心可屈可伸，嘉禾分福也，双石意在双固也。（殷成式《酉阳杂俎》）

（2）迎妇以粟三升填臼，席一枚以覆井，枲三斤以塞窗，箭三支，置户上。妇上车，婿骑而环车三匝，嫁女之源日，其家作黍臛，女将上车，以蔽膝覆面。妇入门，舅姑以下，皆从便门出，复从门入，言当躏新妇迹。又妇入门，先拜猪槽及龟。行礼则夫妇并拜，或其结镜纽。娶妇之家，喜弄新妇。腊月娶妇，不见姑。（同上）

（3）今士大夫家婚礼，新妇乘马鞍，悉北朝之余风也。今娶妇家，新人入门跨马鞍，此盖其始也。（同上）

（4）坐床撒帐，亦如今俗。男倒行出，面皆相向，至家庙前，参拜毕，女复倒行，扶入房讲拜，男女各争先后，对拜毕就床，女向左男向右坐，妇女以金钱彩果撒掷，谓之撒帐。（《东京梦华录》）

（5）太极元年，唐诏上表曰：往者下俚庸鄙，时有障车，邀其酒食，以为戏乐。近日此风转盛，上及王公，乃广奏音乐，多集徒侣，遮拥道路，留滞淹时，邀到财物，动逾万计。遂使障车礼贶，过于聘财，请一切禁断，从之。（《通典·嘉礼典》）于此可见障车风气之盛也。

B 丧葬

a 习俗

（1）送葬有假花、假果、粉人、粉帐之属，大不过方丈，室高不逾数尺。其时王公百官，竞为厚葬，偶人像马，雕饰如生。（《通典·凶礼典》）

（2）开元二十一年，敕寒食上墓，礼无经文，近代相传，浸以成俗。士庶不合庙享，何以用展孝思，宜许上墓拜埽，仍编入五礼，永为恒典。（《通典·吉礼典》）

（3）自汉以来，葬丧者皆有瘗钱。至开元末，玄宗方遵道术，靡神不宗。王玙充祠祭使，专以祀事希幸，每行祠祷，或焚纸钱，祷祀福祐。（《旧唐书·王玙传》）是为后世冥钱之始。

b 禁奢葬——开元二十九年敕，明器墓田，皆以素瓦为之，不得用金银铜锡。其衣不得用罗绣画，其下帐不得有珍禽奇兽，鱼龙化生。其园宅不得广作院宇，多列侍从。其輀车不得用金铜花，结彩为龙凤，及旒苏画云气。（《通典·凶礼典》）

C 庆寿

a 生日——生日之礼，古人所无。此礼起于齐梁之间，迨唐宋以后，自天子至于庶人，无不崇饰此日。开筵召客，赋诗称寿。（《日知录卷十三·生日》）

b 千秋节——上以诞日，晏百僚于花萼楼下，百僚表请以每年八月五日为千秋节。王公以下，献镜及承露囊，天下诸州，咸令晏乐休假三日。（《旧唐书·明皇纪》）

c 上寿——开元十七年，以降诞之日，大置酒张乐，晏百僚于花萼楼下，此为帝王生日上寿之始。（《册府元龟》）

D 奴婢

a 来源

（1）没官——凡反逆相坐，没其家为官奴婢。一免为番户，再免为杂户，三免为良人，皆数有所及则免之。（《唐会要》卷八六）

（2）市易——“元和九年诏，自岭南诸道，辄不得以良口饷遗贩易，及将诸庆博易。又有求利之徒，以良口博马，并敕所在长吏，严加提搦。”（同上）是可见贩卖人口，极为盛行。

（3）贡品——“大历十四年，诏邕府岁贡奴婢，绝骨内恋，非仁也，宜罢。”（同上）是朝廷且以为贡品，宜其奴婢之多也。

b 类别

（1）突厥奴——唐代畜突厥奴婢。“宣宗大中元年，敕西北缘边州县，不得畜突厥奴婢。”（《唐会要》卷八六）

（2）新罗奴——又有新罗奴，穆宗长庆元年，薛革奏海贼掠新罗良口将到登莱州界，卖为奴婢，请所在长吏，严加提搦，敕旨依从。（同上）

（3）吐蕃奴——西北缘边，除突厥奴外，仍有吐蕃、回鹘奴。“大中五年，敕边上诸州镇，送到投来吐蕃、回鹘奴婢等，并配岭外，不得隶内地。”（同上）

（4）昆仑奴——广东富人多畜鬼奴。有一种近海野人，入水眼不眨谓之昆仑奴。而唐代之昆仑奴，皆由阿拉伯人输入中国。（张星烺《中西交通史料汇篇》第三册第五节《唐时非洲黑奴命名》）

E 游晏

a 名士游——裴度于午桥创别墅，名曰绿野堂。视事之隙，与诗人白居易、刘禹锡酣晏，终日高卧放言，以诗酒琴书自乐。名士皆从之游。（《旧唐书卷一七〇·裴度传》）

b 探春晏——都人士女，每至春时，各乘车跨马，供帐于园囿或郊野中，为探春之晏。（王仁裕《开元天宝遗事》）

c 避暑会——唐时长安富人，于林亭内植画柱，结彩为凉棚，召女妓杂坐，名曰避暑会。（同上）

d 曲江会——“章台之使来，曲江之会遄至。”（韩鄂《岁华纪丽》）盖唐时春放榜，进士既捷。列名于慈恩寺，谓之题名，大晏于曲江，谓之曲江会。

F 游戏

a 斗鸡——唐时斗鸡之事最盛。玄宗治鸡坊于两宫间，索长安雄鸡千数，养于坊，选六军小儿五百人，使训扰教饲。上之好之，民风尤甚。诸王世家，倾帑破产，市鸡以偿鸡值。都中男女，以弄鸡为事，贫者弄假鸡。（陈鸿《东城老父传》）

b 飞奴——张九龄少年时，家养鸽群，每与亲知书信往来，只系书鸽足上，依所致之处，飞往投之，九龄目之为飞奴。（《开元天宝遗事》）

c 半仙戏——天宝中，宫中至寒食节，竞竖秋千，令宫嫔辈戏笑，以为晏乐，帝呼为半仙之戏。（同上）

d 射粉团——宫中每到端午节，造粉团角黍，贮于金盘中，以小角造弓子，纤妙可爱，架箭射盘中粉团，中者得食，盖粉团滑而难射也。都中盛行此戏。（同上）

e 打球——唐人球戏，有马球步球二种，且以女子参加。女人骑驴（以驴代马）击球。制钿驴鞍，及诸服用，皆侈靡装饰，日费数万，以为笑乐。（《旧唐书卷一一七・郭英义传》）

G 赌博

a 长行——唐时博戏，长行最盛。其具有局有子，子黑黄各十五，掷采之骰有二。其法生于握槊，变于双陆。王公大人，莫不耽耽，至于废庆吊，忘寝食，有通宵而战者，有破产而输者也。（李肇《国史补》）

b 掷金钱——内庭嫔妃，每至春时，各于禁中结伴，三人至五人，掷金钱为戏。（《开元天宝遗事》）

c 摊钱——钱戏有每以四文为一列者，即传云所谓意钱是也。俗谓之摊钱，亦曰摊铺，其钱之使叠相欺惑也。（《资暇录》）

d 双陆——双陆最古，号雅戏。始于西竺，流于曹魏，盛于梁陈魏齐隋唐之间。（《宋洪迈序》）

H 节令

a 岁时

（1）傅坐——长安市里风俗，每至岁元日以后，处作饮食相邀，号为傅坐。（《法苑珠林》卷九二）

（2）观灯——唐朝正月十五夜，许三夜夜行，寺观街巷，灯明若画，山棚高百余尺，神龙以后，复加严饰，士女无不夜游。（《渊鉴类函卷十七・雍

洛灵异小录》)

b 中和节——德宗贞元五年，诏以二月一日为中和节。内外官司，休假一日，士庶以刀尺相问遗，村社作中和酒，祭勾芒，以祈年榖。(《旧唐书卷十三·德宗纪》)

c 端午节

(1) 宫中端午造粉团角黍贮盘中，以小角弓射之，中者得食。又北朝妇女五日五时，图五时花，施之帐上。(《开元天宝遗事》)

(2) 贞观十八年五月五日。太宗为飞白书，作鸾凤蝶龙等字，笔势警绝，谓长孙无忌等曰：旧俗必用服玩相贺，今朕各赠君飞白扇二(《唐会要》)。是唐有相贺赠之俗。

d 七夕

(1) 帝与贵妃，每至七月七日夜，在华清宫游宴时，宫女辈陈瓜花酒馔，列于庭中，求恩于牵牛织女也。又各捉蜘蛛于小盒中，至晓开视蛛网稀密，以为得巧之候，密者言巧多，稀者言巧少，民间亦效之。(《开元天宝遗事》)

(2) 又宫中以绵结成楼殿，高百丈。上可胜数十人，陈以瓜果酒炙，设坐具以祀牛女二星。嫔妃各以九孔针五色线向月穿之，过者为得巧之候，动清商之曲，宴乐达旦，士民之家，皆效之。(同上)

e 中秋节——八月十五日，民间以月饼相遗，取团圆之义。(《熙朝乐事》)

f 重阳节——重阳之日，必以肴酒登高眺远，为时宴之游，以畅秋志。酒必采茱萸甘菊以泛之，既醉而还。(孙思邈《千金月令》)

I 装饰

a 男

(1) 浑脱毡帽——太尉长孙无忌，以乌羊毛为浑脱毡帽，人多效之，谓之赵公浑脱。(《唐书卷三四五·行志》)

(2) 千重韈——唐制，立冬日进千重韈，其法用罗帛十余层锦，夹络之。(陶穀《清异录》)

(3) 飞云履——白乐天烧丹于庐山草堂，作飞云履，玄绂为质，四方以素绢作云朵，染以四选香。振履如烟雾。(冯贽《云仙杂记》)

b 女

(1) 裙

1. 毛裙——中宗女安乐公主，有尚方织成毛裙，合百鸟毛，正看为一色。旁看为一色，日中为一色，影中为一色。百鸟之状，并见裙中，百官之家，

多效之。(《旧唐书卷三七五·行志》)

2. 红裙——“窣帔罗裙红似火”，(元稹《樱桃花诗》)盖妇女通著红裙也。

(2)髻

1. 假髻——杨贵妃常以假髻为首饰，而好服黄裙。时人为之语曰：义髻抛河里，黄裙逐水流。(《唐书·五行志》)

2. 囚髻——僖宗时，内人束发极急，及在成都，蜀妇人效之，时谓囚髻。(同上)

3. 抛家髻——唐末，京都妇人梳发，以两鬓抱面，状如椎髻，时谓之抛家髻。(同上)

(3)鞋——武德以来，妇人著履，规制亦重，又有线靴。开元末，妇人例著线鞋，取轻妙便于事，侍儿乃著履。(《旧唐书·舆服志》)

J 歌舞

a 叹百年舞——伶官李可及善音律，尤能转喉为新声，音辞曲折，听者忘倦，京师屠沽效之，呼为拍弹。同昌公主除丧后，帝(文宗)与淑妃思念不已。可及乃为叹百年舞曲，舞人珠翠盛饰者数百人，画鱼龙地，衣用官絁五千匹，曲终乐阕，珠玑覆地，词语凄恻，闻者涕流。(《旧唐书卷一七七·曹确传》)

b 菩萨蛮舞——可及又尝于安国寺作“菩萨蛮”舞，如佛降生，帝益怜之。(同上)

c 谈容娘舞——中宗引进近臣及修文学士，与之宴集，令各效伎艺，以为笑乐，张锡为谈容娘舞。(《旧唐书卷一八九·郭山恽传》)

d 七德舞——太宗制破阵舞图，左圆右方，先偏后伍，鱼丽鹅鹳，箕张翼舒，交错屈伸，首尾回互，以象战之形，令吕才依图教乐工百二十人，被甲执戟而习之。凡为三变，每变为四阵，有来往疾徐击刺之象，以应歌节，数日而就，更名“七德之舞”。(《旧唐书卷二八·音乐志》)

e 胡旋舞——康国舞二人，绯袄锦袖，绿绫浑裆袴，赤皮靴，白袴奴舞急转如风，俗谓之胡旋舞。(《通典》)

第三章　五代

第一节　五代十国之兴亡

A 五代

a 梁

（1）朱全忠篡唐——太祖姓朱氏，宋州砀山午沟里人也。本名温，僖宗赐名全忠。开平元年（西历九〇七年），代唐即帝位，国号曰梁，升汴州为开封府，建名东都。（参《旧五代史·梁太祖纪》）

（2）友珪之弑逆——郢王友珪，帝之次子也。太祖邀诸子之妇入侍，友文妻王氏有色，儿宠之。太祖病，将立友文为太子。友珪不平，乃与其党韩勍弑太祖而自立，又杀友文于东都。时乾化二年（西历九一二年）也。（参《五代史卷十三·友珪传》）

（3）末帝之即位——末帝太祖，第三子友贞也。友珪弑太祖，以帝为东京留守，与赵岩、朱珪等，共诛友珪，遂于东京即帝位。（参《旧五代史卷八·末帝纪》）

（4）梁之灭亡——唐兵入汴，令其下皇甫麟杀末帝。麟亦自刎而死，梁遂亡（西历九二三年）。（参《旧五代史卷十·末帝纪》）

b 唐

（1）唐之建国——庄宗，其先沙陀人也。唐赐姓名李氏，名存勖，李克用之长子也。同化元年（西历九二三年），即皇帝位，国号曰唐。同年十月，灭梁。（参《五代史·唐纪》）

（2）唐之灭亡——清泰三年（西历九三二年），河东军节度使石敬瑭反，帝兵败自焚而死，唐亡。（参《旧五代史卷四八·末帝纪》）

c 晋

（1）晋之兴起——高祖，太原人也。姓石氏，名敬瑭，仕唐，以北京留守，举兵入洛，代唐即皇帝位。（参《旧五代史卷七五·晋高祖纪》）

（2）契丹南下

1. 先是石敬瑭求援于契丹，奉表称臣，事以父礼，且许割地，并岁贡绢三十六万匹。既灭唐，乃割燕云十六州畀契丹。契丹遂强，改国号曰辽。（参《旧五代史·晋高祖纪》）

2. 出帝立，哀告于辽，称孙而不称臣。辽遣使见责，答之不逊。辽主大怒，举兵南下，屠汴京，执出帝北去，晋遂亡。（参《旧五代史·出帝纪》及《卷一三七·契丹传》）

d 汉

（1）汉之建国——高祖，姓刘，本名知远，其先沙陀人也。事晋，封北平王。契丹犯京师，出帝北迁。张威彦等以中原无主，上笺劝进，遂即皇帝位，国号曰汉。（参《旧五代史卷九九·汉高祖纪》）

（2）汉之灭亡——隐帝即位，任用群小，滥杀无辜。郭威拥兵犯阙，被杀，汉亡。时西历九五〇年也。（参《旧五代史·汉隐帝纪》）

e 周

（1）周之得国——太祖，姓郭，名威，邢州尧山人也。仕汉，以邺都留守入汴。即皇帝位，国号周。（参《旧五代史卷二〇·太祖纪》）

（2）世宗之盛

1. 内政——废天下佛寺三千三百三十六所。是时中国乏钱，乃诏悉毁天下铜佛像，以铸钱。又均天下之田，更延儒学文章之士，考制度，修通礼，定正乐，议刑统。其制作之法，皆可施于后世。（参《五代史卷十二·周本纪》）

2. 武功——世宗仅在位数年，取秦陇，平淮右，复三关，威武之声，震慑西夷。（同上）

（3）陈桥之变——恭帝嗣位，会北汉与辽师南侵。诏匡胤率兵御之，夕次陈桥驿，将士以黄袍加匡胤身，拥之而南，遂入大梁，国号宋，周亡。（同上）

B 十国

a 吴——杨行密于唐时，为淮南节度使，后封吴王，悉有淮南、江东之地。行密卒，子渥嗣位。徐温杀之，立渥弟隆演，专决军府之事。温养子知诰，亦知军事。隆演卒，弟溥嗣立，溥让位于知诰，凡四世，共四十九年而

亡。(参《五代史卷六·吴世家》)

b前蜀——唐昭宗时，王建为西川节度使，领蜀地。后封蜀王，称帝。建卒，子宗衍立。衍好奢侈，不忧国事。及后唐兵来伐，大败，遂出降，凡二世，共二十三年而亡。(参《五代史卷六三·前蜀世家》)

c楚——马殷于唐时，为武安节度使，后梁时，封楚王，并有桂柳等诸州。殷卒，子希声嗣。希声卒，希范、希广相继为王。希广之兄希萼，杀希广而自立。楚将徐威又囚希萼，立其弟希崇。后为南唐所并，凡六世，共五十五年而亡。(参《五代史卷六六·楚世家》)

d闽——唐昭宗时，王审知为威武节度使，后梁太祖封为闽王。审知卒，子延翰立。其弟延钧弑延翰而自立，后又为乱兵所杀。于是其子昶立，既而朱文进杀昶，立延曦，寻又弑延曦而自立。闽人杀文进，立延曦弟延政，复国号殷，后为南唐所并，凡六世，共四十九年而亡。(参《五代史卷六八·闽世家》)

e吴越——钱镠于唐昭宗时为镇海节度使，并有两浙地。后梁太祖封为吴越王。镠卒，子元瓘，孙佐，及佐弟琮，相继而立。既而倧被废，弟俶立。宋太宗时，悉献其地，封为淮海王，凡五世，共八十四年而亡。(参《五代史卷六七·吴越世家》)

f南汉——刘隐于唐昭宗时为靖海节度使，有南海地。隐卒，弟岩立，遂称帝。岩卒，子玢立，喜骄侈，不理国事，弟晟弑之而自立，晟卒，子𬬮立，残酷无道。宋潘美来伐，遂出降，凡五世，共七十年而亡。(参《五代史卷六五·南汉世家》)

g南唐——李昪为徐温之养子，即徐知诰也。受吴禅，称帝，复旧姓，名昪，留心政治，人民相安。昪卒，子璟嗣立。周世宗来伐，以江北之地与周，因去帝号。及璟子煜立，宋曹彬来征，出降，凡三世，共三十六年而亡。(参《五代史卷六二·南唐世家》)

h后蜀——唐庄宗时，孟知祥为西川节度使，封蜀王，遂称帝。知祥卒，子昶立，喜奢侈，不修政治。宋王全斌来伐，昶奉表降，凡二世，共四十一年而亡。(参《五代史卷六四·后蜀世家》)

i荆南——即南平。后梁太祖时，高季兴为荆南节度使。唐时封为南平王。季兴卒，子重诲立。重诲卒，保融，保勖，继冲，相继为王。至继冲时，降宋，凡五世，共五十八年而亡。(参《五代史卷六九·南平世家》)

j北汉——刘崇，刘知远之弟也。及周代汉，遂据河东称帝。后为周所败，忧愤而死。子承钧立，以郭无为为相。承钧卒，子继恩立。无为弑继恩，

立其弟继元。宋兵来伐，继元遂出降，凡四世，共三十一年而亡。（参《五代史卷七〇·东汉世家》）

第二节　五代之文化

A 雕板

a 官家雕板——雕印文字，唐以上无之，唐末，益州始有墨板。至后唐明宗之世，宰相冯道、李愚，请令判国子监田敏校定九经，刻板印卖，从之。后周广顺三年，板成，献之，由是虽乱世，九经传布甚广。（宋朱翌猗《觉寮杂记》及《爱日斋丛钞》）

b 私家雕板——蜀相毋昭裔雕印《文选》，《初学记》，《九经》诸史。又和凝生平为文章，长于短歌艳曲，尤好声誉，有集百卷，自篆于版，模印数百帙，分惠于时人焉。（王仲言《挥麈录》及《旧五代史卷三七·和凝传》）

B 美术

a 绘画

（1）南唐后主李煜，善画林木飞鸟，远过常流，山水人物墨竹，皆清爽不凡，别为一格。（《宣和画谱》）

（2）梁荆浩，河南沁水人。尝语人曰：吴道子画有笔而无墨，项容有墨而无笔。吾采二子所长，自成一家之体。山水皴钩位置，使学画者得有由径，为范宽辈之祖，称唐宗之冠。（《五代名画补遗》）

（3）后蜀黄筌，成都人，工禽鸟山水。（《益州名画录》）

b 瓷器——瓷器至五代始大著于世，盖其制法，颇有进步。而吴越之秘色窑，与后周之柴窑所产者，尤为著名，迄今无一存者。北平武英殿内，虽有柴窑所出之器一具，然非青瓷也。（陈彬龢译《中国美术史》第十三章《五代》）

第三节　五代民生之痛苦

A 赋税繁重

a 田赋

（1）唐庄宗平定梁室，任吏孔谦为租庸使，峻法以剥下，厚敛以奉上，民产虽竭，军食尚亏。加之以兵革，因之以饥馑，不三四年，以致颠陨。其义无他，盖赋役重，而寰区失望故也。（《旧五代史卷一四六·食货志·序》）

（2）汉隐帝时，三司使王章聚敛刻急，旧制：秋夏苗租，民税一斛，别输二升，谓之雀鼠耗。乾祐中，输一斛者，别输二斛，谓之省耗。旧钱出入者，皆以八十为陌，章始令入者八十，出者七十七，谓之省陌。百姓苦之。(《通考·田赋考》)

b 盐酒税

（1）盐

1. 凡盐铛户，应纳盐利，每斗折白米一斗五升。晋初始折钱收纳，每年收钱一千七百万贯。高祖知盐贵之病民，乃诏计户征税，每户一千至二百文，分五等，一时颇以为便。出帝时，又令诸州郡税盐，过税斤七钱，任税斤十钱。既案户征盐钱，又加征商税，使利归于官也。(《二十二史札记卷二二·五代盐曲之禁》)

2. 汉乾祐中，青盐一石，抽税一千文，是又加重于出帝时也。(同上)

3. 周广顺中，始诏青盐一石，抽八百文，盐一斗，白盐一石，抽五百文。然盐价既因抽税增贵，而案户所征之盐税，又不放免，是一盐而二税，民益苦之。(同上)

（2）酒

1. 唐明宗诏乡村人户，于秋田苗上，每亩纳钱五文，听民自造曲酿酒。其城坊亦听自造，而榷其税。长兴中，又减五文为三文。寻仍诏官自造曲，减旧价之半。(同上)

2. 汉乾祐中，私曲之禁，不论斤两皆死。周广顺中，仍改为五斤以上，然五斤私曲，即处极刑。(同上)

c 商税

（1）后唐明宗大成元年，诏省司及诸府，置税茶场，自湖南至京六七处纳税，以至商旅不通。(《续通典·食货典》)

（2）后周显德五年，敕诸道州府，应有商贾与贩牛畜者，不计黄牛水牛，凡经过处，并不得抽税，如是货卖处，祇仰据卖价，每一千抽税钱三十，不得别有邀难。(《通考·征榷考》)

d 冶铁税——后唐明宗长兴二年，诏开铁禁，许百姓自铸农器什器之属，于夏秋田亩上，每亩输农器钱一钱五分，随夏秋二税送纳。(《旧五代史卷四

二·明宗纪》）

e 苛敛

（1）潞王（后唐末帝）萃京城居民之财，以助赏军。又预借居民五月房课，不问士庶，一概施行。而潞王之发凤翔也，许军士入俗，人赏百缗，既至，府藏空匮，于是有配率之令。京城士庶自绝者相继。（《旧五代史卷四六·末帝纪》及《通考·国用考》）

（2）鏻即皇帝位，而闽地狭，国用不足，以薛文杰为国计使。文杰多察民间阴事，致富人以罪而籍没其资，以佐用，闽人皆怨。（《五代史·闽世家》）

B 钱币滥恶

a 唐庄宗时，有锡镴小钱，皆是江南纲商，挟带而来。换易好钱，乃下诏（注一）禁之。（《旧五代史·食货志》）

b 晋天福三年，诏曰：国家所资，泉货为重，销蠹则甚，添铸无闻，宜令三京诸道州府，无问公私，应有铜者，并许铸钱。但禁将铅铁杂铸。（《通考·钱币考》）

c 周世宗时，帝以县官久不铸钱，而民间每销钱为器皿及佛像，钱益少。乃立监，采铜铸钱，自非县官法物，军器及寺观钟磬钹铎之类，听留外，其余民间铜器佛像，五十日内，悉令输官给其直，过期隐匿不输，五斤以上死罪。（《续通志·食货志》）

d 南唐主李璟，既失江北地，困于用兵，钟谟请铸大钱，以一当十，文曰永泉通宝货，谟尝得罪，而大钱废。韩熙载又铸铁钱，以一当二。（《五代史·南唐世家》）

C 兵役繁扰

a 梁——梁太祖用法深严。将校有战没者，所部兵悉斩之，谓之“拔队斩”。士卒失主将者，多亡逸不敢归。乃命凡军士皆文其面，以记军号。逃者被执皆死，由是亡者皆聚山谷为盗，大为州县之患。（《通考·兵考》）

b 唐——末帝敕诸道州府县镇，宾佐至录事参军、部押衙、教练使以上，各留马一匹乘骑。及乡村士庶有马者，无问形势，不问牝牡，尽皆抄借，但胜衣甲，并仰印记，差人管押送纳。其小弱患病者，印退字。（同上）

c 晋——晋初置乡兵，号天威军，教习岁余，村民不娴军旅，竟不可用，悉罢之。但令七户输钱十千，其铠仗悉输官。而无赖子弟，不复农桑，多聚山林为盗。（同上）

d 南唐

（1）新拟生军——昇元初，均量民困，以定科赋，自二缗以上出一卒，号战师，师中有别籍分居，又出一卒，号新拟生军。（马令《南唐书·后主书》）

（2）新拟军——民有新置物产者，亦出一卒，号新拟军。（同上）

（3）团军——又于客户内，有三丁者，抽一卒，号团军。后改为拔山军，使物力户为帅以统之。（同上）

（4）凌波军——保大中，许郡县村社竞渡，每岁端午，官给彩缎，俾两较其迟速，胜者加以银椀，谓之打标舟子。皆籍其名，至是尽搜为卒，谓之凌波军。（同上）

（5）义勇军——又率民间庸奴赘婿，谓之义勇军。（同上）

（6）自在军——又募豪民能自备缗帛兵仗，招集无赖亡命，谓之自在军。（同上）

（7）排门军——又括百姓老弱外，能披坚执锐者，谓之排门军。（同上）

D 刑法严酷

a 梁——梁太祖以旧怨，使人族王师范于洛。师范设席与宗族饮，谓使者曰：死者人所不免，然恐少长失序，下愧先人，酒半，命少长以次就戮。（《旧五代史·王师范传》）

b 唐

（1）唐庄宗既灭梁，诏梁臣赵岩等，并族于市。除妻儿骨肉外，其疏属仆隶并释。（《旧五代史·庄宗纪》）

（2）又命夏鲁奇，族诛朱友谦于河中，友谦妻张氏，率其家属二百余口，见鲁奇曰：请别骨肉，无致他人横死。（《旧五代史·朱友谦传》）

c 晋——晋少帝开运三年，窦俨奏：近者外地率肆淫刑，不守通规，或以长钉参人手足，或以短刀脔割人肌肤，乃至累朝半生半死，冤声上达。乞严加禁断，从之。（《旧五代史卷一四七·刑法志》）

d 汉

（1）五代非法之刑，莫甚汉代。高祖尝以生日，遣苏逢吉疏理狱囚以祈福，谓之静狱。逢吉入狱中阅囚，无轻重曲直，悉杀之。以报曰：狱静矣！（《五代史·苏逢吉传》）

（2）高祖时，四方多盗，乃敕天下，凡关赋盗被捕，不计赃物多少，按验不虚，并处死。仍分命使者捕逐。由是捕贼使者张会柔，杀平阴十七村民。（《续通志·刑法志》）

(3) 隐帝时，李守贞等反，京师多流言。史宏肇督兵巡察，罪无大小，皆死。又为断舌决口，斮筋折足之刑无虚日，虽奸盗屏息，而冤死者甚众。(同上)

E 人口减少——五代乱亡相继，疆土分裂，中原户口之数，梁唐晋汉纪载不详。周显德六年，总简户，二百三十万九千八百一十二。此周之户数，略可见者也。然较唐末至宋初，竟减去一百六十五万之多，亦可见其损耗之众也。(《通考·户口考》)

【注解】

注一 诏曰：帛布之币，杂以铅锡，惟是江湖之外，盗铸尤多，市肆之间，公行无畏。因是绸商挟带舟楫往来，换易好钱，藏贮富室，实为蠹币，须有条流。宜令诸道于坊市行使钱内，点检杂恶铅锡钱，并宜禁断。沿江州县，每有舟船到岸，严加觉察，不许将杂铅锡恶钱往来，换易好钱，如有私载，并行收纳。(《旧五代史·食货志》)

备　考

(1) 钱有铜铁二等，五代相承用唐钱。诸国割据者：江南曰唐国通宝，又别铸如唐制而篆文。其后铸铁钱，每十钱，以铁六权铜四而行。乾德后，只以铁钱贸易，凡十当铜钱一。两浙河东，自铸铜钱，亦如唐制。四川，湖南，福建，皆用铁钱，与铜钱并行。(《通考·钱币考》)

(2) 天祐三年，梁攻仓州，仁恭调其境内，凡男子年十五以上，七十以下，皆黥其面，文曰定霸都。士人则文其腕或臂，曰，一心事主，得二十万人。(《五代史·刘守先传》)

第四节　五代之风俗

A 廉耻丧亡

a 张全义——张全义媚事梁太祖，全义妻女，皆迫淫之。其子继祚，愤耻不自胜，欲刃太祖，全义止之。梁亡，庄宗入汴，又厚赂刘皇后，以保禄位。(《五代史卷四五·张全义传》)

b 冯道——冯道历事四姓十君，益以旧德自处。然当世之士无贤愚，皆仰道为元老，而喜为之称誉。(《五代史卷五四·冯道传》)

c 郑韬光——“郑韬光，自襁褓迄于悬车，凡事十一君，越七十载，所仕无官谤，无私过，士无贤不肖皆颂之。”（《旧五代史卷九二·郑韬光传》）以历事十一君之人，而尚谓无官谤，可见当时风气矣。

B 打破阶级制度

a 案古时代，构成阶级制度者，曰门第，曰奴婢。自唐以皇族冠氏族之首，魏晋以来，士大夫风习，业已动摇。自科举盛行，榜下择婿，从来士大夫所把持之婚官制度，已打破矣。惟时人尚贵其所宗，以郡望世系相高，自五代之乱，谱牒散亡，门第风尚，乃完全摧毁。

b 案奴婢昔有官奴，有私奴，有罪人籍没为奴，有俘虏为奴。自五代之乱，后汉乾祐元年，李屿仆夫葛延恳，上变告屿谋反，遂族诛李崧兄弟。自是士民家皆畏惮仆隶，往往为所胁制，不敢畜奴，奴婢制度，亦遂根本推翻。

C 服饰诡异

a 妇女服饰，异常宽博，倍费缣绫，有力之家，不计卑贱，悉衣锦绣。（《旧五代史·唐书·庄宗纪》）

b 蜀人富而喜邀，当王氏晚年，倍竞为小帽，仅虔其顶，俯首即堕，谓危脑帽。衍以为不详，禁之。衍好戴大帽，每微服出行，民间以大帽识之，因令国中皆戴大帽。又好裹尖巾，其状如锥。而后宫皆戴金莲花冠，衣道士服。酒酣免冠，其髻髟然，更宋粉，号醉装，国中人皆效之。（《五代史·前蜀世家》）

c 南唐僭制小国，乃作平顶帽，自冠之，由是风俗一变，皆以安丰冠为尚。（陶穀《清异录》）

d 后主昭惠国后秦氏，小名娥皇，司徒宗之女。后主嗣位，立为后，宠嬖专房，创为高髻纤裳，及首翘鬓朵之妆，人皆效之。（陆游《南唐书·后妃传》）

D 饮食好尚

a 肉臺盘——孙晟事李昪父子，二十余年，官至司空，家益富骄，每食不设几案，使众妓各执一器，环立而侍，号肉臺盘，时人每效之。（《五代史·孙晟传》）

b 道场羹——江南善作道场羹，脯面蔬笋，非一物也。士君子嗜之，名达九重，敕御厨往取其制度，以效法焉，时保大中也。（陶穀《清异录》）

c 玲珑牡丹鲊——吴越富于鱼，而造鲊奇异，以雪溪为首。有一种玲珑牡丹鲊，以鱼斗成牡丹形，既熟，出盎中，微红如初开牡丹云。（同上）

E 俳优——庄宗好俳优，又知音，能度曲，至今汾晋之俗，往往能歌其声，谓之御制者，皆是也。其小字亚子，当时人或谓之亚次。又别为优名以自目，曰李天下。(《五代史卷三七·伶官传》)

备　考

按唐末以来，干戈饥馑，暴敛横征，而民不聊生，武夫悍卒，暴其武力，嗜杀为雄。于是人人以苟得为荣，苟免为幸，贬气节，夺廉耻而不惜矣！

第四章 宋

（西历纪元后九六〇至一二七六年）

第一节 宋代之事略

一、宋之统一

A 灭荆南——梁初高季兴据荆南，子从晦立，利各国赐予，所向称臣，三传至继冲。乾德元年（西历九六三年），慕容延钊入荆南，继冲请归朝，得州三，县七十，荆南遂亡。（《宋史卷一·太祖纪》）

B 平湖南——乾德元年，慕容延钊破三江口，下岳州，克复郎州，湖南平，得州十四，监一，县六十六。（同上）

C 灭后蜀——孟昶继知祥据蜀，奢纵无度，乾德三年，王全斌取利州，昶降，得州四十五，县一百九十八。（《宋史卷二·太祖纪》）

D 灭南汉——唐末刘隐据广州，弟严僭号，穷极奢侈，好用酷刑。再传至鋹，暴虐尤甚。开宝四年（西历九七一年），潘美克广州，俘刘鋹，广南平，得州六十，县二百十四，岭南皆入于宋。（同上）

E 灭南唐——李昪建国，保境安民。子璟嗣立，疆宇大辟。后主煜立，群小用事，政治日坏。开宝八年，曹彬夜败江南兵于城下，俘其主煜，江南平，凡得州十九，县一百八十。（《宋史卷三·太祖纪》）

F 漳泉归命——闽越内乱，南唐代之，惟漳、泉二州，为牙将刘从效所据。从效卒，子绍镃继立，为统军陈洪进所执，推张汉思为留后，自为副使。既而复幽汉思而代之。太平兴国三年（西历九七八年），洪进入朝，献地。得县十四。（《宋史卷四·太宗纪》）

G 吴越来归——太平兴国三年，钱俶献其两浙诸州。凡得州十三，军一，县八十六。（同上）

H 灭北汉——太平兴国四年，帝幸太原，诏谕北汉主刘继元使降，继元听命，北汉平，凡得州十，县四十。（同上）

二、宋初之政治

A 削夺藩镇兵权

a 原因——太祖初受命，赵普进言曰：唐季以来，战争不息，家散人亡者，无他，节镇太重，君弱臣强而已。今欲治之，惟稍夺其权，制其钱穀，收其精兵，则天下安矣。帝曰：卿勿复言，吾已悉矣。（宋邵伯温《闻见录》卷一）遂起削夺藩镇兵权之意。

b 经过

（1）乾德初，石守信等皆称疾，乞解兵权。帝从之，皆以散官就第，赏赉甚厚。（《宋史卷二五〇・石守信传》）（注一）

（2）更置易制者，使主亲军。其后又置转运使通判，使主诸道钱穀。牧天下精兵，以备宿卫。而诸功臣，亦以善终。（宋邵伯温《闻见录》）

B 金匮之盟

a 杜太后遗命——建隆三年，太后不豫。太祖侍药饵，不离左右。急召赵普，入受遗命。命普于榻前为约誓书，藏之金匮，命谨密宫人掌之。（《宋史卷二四二・杜太后传》）（注二）

b 太宗之败盟

（1）德昭之死——德昭，太祖次子，太宗太平兴国四年，从征幽州，军中尝夜惊，不知上所在。有谋立德昭者，上闻不悦。及归，以北征不利，久不行太原之赏。德昭以为言，上大怒曰："待汝自为之，赏未晚也。"德昭退而自刎。（《宋史卷二四四・燕王德昭传》）

（2）廷美之死——廷美，太祖弟也。太宗即位，或告其骄恣，将有阴谋窃发，遂罢廷美开封尹，授西京留守。太师王溥等七十四人，奏廷美怨望咒诅，大逆不道，宜行诛灭，以正刑章。诏降为涪陵公，房州安置，因忧悸成疾而卒。（《宋史卷二四四・魏王廷美传》）

C 优礼士大夫

a 制禄之厚

（1）俸钱——俸禄之制，京朝官宰相枢密使，月三百千，春冬服各绫二十四，绢三十匹，绵百两。参知政事枢密使，月二百千，绫十匹，绢三十匹，绵五十两。其下以是为差。节度使月四百千。节度观察留后三百千，观察二百千，绫绢随品分给。其下亦以是为差。凡俸钱并支一分，见钱二分折支，此正俸也。（《宋史·职官志》）

（2）禄米——宰相枢密使月一百石，至三公三少一百五十石，权三司使七十石，其下以是为差。凡一石给六斗，米麦各半。熙宁中，又诏县令录事官等，三石者增至四石，两石者增至三石，此亦正俸也。（同上）

（3）职钱——御史大夫六曹尚书六十千，翰林学士五十千，其下以是为差。元丰官制行俸钱，称有增减，其在京官司供给之数，皆并为职钱。如大夫为郎官者，既请大夫俸，又给郎官职钱，视国初之数已优。至崇宁间，复增供给食料等钱，禄制更增倍矣。（同上）

（4）元随傔人衣粮——俸钱职钱之外，又有元随傔人衣粮。（在京任宰相枢密使，在外任使相至刺史，皆有随身，余止傔人。）宰相枢密使各七十人，参知政事至尚书左右丞各五十人，节度使百人，留后及观察使五十人，其下以十为差。（同上）

（5）傔人餐钱——衣粮之外，又有傔人餐钱。（中书枢密及正刺史以上，傔人皆有衣粮，余止给餐钱。）朝官自二十千至五千，凡七等。京官自十五千至三千，凡八等。诸司使副等官九等。（同上）

（6）公用钱——其官于外者，别有公用钱。自节度使兼使相以下，二万贯至七千贯。凡四等。节度使自万贯至三千贯，凡四等。观察防团以下，以是为差。（同上）

（7）职田——公用钱之外，又有职田之制，两京大藩府四十顷，次藩府三十五顷，防团以下，各按品级为差，选人使臣无职田者，别有茶汤钱。（同上）

b 退职恩礼——宋制设祠禄之官，以佚老优贤，先时员数绝少，熙宁（神宗）以后，乃增置焉。在京宫观，旧制以宰相执政充使，或丞郎学士以上，充副使，两省或五品以上为判官，内侍官或诸司使副（政和改武臣官制，以使为大夫，以副使为郎）为都监。又有提举提点主管，其戚里近属，及前宰执留京师者，多除宫观，以示优礼。（《宋史卷一七〇·职官志》）

c 荫子之滥

（1）定例

1. 文臣武臣——文臣自太师及开府仪同三司，可荫子若孙，及期亲大功以下亲，并异姓亲及门客，太子太师至保和殿大学士，荫至异姓亲，无门客。

中大夫至中散大夫，荫至小功以下亲，无异姓亲。武臣亦以是为差。（《宋史·职官志》）

2. 荫补——凡遇南郊大礼，及诞圣节，俱有荫补，宰相执政荫本宗异姓，及门客医人各一人。太子太师至谏议大夫，荫本宗一人。寺长贰监以下，至左右司监，荫子或孙一人。余以是为差。（同上）

3. 致仕荫补——凡曾任宰执，及现任三少使相者，荫三人。曾任三少，及侍御史者，荫一人。余以是为差。（同上）

4. 遗表荫恩——凡曾任宰相，及现任三少，使相，荫五人。会任执政官，至大中大夫以上，荫一人。诸卫上将军四人。观察使三人。余以是为差。（同上）

（2）特恩

1. 荫及前代——天圣（仁宗）中，诏五代时，三品以上告身存者，子孙听用荫。则并及于前代矣。（《宋史·司马旦传》）

2. 荫及故臣——仁宗明道中，录故宰臣及员外郎以上致仕者，子孙授官有差。则并及于故臣矣。（同上）

3. 荫及亲属——新天子即位，监司郡守，遣亲属入贺，亦得授官，则更出于常荫之外矣。（同上）

4. 功臣加荫——曹彬卒，官其亲族、门客、亲校二十余人。李继隆卒，官其子，又录其门下二十余人。雷有终卒，官其子八人。此以功臣而加荫者也。（《宋史·曹彬传·李继隆传·雷有终传》）

5. 优眷加荫——李沆卒，录其子宗简为大理评事，婿苏昂，兄之子朱涛，并同进士出身。王旦卒，录其子弟侄、外孙、门客常徒授官者数十人，诸子服除，又各进一官。向敏中卒，子婿并迁官，又官亲校数人。王钦若卒，录其亲属，及所亲信二十余人。此以优眷加荫者也。（《宋史·李沆传·王旦传·向敏中传·王钦若传》）

6. 死事优恤——郭遵战殁，官其四子，并女之为尼者，亦赐紫袍。任福战殁，官其子及从子，凡六人。石珪战殁，官其三子。徐禧战殁，官其家十二人。此以死事而优恤者也。（《宋史·郭遵传·任福传·石珪传·徐禧传》）

D 台谏之争潮

a 庆历党议

（1）郭后之废

1. 仁宗郭皇后，天圣二年，立为皇后。初帝宠张美人，欲以为后，章献太后难之。后既立，而颇见疏。其后尚美人，杨美人，俱幸，数与后忿争。

一日尚氏于上前，有侵后语，后不胜忿，批其颊。上自起救之，误批上颈，上大怒入内，遂有废后之意。(《宋史卷二四二·郭皇后传》)

2. 都知阎文应，与上谋废后，且劝帝以爪痕示执政。上以示吕夷简，且告之故。夷简亦以前罢相（注三）怨后。乃曰："古亦有之"，后遂废。而大臣孔道辅，范仲淹等十人，伏阁言后无过，不可废，俱被黜责。后终被废。(同上)

(2) 范吕之争

1. 吕夷简执政，进用者多出其门。范仲淹上百官图，指其次第曰：如此为序迁，如此为不次，如此则公，如此则私。况进退近臣，凡超格者，不宜全委之宰相。夷简不悦。(《宋史卷三一四·范仲淹传》）于是渐生间隙。

2. 仲淹又为四论以献，讥切时政。且曰：汉成帝信张禹，不疑舅家，故有新莽之祸。臣恐今日，亦有张禹坏陛下家法。夷简怒诉曰：仲淹离间陛下君臣，所引用皆朋党也。遂罢知饶州。(同上）其后两党相持，出入内阁，凡二十余年。

b 濮议之争——仁宗无子，以从兄濮王之子入继，是为英宗。即位之初，议追崇所生，欧阳修主称皇考，司马光则以宜称皇伯。(注四）帝从修言，吕晦等退职，朝臣意见，愈积愈深。(《宋史卷一三·英宗纪》，《卷三一九·欧阳修传》，《卷三三六·司马光传》，《卷三二一·吕诲传》）然此与时政，无关重要，而朝臣意气用事，攻讦不已，亦可见结习之深也。

【注解】

注一 乾德初，帝因晚朝，与石守信等饮酒，酒酣，帝曰："我非尔曹，不及此。然吾为天子，殊不若为节度使之乐，吾终夜未尝安枕而卧。"守信等顿首曰："今天命已定，谁复敢有异心，陛下何为出此言耶？"帝曰："人孰不欲富贵，一但有以黄袍加汝之身，虽欲不为，其可得乎？"守信等谢曰："臣愚不及此，惟陛下哀怜之。"帝曰："人生驹过隙耳！不如多积金帛田宅，以遗子孙，歌儿舞女，以终天年，君臣之间，无所猜嫌，不亦善乎？"守信谢曰："陛下念及此，所谓生死而骨肉也。"明日皆称病，乞解兵柄，帝从之。(《宋史·石守信传》)

注二 太后不豫，召普入受遗命，太后因问太祖曰："汝知所以得天下乎？"太祖曰："臣所以得天下，皆祖考及太后之积庆也。"太后曰："不然，正由周世宗使幼儿主天下耳，使周氏有长君，天下岂为汝有乎？汝百岁后，当传位于汝弟。四海至广，万几至众，能立长君，社稷之福也。"太祖泣曰：

"敢不如教。"太后顾谓赵普曰:"尔同记吾言，不可违也。"命普于榻前为约誓书，普于纸尾书臣普书，藏之金匮，命谨密宫人掌之。(《宋史·杜太后传》)

注三 帝初以张耆等附太后，欲悉罢之，夷简以为然。帝退语皇后，后曰：夷简独不附太后耶？但多机巧言善应变耳！由是夷简亦罢。未几复相。(《宋史卷二四二·郭皇后传》)

注四 光曰：为人后者为人之子，不得顾私亲王。宜准封赠亲尊属故事，称为皇伯，高官大国，极其尊荣。(《宋史·司马光传》)而修引《丧服记》，以为为人后者，为其父母服降三年，为期，而不设父母之名，以见服可降，而名不可没也。若本生之亲，改称皇伯，历考前世，皆无典据。进封大国，则又礼无加爵之道。而太后出手书，许帝称亲尊王为皇王，乃从修所议。(《宋史·欧阳修传》)

备 考

(1) 荫子固朝廷惠下之典，然未有如宋代之滥者。往往一人入仕，则子孙亲族，俱可得官，大者并可及于门客医士，可谓滥矣。然神宗时，诏诸臣年七十以上，直除致仕者，不得推恩子孙。又孝宗亦诏七十不请致仕者，过郊不得补荫。又诏终身任宫观人，毋得奏之。(《宋史·职官志》)而加以限制也。

(2) 按宋初两党，一以韩琦、范仲淹、富弼、欧阳修为首，一以吕夷简、夏竦、王拱辰为首，皆假藉台谏，互相攻讦报复，遂使政局受其不安之影响。

三、王安石之变法

A 变法之起因

a 军政之腐败——太祖之时，为什长之法，阶级之辨，使之内外相维，上下相制，截然而不可犯者，是虽以矫累朝藩镇之弊，而其所惩者深矣。真宗咸平以后，天下承平既久，武备渐宽。仁宗之世，西兵招募太多，将骄士惰，徒耗国用，忧世之士，屡以为言，竟莫之能改。神宗即位，洞悉其弊，始奋然起而更制。(《宋史卷一八七·兵志一》)

b 财政之困难——太祖太宗之世，上下给足，府库羡溢。承平日久，户口岁增，兵籍益广，吏官益众，佛老外国，耗蠹中土。县官之费，数倍于昔，百姓亦稍纵侈，而上下始困于财矣。仁宗承之，经费浸广。而自《祥符天书》一出，斋醮糜费甚众，京城之内，一夕数处。(《宋史卷一七九·食货志下一》)是外耗于募兵与飑遗，内耗于祀祠与冗禄。而民穷财困，非改弦更张，

不足以挽救危亡。于是王安石乃特建改革之议。（注一）

B 变法之实行

a 民政上之设施

（1）青苗法——青苗法者，以常平籴本，作青苗钱，散与人户，令出息二分，春散秋敛。（《宋史卷三二七·王安石传》）而此法为使兼并之家，不能乘急以要利。

（2）免役法——免役之法，据家资高下，各令出钱雇人充役。下至单丁女户本无役者，亦一概输钱，谓之助役钱。（《宋史·王安石传》）此法在新法中最为适宜之举动，虽经守旧派之摧残，其法卒不能废。自宋以后，徭役渐轻，直至清初，尽免徭役，皆由安石开其端绪，实为近代社会变革之一大关键。

b 财政上之设施

（1）方田均税法——方田之法，以东西南北各千步，当四十顷，六十六亩，一百六十步为一方。岁以九月，令佐分地计量，验地土肥瘠，定其色号，分为五等，以地之等，均定税数。（注二）（《宋史·王安石传》）此为正理经界，均担负，实为清厘要政。

（2）农田水利法——其法诏诸路监司访寻州县可兴复水利，如能设法劝诱兴修塘堰圩堤，功利有实，当议旌宠。而兴修水利田，起熙宁三年至九年，府界及诸路，凡一万七百九十三处，为田三十六万一千一百七十八顷有奇。颇著效于一时。（《通考·水利考》、《宋史卷一七三·食货志上一》）

（3）市易法——市易之法，听人赊贷县官财货，以田宅或金帛为抵，当出息十分之二，过期不输，息外每月更加罚钱百分之二。（《宋史·王安石传》）此法取息甚低，所利者在贫民，所不利者，豪强兼并之家也。

（4）均输法——均输法者，以发运之职，改为均输，假以钱货。凡上供之物，皆得徙贵就贱，用近易远，预知在京仓库所当办者，得以便宜蓄买。（《宋史·王安石传》）此为调节物价也。

c 军政上之设施

（1）置将法——太祖惩藩镇之弊，分遣禁旅戍边城，立更戍法。而议者以徒使为兵不知将，将不知兵。缓急不可恃。神宗乃部分诸路将兵，总隶禁旅，使兵知其将，将练其士。平居知有训厉，而无番戍之劳，有事而后遣焉，不为无用矣。（《宋史卷一八八·兵志二》）

（2）保甲法——保甲之法，籍乡村之民，二丁取一，十家为保。保丁皆授以弓弩，教之战阵。（注三）（《宋史·王安石传》）此为民兵计划，以期渐革募兵之弊。

(3) 保马法——保马之法，凡五路义保，愿养马者，户一匹，以监牧见马给之，或官与其值，使自市。岁一阅其肥瘠，死病者补偿。(《宋史·王安石传》) 此为马政计划，然马之死及病，为不可避免之事，颇为养马之累，而为反对者所藉口。

(4) 军器监法——置军器监，总内外军器之政。凡产材州置院。凡知军器监利害者，听诣监陈述，于是吏民献器械法者甚众。(《宋史卷一九七·兵志十一》) 此为军器改良之计划，亦为整军经武不可少之措施也。

【注解】

注一 王安石上万言书，以为今天下之财力，日以困穷，风俗日以衰坏，患在不知法度，不法先王之政故也。法先王之政者，法其意而已。法其意，则吾所改易更革，不至乎倾骇天下之耳目，嚣天下之口，而固已合先王之政矣。因天下之财力，以生天下之财，取天下之财，以供天下之费。自古治世，未尝以财不足为公患也，患在治财无其道尔。在位之人才既不足，而闾巷草野之间，亦少可用之才。社稷之托，封疆之守，陛下其能久以天幸为常，而无一旦之忧乎。愿监苟且因循之弊，明诏大臣，为之以监，期合于当时之变。臣之所称，流俗之所不讲，而议者以为迂阔而熟烂者也。(《宋史·王安石传》)

注二 神宗患田赋不均。熙宁五年，重定方田法，诏司农以均税条约并式，颁之天下。以东西南北各千步，当四十顷，六十六亩，一百六十步，为一方。岁以九月，县委令佐，分地计量，随陂原平泽，而定其地，因赤淤黑垆，而辨其色。方量毕，以地及色，参定肥瘠，而分五等，以定税则。至明年三月毕，揭以示民，一季无讼，即书户帖运庄帐付之，以为地符。均税之法，县各以其租额数为限，旧尝收蹙奇零，如米不及十合，而收为升，绢不满十分而收为寸之类，今不得用其数均摊增展，致溢旧额。凡越额增数皆禁。若瘠卤不毛，及众所食利山林陂塘沟路坟墓，皆不立税。凡田方之角，立土为峰，植其野之所宜木，以封表之。有方帐，有庄帐，有甲帖，有户帖。其分烟析产，典卖割移，官给契，县置簿，皆以今所方之田为正。(《宋史卷一七四·食货志上二》)

注三 熙宁初，王安石变募兵而行保甲。帝从其议，三年始联比其民，以相保任。乃诏民十家为一保，选主户有干力者一人为保长。五十家为一大保，选一人为大保长。十大保为一都保，选为众所服者为一都保正，又以一人为之副。应主客户两丁以上，选一人为保丁，附保两丁以上，有余丁而壮勇者亦附之。家资最厚，财勇过人者，亦充保丁。兵器非禁者听习，每一大保，夜轮五人儆盗。行之畿甸，推之五路，以达于天下。时则以捕盗贼，相保任，而未肆以武事也。四年始诏畿内保丁，肆习武事。岁农隙所隶官，期日于要便乡村，都试骑步射，并以射中亲疏远近为等。(《宋史卷一九二·兵志六》)

四、党派之争持

A 新旧党之造成

a 新党——王安石有盛名，或以为可用。帝问韩琦。琦曰：安石为翰林学士则有余，处辅弼之地则不可。而唐介、孙固、吕诲，亦皆非之，故安石执政后，为实行政见，乃引新进之人陈升之（注一)、吕惠卿（注二)、章惇(注三)、曾布（注四)，以资己助，而新党之势成矣。(《宋史卷三一二·韩琦传》，《卷三一六·唐介传》，《卷三四一·孙固传》，《卷三二一·吕诲传》)

b 旧党——安石为削除障碍，凡反对新政者，皆被斥逐。吕公著出颍州刺史，刘述，刘琦，钱顗，孙昌龄，王子韶，程颢，张戬，陈襄，陈荐，谢景温，杨绘，刘挚，谏官范纯仁，李常，孙觉，胡宗愈，皆不得言，相继去。知制诰宋敏求，李大临，苏颂，封还诰敕。御史林旦，薛昌朝，范育论定不孝，皆罢逐。欧阳修乞致仕，听之。富弼，韩琦，司马光，悉排斥不遗余力。(《宋史·王安石传》) 于是政权归新党，旧派心所不甘，尝藉事攻击之，而旧党成矣。

B 新党之内讧

a 王吕之构隙——郑侠疏惠卿朋奸壅蔽，惠卿怒之。又恶冯京异己，而安石弟安国恶惠卿奸諂，面辱之。于是乘势并陷三人，皆获罪。安石以安国，始有隙。惠卿既叛安石，凡可以害王氏者，无不为之。(《宋史卷四七一·吕惠卿传》) 新党内部遂发生裂痕，自相倾轧。安石难安于位，乃辞职以去。

b 王吕之交恶——安石之去也，惠卿实欲自得政，忌安石复来，乃倾安石。时韩绛为相，觉其意，白帝，复以安石为相，安石子雱取邓绾所列惠卿事杂他书下制狱，安石不知也。省吏告惠卿，于是惠卿以状闻，且讼安石。又发安石私书曰：无使上知者。帝颇厌安石，乃罢其相。 (《宋史·王安石传》)

C 新旧党之倾轧

a 旧党之得势

(1) 旧党之执政——神宗崩，哲宗嗣位，时年十岁，太皇太后高氏宣仁太后临朝，同听政。起用司马光为相，吕公著为门下侍郎，二人同心辅政，更引用同党，以恢复旧制，而一切新法，俱遭罢废矣。（注五）（《宋史卷十七·哲宗纪》，《卷二四二·高皇后传》）

（2）新党之被摈——宣仁太后用司马光吕公著，欲革弊事。而旧相蔡確，韩绛，枢密使章惇，皆在朝窥伺得失，皆论去之。吕惠卿自知不免，乞宫观以避贬窜。苏辙具疏其奸，以散官安置建州，于是新党尽为摈除。（《宋史卷三三九·苏辙传》）

b 旧党之内讧

（1）吕范之争——蔡確既窜，吕大防奏確党人甚盛，不可不问。范纯仁而谏朋党难辨，恐误及善人，而司谏吴安诗，正言刘安世交章击纯仁党確，遂罢纯仁。（《宋史卷三一四·范纯仁传》，《卷十七·哲宗纪》）于是旧党内部渐生暗潮，而卒至分裂。

（2）吕刘之争——刘挚与吕大防同位，国家大事，多决于大防，惟进退士大夫实执其柄。然持心少恕，勇于去恶，竟为朋党谗中，遂与大防有隙。其后为郑雍，杨畏所劾，罢知郓州。（《宋史卷三四〇·刘挚传》）

（3）旧党之分裂

1. 洛党——以程颐为首——而朱光庭、贾易为辅。（《宋史·东都事略》，朱子《名臣言行录》各本传）

2. 蜀党——以苏轼为首，而吕、陶等为辅。（同上）

3. 朔党——以刘挚、梁焘、王岩叟、刘安世为首，而辅之者尤众。（同上）

c 新党之复活

（1）新党之录用——元祐八年，皇太后崩，哲宗亲政，有复熙宁元丰之意，首起章惇为尚书左仆射兼门下侍郎，于是专以绍述为国是，凡元祐所革，一切复之。引用蔡卞，林希，黄履，来之邵，张商英，周秩，翟思诸人，新党之势，于是复振。（《宋史卷四七一·章惇传》）

（2）新党之报复——新党之人，皆居要地任责，协谋朋奸，报复仇怨，小大之臣，无一得免。死者祸及妻孥。甚至诋宣仁后，谓元祐之初老奸擅国。又请发司马光、吕公著家，斫其棺，哲宗不听。（同上）新党之报复，可谓甚矣。

（3）旧党之贬窜——绍圣元年，追夺司马光、吕公著赠谥，王岩叟赠官，贬吕大防为秘书监，刘挚为光禄卿，苏辙为少府监。是岁十二月，范祖禹、赵彦若、黄庭坚坐史事，责授撤官，永丰黔州安置。（《宋史卷十八·哲宗本纪二》）

（4）旧党之小振——哲宗崩，向太后权同听政，起用陈瓘、邹浩等，而贬蔡卞、蔡京等，又追复文彦博等三十三人官，于是旧党势复一振。（《宋史卷二四三·神宗向皇后传》，《卷十九·徽宗本纪一》）

（5）新党之再兴——向太后听政仅七月，徽宗亲政后，有意修熙丰政事，遂决意用蔡京。京独专大权，无所设施，惟一意排斥旧党，藉作威福以自固而已矣。（《宋史·徽宗纪一》，《卷四七二·蔡京传》）

【注解】

注一 安石用事，患正论盈庭，引升之自助。升之心知其不可，而竭力为之用，安石德之，故使先己为相。（《宋史卷三一二·陈升之传》）

注二 熙宁初，安石为政，言于帝曰："惠卿之贤，岂特今人，虽前世儒者，未易比也。"及设置三司条例司，以为检详文字。事无大小，必谋之。凡所建请章奏，皆其笔。及遇世务，惠卿为谋主，而安石力行之。（《宋史卷四七一·吕惠卿传》）

注三 王安石秉政，悦章惇才，用为编修三司条例，官加集贤校理中书检正。后擢制诰，直学士院，判军器监。（《宋史卷四七一·章惇传》）

注四 曾布与吕惠卿共创青苗助役保甲农田之法。（《宋史卷四七一·曾布传》）

注五 元丰八年，秋七月，诏罢保甲法，十一月，罢方田。十二月，罢市易法，保马法。元祐元年三月，诏详定役法，八月，诏常平依旧四法，罢青苗钱。（《宋史卷十七·哲宗纪》）

五、宣和之民变

A 宋江之乱

a 宋江之猖獗——宣和二年二月，淮南盗宋江，犯淮阳军，又犯京东，河北，入楚海州。时江以三十六人横行齐魏，官军数万，无敢抗者，其势甚盛。（《东都事略卷十一·徽宗纪》，《宋史卷三五一·侯蒙传》）

b 宋江之降服——张叔夜知海州，宋江声言将至，叔夜使间者觇所向，贼径趋海滨。劫巨舟十余，载卤护。于是募死士得千人，设伏近城，而出轻兵焚其舟。贼闻之，皆无斗志，伏兵乘之，擒其副贼，江乃降，于是江乱遂平。（《宋史卷三五三·张叔夜传》）

B 方腊之乱

a 方腊之起事——宣和二年十月，方腊起兵为乱，自号圣公，建元永乐。

置官吏。将帅以巾饰为别，自红巾而上，凡六等。并诱胁良民为兵，人安于太平，不识兵革，闻金鼓声，即敛手听命，不旬日，聚众至数万，声势大振。(《宋史卷四六八·童贯传附方腊传》)

b 方腊之猖獗——宣和二年十一月，方腊陷青溪，十二月，陷睦歙二州。南陷衢，杀郡守彭汝方。北掠新城、桐庐、富阳诸县，进逼杭州。郡守弃城走，州即陷。及警奏至京师，王黼匿不以闻，于是凶焰日炽。兰溪灵山贼朱言，吴邦，剡县仇道人，仙居吕师囊，方岩山陈十四，苏州石生，归安陆行儿，皆合党应之，东南大震。(同上)

c 童贯之平乱——时贼兵甚盛，徽宗大惊，亟遣童贯、谭稹为宣抚制置使，率禁旅及秦晋蕃汉兵十五万以东。三年四月，生擒腊及妻邵子亳，二太子，伪相方肥等五十二人，杀贼七万。四年三月，余党悉平，方乱乃止。(同上)

备　考

(1) 方腊者，睦州青溪人也。世居县堨村，托左道以惑众。初唐永徽中睦州女陈硕真反，自称文佳皇帝，故其地相传有天子基万年楼。腊益得凭藉以自信。县境梓桐，帮源诸峒，皆落山谷幽险处，民物繁夥，有漆楮杉材之饶，富商巨贾，多往来。时吴中困于米勔花石之扰，比屋致怨。腊因民不忍，阴聚贫乏游手之徒以起事。(《宋史卷四六八·童贯传附方腊传》)

(2) 方腊之起乱，焚室庐，掠金帛子女。及破杭州，纵火六日，死者不可计。凡得官吏，必断脔支体，探其肺肠。或熬以膏油，丛镝乱射，备尽楚毒，以偿怨心。计共破六州，五十二县。戕平民二百万。所掠妇女，自贼峒逃出倮而缢于林中者，由汤岩榴岭八十五里间，九村山谷相望，可谓残酷之甚也。(同上)

六、北宋之外患

A 宋辽之和战

a 战争

(1) 宋太宗之北征

1. 第一次失败——太平兴国四年（西历九七九年），帝自将伐契丹。契丹顺州蓟州皆降。耶律学古守燕，悉力备战。不能支，城中大惧。契丹遣耶律休哥救燕，两军大战，宋军死者万余人。帝引师南还，休哥追至涿州。帝

急乘驴车走免，丧资械不可胜计，大败而还。（《宋史·太宗纪》，《辽史·耶律休哥传》）

2. 第二次失败——雍熙三年（西历九八六年），贺令图等言与上曰：契丹主少，母后专政（圣宗立，太后萧氏摄政），宠幸用事，请乘其衅以取幽。（注一）遂遣曹彬、崔彦进、来信出雄州，范密、杨继业出云州，潘美出雁门，分道出伐。诸路兵皆溃败，自此以后，宋即不能进取，辽兵始迭次南侵。（《宋史卷二五八·曹彬潘美传》，《辽史卷八三·耶律斜轸传》，《辽史·耶律休哥传》）

（2）辽兵之南侵——真宗景德元年（西历一〇〇四年），契丹大举入寇，围瀛洲，直犯贝魏，中外震骇。寇准力请帝亲征，渡河相持十余日。其统军挞览，为矢所杀，众溃遁去。（《宋史卷二八一·寇准毕士安传》）

b 和议

（1）澶渊之盟——辽圣宗统和二十二年（西历一〇〇四年），宋遣李继昌请和，以太后为叔母，愿岁输银十万两，绢二十万匹，许之。（《辽史卷十四·圣宗纪》）自经此次和好之后，始免战争之祸。

（2）关南交涉——仁宗庆历二年（西历一〇四二年），契丹屯兵境上，遣其臣萧英、刘六符来求关南地。帝使富弼往辽，拒割地，许岁增银绢十万两匹，以和。（注二）（《宋史·富弼传》）

（3）河东画界——神宗熙宁七年（西历一〇七四年），辽主以河东沿边，增修戍垒，起铺舍，侵入蔚（河北蔚县）、应朔（均山西县属）之州界内。使萧禧来言，乞行毁撤，别立界。王安石劝帝曰："将欲取之，必姑与之。"于是诏分水岭为界，萧禧乃去。凡东西失地七百里，遂为异日兴兵之端。（《宋史纪事本末》卷二二）

B 宋夏之和战

a 夏之强盛——其先李彝兴，夏州人，本姓拓跋氏（鲜卑种）。唐贞观初，有拓跋赤辞者，归唐，太宗赐姓李，置静边等州以处之。唐末，拓跋思恭以讨黄巢有功，复赐李姓。四传至彝兴，宋初加太尉，其后或朝或为患。至元昊，英武有为，西略吐蕃，北破回鹘，据有十六州之地，定都兴庆（今宁夏），称大夏皇帝，国始强大。（《宋史卷四八五·夏国传上》）

b 元昊之入侵——元昊反，遣范雍往平之，大败。乃以夏守赟代之，亦无功。改遣韩琦、范仲淹。相持数十年，双方皆厌战，乃议和。许封元昊为夏国主，岁赐银绮绢茶二十五万五千。自此以后，边境无事者数年。（《宋史卷

六八·范雍传》，《卷二九〇·夏守赟传》，《卷三一二·韩琦传》，《卷三一四·范仲淹传》，《卷四八五·夏国传上》）

c 灵州之役——神宗元丰四年（西历一一〇一年），种谔言夏国内乱，宜兴师问罪。帝乃大举征夏。高遵裕攻灵州，夏人决黄河灌营，复抄绝饷道，会天大雪，士卒冻溺，死者甚众，溃入塞者才三万人。其他各路皆败，遂班师。（《宋史卷四八六·夏国传上》）

d 永乐之役——曲珍以万人守永乐，夏人来攻，徐禧、李舜往援。而夏兵至者号三十万，其锋不可当，禧师败绩。夏人围城数重，援兵及馈运皆为夏兵所隔，城内乏水数日，死者大半。既而城陷。是役也，死者将校数百人，士卒役夫二十余万。夏人乃耀兵米脂城下而还。自此以后，主和不主战矣。（同上）

C 金之兴起与北宋之灭亡

a 金之兴起

（1）金之先世——金之先，出靺鞨氏。靺鞨本号勿吉，勿吉，古肃慎地也。元魏时，勿吉有七部。（注三）唐初有黑水靺鞨，居肃慎地，至五代时，附属于契丹。其在南者籍契丹，号熟女真。其在北者，不在契丹籍，号生女真。有哈富（亦曰函普）从高丽来，部众信服之，是为金之始祖。传至乌古鼐，辽主以为女真节度使。至太祖（阿骨打）始建国称帝。（《金史·本纪·世祖纪》，《续通志·金太祖纪》）

（2）辽之衰乱——辽之国势，以圣宗时为强盛。兴宗明宗，尚可蒙业而安。至道宗远贤亲佞，辽政遂衰。天祚继以荒淫，国事益坏，而女真乃乘间崛起。（《辽史卷一一〇·耶律乙辛传》，《契丹国志卷一九·萧奉先传》，《辽史·天祚帝纪》）

b 北宋之灭亡

（1）宋联金攻辽

1. 海上之盟——徽宗宣和元年（西历一一一九年），遣赵良嗣使金，议夹攻辽，使金人取中京，宋朝取燕京。金主许之。而宋岁纳币于金，与契丹旧数相同。良嗣又以燕京一带并西京，金主亦许之。仍约勿听契丹讲和，于是攻辽之事遂起。（《大金国志·太祖纪》）

2. 夹击之始末——宣和四年，以童贯督师，分道进兵攻燕，屡为辽人所败。时金兵破中京，乃引兵下燕京。宋遣良嗣索营、平、滦三州，金主不许，其词甚峻。（注四）宋自知力不能抗，终以许约，（注五）始交燕京。凡燕之

金帛子女等，皆为金人席卷而东。宋捐岁币数百万于金，所得者空城而已。(《宋史卷二二·徽宗纪四》，《大金国志·太祖纪》)

（2）宋金之战争

1. 起衅原因

（甲）宋助觉叛——张觉为辽兴军节度使。金人入燕，加觉同中书门下省平章事。既而觉欲迎故主，以图复兴，乃联宋燕将王安然叛金。宋拜觉为节度使，犒以银绢数万，俄而觉为金人所败，觉奔燕。金人索之甚急，安然不得已，乃使觉就刑，函首送之。此起衅之一因也。(《宋史卷四七二·张觉传》)

（乙）索粮未许——徽宗宣和六年，金遣使往宋丐粮。先是良嗣使金时，许金人糗粮二十万斛，至是诣宣抚司来索所许。谭稹曰：二十万斛岂易致耶。宣抚司未尝有片纸只字许粮之文。金使曰：去年四月间，赵良嗣已许矣！稹曰：口许，岂足凭耶？终不之与。（《大金国志·太宗纪》）此起衅之又一因也。

2. 金兵南侵

（甲）西路军况——宣和七年，粘罕南侵。童贯在太原。金遣使告兴兵，且劝贯割两河以谢。贯气褫，不能应，遁归京师。金人进陷忻、代等州，围太原。(《宋史卷四六八·童贯传》，《卷二二·徽宗纪四》)

（乙）东路军况——时金兵南下，破檀蓟，至玉田。蔡靖遣郭药师、张令征、刘舜仁，帅师出御。其夕令征遁归，而药师又降金。金人乘势南下，宋师皆望风而溃。金人济河，进犯京师。(《宋史卷四七二·郭药师传》，《大金国志·太宗纪》)

3. 宋金之和议——汴京被围，李纲主战，而多数主和。宰相李邦彦罢纲，以谢金人。乃以太学生陈东及都民数万人，伏阙上书，请复用纲。帝不得已，复纲右丞，但勤王师遇敌辄败，仍进和议，卒议定条款以和。（注六）（《宋史·钦宗纪》）

（3）徽钦被虏——钦宗靖康元年（西历一一二六年），金兵南下。钦宗幸金营，遂留不遣。明年张邦昌受金册封，即位，号大楚。金人挟徽、钦二帝北去，北宋遂亡。（注七）（《宋史·钦宗纪》，《东都事略卷一〇八·何㮚传》，《宋史卷四七五·张邦昌传》，《大金国志·太宗纪》，《金史·太宗纪》）

【注解】

注一 辽命韩匡嗣、耶律沙伐宋，以报围城之役。耶律休哥率本部兵从匡嗣等战于满城。翌日将复战，宋人请降，匡嗣信之。休哥曰：彼众整而锐，不肯屈，乃诱我耳！宜严兵以待。匡嗣不听，休哥引兵凭高而视，须臾宋兵大至，鼓噪疾驰，匡嗣仓卒不知所为，士卒弃旗鼓而走，遂败绩。休哥整兵进击，宋师乃却。于是辽主亲征，围瓦桥关，宋兵往救。休哥率精兵击败之，追至莫州。而宋乃乘衅大举北征。(《辽史·耶律休哥传》)

注二 庆历二年，辽遣萧英等来求关南地，朝廷择报聘者。皆以情叵测，莫敢行，吕夷简因是荐弼。而弼开怀与饮，英感悦，亦不复隐其情，遂密以其主所欲得者告曰：可从从之，不然以一事塞之足矣！弼具以闻，帝惟许增岁币，仍以宗室女嫁其子。遂使弼往报聘。既至，见契丹主，问故。契丹主曰：南朝违约，塞雁门，增塘水，治城隍，籍民兵，将何以为？群臣请举兵而南，吾以谓不若遣使求地，求而不获，举兵未晚也。弼曰：北朝忘章圣皇帝之大德乎？澶渊之役，苟从诸将言，北兵得脱乎！且北朝与中国通好，则人主专其利，而臣下无获。若用兵，则利归臣下，而人主任其祸。故劝用兵者，皆为身谋耳，况今中国封疆万里，精兵百万，北朝欲用兵，能保必胜乎？即使胜，所亡士马，群臣当之，抑人主当之欤？若通好不绝，岁币尽归人主，群臣何利焉？契丹主大悟，首肯者久之。于是契丹不复求婚，专欲增币。曰：南朝遗我之时，当曰献，否则曰纳，弼争之，而朝廷竟以纳字与之。(《宋史·富弼传》)

注三 勿吉有七部：曰粟末部，曰伯咄部，曰安车骨部，曰拂涅部，曰号室部，曰黑水部，曰白山部。隋称靺鞨，而七部并同。(《金史·本纪·世祖纪》)

注四 初宋与金人约，但求石晋故地。初不思平营滦三州，今遣良嗣素取，故金主不许，且词甚峻：(一)若必欲取营平滦三州，并燕京而不与。(二)燕京自我得之，自当归我。燕六百万。止取一百万。(三)不然还我涿易旧郡。(《大金国志·太祖纪》)

注五 其和约曰：(一)岁输银绢各二十万两匹。又别燕京代税钱一百万缗。(二)遣使贺金主生辰及正旦。(三)置榷场贸易。(同上)

注六 金人围京师。李邦彦议和，恶李纲主战，罢之。太学生陈东等及都民数万人伏阙上书曰：在廷之臣，奋勇不顾，以身任天下之重者，李纲也。而忌嫉贤能，动为身谋，不恤国事者，李邦彦、张邦昌等徒，社稷之贼也。今罢纲，正堕金人之计，请复用纲。会邦彦入朝，众数其罪，而骂，吴敏宣传，众不退，遂挝登闻鼓，山呼地动。殿帅王宗濋，恐生变，奏上勉从之。遣耿南仲号于众曰：已得旨宣纲矣！内侍朱拱之宣纲后期，众脔而磔之，并杀内侍数十人。乃复纲右丞。充城防御使。(《宋史卷四五五·陈东传》，《宋

史卷二三·钦宗纪》)

注七 钦宗靖康元年，金主诏宗翰（即粘罕）、宗望（即斡离不）伐宋。粘罕下太原，斡离不克真定。宋师皆溃，遣使请和。金主欲割定，不然，则进兵取汴。十一月，集百官议于延和殿，范宗伊等七十人主与之，而秦桧等三十六人持不可，于是和议不成。金兵遂渡河围汴。十二月，钦宗往青州与粘罕议和，索金一千万铤，银二千万铤，缣帛如银之数目。既而金人又遣使欲钦宗再幸其军。钦宗乃幸金营，遂留不遣。并又大索财帛。明年，金人逼上皇召皇后皇太子入青州，以青袍易二帝衣，服以常妇之服易二后之服。乃册封张邦昌，挟徽、钦二帝北去。其后徽宗卒于五国城。钦宗则当金主亮时，以骑兵蹙踣之。(《金史·太宗纪》，《宋史卷三五七·王云传》，《卷四七三·秦桧传》，《大金国志·太宗纪》，《东都事略卷一〇八·何㮚传》，《宋史卷四七五·张邦昌传》)

七、南宋之建国

A 高宗之即位——建炎元年（西历一一二七年），粘罕退师，钦宗北迁，张邦昌尊元祐皇后孟氏为宋太后，遣人至济州迎帝。又遣蒋师愈等持书诣帝，自言从权济事，及将归宝避位之意。群臣劝进者益众，乃登坛受命，礼毕，恸哭，遥谢二帝，即位。于是元祐皇后在东京撤帘。(《宋史卷二四·高宗纪》)

B 金兵之南侵

a 原因——康王（高宗）遣王师正奉表，密以书招诱契丹，汉人获其书奏之。太宗下诏伐康王。(《金史纪事本末》) 是高宗密谋图金，事泄，致肇兵端。

b 经过

(1) 第一次

1. 江北沦陷——金闻高宗如扬州，分道南侵，(注一) 河阳、西京、巩县、荥阳、郑州、中牟，相次皆降。又克濮州，陷德州、济南。并破徐州、淮阳等州，更进焚扬州，还攻陕西，入长安，关陇大震。(《金史卷七二·娄室传》，《卷七七·宗弼传》，《宋史·高宗纪》，《大金国志·太宗纪》)

2. 高宗南渡——初金人入寇，高宗畏金之逼，决意迁避。李纲请幸关中，宗泽请还东都，帝皆不听，南幸扬州。金人攻扬州，帝仓卒渡江，避都钱塘。(《宋史·李纲传》，《卷三六〇·宗泽传》，《卷三六九·王渊传》，《高宗纪》)

(2) 第二次

1. 金人之渡江——建炎三年，兀术率众分路入侵。一自滁和攻江东，一自蕲黄攻江西。宋兵皆溃，杜充退守建康，岳飞苦谏不听。（注二）金人遂由马家渡渡江，进陷建康。充叛降金。（《大金国志·太宗纪》，《宋史卷三六五·岳飞传》）

2. 高宗之南遁——金人既济江，其将宗弼进袭高宗于越州。会金取杭州，高宗闻之，乃自越奔明州。金将阿里蒲鲁浑又大破宋军于明州。高宗步入于海，而阿里蒲鲁浑泛海，至昌国县，执宋明州守赵伯谔，知高宗奔温州，将趋福州，遂行海三百余里，不及而还。（《金史·宗弼传》）

3. 韩世忠之要击——韩世忠以舟师守江上，俟金兵归邀击之。及金兵至，大战，败绩，金兵遂渡江北还。（注三）（《宋史卷三六四·韩世忠传》，《金史·宗弼传》）

4. 张浚之败金——宗弼渡江北还，遂从宗辅定陕西，而张浚大败金兵于富平，兀术仅以身免。又擢吴玠为大将，每战辄胜，西北遗民，归附日众，故关陕虽失，而全蜀安堵。且以形势牵制东南，江淮亦赖以安。（《金史·宗弼传》，《宋史卷三六一·张浚传》）

（3）第三次

1. 刘豫之请求——初金立刘豫于大名府，国号大齐。高宗绍兴三年，豫为扩张疆土，进陷邓随等州。明年，岳飞复取之。于是豫乃求救于金。金发师以应之，合兵攻宋。（《大金国志·太宗纪》，《宋史卷七四五·刘豫传》）

2. 金兵之北归——豫与金人分道渡淮入侵，为韩世忠所败。时雨雪乏粮，金兵杀马而食，死亡日多，兵皆嗟怨。又闻宋主亲征。而国主病笃，兀术乃引军北还，更废豫为蜀王。自此以后，高宗奠都临安，南宋立国之其始固。（《宋史·韩世忠传》，《大金国志·太宗纪》，《熙宗纪》）

（4）第四次

1. 兀术之南侵——绍兴九年，王伦使金。先是宗磐挞懒执议，以河南、陕西地与宋，至是皆归宋。会二人谋叛伏诛。兀术执政，囚王伦。举兵南下。（《金史卷七七·挞懒传》，《宋史卷三七一·王伦传》，《大金国志·熙宗纪》）

2. 金兵之败北——绍兴十年，兀术分四道南侵，（注四）而岳飞大破兀术于郾城，其入陕之兵，又为吴璘击败之。明年又南侵，为张浚等所败，乃退。（《大金国志·熙宗纪》，《宋史·岳飞传》，《卷三六六·吴璘传》）

c 构和

（1）岳飞之死——时秦桧欲画淮以北弃之，讽台臣请班师。而飞不用命，

桧一日下十二金牌，始班师。然以飞不死，终梗和议，乃使万俟卨诬飞杀之，遂与金议和。(《宋史·岳飞传》)

(2) 和议条件

1. 宋称臣奉表于金，金册宋主为皇帝。(《宋史纪事本末》)

2. 岁输银绢各二十五万。(同上)

3. 金主生辰及正旦，遣使致贺。(同上)

4. 东以淮水，西以大散关为界。(同上)

C 南宋之招讨群盗

a 李成——绍兴元年，帝至会稽。时金人残乱之余，孔彦舟据武陵，张用据襄汉，李成尤悍强，据西淮、湖、湘十余州，连兵数万，有席卷东南之意，遣张浚讨之，至黄梅县亲与成战，贼众数万俱溃。成北走，降刘豫，诸郡悉平。(《宋史卷三六一·张浚传》)

b 张用——张用寇江西，用亦相人。飞以书谕之曰：吾与汝同里，南薰门铁路步之战，皆汝所悉。今吾在此，欲战则出，不战则降。用得书而降，江淮平。(《宋史卷三六五·岳飞传》)

c 孔彦舟——初为东平府钤辖，与一宗女私通，知州权邦彦欲按之。彦舟率众走，至南京，家渐盛，后率众移潭州。刘豫僭位后，遂降。(《南史宋书卷一三·孔彦舟传》)

d 曹成——成拥众十余万，由江西历湖湘，据道贺二州。命飞招成。成闻飞将至，分道而遁。至茶陵。飞以计破之。成去宣抚司降。岭表平。(《宋史·岳飞传》)

e 刘忠——长沙刘忠拥众数万，据白面山。命韩世忠进讨，大破之，斩忠首，湖南遂平。(《宋史·韩世忠传》)

f 范汝为——建安范汝为反。以世忠讨之。世忠命诸军偃旗仆鼓而进，破其城，汝为自焚而死，乱乃平。(《宋史·韩世忠传》)

g 杨么——湖寇杨么，欲顺流而下。帝命飞为之备。飞以计破之于湖中，么为牛皋所擒，斩之，余贼俱降。(《宋史·岳飞传》)

D 南宋之兵费

a 川陕

(1) 茶引——建炎三年，印给茶引，使茶商执引与茶户自相贸易。凡买茶引，每一斤，春为七十，夏为五十，旧所输市例头子钱，并依旧。茶所过，每一斤征一钱，住征一钱半。比及四年，茶引收息，至一百七十余万缗。

（《宋史卷三七四·赵开传》）

（2）榷酤——建炎三年，张浚用赵开总领四川财赋。开言蜀民已困，惟榷酤尚有赢余，遂大变酒法，自成都始。先罢公帑卖供给酒，即旧扑卖坊场所，置隔酿，设官主之。民以米赴官自酿，每解输钱三十，头子钱二十二。（《通考·征榷考》）后其法遂遍行四路。

（3）钱引——又于秦州置钱引务，兴州鼓铸铜钱，官买银绢，听民以钱引或铜钱买之。凡民钱当入官者，并听用引折纳，官支出亦如之。民用引为市，于一千，并五百以上，许从便增高其值，惟不得减削。法既流通，民以为便。初钱行两科，通行才二百五十万有奇，至是添印至四千一百九十余万，人亦不厌其多，价亦不削。（《宋史卷三七四·赵开传》）

（4）盐引——其法置合同场盐市，与茶法大抵相类。盐引每一斤纳钱二十五。共土产税，及增添等，共纳九钱四分。所过，每斤征钱七分。住征一钱五分。若以钱引折纳。别输称提勘钱共十。（同上）

b 江淮

（1）经制钱——建炎二年，高宗在扬州，四方贡赋。不以期至。于是以添酒钱，卖糟钱，典卖田宅，增牙税钱。官员等请给头子钱，楼房务增三分房钱。令两浙，江东西，荆湖南北。福建二广，收充经制钱，以宪臣领之，以通判敛之，冬季输送。（《宋史卷一七九·食货志下一》）

（2）月桩钱——所谓月桩钱者，始于绍兴之二年。时韩世忠驻军建康。宰相吕颐浩，朱胜非议，今江东漕臣，月桩发大军钱十万缗，以上供经制及漕司移用等钱供亿。而漕司不量州军之力，一例均科。于是郡县横敛，铢积丝累。江东之害尤甚。（同上）

（3）板帐钱——所谓板帐钱者，如输米则增收耗剩，交钱帛则多收縻费。幸富人之犯法，而重其罚，恣胥吏之受赇，而课其入。索盗赃则不偿主，检财产则不及卑幼。亡僧绝户，不俟核实而入官。逃产废田，不与消除而折纳。他如此类，不可遍举。县州之吏，固知其非法，然以板帐钱额太重，虽欲不横取于民，不可得已。（同上）

【注解】

注一 金闻帝如扬州，分道南侵，尼玛哈自河阳渡河，攻河南；鄂尔多、乌朱自沧州渡河，攻山东；罗索萨里罕自同州渡河，攻陕西；分遣尼楚赫攻汉上，阿里富埒珲，趋淮南。（《续纲目》）

注二 杜充将还建康，飞曰："中原尺寸不可弃，今一举足，此地非我有，

他日欲复取之，非数十万众不可。”充不听；遂与俱还。(《宋史卷三六五·岳飞传》)

注三 兀术自广德破临安，帝如浙东。世忠以前军驻青龙镇，中军驻江湾，后军驻海口，俟敌归邀击之。及金兵至，则世忠军已屯焦山寺。而兀术遣使通问，约日大战，许之。战将十合，梁夫人亲执桴鼓，金兵终不得渡。兀术穷蹙，顾谓诸将曰：“南军使船如使马，奈何?”募人献破海舟策。闽人王某者，教其舟中载土，平板铺之，穴船板以棹桨，风息则出江，有风则勿出，海舟无风不可动也。又有献谋者曰：凿渠，接江口，则在世忠上流。兀术一夜潜凿渠三十里。及次日风止，宋军帆弱，不能运，金人以小舟纵火，矢如雨下，敌绝江遁去。(《宋史卷三六四·韩世忠传》)

注四 兀术始得政，以归地非其本计，决渝盟，乃举国中之兵，集于祁州元帅府大阅。遂分道南征，命聂黎孛董出山东，撒离曷侵陕右，李成侵河南，兀术自将精兵十余万，与孔彦舟、郦琼、赵荣抵汴。(《大金国志·熙宗纪》)

备 考

(1) 金人第四次入侵，时金将韩常欲以五万众内附。飞大喜，语其下曰：“直抵黄龙府，与诸君痛饮尔!”方指日渡河，而桧欲画淮以北弃之，讽台臣请班师，飞奏：“金人锐气沮丧，弃辎重，疾走渡河，豪杰向风，士卒用命，时不再来，机难轻失。”桧知飞志锐不可回，乃先请张浚、杨沂中等归。而后言飞孤军不可久留，乞令班师，一日奉十二金字牌。飞愤惋泣下，东向再拜曰：“十年之力，废于一旦。”飞既归，所得州县，旋复失之。而兀术遗桧书，必杀飞始可和。桧亦以飞不死，终梗和议。乃使万俟卨等诬飞捕之，初命何铸鞫之，飞裂裳以背示铸，有“尽忠报国”四大字，深入肌理。铸明其无辜，改命万俟卨诬飞与张宪书谋还兵。飞坐系两月，无可证者，至岁暮，乃谋杀之，时年三十九。(《宋史卷三六五·岳飞传》)

(2) 经制钱，盖宣和末陈亨伯以发运兼经制使，因以得名。(《宋史·食货志下一》)

八、南宋与金之对峙

A 海陵王之南侵

a 海陵之立

(1) 废帝海陵庶人亮，辽王宗幹第二子也。为人僄急多猜忌，残忍任数。

初熙宗以太祖嫡孙嗣位，亮以为宗干太祖长子，而己亦太祖孙，遂怀觊觎之心。而肃裕揣知其意，因劝海陵举大事。（《金史·海陵纪》）

（2）熙宗尝以事杖左丞相唐括辩，及右丞相秉德，辩乃与大理卿乌带谋废立。而乌带先以此谋告海陵，于是结兴国（内使）为内应，共弑熙宗，改皇统九年为天德元年。（同上）海陵即位，欲混一天下，乃营汴京而迁都之，举兵以伐宋。

b 采石之役

（1）绍兴三十一年，金主亮调军六十万，自将南来，弥望数十里，不断如银壁，中外大震。而王权、刘锜皆不战自溃，尽失两淮之地矣！（《宋史卷三六六·刘锜传》，《卷三八三·虞允文传》）

（2）金主率大军临采石，乃命虞允文往御之，敌直薄宋军，将士皆殊死战，日暮未退。会有溃军自光州至，允文援以旗鼓，从山后转出。敌疑援兵至，始遁。又命劲弓尾击追射，大败之。（《宋史·虞允文传》）

c 金国之内变——大定元年，完颜谋衍等奉世宗即位于东京（辽阳），改元大定。而金主亮在扬州，为其部下诸将所杀。（《金史·世宗纪》，《大金国志·海陵纪》）

d 宋金之和议

（1）孝宗即位，企图恢复，起用张浚委以军事。然卒无功，和议乃成。时隆兴二年也。而绍兴屈辱十三事，亦得改削矣。（《宋史·张浚传》，《金史卷八七·纥石烈志宁传》）

（2）和议条件

1. 宋主称金主为叔父。（《大金国志·世宗纪》）

2. 改诏表为国书。（同上）

3. 岁币银绢，各减五万两匹。（同上）

4. 疆界如绍兴时。（同上）

B 韩侂胄之北伐

a 韩侂胄之得政

（1）孝宗崩，光宗以疾不能执丧，中外汹汹。赵汝愚与侂胄共奉皇太子嘉王即位，是为宁宗。（《宋史卷四七四·韩侂胄传》）

（2）宁宗既立，侂胄恃功，为汝愚所抑。乃奏汝愚以同姓居相位，将不利于社稷，遂罢汝愚右相。于是侂胄独揽大权。（《宋史卷三九二·赵汝愚传》）

b 北伐之动机

（1）侂胄既排去汝愚，汝愚之党，群起攻之。或劝侂胄立盖世功名以自固者，于是恢复之议兴。（《宋史·韩侂胄传》）

（2）开禧改元，进士毛自知廷对言：当乘机以定中原。侂胄大悦。诏中外诸将，密为行军之计。（同上）盖是时金世宗已崩。章宗继立，北部鞑靼等部叛变，连岁用兵，财匮盗起，国势日弱，亦实予宋以恢复之机。

c 北伐之情况

（1）是时镇江武锋军统制陈孝广复泗州，及虹县。江州统制许进复新息县，光州县，孙成复褒信县。捷书闻，侂胄乃降诏趣诸将进兵。（《宋史·韩侂胄传》）

（2）兵衅既开，金起大兵应战。揆以行省兵三万，出颍寿，完颜匡兵二万五千，出唐邓，纥石烈子仁兵三万，出涡口，纥石烈胡沙虎兵二万，出清河口，完颜充兵一万，出陈仓，蒲察贞兵一万，出成纪，完颜纲兵一万，出临潭，石抹仲兵五千，出盐州，完颜嶙兵五千，出来远，共分九路而进。（参考《金史》各本传）

（3）金兵自清河口渡淮，郭超失利，遂进围楚州，所向披靡，于是濠梁安丰及边诸戍，皆为金兵所破。侂胄知不可再战，始议构和。（《大金国志·章宗纪》）

d 宋金之构和

（1）初金索于宋者五事：一割两淮，二增岁币，三犒军金帛，四取陷没及归正人，五取韩侂胄首级。侂胄闻之大怒，复有用兵之意。会因侂胄劝曹美人为后，杨后乃使史弥远杀之，函送其首，以易侵地，而和。（《大金国志·章宗纪》，《宋史卷二四二·宁宗杨后传》）

（2）和议条件

1. 两国境界如前。（《宋史·宁宗纪》，《大金国志·章宗纪》）

2. 依靖康故事，世为伯侄之国。（同上）

3. 增岁币为银绢各三十万两匹。（同上）

4. 宋别以犒军银三百万两于金，金亦尽以所侵地归宋。（同上）

九、南宋之衰亡

A 南宋之不振

a 相权太重

（1）秦桧——桧两据相位，凡十九年，一时忠臣良将，诛锄略尽。其顽固无耻者，率为桧用，争以诬陷善类为功。而察事之卒，布满京城，小涉讥议，即捕治，中以深文。又阴结内侍及医师王继先，伺上动静。郡国事申省，无一至上前者，而帝亦不敢言。(《宋史卷四七三·秦桧传》)（注一）

（2）史弥远——弥远相宁宗十有七年。迨宁宗崩，立理宗，又独相九年，擅用事，专任憸小。而理宗德其立己之功，虽台谏言其奸恶，弗恤也。(《宋史卷四一四·史弥远传》)

（3）贾似道——理宗崩，度宗为其所立，每朝必答拜，称之曰师臣而不名，朝臣皆称为周公。更入朝不拜，朝退，帝必起，避席目送之，出殿始坐。又畏人议己，务以权术驾驭上下，以官爵牢笼一时名士，以故言路断绝，威福肆行，相视以目。而无人敢言其非者也。(《宋史卷四七四·贾似道传》)

b 太学生之横

（1）三学之横，盛于景定，淳祐之际，凡所欲出者虽宰相台谏，亦直攻之使去，权乃与人主抗衡。或少见于施行，则必借秦为喻，动以坑儒恶声加之，时君时相，略不敢过而问焉。(周密《癸辛杂识·三学之横》)

（2）其所以招权受赂，豪夺庇奸，动摇国法，作为无名之谤。扣阍上书，经台投卷，人畏之如虎狼。若市井商贾，无不被害，而无所赴。诉非京尹，不敢过问。虽一时权相如史嵩之、丁大全，不恤行之，亦未如之何也。(同上)

c 道学之禁

（1）韩侂胄用事，凡不附己者，指为道学，尽逐之。后更目之为伪学，以纲括汝愚、朱熹门下知名之士，而坐罪者五十有九人。(注一) 致使政治蒙其恶果。(《齐东野语》、《宋史·韩侂胄传》)

（2）史弥远执政，引用道学派以自厚。雪赵汝愚之冤，乞褒赠赐谥。他如朱熹，彭龟年等，虽已殁，或褒赠易名，或录其后，召还正人故老于外。其后又愤诸人不同于己，遂尽斥逐之矣。(《宋史·史弥远传》)（注一）

B 南宋与蒙古夹攻金

a 通使缔约——理宗绍定五年，元使王檝至宋，议共伐金。宋遣邹伸之报谢。俟成功后，以河南地归宋。(《元史类编·太宗纪》)

b 金之灭亡——宋与蒙既定盟，即出兵相应。元塔齐尔率师围金主于蔡，宋遣孟珙帅兵万人，助元兵攻蔡。城陷，金哀宗自缢而死，末帝亦为乱兵所害，金亡。(《元史·太宗纪》，《金史·哀宗纪》)

C 蒙古之南侵

a 第一次

（1）和议破裂——理宗端平元年，宋乘金亡，议收复三京，会兵趋汴。元将速不台决黄河水灌宋军，赵葵等弃汴走。元使王楫诣宋责败盟，宋亦遣邹伸之报谢。二年，元皇子库春举兵伐宋，所向披靡。（《南宋书·理宗纪》，《元史类编·太宗纪》，《元史·太宗纪》）

（2）蒙古入侵——元宪宗即位，自将伐宋，号十万，分三道进兵。宪宗战死，而忽必烈一军渡淮围鄂州，中外大震。（《元史类编·宪宗纪》，《南宋书·理宗纪》，《元史·世祖纪》）

（3）宋蒙构和——理宗以贾似道御敌，似道畏缩不敢进，乃遣使请和，元帝不许。会其内部发生继立问题，忽必烈急欲北归，乃约岁奉银绢各二十万，元军北还。（《宋史·贾似道传》，《元史类编·世祖纪》）

b 第二次

（1）原因——贾似道私与蒙古议和，及元世祖即位，遣郝经持书申好息兵，且征岁币。似道惧事泄，乃密拘经，于是世祖乃下诏伐宋。（《南宋书·理宗纪》，《宋史·贾似道传》，《元史·世祖纪》）

（2）南宋之灭亡——元兵长驱直入，遂迫临安，恭帝出降（德祐二年，西历一二七六年）。二王播越于广闽，但终为元攻灭，宋亡。（注二）（《南宋书·帝昺纪》，《宋史·二王纪》）

【注解】

注一 宰执四人：赵汝愚，留正，王蔺，周必大。侍郎以上十三人：朱熹，徐谊，彭龟年，陈傅良，薛叔似，章颖，郑湜，楼鑰，林大中，黄由，黄黼，何异，孙逢吉。余官三十一人：刘祖光，吕祖俭，叶适，杨方，项安世，李德，沈有开，曾三聘，游仲鸿，吴猎，李祥，杨简，赵汝谈，赵汝谠，陈岘，范仲黼，汪达，孙元卿，袁燮，陈武，田澹，黄度，詹体仁，蔡幼学，黄灏，周南，吴柔胜，王厚之，孟浩，赵巩，白炎震。武臣三人：皇甫斌，范仲壬，张致远。士人八：杨宏中，周端朝，张衜，林仲麟，蒋傅，徐范（以上六人为太学生），蔡元定，吕祖泰。凡五十九人。（《南宋书·宁宗纪》）

注二 德祐二年，元将伯颜陷临安，执恭帝北去。端宗即位福州，元兵进逼，帝南入海，驻硐州（广东吴川县东南）帝昺立，徙居新会之厓山（广东赤溪县东）。祥兴二年，张宏范以舟师侵厓山，张世杰军溃，陆秀夫负帝投海中，世杰亦溺而死，宋亡。（《元史卷一二七·伯颜传》，《南宋书·帝昺纪》，《宋史·二王纪》，《南宋书·端宗纪》）

第二节　宋代之制度

A 官制

a 中央官

（1）北宋——宋初官制，承袭于唐。然以集权中央，又为防专擅之弊，故颇多改革。而实权之所寄，则以中书治政，枢密主兵，三司理财政。其他省台寺监等官，居其官而不知其职者十常八九。神宗时，始多改革，皆使名实相副，颇与唐制相合。及徽宗时，复多所更改。（注一）（《宋史・职官志》）

（2）南宋——高宗时，加两仆射同平章事，改两省侍郎为参知政事，废尚书左右丞相。且其时裁汰冗官，九寺五监中，亦多有罢者也。（注一）（同上）

b 地方官——宋初之地方官制为两级制度，后变为三层阶级矣。其最下曰县，有令，中曰州，有知州事，曰府，有知府事，而最上设有监司之官。（同上）

B 兵制

a 禁兵——禁兵者，天子之禁兵也。殿前侍卫二司总之。其最亲近扈从者，号诸班直。其次总于御前忠佐军领，司皇城骐骥院，皆以守京师，备征伐。其在外者，非屯驻屯泊，则就军粮也。太祖鉴前代之失，萃精锐于京师，虽曰增损旧制。而规模宏远矣。（《宋史卷一八七・兵志一》）

b 厢兵——厢兵者，诸州之镇兵也。内总于侍卫司。一军之额，有分隶数州者，或一州之管兼屯数州者。在京诸司之额五，隶宣徽院，以分给畜牧修缮之役。而诸州则各以其事属焉。建隆初，选州募兵之壮勇者，部送京师，以备禁卫，余留本城，虽无戍更，然罕教阅，类多给役而已。（《宋史卷一八九・食货志三》）

c 乡兵——乡兵者，选自户籍，或士民应募，在所团结训练，以为防守之兵也。周广顺中，点泰州税户，充保毅军，宋因之。自建隆四年，分命使臣，往关西道，令调拨乡兵，赴庆州。咸平四年，令陕西税人户，家出一丁，号曰保毅，官给粮赐，使之分番戍守。其后遍行于各地矣。（注二）（《宋史卷一九〇・兵志四》）

d 蕃兵——蕃兵者，其法始于国初，具籍塞下，团结以为藩篱之兵。其后分队伍，给旗帜，缮营堡，备器械，一律依乡兵之制。（《宋史・兵志序》）

C 刑法

a 法律——宋之法制，因唐律令格式，而随时损益，则有《编敕》。一司，一路，一州，一县，又别有敕。建隆中，诏判大理寺窦仪等，上《编敕》四卷，凡一百有六条，诏与《新定刑统》三十卷，并颁天下。参酌轻重为详，世称平允。(《宋史卷一九九·刑法志一》) 其后虽有修改，要皆以此为本也。

b 刑制——宋之刑制，虽亦沿唐旧，分笞杖徒流死五等，然当流者，往往加杖与配役，是一人而受三刑。(注三) 又刺配法，既杖其背，又配其人，复黥其面，是亦一人而受三刑，此又其异也。(《宋史·刑法志一》，明邱濬《大学衍义补》)

D 学校

a 京师学

(1) 国子学——国子生以京朝七品以上子孙为之，初无定员，后以二百人为额。(《宋史卷一五七·选举志三》)

(2) 太学——太学生以八品以下子弟，及庶人之优异者为之。(同上)

(3) 宗学——元丰六年，宗室令铄乞建宗学，诏从之。既而中辍。建中靖国元年，复置，其后废置无常。(《宋史卷一六五·职官志五》)

(4) 武学——仁宗庆历三年，诏置武学于武成王庙。八月罢之。至神宗熙宁五年，复置武学。(同上)

(5) 律学——神宗熙宁六年，始即国子监设学。凡命官举人，皆得入学。而习断按，则试按一道，习律令，则试大义五道。各以所学，月一公试，三私试。(《宋史卷一五七·选举志三》)

(6) 算学——徽宗崇宁三年，始建学，以二百一十人为额，许命官及庶人为之。其业以九章周髀，及假设疑数为算问，乃兼海岛孙子五曹，张丘建夏侯算法，并历算三式。天文书为本科。本科外，人占一小经，愿占大经者听。(同上)

(7) 书学——书学创于神宗时，凡书学生，习篆隶草三体。明《说文》，《字说》，《尔雅》，《大雅》，《方言》；兼通《论语》，《孟子》义，愿占大经者听。(同上)

(8) 画学——画学创于神宗时。画学之业，曰佛道，曰人物，曰山水，曰鸟兽，曰花竹，曰屋木。而有士流杂流之分，士流兼习一大经，或一小经。杂流则诵小经，或读律。(同上)

(9) 医学——医学初隶太常，神宗时，始置提举，判局官及教授一人，

学生三百人。设三科以教之，曰方脉科，针科，疡科。（同上）

b 地方学

（1）四大书院

1. 白鹿洞书院——太宗太平兴国二年，知江州周述言庐山白鹿洞，学徒常数千人，乞赐九经肄业，诏国子监给本，仍传送之。（《通考·学校考》）

2. 石鼓书院——太宗赐石鼓书院敕额。书院唐元和间衡州李宽所建，国初赐额。（同上）

3. 应天府书院——真宗大中祥符二年，应天府民曹诚，即楚邱戚同文旧居，造舍百五十间，聚书数千卷，博延生徒，讲习甚盛。府奏其事，诏赐额曰应天府书院。（同上）

4. 岳麓书院——真宗大中祥符八年，赐潭州岳麓书院额，始开宝中，郡守朱洞，首度基创宇，以待四方学者。（同上）

（2）州县学——州县官设之学，至仁宗时始大兴。而神宗尤垂意儒学，自京师至郡县，皆有学，定试程。哲宗并推行三舍法，规模始可观矣。（《宋史卷一五七·选举志三》）

E 选举志

a 常科

（1）文科

1. 科目

（甲）进士科——凡进士试诗赋论各一首，策五道，帖《论语》十帖，对《春秋》或《礼记》墨义十条。（《宋史卷一五五·选举志》）

（乙）九经科——凡九经帖书一百二十帖，对墨义六十条。（同上）

（丙）五经科——凡五经帖书八十帖，对墨义五十条。（同上）

（丁）三礼科——凡《三礼》对墨义九十条。（同上）

（戊）三传科——凡《三传》一百一十条。（同上）

（己）开元礼科——凡开元礼对三百条。（同上）

（庚）三史科——凡三史对三百条。（同上）

（辛）学究科——凡学究，《毛诗》对墨义五十条，《论语》十条，《尔雅》、《孝经》共十条，《周易》、《尚书》各二十五条。（同上）

（壬）明法科——凡明法对律令四十律，兼经并同《毛诗》之制，各间经引，试六通为合格，仍抽卷问律，本科则否。（同上）

2. 年限——科举年限，初无定制，间一年或二年，乃贡举。英宗即位，

议者以间岁贡士，法不便，乃诏礼部，三岁一贡举。(《宋史·选举志一》)

3. 考试

(甲) 发解——士经州考中格，而上送之礼部，谓之发解。(《宋史·选举志一》)

(乙) 省试——宋以前无省试、殿试之分，太祖开宝八年，始有省试、殿试之分，省元、状元之别云。(《通考·选举考》)

(丙) 殿试——殿试之法，始于太祖。凡举子中礼帏试，复试于内殿，始为及第。此又唐以后科举制度一种变革也。(《通考·选举考》)

4. 场规

(甲) 禁挟书——宋初场规尚宽，后为防弊乃严。景德二年，礼部贡院，言举人除书案外，不得挟书策。(《燕翼贻谋录》)

(乙) 弥封——景德四年，凡试卷去其卷首乡贯行状，别以字号第之，而行弥封之制，场规较前更严。(《宋史·选举志一》)

(丙) 誊录——仁宗时有糊名考试之律，虽号自公，然未绝其弊。其后李夷宾上言，请加誊录，因著为令，而后识字画之弊绝。(《能改斋漫录》)

5. 待遇——殿试后即委官，不再由吏部考试。(《通考·选举考》)

(2) 武科

1. 设置——唐设武举，以选将帅。五代以来，皆以军卒为将，此制久废。仁宗时，以西边用兵，将帅乏人，复置武举。未几，边事浸息，遂废此科。至英宗时，复置不废。(《燕翼贻谋录》)

2. 试艺——凡武举之试，先阅其骑射，而试之以策为去留，弓马为高下。(《宋史·选举志》)

b 特科——特科即制举，无常科，所以待天下之杰才，天子每亲策之。然宋之得才，多由进士，而以是科应诏者少。惟召试馆职，及后来博学宏词，而得忠鲠文学之士，或起之山林，或取之朝著，召之州县，多至大用焉。(《宋史卷一五六·选举志二》)

c 童子科——凡童子十五岁以下，能通经作诗赋，州升诸朝，而天子亲试之，其命官无常格。(注四)(同上)

【注解】

注一 宋代中央官制表(略)

注二 是时河北河东有神锐忠勇强壮。河北有忠顺强人。陕西有保毅砦户强人，强人弓手。河东陕西有勇义。麟州有义兵。川陕有土丁壮丁。荆湖南

北有弩手土丁。广南东西，有枪手土丁，邕州有溪洞壮丁土丁。广东西有壮丁。(《宋史·兵志四》)

注三 太祖受禅，始定折杖之制。凡流刑四：加役流，脊杖二十，配役三年；流三千里，脊杖二十；二千五百里，脊杖十八；二千里，脊杖十七，并配役一年。凡徒刑五：徒三年，脊杖二十；徒二年半，脊杖十八；二年，脊杖十七；一年半，脊杖十五；一年，脊杖十三。凡杖刑五：杖一百，臀杖二十；九十，臀杖十八；八十，臀杖十七；七十，臀杖十五；六十，臀杖三。凡笞刑五：笞五十，臀杖十下；四十，三十，臀杖八下；二十，臀杖七下。(《宋史·刑法志一》)

注四 真宗景德二年，抚州晏殊，大名府姜盖，始以童子召试诗赋，赐殊进士出身，盖同学究出身，寻复召殊试赋论。帝嘉其敏赡，授秘书正字，后或罢或复，自仁宗即位至大观末，赐出身者，仅二十人。(《宋史卷一五六·选举志二》)

备　考

(1) 宋之科目，有进士，有诸科，有武举。常选之外又有制科，有童子举，而进士得人为盛。神宗始罢诸科，而分经义诗赋以取士，其后遵行，未之有改。(《宋史卷一五五·选举志一》)

(2) 宋之特设科目，有贤良方正，能直言极谏科。博通坟典，明于教化科。才识兼茂，明于体用科。详明吏理，可使从政科。识洞韬略，运筹帷幄科。军谋宏远，材任边寄科。凡六，以待京朝官之被举及起应选者。又置书判拔萃科，以待选人之应书者。又高蹈邱园科，沉沦草泽科，茂材异等科，以待布衣之被举者。(《宋史·选举志二》)

第三节　宋代之文化

A 学术思想

a 理学

(1) 起源——周子《太极图》，创自河上公，乃方士修炼之术也。然考河上公本图，名《无极图》。魏伯阳得之，以著参同契。钟离权得之，以授吕洞宾。洞宾后与陈图南同隐华山，而以授陈抟，陈刻之华山石壁。陈又得

《先天图》于麻衣道者。皆以授种放。放以授穆修与僧寿涯。修以《先天图》授李挺之，挺之以授邵天叟，天叟以授子尧夫；修以《无极图》授周子，周子又得“先天地之偈”于寿涯。其图自下而上，以明逆则成丹之法。(《宋元学案卷十二·按语》)

(2) 派别

1. 濂派

(甲) 周敦颐，道州（湖南道县）营道人，因家庐山莲花峰下，前有溪，合于湓江，取营道所居濂溪以名之。(《宋史卷四二七·周敦颐传》)

(乙) 周子之学，以诚为本，从寂然不动处，握诚之本。故曰：主“静”立极。(《宋元学案卷十二·按语》)

2. 洛派

(甲) 程颢及其弟颐为首，因为洛阳人，故名洛派。颢称明道先生，而颐称伊川先生。(《宋史卷四二七·程颢及程颐传》)

(乙) 明道宏大，伊川亲切。大程夫子当识其明快中和处。小程夫子当识其初年之严毅，晚年又济以宽平处。而明道以“静”字稍偏，不若专主于“敬”。伊川则以“敬”字未尽，益之以穷理之说。(《宋元学案》卷十六)

3. 关派

(甲) 张载为首，因为长安人，故名关派，世称横渠先生。(《宋史卷四二七·张载传》)

(乙) 横渠先生，凡所议论，率多超卓。至于变化气质，谓形而后有气质之性，善反之，则天地之性存焉。故气质之性，君子弗性焉。此由自昔圣贤之所未发，警教后学最为切至者也。(黄东发《日钞》)

4. 闽派

(甲) 朱熹，徽州婺源人也。因侨居建州（福建建瓯），故名闽派。(《宋史卷四二九·朱熹传》)

(乙) 宋儒之道，至朱子始集大成。其徒著《四书蒙引》，《易蒙引》诸书，皆推原朱子之意。其学初主于“静”，后主于“虚”。以天下之理，以“虚”而入，亦以“虚”为应。(《名山藏》)

(3) 变迁——按理学家之立说，多偏重修养，自朱陆好重事功，与朱熹同时友善之吕祖谦，讲理学而兼治史学，教人必以致用初事。其友受学程门之陈亮、叶适，则颇诋理学，而昌言事功。金履详固传朱子之学者，而有海道图燕之建议。是南宋学者之思想，一变北宋理学之面目，而趋于事功。盖因金元之逼，士大夫皆切志恢复，有以使之然也。

（4）影响

1. 不拘经籍

（甲）程颢卒，其弟颐序之曰："周公没，圣人之道不行，孟轲死，圣人之学不传。道不行，百世无善治，学不传，千载无真儒。然使圣人之道，焕然复明于世，盖自子之后，一人而已！"（《宋史·程颢传》）

（乙）又黄榦曰："道之正统，待人而后传。自周以来任传道之责者，不过数人。而能使斯道章章较著者，一二人而止耳。由孔子而后，曾子、子思继其微，至孟子而始著。由孟子而后，周程张朱继其绝，至熹而始著。"（《宋史·朱熹传》）自是学术思想，为之解放。

2. 怀疑主义

（甲）初安石训释《诗》、《书》、《周礼》，既成，颁之天下，号曰"新义"。晚居金陵，又作《字说》，多穿凿傅会，其流入于佛老，一时学者，无不传习。而先儒传注，一切废而不用矣。（《宋史·王安石传》）

（乙）又以《说卦》而下，皆非圣人之作，而众说淆乱，亦非一人之言也。（欧阳修《易童子问》）

（丙）王柏对于《诗》三百五篇，以非尽定于孔子之手，且有增削之迹。又谓《中庸》古有二篇，诚明可为纲，不可为目，定《中庸》诚明各十一章。（《宋史卷四三八·王柏传》）

3. 竞尚名节——士大夫忠义之气，至于五季，变化殆尽。至宋真仁之世，范仲淹，欧阳修诸贤，以直言谠论，倡于朝廷。于是中外缙绅，知以名节相高，廉耻相尚，尽去五季之陋矣。故靖康之变，志士投袂起而勤王，临难不屈，所在有之，及宋之亡，忠节相望，班班可书，匡真辅翼之功，盖非一日之积也。（《宋史卷四四六·忠义传序》）

b 史学

（1）正史

1.《新唐书》

（甲）宋仁宗以刘昫等所撰《唐书》多阙漏，命宋祁、欧阳修等重删撰之，历十七年而书成。凡纪十，志五十，表十五，列传百五十，共二百二十五卷。世称《新唐书》。（《宋史卷二八四·宋祁传》，《卷三一九·欧阳修传》）

（乙）其参与修《唐书》者，皆一时闻人。而可考者，有刘羲叟，梅尧臣，宋敏求，吕夏卿，赵邻几，孙甫，陈彭年，赵瞻诸人。（《东都事略卷六五·刘羲叟传》,《卷一一五·梅尧臣传》,《宋史卷二九一·宋敏求传》,《卷三三一·吕夏卿传》,《卷四三九·赵邻几传》,《卷二九五·孙甫传》,《卷二八七·陈彭年传》,《卷三四一·赵瞻传》)

2.《五代史》

(甲)《旧五代史》——宋太祖命薛居正等,修梁唐晋汉周五朝史,逾年而成。凡本纪六十一,志十二,列传七十七,共一百五十卷。所谓《旧五代史》者是也。(《宋史·太祖纪》、《卷二六四·薛居正传》)

(乙)《新五代史》——欧阳修私撰《五代史》,凡本纪十二,列传四十五,考三,世家年谱十,附录三,及目录共七十四卷,世称《新五代史》。(《宋史·欧阳修传》)

(2)通史

1.《资治通鉴》——通史之中,以司马光之《资治通鉴》,贯串古今,精博详审,为史家之创体。初光患历代史繁,人主不能遍览,遂为《通志》八卷以献。英宗悦之,命置局秘阁续其书,凡十九年而成。神宗亲为制序,赐名《资治通鉴》。(《宋史·司马光传》,《东都事略卷八七·司马光传》)

2.《通鉴纪事本末》——袁枢常喜诵司马光《资治通鉴》,苦其浩博,乃区别其事,而贯通之,号《通鉴纪事本末》。(《宋史卷三八九·袁枢传》)盖其自为一体,迄今不可磨灭也。

(3)政史——政史名著,则为郑樵之《通志》,其书凡二十略,而记述止于天宝年间,以后不复续也。(《通考·经籍考》)世与元马端临之《文献通考》,唐杜佑之《通典》,并称三通。

c 文学

(1)文

1. 古文——国初杨亿、刘筠,犹袭唐人声律之体。柳开、穆修志欲变古,而力弗逮。庐陵欧阳修出,以古文倡。临川王安石,眉山苏轼,南丰曾巩,起而和之,宋文日趋于古矣!南渡文气,不及东都,岂不足以观世变欤。(《宋史卷四三九·文苑传序》)

2. 骈体文——宋南渡后,古文衰,骈文渐盛。作者甚众。有汪藻,綦崇礼,周必大,洪迈诸人。但其末也,以流丽稳帖为宗,斯道始衰。(《宋史卷四五五·汪藻传》,《卷三七八·綦崇礼传》,《卷三九一·周必大传》,《卷三七三·洪迈传》)

3. 制艺文——宋以取中士子所作之文,谓之程文,其后明清相沿用之,

而为八股之滥觞。(《日知录》卷十六)

(2) 诗

1. 北宋

(甲) 白体——王禹偁初学少陵，后学长庆，是曰白体。(《宋史卷二九三·王禹偁传》)

(乙) 晚唐体——寇准，林逋，魏野，诸人学晚唐，曰晚唐体。(朱子《五朝名臣言行录·莱国寇忠愍公》,《宋史卷四五七·林逋魏野传》)

(丙) 西昆体——杨亿、刘筠等宗李义山，是曰西昆体，此派最为隆盛。(《东都事略卷四七·杨亿传》,《宋史卷三〇五·刘筠传》)

(丁) 江西派——山谷与陈师道又并称曰江西派。(《宋史卷四四四·陈师道传》) 同时道学家别创一派，若邵康节之《击壤集》，尤为最著者也。

2. 南宋——南宋诗，以尤袤，范成大，杨万里，陆游（自号放翁）为最著，而放翁尤杰出。四家虽不列吕本中江西诗社宗派图，而实得统于山谷也。(《宋史卷三八九·尤袤传》，《卷三八六·范成大传》，《卷四三三·杨万里传》,《卷三九五·陆游传》)

(3) 词——宋人编次集歌词，长者曰慢，短者曰令，初无中调长调之目。自顾从敬编《草堂词》，始分小令，中调，长调之名。(《词综发凡》)

d 小说——按宋前小说，可分为三派，一为叙述杂事，二为纪录实闻，三为辍辑琐语。自仁宗时，开长篇章回之体。继有《宣和遗事》之书出，其书半为文言，半为当时语体，亦较昔为进步。迨至元施耐庵之《水浒》，纯用语体；于是汉唐以来，小说之面目尽变矣！

e 画书

(1) 书——宋代之能书者，以蔡襄，黄庭坚，苏东坡，米元章之四家为最著，而蔡襄尤为其中之杰出者也。(《宋史卷三二〇·蔡襄传》,《卷四四四·黄庭坚传》,《米芾传》,《杨升庵集》)

(2) 画

1. 宋承五代之后，艺术极为发达，盖政府有以奖励之故也。其时董源，李成，范宽，三家鼎立，前无古人，后无来者，山水之法，至是始备。(汤垕《画鉴》)

2. 宋子房奉命主考，于试时，出踏花归去马蹄香之题，有画数蝶飞逐于马后者，中选。由是观之，宋代画风之盛，远非他朝所可比者也。(陈彬龢译《中国美术史》第十四章《宋》)

f 印刷——板印书籍，唐人尚未盛为之。自冯瀛王道始印五经，已后典籍，皆为板本。庆历中，有布衣毕昇，又为活板，其对于文化宣传，裨益莫大也。（沈括《梦溪笔谈》卷一八）（注一）

B 工艺制造

a 纺织

（1）定州所织，刻丝不同，大机以熟色丝绵，经于木挣上，随所欲作，花草禽兽，以梭织。时先疏其处，方以杂线缀于经纬之上，合以成文，视之如雕镂之象。（庄绰《鸡肋篇》）

（2）靖康初，京师织帛，及妇人首饰，皆备四时如节。物则春旛灯毬竞渡，艾虎云月之类，花则桃杏荷花菊花梅花，皆并为一景，谓之一年景。（陆游《老学庵笔记》）

（3）亳州出轻纱，举之若无，裁以为衣，真若烟雾。（同上）

b 雕漆

（1）螺甸器出江西吉安庐陵，宋器皆于坚漆上嵌铜线，然后镶以螺甸，其花色细致可爱。（曹昭《格古要论》）

（2）又有髹漆器，用蚌蛤壳镶嵌，象人物花草，谓之螺填。（《陔余丛考》）

c 瓷器——定州白磁器，有芒不堪用，乃于汝州造青窑器。故河北唐邓耀州，悉有之，汝窑为魁。（陶宗仪《辍耕录》）

d 建筑——营舍之法，谓之《木经》，或云喻浩所撰。其书三卷。近岁土木之工，益为严善，旧《木经》多不用，未有人重为之，亦良工之一业也。（《梦溪笔谈》）（注二）

e 器物

（1）文具

1. 笔——笔出于宣州，自唐为诸葛一姓世传其业。治平喜祐中，有得诸葛笔者，率以为珍玩云：一枝可敌他笔数枝。熙宁后，世始用“无心散卓笔”，其风一变。（叶梦得《避暑录》）

2. 纸

（甲）颜方叔尝创制诸色笺，有杏红露，桃红天水碧俱研，花竹鳞羽，山林人物，精妙如画。亦有金镂五色描成者，士大夫甚珍之。（陈继儒《泥古录》）

（乙）又蜀中用蔡伦法，笺纸有“玉版”，有“贡余”，有“表光”。玉版贡余，杂以旧布破履乱麻为之。唯经屑表光，非乱麻不用。（黄著《笺纸谱》）

3. 墨

（甲）唐末李超与其子廷珪，亡至歙州，以墨名家。其墨有剑脊，圆饼，面多龙纹。至宣和间，黄金可得，李墨不可得也。（王阙之《渑水燕谈》，邵伯温《闻见后录》）

（乙）宋熙宁间，张遇供御墨，用油烟入脑麝金箔，谓之龙香剂。（陈子兼《窗间记闻》）

4. 砚——成州有粟玉砚，而绛人善制澄泥砚，又有以古瓦琢为砚者也。（《泥古录》，苏易简《文房四谱》）

（2）舟车

1. 记里鼓车——仁宗时，内侍卢道隆上记里鼓车之制。独辕双轮，箱上为两重，各刻木为人，执木槌。凡车行一里，下一层木人击鼓。车行十里，上一层木人击锣。（《宋史·舆服志》）

2. 龙肩舆——一名椶檐子，一名龙檐子，舁以二竿，故名檐子，南渡后所制也。（同上）

3. 郭家车——成都诸名族妇女出入，皆乘犊车。惟城北郭氏车最为鲜华，为一城之冠，谓之郭家车。（陆游《老学庵笔记》）

4. 太平车——民间锱车重大椎朴，以牛挽之，日不能行三十里，少蒙雨雪，则跬步不进，故俗谓之太平车。（邵伯温《闻见后录》）

5. 刀鱼船——何承矩建议选锐兵于乾宁军，挽刀鱼船，自界河直趋平州境，以牵西面之势。（《宋史·何承矩传》）是以此为战舰也。

（3）军器

1. 神宗熙宁七年，是岁始造箭，曰狼牙，曰鸭嘴，曰出尖四楞，曰一插刃凿子。凡四种，推行之。（《宋史·兵志》）

2. 又熙宁中，李定献偏架，弩似弓而施干镫，距地而张之，射三百步，能洞重礼，谓之神臂弓。（沈括《梦溪笔谈》）

3. 宋理宗淳祐二年，沿边州郡，因降武制回回炮，有触类巧思，别置炮，远出其上。（《续通考·兵考》）

【注解】

注一 毕昇发明之活字版，其法用胶泥刻字，薄如钱唇，每字为一印，火烧令坚。先设一铁版，其上以松脂腊和纸灰之类冒之，欲印则以一铁范置铁板上，乃密布字印满铁范为一板，持就火炀之，药稍镕，则以一平板按其面，则字平于砥。若止印三二本，未为简易，若印数十百千本，则极为神速。常作二铁板，一板印刷，一板已自布字，此印者才毕，则第二板已具，更互用之，瞬息可就。每一字皆有数印，如之也等字，每字有二十余印，以备一板内有重复者也。不用则以纸帖之，每韵为一贴，木格贮之。有奇字，素无备者，旋刻之，以草火烧，瞬息可成。不以木为之者，文理有疏密，沾水则高下不等，兼与药相粘，不可取。不若燔土，用讫，再火，令药镕以手拂之，其印自落，殊不沾污。（沈括《梦溪笔谈·卷一八》）

注二 营舍之法，则凡屋有三分：自梁以上为上分，地以上为中分，阶为下分。凡梁长几何？则配几何以为榱等。如梁长八尺，配极三尺五寸，则厅法堂也。此谓之上分。楹若干尺，则配堂基若干，以为榱等。若楹一丈一尺，则阶基四尺五寸之类，以至承栱榱桷，皆有定法，谓之中分。阶级有峻平慢三等。宫中则以御辇为法，凡自下而登前，竿垂尽臂，后竿展尽臂为峻道。前后平肘，后平肩为慢道。前竿垂手，后竿平肩为平道，此之为下分。（《梦溪笔谈》）

备 考

（1）按自晋魏以来，老庄与佛学，极为发达。佛教至唐，自玄奘，义净，由印度赍经而归，教义大备，而南中禅宗，唐宋尤称极盛。其直指心性，尤能导人从事于心性之原。道教自汉末魏伯阳合《易》，《老》，《阴符》，作参同契，道教宗之，熔《老》，《易》，《谶纬》，《阴阳》为一炉。至五代，陈抟又传《太极图》。是二者皆为宋代理学所根据，理学家程颢，张载，以至于朱熹，几无不以出入释老，反求六经为号召。惟释老末流，偏于出世。而两宋儒者，合释老为一，变为入世，此理学之特色也。准是以言，吾国学术，在上古则为国学单独发达时代。中古则为国学消歇，印度学术东来时代。至于近古，则为中国印度思想合流时代。沟通而融会之者，实宋之理学也。

（2）按与朱熹同时，有陆九渊一派，与之立异。朱主道问学，陆主尊德性。朱以穷理为始事，以理已明，则可以诚意正心。陆以欲先发人之本心，而后使之博览，以应万物之变。朱以陆为太简，陆以朱为支离。始终相诋而不能相容，世所谓朱陆异同是也。

（3）按宋代史学，最为发皇，学者多精于史学，考证与记载并重，故撰作极富，官修前史而外。国史亦有成书，南宋以后野史，若《三朝北盟会编》，《建炎以来系年要录》，《齐东野语》，《四朝闻见录》诸书，皆能记当代之事。会要一体，尤能贯串一朝掌故。其风播于元明，三史体例转流，旧闻不至散失，即缘公私留心史事，秉笔者得以依据，非近代知古而不知今者，可得仰望也。

(4) 按欧文纡徐委折，拟之韩愈，如孟坚之于子长。子固（曾巩）尝自言其文不知视韩愈何如？介甫（王安石）为文，不屑用前人一字。然南丰独得韩之雄真气，半山得韩之兀戛而用之。老泉亦不学韩，而其文多横空盘硬语，颇得韩之神髓。东坡天资过人，文多超妙奇逸。颍滨力学迈于兄，文章平实，于诸家中为最下，然自此以下，亦鲜与抗衡者，此明朱右所以合韩柳欧曾王三苏，为古文八大家也。八家之文，程度皆高，子瞻（苏轼）最为近人，其传有张来秦观，实后来文章之冠冕云。

(5) 按宋之于词，犹唐之于诗。上自帝王大臣，下至武夫妇女，多精晓音律，能制腔填词。刚如寇准，正如范仲淹，直如欧阳修，其词皆旖旎婉约，晏殊工艳词，小山尤善于言情。同时有张先柳永者，亦工艳体，而声情越发。东坡起，更一扫绮罗香泽而空之，豪情胜概，天机洋溢，直欲上追青莲。坡后词家著称者，有奏七，黄九。而能嗣声东坡耳，惟晁补之。无咎词伉爽磊落，而力量稍逊，山谷则粗鄙矣！少游词与苏不同派，而清远婉约，直堪上继温（庭筠）韦（庄），下开美成。若贺铸者，亦以幽艳见称，然能体兼众美，称霸一时，不能不数周邦彦也。美成词沉郁顿挫，足使苏秦一齐俯首。实北宋词家之结局，南宋词家之先导也。

第四节 宋代之民生状况

A 赋税

a 赋税种类

1. 公田之赋——凡田之在官，赋民耕而牧其租者是也。(《宋史卷一七四·食货志上二》)

2. 民田之赋——百姓各得专之者是也。(同上)

3. 城郭之赋——宅税地税之类是也。(同上)

4. 丁口之赋——岁输丁口钱米是也。(同上)

5. 杂变之赋——牛革蚕盐之类，随其所出，变而输之是也。(同上)

b 岁赋之物

1. 穀——穀之品七：一曰粟，二曰稻，三曰麦，四曰黍，五曰穄，六曰

菽，七曰杂子。(同上)

2. 帛——帛之品十：一曰罗，二曰绫，三曰绢，四曰纱，五曰絁，六曰䌷，七曰杂折，八曰丝线，九曰绵，十曰布葛。(同上)

3. 金铁——金铁之品四：一曰金，二曰银，三曰铁镴，四曰铜铁钱。(同上)

4. 物产——物产之品六：一曰六畜，二曰齿革翎毛，三曰茶盐，四曰竹木麻草刍菜，五曰果药油纸薪炭漆蜡，六曰杂物。(同上)

c 输纳之期

1. 夏税——开封等七十州，旧以五月十五日起纳，七月三十日毕。河北河东诸州，气候差晚，五月十五日起纳，八月五日毕。颍州等及淮南、江南、两浙、福建、广南、荆、湖、川、陕，五月一日起纳，七月十五日毕。(同上)

2. 秋税——自九月一日起纳，十二月十五日毕。(同上)

d 额外苛税

1. 支移——其输有常处，而以有余补不足；则移此输彼，称近输远，谓之支移。(同上)

2. 折变——其入有常物，而一时所输，则变而取之，使其值轻重相当，谓之折变。(同上)

B 职役

a 北宋

1. 役出于民，州县皆有数。宋因前代之制，以衙前主官物，以里正户长乡书手课督赋税，以耆长弓手壮丁逐捕盗，以承符人力手力散从官。至王安石改雇役，一时称便。及司马光执政，复为差役，后与差役（注一）并行。(《宋史·食货志》)

2. 其差役之扰民亦甚烈，韩绛言：京东有父子二丁，将为衙前役者。其父告其子曰：吾当求死，使汝曹免于冻馁，遂自缢而死。又江南有嫁其祖母及其母析居以避役者。又有鬻田灭其户等者也。(《宋史卷一七七·食货志上五》)

b 南宋——绍兴（高宗）以来，讲究“推割”、“推排”之制最详，应人户典卖业税赋与物力，一并推割。至于推排，则因其资产之进退，为之升降，三岁一行，固有资产百倍于前，科役不增于今者，其如贫乏下户，资产既竭，物力犹存，朝夕经营，而应酬之不给者，非推排不可也。(注二)(《通考·职役考》)

C 官卖品

a 盐——宋自削平诸国，天下盐利，皆归县官，官鬻通商，随州郡所宜，然亦变革不常，而尤重私贩之禁。（《宋史·食货志》）

b 茶

（1）榷茶之制，择会要之地，曰江陵府，曰真州，曰海州，曰汉阳军，曰无为军，曰蕲州之蕲口，为榷货务六。而官又置场吏总之，谓之山场，采花之民，皆隶焉，谓之园户。岁课作茶输租，余则官悉市之。其售于官者，皆先受钱而后入茶，谓之本钱。（《宋史卷一八三·食货志下五》）

（2）又民岁输税，愿折茶者，谓之折税。凡民茶折税外，匿不送官，及私贩鬻者没入之，计其值，论罪。园户辄败毁茶树者，计所出茶，论如法，主吏私以官茶贸易，及一贯五百者，死。（同上）

c 酒

（1）榷酤之法，诸州城内，皆置务酿酒。县镇乡闾，或许民酿，而定“岁课”，其后变更无常。（《宋史卷一八五·食货志下七》）

（2）宋南渡后，屈于养兵，随时增课，名目杂出，民甚病之。（同上）

d 矾——唐于晋州置平阳院，以收其利。五代以来，复创“务”，置官吏，宋因之。乃设官典领，有“镬户”鬻造入官市。其私售矾，禁如私售茶法。（同上）

e 香——宋之经费，茶盐矾之外，惟香之为利博，故以官市焉。并禁私相贸易。（同上）

D 杂税

a 征商

（1）内地

1. 机关——商税，凡州县皆置“务”，关镇亦或有之，大则专置官监临，小则“令”、“佐”兼领，诸州令“都监”，“监押”同掌。（《宋史卷一八六·食货志下八》）

2. 种类

（甲）过税——行者赍货，谓之过税，每千钱算二十。（同上）

（乙）住税——居者市鬻，谓之住税，每千钱算三十。（同上）

（丙）抽税——有官须者，十取其一，谓之抽税。（同上）

3. 物品——所税之物品，则有耕牛，鱼鸡，果蔬，竹木，柴炭，力胜钱（载果商船所出），典卖牛畜舟车，农器，衣履，穀粟，油面等等，殊近于苛

敛。(《宋史·食货志》)

(2) 海外

1. 通商机关——太祖时，置“市舶司”于广州，后又于杭，明州，置司。哲宗时，置密州板桥市舶司。而南宋偏安一隅，财政困难，以海市之税，为国家重要财源。(《宋史卷一八六·食货志下八》)

2. 通商国家——凡大食，古罗，阇婆，占城，勃尼，麻逸，三佛齐诸蕃，并通货易。(同上)

3. 通商货物——通商之物品，则有金，银，缗钱，铅，锡，杂色帛，瓷器，市香药，犀象，珊瑚，琥珀，珠琲，镔铁，鼊皮，瑇瑁，玛瑙，车渠，水精，蕃布，乌樠，苏木等物。(同上)

b 阬冶

(1) 阬冶——凡金，银，铜，铁，铅，锡，监冶场务二百有一。然大率山泽之利有限，或暴发最竭，或采取岁久；所得不偿其费，而岁课不足，有司必责主者取盈。仁宗英宗每降赦书，辄委所在视冶之不发者，或废之，或蠲主者所负岁课，率以为常。而有司有请，亦辄从之。故冶之兴废无常，而岁课增损随之。(《宋史卷一八五·食货志下七》)

(2) 宋初旧有阬冶，官置场监，或民承买，以分数中卖于官。初隶诸路转运司，崇宁（徽宗）以后，广搜利穴，榷赋益备。凡属之提举司者，谓之新阬冶。政和间，数罢数复。钦宗即位，诏悉罢之。南渡后，阬冶废兴不常，岁入多寡不同。(同上)

c 牙契

(1) 税契始于东晋，历代相承，史文简略，不能尽考。宋太祖开宝二年，始收民印契钱；令民典卖田宅，输钱印契，契税限两月。(《通考·征榷考》)

(2) 徽宗崇宁三年，勅诸县典卖牛畜契书，并税租钞旁等印卖，田宅契书，并从官司印卖。(同上)

(3) 孝宗乾道七年，许牙人并出产户陈首，将物业半给赏，半没官。每正税钱一百文，带纳头子钱二十一文二分。(同上)

d 和买

(1) 宋承前代之制，调绢䌷布丝绵，以供军需。又就所产，折科和市。真宗咸平中，马元方为三司判官，建言方春乏绝时，预给库钱贷民，至夏秋冬输绢于官，大中祥符中，河南转运使李士衡又言请：预帛钱，俾及时输送，则民获利，而官亦足用。诏优予其值，自是诸路亦如之。或蚕事不登，许以

大小麦折纳，乃免仓耗及头子钱。（《宋史卷一七五·食货志上三》）

（2）初预买䌷绢，务优值以利民，然犹未免烦民。后或令民折输钱，或物重而价轻，民力浸困。其终也，官不给值，而赋取益甚矣！建炎三年，高宗初至杭州，两浙转运使王琮言：本路上供和买夏税䌷绢，每疋折输钱二千以助用，诏许之，东南折帛钱自此始。（同上）

e 和籴

（1）宋岁漕以广军储，实京邑，河北，河东，陕西三路，及内郡。又自籴买以息边民飞挽之劳，其名不一。神宗熙宁八年，河东察访使李承之言：太原路，二税外有“和籴”，粮草官虽量予钱布，而所得细微，民无所济，遇凶岁不蠲，最为法弊。元丰时，有司以岁和籴见数十分之，裁其二用八，分为额，随户高下裁定，毋更给钞。后遂易和籴之名，为“助军粮草”。（同上）

（2）宋之南渡，三边馈饷，籴事所不容已。绍兴间，于江浙湖南，博籴多者，给官告，少者给度牒或钞引，类多不售。而吏缘为奸，人情大扰。（同上）

E 币制

a 银——仁宗景祐二年，诏福建二广，岁输缗钱，易以银，此银为岁赋征银之始。绍熙中，臣僚言，今之为绢者，一倍折而为钱，再倍折而为银。银愈贵，钱愈难得，此又南宋时折绢收银之始。（《陔余丛考》卷三〇）

b 钱——太祖铸宋通元宝。太宗又铸太平通宝，淳化元宝。后改元更铸，皆曰元宝，而记以年号。然钱有铜铁二等，而折二，折三，当五折十，则随时立制。行之久者，唯小平钱，夹锡钱最后出，宋之钱法，至是而坏。（《宋史卷一八〇·食货志下二》）

c 钞——宋之钞，有交子（后称钱引），见钱关子，淮西湖广关子，淮东公据，会子，川引，淮交，湖会。而滥发纸币，为害非浅。（《宋史卷一八一·食货志下三》）

F 江浙官田

a 高宗建炎元年，籍蔡京、王黼等庄，以为官田。宁宗开禧三年，韩侂胄既诛，凡侂胄与其他权幸没入之田，及围田湖田之在官者皆隶焉。（《宋史卷一七三·食货志上一》）

b 理宗景定四年，议以两浙江东西，官民户踰限之田，抽三分之一，买充公田，丞相贾似道亦主之。而浙西田亩有值千缗者，似道均以四十缗买之。数稍多，予银绢，又多予度牒，告身。吏又恣为操切，浙中大扰。（《宋史卷一七三·食货志上一》，《卷四七四·贾似道传》）

G 物产

a 农产

（1）茶

1. 片茶——片茶有龙凤，石乳，白乳之类十二等。以充岁贡及邦国之用。其出虔，袁，饶，池，光，歙，潭，岳，辰，沣州，江陵府，兴国临江军；有仙芝，玉津，先春，绿芽之类二十六等。两浙及宣，江，鼎州，又以上中下，或第一至第五为号。（《宋史卷一八三·食货志下五》）

2. 散茶——散茶出淮南，归州，江南，荆湖，有龙溪，雨前，雨后之类十一等。江浙又以上中下，或第一至第五为号者。（同上）

（2）棉——其时棉惟交广有之。其种法，俱宋入中土。（《陔余丛考》卷三〇）

b 产矿

（1）矾——自矾出慈坊州，无为军，及汾州之灵石县。绿矾出慈显州中及池州之铜陵县。（《宋史卷一八五·食货志下七》）

（2）金——金产商、饶、歙、抚四州，南安军。（同上）

（3）银——银产凤、建、桂阳三州，饶、信、虔、越、衢、处、道、福、汀、漳、南剑、韶、广、英、连、思、春十七州，建昌、邵武、南安三军。（同上）

（4）铜——铜产饶、处、建、英、信、汀、漳、南剑八州，南安、邵武二军。（同上）

（5）铁——铁产徐、兖、相三州，河南、凤翔、同、虢、仪、蕲、黄、袁、英九州，兴国军，晋、磁、凤、沣、道、渠、合、梅、陕、耀、坊、虔、汀、吉十四州，信、鄂、连、建、南剑五州，邵五军。（同上）

（6）铅——铅产越、建、连、英、春、韶、衢、汀、漳、南剑十州，南安、邵武二军。（同上）

（7）锡——锡产河南、南康、虔、道、贺、潮、循七州，南安军。（同上）

（8）水银——水银产秦、阶、商、凤四州。（同上）

（9）朱砂——朱砂产商、宜二州。（同上）

【注解】

注一 按义役之利有三：（一）役户既无破产之苦。（二）官吏又不能借升降物力，以肆扰害。（三）一处役费，均摊之于众，既由人民自办，可得公平也。

注二 当时推排之弊，或以小民粗有米粟，仅存屋宇，凡耕耨刀斧之器，鸡豚犬齿之畜，纤微细琐，皆得而籍之。吏视其赂之多寡，以为物力之低昂。又有计田家口食之余，尽载，不得以猪羊杂色估纽。其贫民求趁衣食，不为浮财。后耕牛租牛，亦与蠲免。若夫江之东西，以田地亩头计税，亦有不待推排者。(《通考·职役考》)

第五节　宋代之风俗

A 饮食——旧京工役，固多奇妙。即烹煮盘案，亦复擅名。如玉楼梅花包子，曹婆婆肉饼，薛家羊饭，梅家鹅鸭，曹家从食，徐家瓠羹，郑家油饼，王家乳酪，段家爊物，石逢巴子南食类，皆声称于时。若南迁湖上鱼羹，宋五嫂羊肉，王家血肚羹，宋小巴之类，皆当行不数者。(《枫窗小牍》)

B 服饰

a 男

(1) 官员——凡朝服谓之具服，公服从省，今谓之常服。宋因唐制，三品以上服紫，五品以上服朱，七品以上服绿，九品以上服青。其制曲领大袖下施横栏，束以革带，幞头，乌皮靴，自王公至一命之士通服之。(《宋史卷一五三·舆服志五》)

(2) 士庶——凡流外官及贡举人，通许服皂。庶人商贾伎术，不系官伶人，只许服皂白衣，铁角带，不得服紫。(同上)

b 女

(1) 赶上裙——系前后掩裙而长窣地，名赶上裙。(《宋史·五行志》)

(2) 不走落——梳高髻于顶，曰不走落。(同上)

(3) 快上马——束足纤值，名马上快。(同上)

(4) 泪装——粉点眼角，名泪装。(同上)

(5) 错到底——妇人鞋底尖，以三色合成，名错到底。(《老学庵笔记》)

c 童子

(1) 偏顶——剃削童发，必留大钱许于顶左，名偏顶。(《宋史·五行志》)

(2) 鹁角——剃削童发，或留之顶前，束以彩缯，宛若博焦之状，曰鹁角。(同上)

C 嫁娶

a 早年订婚——其时世俗好于襁褓童稚之时，轻许为婚，亦有指腹为婚

者。及长或不肖无赖，或有恶疾，或家贫冻馁，或丧服相仍，或从官远方，遂至弃信负约，速狱致讼者多矣！（司马温公《家范》）

b 榜下择婿——宋时于榜下择婿，号脔婿。或有意不愿就，而为贵势豪族拥逼不辞者，亦往往有之。（范正敏《遯斋闲览》）

c 煖女——凡世之嫁女，三日送食，俗谓之煖女。（赵德麟《侯鲭录》）

d 上高座——当婚之夕，以两椅相背，置一马鞍，反令婿坐其上，饮以三爵。女家三请而后下，谓上高座。不及设者，则为缺礼。虽一时衣冠士族，莫不皆然。（《袁氏世范》）

e 金玉食——江南婚娶，新妇初至，合卺后，即用牛蹄筋作羹，以豕肉切骰子大，和作饭，遂新妇食之，谓之金玉食。筋谓金，肉谓玉也。（《嘉莲燕语》）

f 鬼婚——北俗，男女未婚而死，两家命媒而求之，谓之鬼媒人。通家状，各以父母命卜之。得吉，则制冥衣，媒者就男墓设酒果，以合婚。二座相并，各立一小幡，奠毕，二幡微动，若相就。其有不动者，则以为不喜也。（康誉之《昨梦录》）

D 丧葬

a 居丧不衰——士大夫居丧，食肉饮酒，无异平日，又相从宴集，靦然无愧，人亦恬不为怪。乃至鄙野之人，或初丧未敛，亲宾则赍酒馔往劳之，主人亦自备酒馔，相与饮啜，醉饱连日。及葬亦如之。甚者初丧作乐以娱尸，及丧殡则以乐导輀车，而号哭随之。亦有乘丧及嫁娶者也。（《司马不饮酒食肉论》）

b 葬仪奢侈——士庶人丧，禁丧葬之家，不得用道释威仪，及装束异色人物前引。又百姓丧葬祭奠，不得以金银锦绣为饰，及陈设音乐葬物，稍涉僭越，于此可见奢葬之风甚盛也。（《宋史卷一二五・礼志二八》）

c 盛行火葬——吴越之俗，葬送费广，必积累而后办。至于贫下之家，送终之具，唯务从简，是以相率以火化为便，相习成风，而日益炽。（同上）

E 宴游

a 三元观灯——三元观灯，自唐以后，当于正月望夜，开坊，市门燃灯，宋因之，上元前后各一日。城中张灯，大内正门结彩为山楼影灯，起露台教坊陈百戏。（《宋史・礼志》）

b 竞渡——太宗幸金明池，命为竞渡之戏。掷银瓶于波间，令人入烟波取之。因御舟奏教坊乐，岸上都人纵观者万计。（同上）

c 立春日——立春日，士大夫家剪彩为幡，谓之春幡，或悬于家人之头，或缀于花枝之下，或剪为春蝶，春钱，春胜以为戏。（孟元老《东京梦华录》）

d 中秋夕——中秋夕，贵家结饰臺榭，民家争占酒楼玩月，笙歌远闻市里，嬉戏，连坐至晓。（同上）

e 牌

（1）牙牌——牙牌三十二扇，共计二百二十七点，以按星辰布列之位。（《诸事音考》）

（2）譬天牌——譬天牌二扇，二十四点，象天之二十四气。（同上）

（3）地牌——地牌二扇，四点，象地之东西南北。（同上）

（4）人牌——人牌二扇，十六点，象人之仁义智，发而为恻隐差恶辞让是非。（同上）

（5）和牌——和牌二扇，八点，象太和元气，流行于八节之间。（同上）

备　考

（1）士庶人婚礼，子将行，父坐厅事，南向，命之曰："厘尔内治，往求尔匹。"子再拜曰："敢不奉命。"又再拜降出。（《宋史・礼志》）

（2）徽宗宣和二年，有臣上疏，设牙牌等物。表上，贮于御库，疑繁未行。至高宗时，始诏如式颁行天下。（《诸事音考》）

第五章　元

（西历纪元后一二七七至一三六七年）

第一节　元代之事略

一、蒙古之勃兴

A 蒙古之起源——蒙古即唐之蒙兀，曰盲骨，曰朦骨，曰朦辅，皆音译。辽金时隶于鞑靼部。而鞑靼与女真同种，皆靺鞨之后，有熟鞑靼及生鞑靼。生鞑靼又有二：曰黑，曰白。所谓白鞑靼者，颜貌稍细。所谓黑鞑靼者，甚贫且拙，且无能为，但知乘马随众而已。成吉思皇帝及其将相大臣，皆黑鞑靼也。（《古今纪要》，《蒙鞑备录》）

B 成吉思汗之崛起——蒙古初兴，大漠南北，诸部错列。及成吉思汗崛起，扫平诸部。乃大会诸王群臣，建九斿白旗，即皇帝位于鄂诺河之源（黑龙江之北源）。诸王群臣，共上尊号，曰青吉斯汗，时西历一二〇六年事也。（《元史类编・太祖纪》，《元史・太祖纪》）

C 西夏之征服——太祖二十二年（西历一二二七年），率师攻夏，尽克夏城邑。其主睍力出降。夏至是乃亡。（《西夏纪事本末》卷三六）

D 金之灭亡——太宗与宋共伐金，金主承麟自缢而死，金亡。（《金史・哀宗纪》）

二、元之建国

A 南宋之灭亡——世祖至元十二年，灭南宋，遂统一国内。（《南宋书・端宗纪》）

B 元初之外征

a 西域

（1）西辽——初乃蛮王屈出律为元所败，出奔西辽。辽主直鲁古妻之以女，既乃据其位，辽祚绝。太祖九年（西历一二一四年），命大将哲伯，会降将曷思麦里攻乃蛮，克之，斩其主屈出律，其余诸城，望风而降。（《元史·太祖纪》，《辽史·天祚帝纪》，《元史卷一二〇·曷思麦里传》）

（2）花剌子模

1. 花剌子模即《唐书》之货利习弥。据有恒河流域，以至底格里斯一带之广土。当成吉思汗犹牵于伐金之役，遣使花剌子模以修好，使者被杀。成吉思汗大怒，起兵而征，扫荡中亚。蹂躏欧洲，惊天动地之事业，于是而开幕焉。（韦尔氏《世界史纲》第三三章第二节）

2. 太祖十四年，起兵征之，所向披靡，其主札兰丁遁去。遂命哲别为前锋追之，再遣速不台为继，又遣脱忽察儿殿其后，战不利。乃亲率精兵击之，札兰丁泳水而遁，追之不获。十八年（西历一二二三年），皇子术赤等，以兵来会，遂定西域。（《元史·太祖纪》，《皇元圣武亲征录》，《元史类编·太祖纪》）

（3）钦察

1. 其先本武平北，折连川，按答罕山部部族。自曲出徙居西北玉里伯里山，因以为氏，号其国曰钦察。曲出生唆末纳，唆末纳生亦纳思，世为钦察国主。（《元史卷一二八·土土哈传》）

2. 太祖十八年，命速不台讨钦察，绕宽定吉思海（里海），辗转至太和岭（高加索山），凿山开道，出其不意。至则遇其酋长玉里吉及塔塔儿，方聚于不租河，纵兵奋击，其众溃走，矢及玉里吉之子，逃于林间，其奴来告而执之，余众悉降，遂收其境。（《元史卷一二一·速不台传》）

（4）俄罗斯

1. 唐季，此种人居于俄圣彼得堡之南，莫斯科之北。有柳利哥者，夙号雄武，侵陵他族，收抚此种人，立为部落。柳利哥故居地，有遏而罗斯之名，遂以是名部。后渐拓而南，迁于计掖甫，近邻黑海，行封建之制。（《元史·译文证补》）

2. 钦察既定，遂进征俄罗斯。宪宗尝与诸王巴图，征俄罗斯部，至额里齐城，躬自作战破之。（《元史·宪宗纪》）

b 高丽

（1）宪宗末，其主王瞮遣其世子倎入朝。世祖中统元年，瞮卒，命倎归

国为高丽国王，以兵卫送之。(《元史卷二〇八·高丽传》)

(2) 世祖至元六年，遣世子愖入朝，奏本国臣下，擅废祯（倎所更之名），立其弟安庆公淐。帝以祯淐废置，乃林衍所为，乃诏祯淐衍，同诣阙下，面陈实情，审听是非。而祯受诏复位：奉表入贡。嗣后一切内政，为元人所把持，直至元亡，始脱羁绊。(同上)

c 日本

(1) 世祖屡欲通日本而不得，于是有用兵征讨之举。至元十一年（西历一二七四年），命凤州经略使实都，高丽军民总管洪茶丘，以舟九百艘，载士卒一万五千，征日本。冬十月，入其国，败之。而官军不整，又矢尽，惟掳掠而归。(《元史卷二〇八·日本传》)

(2) 至元十八年，又命实都、洪茶丘等，率兵十万，征日本，丧全师而还。(同上)

d 大理——宪宗即位之明年（西历一二五二年），世祖受命征大理，破其城，留大将乌兰达戍守，以刘时中为宣抚使，与段氏同安辑大理，遂班师。(《元史·世祖纪》)

e 吐蕃——当世祖攻大理时，并分兵取附都鄯阐，乌举等部。进入吐蕃，其长唆火脱惧，出降。(《元史类编·世祖纪》)

f 安南

(1) 安南古交趾也。宪宗七年（西历一二五七年），使乌兰哈达（即兀良哈台）伐交趾，败之，入其国。安南王陈日煚窜海岛，遂班师。(《元史·宪宗纪》)

(2) 世祖中统二年，封光昺为安南国王。至元十四年，光昺卒，国人立其世子煊。十八年，遣使往诏煊，以疾为辞，令其叔遗受入觐，乃立遗受代为安南国王。(《元史卷二〇九·安南传》)

g 占城

(1) 占城近琼州，顺风舟行一日，可抵其国。世祖至元十五年，左丞索多以宋平，遣人至占城，还言其王失里咱牙信合八剌哈迭瓦，有内附意。十七年，占城贡方物，奉表降。(《元史卷二一〇·占城传》)

(2) 至元十九年，朝廷以占城国王孛由补剌者吾，曩岁遣使来朝，称臣内属；遂命左丞索多等，即其地立省，以抚安之。既而其子补的专国，负固不服。乃遣兵征之，大败其军，占城遂降。(同上)

h 缅甸——世祖至元二十四年，缅王为其庶子不速速古里所执，又害其嫡

子三人，与大官木浪周等为逆，既而云南王与诸王进征，至蒲甘，丧师七千余，缅始平，乃定岁贡方物。(《元史卷二一〇·缅传》)

i 暹罗——暹国在占城极南，其国土瘠，不宜耕种。有罗斛国者，土地平衍，多稼，暹人岁仰给之。至元二十六年，罗斛遣入贡。成宗元贞初，暹人亦遣使入贡。顺帝至正间，暹始降于罗斛，因合为暹罗国。(《元史类编·占城传·附》)

j 瑠求——瑠求在南海之东，世祖至元二十八年，命杨祥充宣抚使，往使瑠求，至彭湖而还。(《元史卷二一〇·瑠求传》)

k 南洋群岛——至元二十三年，海外诸番国，以杨庭璧奉诏召谕，来降者凡十，曰马八儿，曰须门那，曰僧急里，曰南无力，曰马兰丹，曰那旺，曰丁呵儿，曰来来，曰急兰亦解，曰莫门都剌。皆遣使贡方物。(《元史卷二一〇·马八儿传》)

C 元之疆域——自封建变为郡县，有天下者，汉隋唐宋为最盛。然幅员之广，咸不逮元，汉梗于北狄，隋不能服东夷，唐患在西戎，宋患常在西北，若元则起朔漠，并西夏，灭女真，臣高丽，定南诏，遂下江南，而天下为一。故其地北踰阴山，西极流沙，东尽辽左，南越海表。盖汉东西九千三百二里，南北一万三千三百六十八里。唐东西九千五百一十一里，南北一万六千九百一十八里。元东南所至，不下汉唐，而西北则过之，有难以里数限者也。(《元史卷五八·地理志序》)

备　考

蒙古实行封建制度，所得西域之地，以封有功，遂成立四汗国，皆太祖之子孙也。兹列表于下：

国名	领地	都会		备考
		原称	今释	
钦察汗国	东至吉利吉思荒原，西至匈牙利，举欧洲东北之地尽有之。	萨米	俄属窝瓦河下流之地。	后其国分裂为金党，白党，青党，克里米诸汗。西历一四八〇年，即明宪宗成化十六年，为俄莫斯科大公伊凡三世所灭。

续表

国名	领地	都会		备考
		原称	今释	
窝阔台汗国	阿尔太山一带，及新疆北部之地。	也米里	新疆塔城县境	国为元所灭，以其地并于察合台汗国。
察合台汗国	阿母河以东，至天山附近一带之地。	阿穆尔	新疆伊犁西境。	元亡之年，即明洪武二年，西历一三六九年，帖木儿建立帝国，其国统遂绝。
伊儿汗国	俄属中亚南部，伊兰高原西，及小亚细亚一带之地，皆有之。	玛拉固阿	波斯西北乌罗米亚湖畔。	亦为帖木儿所灭。

成吉思汗（太祖）

（1）术赤……拔都……（钦察汗国）

（2）察合台（太宗）……（察合台汗国）

（3）窝阔台……贵由（定宗）……（窝阔台汗国）

（4）拖雷

——蒙哥（宪宗）

——忽必烈（世祖）……元

——旭烈兀……（伊儿汗国）

三、元之衰亡

A 帝位之纷争

a 蒙古之分裂

（1）宪宗之立

1. 帝位之争执——定宗崩，三岁无君（皇后斡兀立海迷失氏抱皇太孙失烈门临朝称制）。诸王拔都，莫哥，阿里不哥，及大将兀良哈台等咸会议所立。拔都首先推戴蒙哥。时定宗后所遣使者八剌在坐，争立皇孙失烈门，无效。后复大会于奎腾遨拉之地，共推蒙哥即皇帝位，是为宪宗。（西历一二五一年）（注一）（《元史类编·宪宗纪》，《元史·宪宗纪》）

2. 宗室之分封——宪宗即位之明年，以诸王欲立失烈门者多后言：乃分迁合丹（太宗第六子）于别失八里地，蔑里（太宗第七子）于叶儿的石河，海都（太宗孙）于海押立地，脱脱（太宗孙）于叶密立地，蒙哥都（太宗孙）及太宗子三乞里吉忽帖尼于扩端所居之西。定宗后及失烈门母，以厌镶事觉，并赐死。禁锢失烈门于没脱亦之地。(《元史类编·宪宗纪》)

（2）世祖之即位——宪宗崩，世祖不经大会推举，自立于开平。其弟阿里不哥亦称帝于和林，称兵反对。中统二年，世祖亲征之，降其部卒，阿里不哥北遁。至元元年，与诸王来归，并释不问。(《元史类编卷三〇·阿里不哥传》)

（3）海都之乱——海都以太宗孙，世居北方，久蓄叛志。未几果反。自后屡寇边，世祖曾一度讨之。成宗时，又大举入寇，破之，旋死。武宗时，其子察八儿入朝，诏赦其罪，遂平。(《元史类编卷三〇·海都传》)

b 权臣之拥立

（1）成宗——宪宗之立，已启大臣拥立之端，世祖有鉴于此，故预立珍戬为皇太子，其后珍戬早薨未及即位。世祖崩后，成宗（珍戬子）方抚军北边。以长幼而论，则母兄晋王噶玛拉当立。而伊实特穆尔以成宗在军时，世祖曾以皇太子旧玺付之，告晋王曰：昔储闱之玺，既有所归。王为宗盟长，奚俟而不言？晋王乃曰：皇帝践祚，愿北面事之。于是成宗遂即位，是成宗之立，由伊实特穆尔之力也。（《二十二史札记卷二九·元诸帝多由大臣拥立》）

（2）武宗仁宗——成宗崩，太子德寿先卒，丞相阿固岱等，欲奉皇后称制，以诸王阿南达辅之。丞相哈剌哈斯，则以武宗仁宗皆珍戬之孙，理宜继统。而武宗方抚军北边，仁宗亦在怀州。乃先迎仁宗入京，诛阿固岱等，而趣武宗入即位。是武宗仁宗之继御极，皆哈剌哈斯之力也。(同上)

（3）泰定帝——仁宗既为帝，立子英宗为皇太子，故英宗继立之际，朝臣亦无异言。迨英宗为特克实所弑，特克实即遣使迎泰定帝入即位。是泰定帝之立，由特克实之力也。(同上)

（4）文宗——泰定帝崩于上都，丞相都尔苏立其皇太子喇实晋巴为皇帝，固亦父子相传之正理。而枢密使雅克特穆尔私念武宗旧恩，欲立其子明宗文宗。时明宗远在沙漠，文宗亦在江陵。乃迎文宗入即位。其时上都诸王方举兵入讨，雅克特穆尔力战胜之，而文宗之立遂定。及明宗归，雅克特穆尔又害之于途，文宗旋复为帝。是文宗之立，由雅克特穆尔之力也。(同上)

B 苛政之肆虐

a 崇信番僧

（1）崇信之由来——元起朔方，固已崇尚释教。及得西域，世祖以其地广而险远，民犷而好斗。思有以因其俗而柔其人，乃郡县吐蕃之地，设官分职，而领之于帝师，乃立宣政院，其为使位居第二位者，必以僧为之。出，帝师所避举，而总其政于内外者，帅臣以下，亦必僧俗并用，而军民通摄，于是帝师之命，与诏勅并行于西土。(《元史卷二〇二·释老传》)

（2）待遇之过优

1. 世祖之崇信番僧，原为利用之，以怀柔西土。但因待遇过优，转遗政治上无穷之害。盖百年之间，朝廷所以敬礼而尊信之者，无所不用其至。虽帝后妃主，皆因受戒而为之膜拜。正衙朝会，百官班列，而帝师亦或专席于坐隅。且每帝即位之始，降诏褒护，必敕章佩监络珠，为字以赐，盖其重之如此。其未至而迎之，则中书大臣，驰驿累百骑以往，所过供亿送迎。即其昆弟子侄之往来，有司亦供亿无乏。(同上)

2. 泰定间，以帝师弟衮噶伊实戬将至，诏中书持羊酒郊劳，而其兄索诺木藏布，尚公主，封白兰王，赐金印给圆符。其弟子之号司空，司徒，国公，佩金玉章者，前后相望。其徒怙势恣睢，日新月盛，气焰薰灼，延于四方，为害不可胜言。(同上)

（3）肆毒之情况

1. 攘夺财物

（甲）其肆毒之情况，实为中国历史上从来所未有。有嘉木杨喇勒智者，世祖用为江南释教总统。发掘故宋赵氏诸陵之在钱塘绍兴者，及其大臣塚墓，凡一百一所，戕杀平民四人，受人献美女宝物无算。(同上)

（乙）又攘夺盗取财物，计金一千七百两，银六千八百两，玉带九，玉器大小百一十有一，杂宝贝百五十有二，大珠五十两，钞一十一万六千二百锭，田二万三千亩，私庇平民不输公赋者，二万三千户。(同上)

2. 殴辱官员

（甲）武宗至大元年，上都开元僧强夺民薪，民诉诸留守李璧；璧方讯其由，僧遽率党徒持白梃入公府，隔案引璧发捽诸地，曳归幽之空室，久乃得脱，奔诉诸朝，僧遇赦免。(同上)

（乙）至大二年，有僧龚柯等，与诸王哈喇巴尔妃争道，拉妃堕车殴之，且有犯上语，事闻，诏释不问。而宣政院方取旨，凡殴西僧者，截其手，詈

之者断其舌。时仁宗居东宫，闻之，亟奏寝其令。（同上）

b 重用聚敛之臣

（1）奥都剌合蛮——太宗引奥都剌合蛮（西城商人），扑买课税。太宗崩，皇后乃马真氏称制，崇信奸回，庶政多紊。奥都剌合蛮以货得政柄，廷中悉畏附之。而后又以御宝空纸付奥都剌合蛮，使自书填行之。更有旨，凡奥都剌合蛮所建白，令史不为书断其手。（《元史卷一四六・耶律楚材传》）

（2）阿哈玛特——阿哈玛特多智巧言，以功立成效自负，众咸称其能。世祖急于国富，试以行事，颇有成绩，遂授以政柄，言无不从。在位日久，益肆贪横，更援引奸党，骤升同位，阴谋交通，专事蒙蔽，逋贼不蠲，众庶流移。京兆等路，岁办课至五万四千锭，犹以为未实。民有附廓美田，辄取为己有，内通货贿，外示威刑，廷中相视，无敢论列。后为益都千户王著以大铜锤击毙之。（《元史卷二〇五・阿哈玛特传》）

（3）卢世荣——阿哈玛特专政时，世荣以贿进。阿哈玛特死，廷臣讳言财利事，皆无以副世祖裕国足民之意。有僧格者，荐世荣才术，谓能救钞法，增课额。世祖乃召用之。其居中书数月，恃委任之专，肆无忌惮，视丞相犹虚位也。监察御史陈天祥上章劾之，遂诛世荣。（注二）（《元史卷二〇五・卢世荣传》）

（4）僧格丹巴——僧格丹巴，为人狡黠豪横，好言财利，世祖喜之，乃以为平章政事。其以理算为事，毫分缕析，入仓库者，无不破产，及当更代，人皆弃家避之。后以十二人理算江淮，江西，福建，四川，甘肃，安西六者。当是之时，天下骚然，江淮尤甚。世祖乃诛之。（《元史卷二〇五・僧格丹巴传》）

C 修治黄河

a 修治之原因——顺帝至正四年夏五月，大雨二十余日，黄河暴溢，水平地深二丈许，北决白茅堤。六月，又北决金堤，并河郡邑，济宁，单州，虞城，砀山，金乡，鱼臺，丰，沛，定陶，楚丘，武城，以至曹州，东明，巨野，郓城，嘉祥，汶上，任城等处，皆罹水患，民老弱昏垫，壮者流离四方。朝廷患之，于是乃有修治黄河之意。（《元史卷六六・河渠志二》）

b 疏通黄河道——至正十一年四月，命贾鲁为总治河防使，发汴梁、大名十有三路民十五万人，庐州等戍十有八翼军二万人，供役。而于是月鸠工，七月疏凿成，八月决水故河，九月舟楫通行，十一月水土工毕，诸埽诸堤成。河乃复故道，南汇于淮，又东入海。（同上）

c 治河之影响——先是河南北童谣云：“石人一只眼，挑动黄河天下反。”及鲁治河，果于黄陵冈得石人一眼，而汝颍之妖寇，乘而起。议者往往以为天下之乱，皆由治河之役，劳民动众之所致也。（同上）然鲁疏濬黄河，用土，用石，用铁，用木，用草，用絙之法，后世治河者多遵用之。

D 汉族之反抗

a 反抗原因

（1）掠民为奴

1. 荆湖行省阿里海牙，以降民三千八百户，没入为家奴，自置吏治之，岁责其租赋。后张雄飞入朝奏其事，遂诏还籍为民。（《元史卷一六三・张雄飞传》）

2. 都元帅塔海，抑巫山县民数百为奴民，屡诉不决，王利用承檄覆问，尽复为民。（《元史卷一七〇・王利用传》）

3. 江南新附，诸将市功，且利俘获，往往滥及无辜，或强籍新民，以为奴隶。及雷膺出令，得还为民者以数千计。（《元史卷一七〇・雷膺传》）

4. 世祖至元十八年，以江南民户，分赐诸王，贵戚，功臣。时先后受赐者诸王十六人，后妃公主九人，勋臣三十六人，凡先朝勋戚亦加赐，诸王自一二万户以上，有多至十万户者。勋臣自四万户以下，至数千，数百，数十户不等。（《续通考・户口考》）

（2）四等阶级

1. 蒙古人——第一等为蒙古人，凡七十二种。（注三）（明王光鲁《元史备忘录》）

2. 色目人——第二等为色目人，诸部族人，凡三十一种。（注四）（同上）

3. 汉人——第三等为汉人，灭金所得者。（注五）（同上）

4. 南人——第四等为南人，灭宋所得者。（同上）

（3）防制汉人

1. 四等人，权利义务，极不平等，而防制汉人、南人为尤甚。禁民家有兵器，而私造者处死刑。民间所有不输官者，与私造同。（注六）（《元史・世祖纪》）

2. 诸汉人、南人投充宿卫士，总宿卫官辄收纳之，并坐罪。（《元史・刑法志・卫禁》）

b 群雄并起

（1）韩山童之起兵

1. 韩山童，真定栾城人，其先以白莲会烧香惑众，徙永平。顺帝至元初，山童倡言天下将乱，弥勒佛下生，明王出，愚民翕然信之。有颍州妖人刘福通，因诡言山童实宋徽宗八世孙，走海外得还，当为中国主。遂与其党杜遣道，盛文郁，罗文素，韩咬儿，聚众于白鹿庄，谋为乱。(《元史类编卷四一·韩林儿传》)

2. 至正十一年，福通遂起兵，以红巾为号。官兵捕之急。山童被擒，其妻杨氏，及子林儿，逃匿武安山。惟福通党甚盛，不数月，拔颍州，据如皋，破罗山，上蔡，真阳，确山，舞阳，叶县，及汝宁光息等州，众至十万，声势浩大。(同上)

3. 至正十五年，福通自砀山夹河求得林儿，立为帝，又号小明王，都亳州，号宋。遣道，文郁称丞相，福通与文素称平章。而遣道得宠，专威福，福通使甲士挝杀之，自为丞相，称太保。(同上)

(2) 李二之起兵——肃县人李二，亦以烧香聚众，与其党赵均用，彭早住，攻陷徐州。至正十二年，帝命脱脱亲征徐州。李二败走，早住、均用走亳州，一称鲁淮王，一称永义王，互争雄长。未几，早住中流矢死，均用依福通。(同上)

(3) 徐寿辉、陈友谅之起兵

1. 徐寿辉，罗田人，又名真一，业贩布。元末盗起，袁州僧彭莹玉，以妖术与麻城邹普胜聚众为乱，用红巾为号，奇寿辉貌状，遂推为主。至正十一年，以蕲水为都，称皇帝，国号天完，建元治平。明年，分兵四出，连陷诸县，势大振。(《明史卷一二三·陈友谅传》)

2. 至正十三年，为元兵所破，已而复炽，迁都汉阳。十七年，其丞相倪文俊谋弑寿辉，不克，奔黄州。未几文俊为其麾下陈友谅所杀，寿辉亦被害，友谅遂即皇帝位，国号汉。改元大义。(同上)

(4) 方国珍之起兵——方国珍，黄岩人，世以贩盐浮海为业，至正八年，有蔡乱头者，行漂海上，有司发兵捕之。而国珍怨家，告其通寇，遂与兄国璋，弟国瑛、国珉亡入海，聚众数千人，劫运艘，梗海道。未几受招抚，据有庆元温台之地，益强不可制。(《明史卷一二三·方国珍传》)

(5) 张士诚之起兵

1. 张士诚，泰州皇驹场亭人，以操舟运盐为业。而轻财好施，得群辈心。常鬻盐诸富家，富家多凌侮之，或负其值不酬。而弓手邱义，尤窘辱士诚甚。士诚怨，遂帅壮士十八人，杀义，并灭诸富家，纵火焚其居，入旁郡场，招

少年起兵。盐丁方苦役，乃共推其为主。自称诚王，潜号大周，建元天祐，是岁至正十三年也。(《明史卷一二三·张士诚传》)

2. 至正十六年，势穷乃降。未几，据杭州。二十三年又自立为吴王。当是时士诚所据，南抵绍兴，北踰徐州，西距汝颍濠泗，东薄海，二千余里，带甲数十万，其势益强。(同上)

(6) 郭子兴之起兵——郭子兴，其先曹州人。喜宾客，与壮士结纳。至正十二年，集少年数千人据濠州，朱元璋往从之，数战有功，乃妻以抚马公主。未几子兴卒，韩林儿檄子兴子天叙为都元帅，张天祐及朱元璋附之。(《明史卷一二二·郭子兴传》)

(7) 明玉珍之起兵——明玉珍，隋州人，与里中父老，团结千余人，屯青山。至正二十年，自立为陇蜀王。二十二年即皇帝位于重庆，国号夏，建元天统。其性节俭好学，折节下士，既即位后，乃定赋税，以十分取一，蜀人悉安便之。(《明史卷一二三·明玉珍传》)

E 元之戡乱与内讧

a 脱脱征讨群寇

(1) 汝颍之间，妖寇聚众反，以红巾为号，襄樊唐邓，皆起而应之。至正十一年，脱脱使其弟也先帖木儿，将诸卫兵十余万往讨之，无功而罢。(《元史卷一三八·脱脱传》)

(2) 十二年，有号芝麻李（李二），据徐州。脱脱自行讨之，破其城，芝麻李遁去，遂屠其城。(同上)

(3) 十四年，张士诚据高邮，屡诏谕之不降，脱脱总制诸王诸省军讨之，连战皆捷，贼势大蹙。俄有诏罪其劳师费财，削其官爵，安置淮安。又流于云南，而哈麻矫诏，遣使鸩之死。(同上)（注七）脱脱既死，征剿之力为之懈，中原乱事复炽。

b 刘福通之北犯

(1) 出兵计划

1. 先是元帅大败福通于太康。福通挟林儿走安丰。未几兵复盛，遣其党分道略地。至正十七年李武德陷商州，遂破武关以图关中，而毛贵陷胶、莱、益都、滨州，山东郡邑多下。(《明史·韩林儿传》)

2. 同年六月，福通率众攻汴梁，且分军三道，关先生破头潘；冯长舅、沙刘二、王士诚趋晋冀；白不信、大刀敖、李喜喜趋关中；毛贵出山东北犯。(同上)

（2）战争情况

1. 西路

（甲）白不信、大刀敖、李喜喜陷兴元，遂入凤翔，屡为察罕帖木儿、李思齐所破，走入蜀。（同上）

（乙）未几，自巴蜀出，陷秦陇，据巩昌，遂窥凤翔。察罕帖木儿击破之，关中悉定。（《元史卷一四一・察罕帖木儿传》）

2. 中路

（甲）关先生破头潘，分军为二，一出绛州，一出沁州，踰太行，破辽潞，遂陷冀宁，攻保定不克，陷定州，进陷上都，毁诸宫殿，转掠辽阳，抵高丽。（《明史・韩林儿传》）

（乙）至正二十年，关先生等复犯上都。明年关先生东西转战，已多走死，余党自高丽还寇上都，孛罗击降之。（同上）

3. 东路

（甲）毛贵数败元兵，寻陷济南，引兵北进，以逼大都。顺帝征四方兵入卫，欲迁都避其锋。而贵旋被元兵击败，还据济南。（同上）

（乙）毛贵稍有智略，其破济南也，立宾兴院，选用元故官姬宗周等分守诸路。又于莱州立屯田三百六十所，每屯相距三十里，造挽运大车百辆。凡官民田十取其二，多所规画，故得据山东者三年。（同上）

4. 汴梁之役——当三路出兵时，福通自将经略河南，进陷汴梁，迎林儿居之以为都。后为察罕帖木儿所败，乃遁走安丰。（同上）

（3）山东内变——至正十九年，毛贵为赵均用所杀，而续继祖又杀均用，所部自相攻击。察罕帖木儿乘机进兵讨之，陷济南。独益都不下，乃攻之。会察罕帖木儿被王士诚刺死。其子扩廓帖木儿，总其父兵，拔益都，于是山东悉平。（《明史・韩林儿传》，《元史・察罕帖木儿传》）

c 元朝之内讧

（1）大将之相攻——初察罕帖木儿定晋冀，孛罗帖木儿在大同，以兵争其地，数相攻，朝廷下诏和解，终不听。扩廓帖木儿既平齐地，还驻太原，与孛罗帖木儿构难如故。（《明史卷一二四・扩廓帖木儿传》）

（2）内禅之相争

1. 顺帝之荒淫

（甲）初哈玛尔（亦作哈麻）阴进西天僧运气术媚帝。帝习之，号延彻尔华，华言大喜乐也。（《元史卷二〇五・哈麻传》）

（乙）哈玛尔之妹婿，图鲁特穆尔有宠于帝，亦荐西蕃僧且琳沁于帝。僧善秘密法，帝又习之。其法亦名双修法，而为房中术也。（同上）

（丙）是时君臣宣淫，而群僧出入禁中，无所禁止，丑秽声行，著闻于外，虽市井之人，亦恶闻之。（同上）

2. 太子谋内禅

（甲）完者忽都皇后奇氏，高丽人。生皇太子爱猷识理达腊。而帝颇怠于政治，后与皇太子，乃谋内禅。（《元史卷一一四・后妃传》）

（乙）皇太子深疾图鲁特穆尔等所为，欲除之未能也，既而哈玛尔为相，欲立皇太子为帝。其妹闻之，归告其夫，图鲁特穆尔恐，乃闻于帝。遂诏哈玛尔于惠州安置，比行，俱杖死。（《元史・哈麻传》）

3. 太子之出奔

（甲）宦者林不花党皇后奇氏及太子，监察御史也先帖木儿劾之，而御史大夫老的沙执其事颇力。皇太子恶之，又兼皇后谮之于内，乃封为雍王，遣之归国。（《元史卷一四・太平传》，《元史纪事本末》卷二七）

（乙）老的沙奔孛罗，孛罗匿之，诏削孛罗官，解其兵权。孛罗遂反，犯京师。太子求援于扩廓，遣其将白锁住入卫，战不利，奉太子奔太原。踰年孛罗见杀，太子入觐。（《明史卷一二四・扩廓帖木儿传》）

F 元之灭亡

a 顺帝之北走

（1）元朝既有内变，而是时明兵已入山东，收大梁，余皆望风降遁，无一人敢抗者。遂进逼大都，顺帝北走，时至正二十九年也。（《明史卷一二四・扩廓帖木儿传》）

（2）顺帝命扩廓复大都，为明兵所败。于是元臣皆入于明，惟扩廓拥兵塞上，西北边苦之。（同上）

b 鬼力赤篡立——顺帝卒，子爱猷识理达腊立，未几亦卒，其子脱古思木儿继立，为速迭儿所杀。自后五传至坤帖木儿，咸被杀，不复知有帝号。有鬼力赤者，篡立，称可汗，去国号，遂称鞑靼云。（《明史卷三二七・鞑靼传》）

【注解】

注一 按蒙古初制，大汗之立，开会推举，所谓忽烈而台会议是也。成吉思死后，大汗之继承，仍依此种手续，不过所推者，俱为其子而已！且前任大汗之遗命，与后任被举者，颇有效力。故宪宗之立，遂发生纠纷也。

注二 世荣居中书，陈天详劾之曰："言其苛刻诛求，为国敛怨，将见民间凋耗，天下空虚。考其行与所言者，已不相副。始言能令钞法如旧，今弊愈甚。始言能令百物自贱，今百物愈贵。始言岁课增至二百万锭，不取于民，今迫胁诸路，勒令如数虚认而已！始言令民快乐，今所为无非扰民之事。若不早为更张，待其自败，正犹蠹虽除，而木已病矣！”遂下世荣于狱，诛之。(《元史·卢世荣传》)

注三 蒙古人凡七十二种如下：(明王光鲁《元史备忘录》)

阿剌剌，札剌儿歹，忽神忙兀歹，瓮吉剌歹，晃忽摊，永吉列思，兀鲁兀，郭儿剌思，别剌歹，怯烈歹，秃别歹，八鲁剌忽，曲吕律，也里吉斤，札剌只剌，脱里别歹，搭搭儿，答答吉，散儿歹，乞要歹，列术歹，颜不花歹，歹列里养赛，撒术兀歹，灭里吉歹，阿大里吉歹，兀罗歹，别帖里歹，蛮歹，也可抹合剌，那颜吉歹，阿塔里吉歹，亦乞列歹，合忒乞歹，木里乞，外兀歹，外抹歹，阿儿歹，伯要歹，担吉歹，外列歹，末里乞歹，许大歹，晃兀摊，别剌歹，颜不草歹，木温塔歹，忙兀歹，塔塔歹，那颜乞台，阿塔力吉歹，忽神，塔一儿，兀曾歹，撒术歹，灭里吉，阿火里力歹，札马儿歹，兀罗罗歹，别帖乞乃蛮歹，答答儿歹，也可林合剌，瓮吉歹，术里歹，忙古歹，外抹乃歹，朵里别歹，入怜，察里吉歹，八鲁忽歹，哈答歹，外剌。

注四 色目人凡三十一种如下：(同上)

哈剌鲁，钦察，唐兀，阿速，秃八，康里，苦里鲁，剌乞歹，赤乞歹，畏兀儿，回回，乃蛮歹，阿儿浑，合鲁歹，火里剌，撒里哥，秃伯歹，雍古歹，密赤思，夯力，苦鲁子，贵赤，匣剌鲁，秃鲁花，哈剌吉答歹，拙儿察歹，秃鲁八歹，火里剌，丹木鲁，彻儿哥，乞失迷儿。

注五 汉人凡八种如下：(陶宗仪《辍耕录》)

契丹，高丽，女真，竹因歹，术里阔歹，竹温，竹亦歹，渤海。

注六 诸民间有藏铁尺，铁骨朵，及含刀铁柱杖者，禁之。诸私藏甲全副者，处死。又枪，刀，弩，私有十余者，处死。(《元史·刑法志·禁令》)

注七 先是脱脱之西行也，别儿怯不花欲陷之死，哈麻（顺帝幸臣）屡言于帝，召还近地，脱脱深德之。至是引为中书右丞，而是时脱脱信用汝中柏，而其议事，莫敢异同，惟哈麻不为之下。汝中柏因谮之，乃改为宣政院使，位居第三，于是哈麻深衔之。方脱脱之出师，遂谮脱脱于皇太子及皇后奇氏。而监察御史袁赛因不花等，承哈麻风旨，上章劾之，三秦乃允。(《元史·脱脱传》)

备 考

(1) 按世祖开苛敛之端，后世踵而行之。成宗之世，贪官污吏，其发觉者，至万数千人，其不发觉者尚不在内。武宗之世，复置尚书省，重用托克托，亦以聚敛流毒百姓。仁宗时，用张闾经理浙江，江西，河南三省民田，限民四十日以所有田自实于官。期限猝迫，贪刻用事，富民黠利，并缘为奸。于是民不聊生，多自杀者。盗贼蜂起，田野荒芜，虽旋罢之，而民生之困苦已极矣！

(2) 四等人民之外，且有强分人民为十级之说：一官，二吏，三僧，四道，五医，六工，七猎，八民，九儒，十丐。(《郑所南集》)

第二节 元代之制度

A 官制

a 初年官制

(1) 元太祖起自朔上，统有其众，部落野处，非有城郭之制。国俗淳厚，非有庶事之繁。惟以万户统军旅，以断事官（官曰札鲁忽赤，位在三公上。丞相曰大必阇赤）治政刑，任用者，不过三亲贵重臣耳。（《元史·百官志序》）

(2) 及取中原，太宗始立十二宣课司，选儒术用之。金人来归者，因其故官。若行省，若元帅，则以行省元帅授之。(同上)

b 世祖改革

(1) 草创之初，固未暇为经久之规矣！世祖即位，登用老成，大新制作，遂命刘秉忠、许衡，酌古今之宜，定内外之官。(同上)

(2) 其总政务者，曰中书省，秉兵柄者曰枢密院，司黜陟者曰御史台，体统既立，其次在内者，则有寺，有监，有卫，有府。在外者，则有行省，行台，有宣慰司，有廉访司。其牧民者，则曰路，曰府，曰州，曰县。（同上）(注一)

B 兵制

a 种类

(1) 初有蒙古军，探马赤军。蒙古军皆国人，探马赤军，则诸部族也。

及平中原，发民为卒，是为汉军，继得宋兵，号新军。（《元史卷九八·兵志序》）

（2）又有辽东之乣军，契丹军，女真军，高丽军。云南之寸白军，福建之畲军。则皆不出戍他方者，盖乡兵也。（同上）

（3）又有以技名者，曰炮军，弩军，水手军。（同上）

b 征调

（1）蒙古军探马赤军为家有男子，十五以上，七十以下，无众寡尽签为兵。十人为一牌，设牌头，上马则备战斗，下马则屯聚牧养。幼孩稍长，又籍之曰渐丁军。（同上）

（2）汉军则以贫富为甲乙，户出一人曰独户军，合二三而出一人，则为正军。余为贴户军。或以男丁论，尝以二十丁出一卒，而限年二十以上者。充士家之卒，为富商大贾，则又取一人曰余丁军。（同上）

（3）或取匠为军，曰匠军，或取诸侯将校之子弟充军，曰质子军（蒙语曰秃鲁华军）。（同上）

（4）天下既平，尝为军者，定入尺籍，伍符不可更易，诈增损丁产者，觉则更籍其实，而以印印之。病死戎所者，百日外，役次丁。阵亡者复一年。贫不能役，则聚而一之曰合并。贫甚者，老而无子者，落其籍。户绝者，别以民补之。（同上）

c 统辖

（1）国初典兵之官，视兵数多寡为爵秩崇卑。长万夫者，为万户，千夫者，为千户，百夫者，为百户。（同上）

（2）世祖时，颇修官制。内立五卫，以总宿卫诸军。卫设亲军都指挥。外则万户之下置总管，千户之下置总把，百户之下置弹压。立枢密院以总之，遇方面有警，则置枢密院，事已则废。（同上）

d 驻防——世祖之时，海宇混一，然后命宗王将兵镇边徼襟喉之地，而河洛山东，据天下腹心，则以蒙古探马赤军，列大府以屯之。淮江以南，地尽南海，则名藩列郡，又各以汉军及新附等军戍焉。（《元史卷九九·兵志二·镇戍》）

C 刑法

a 法律编制

（1）元兴，其初未有法守，有司断理狱讼，循用金律，颇伤严刻，及世祖平宋，疆理混一，由是简除繁苛，始定新律，颁之有司，号曰《至元新

格》。(《元史卷一〇二·刑法志序》)

(2) 仁宗之时，又以格例条画，有关风纪者，类集成书，号曰《风宪宏纲》。(同上)

(3) 英宗时，复命宰执儒臣，取前书而加损益焉。书成，号曰《大元通制》。(同上)

b 享特权者

(1) 宗教徒

1. 诸僧道儒人有争，有司勿问，止令三家所掌合问。(同上)

2. 诸僧人但犯奸盗，诈伪，至伤人命及诸重罪，有司归问。其自相争告，从各寺院住持头目归问。若僧俗相争田土，与有司约会。约会不至，有司就便归问。(同上)

(2) 蒙古人——诸蒙古人因争及乘醉殴死汉人者，断罚出征，并全征烧埋银。(同上) 是又对待蒙古人与汉人，颇不平等。

D 学校

a 京师学

(1) 国子学——世祖至元二十四年，立国子学。而定其制，设博士通学事，分教三斋生员，并设助教同掌学事，而专守一斋。其生员之数，定二百人。先令一百人，及伴读二十人入学。其百人之内，蒙古半之，色目汉人半之。(《元史卷八一·选举志·学校》)

(2) 蒙古国子学——至元八年，立京师蒙古国子学教习诸生，于隋朝蒙古，汉人百官，及怯薛歹官员子弟俊秀者入学，然未有员数。有以《通鉴节要》用蒙语言，译写教之。俟生员习成效，出题试问，观其所对精通者，量授官职。(同上)

(3) 回回国子学——至元二十六年，尚书省臣言："亦思替非"文字，宜施于用，今翰林院伊普迪哈鲁鼎，能通其字学，乞授以学士之职，凡公卿大夫，与夫富民之子，皆依汉人入学之制，日肄习之。帝可其奏，遂置回回学。(《续通典·选举典》)

b 地方学

(1) 至元六年，定制命诸路府官子弟入学：上路二人，下路二人，府一人，州一人。余民间子弟：上路三十人，下路二十五人。愿充生徒者，与免一身杂役。以蒙古字译写《通鉴节要》，颂行各路，俾肄习之。(《续通考·学校考》)

(2) 至元二十八年，令江南诸路学，及各县学内，设立小学，选老成之士教之。或自愿招师，或自受家学于父兄者，亦从其便。其他先儒过化之地，名贤经行之所，与好事之家，出钱粟赡学者，并立为书院。(《元史·选举志·学校》)

c 特设学

(1) 医学——世祖中统二年，始诏立医学，后定选太医法，每三年一次，而试以十三科。(注二)(《元史·世祖纪》,《续通考·选举考》)

(2) 阴阳学——至元二十八年，始置诸路阴阳学。其在腹地江南，若有通晓阴阳之人，各路官司详加取勘，依儒学医学之例，每路设教授以训诲之。其有术数精通者，每岁录呈省府，赴都试验。而延祐初，令阴阳人依儒医例，于路府州设教授员，凡阴阳人皆依管辖之，而上属于太史焉。(《元史·选举志·学校》)

(3) 蒙古字学——元为通行蒙古字，于至元六年置诸路蒙古字学。(《元史·世祖纪》)

E 选举志

a 科举

(1) 制定条例——仁宗皇庆二年，命中书参酌古今，定其条制，以皇庆三年，天下郡县，兴其贤者能者充赋有司，次年二月，会试京师。(《元史·选举志》)

(2) 考试程式

1. 难易不同

(甲) 蒙古色目人——第一场，经问五条，《大学》、《论语》、《孟子》、《中庸》内设问，用朱氏《章句》、《集注》，其义理精明，文辞典雅者为中选。第二场，策一道，以时务出题，限五百字以上。(同上)

(乙) 汉人南人

甲第一场，明经、经疑二问，《大学》、《论语》、《孟子》、《中庸》内出题，并用朱氏《章句》、《集注》，复以己意结之，限三百字以上。经义一道，《诗》以宋氏为主，《尚书》以蔡氏为主，《周易》以程氏朱氏为主，以上三经，兼用古注疏，《春秋》许用三传，及胡氏传，《礼记》用古注疏，限五百字以上，不拘格律。(同上)

乙第二场，古赋，诏，诰，章，表内科一道。(同上)

丙第三场，策一道，经史时务出题，不矜浮藻，惟务直述。限一千字以

上。（同上）

2. 待遇不同——延祐二年，始开科分进士为左右榜。蒙古色目人为右，汉人南人为左。又凡蒙古由科举出身者，授从六品，色目汉人递降一级。（《续通考·选举考》）

b 选官——当时仕进有多岐，铨衡无定制。其出身于学校者，有国子监学，有蒙古字学，回回学，有医学，有阴阳学。其策名于荐举者，有遗逸，有茂异，有求言，有进书，有童子。此外尚有多种，兹不多述。（《元史卷八一·选举志序》）

【注解】

注一 元代内外官制表（略）

注二 十三科者：大方脉杂医科，小方脉科，风科，产科，口齿兼咽喉科，正骨兼金疮科，疮肿科，针灸科，祝由书禁科。（《续通考·选举考》）

备 考

（1）元代官员录用，亦有限制。世祖定制，官有常职，位有常员。其长皆以蒙古人为之，而汉人南人贰焉，故一代之制，未有汉人南人为正官者。世祖时史天泽，仁宗时哈散，顺帝时太平（本姓贺名惟一），皆仕至中书省左丞相。终元之世，非蒙古人而为丞相者，止此三人耳。（《二十二史札记卷三〇·元制百官皆蒙古人为之长》）

（2）元代兵籍，系军机重务，汉人不阅其数。虽枢密近臣，职专军旅者，惟长官一二人知之。故有国百年，而内外兵数之多寡，人莫有知之者。（《元史·兵志序》）

（3）按元对于学校，颇知注重，所定制度，亦颇完备。虽在元世未发生若何之效果，而实开明清两代学校制度之先声焉！

第三节 元代之文化

A 理学——元世祖宗程朱学，建太极书院，讲性理之学。有姚枢、许衡，师事赵复，理学遂大盛于北方。然姚许不过推衍朱熹之说，而有吴澄则颇以融合朱、陆自任，然亦无甚发明也。（《元史卷一八九·赵复传》，《卷一八五·姚枢许衡传》，《卷一七一·吴澄传》）

B 史学

a 正史——顺帝时，命托克托（旧史名脱脱）等修辽宋金三史，自至正三年三月开局，至至正五年十月告成。然以如许卷帙，成之不及三年，盖实皆有旧本，非至托克托等始修也。（《二十二史札记卷三三·宋辽金三史》）

b 史地——胡三省，登宋宝祐四年进士。宋亡，隐居不仕，著《资治通鉴音注》，及《译文辨误》百余卷，亦为有名之著作焉。（《元史类编卷三四·胡三省传》）

c 政史——马端临，宋亡不仕，著《文献通考》。自唐虞至南宋，补杜佑《通典》之阙，二十余年而成。亦有名之著作也。（《元史类编卷三四·马端临传》）

C 文学

a 文——元文，自戴表元以清深和雅者，振起斯文，姚燧继之，更宗法昌黎。袁桷、马祖常继之，亦以博硕精赡见称。虞集、杨载、范梈、揭傒斯之四杰又继之，元文于是为盛，而集尤首出，其陶铸群材，一如庐陵之在北宋。然核其所得，亦遗山牧庵之流耳！为之后劲者，有金华之黄缙，吴莱，柳贯。（见《元史》各本传）

b 诗——元初，诗宗法江西，戴表元，赵孟頫，独以清新丽密倡。仇远，白珽二家，诗尚秾艳，张翥，萨都剌继起，其流益畅，杨维桢更学长吉，以奇丽著。此元诗变脱之大略情形也。又元时诗社，亦风行一世。

c 曲

（1）原因

1. 宋金之留贻——前此无以白话说理者，自二程始因弟子之讲习，仿佛家说法为语录，是后言性理者因之，此文体之用俗语者也。邵康节之诗，宛如口语，黄山谷之词，至有竟体用白话，后起者往往效之，此韵文之用俗语者也。元人因以运入小说戏曲。（曾毅《中国文学史》第四编第三十六章《小说戏曲之勃兴》）

2. 元人之鄙朴——元人崛起漠北，不谙文理，故朝廷所下文告，词多鄙俚，若今所传天宝宫圣旨碑文是也。即史官戴笔，或以鸡儿狗儿猪儿纪年，如今所传《元秘史》是也。故通俗文学适于发达。（同上）

3. 元人之豪奢——元起朔漠荒寒之区，无礼教之束缚，一旦入中国，乃大放于声色口体之欲。汉人迎其意，被其教者，遂于怪力乱神骄奢淫侈之事，极力描写以承之。（同上）

（2）名著

1.《西厢记》——元代文艺之特色为戏曲，而王实甫之《西厢记》，世称名著。（参考《元史类编卷三六·关汉卿传注》）

2.《琵琶记》——高则诚与王四友善，劝之仕，登第即弃其妻子，而赘于不化太师家。则诚恶之，故作讽谏，名曰琵琶者，取其头上四王，为王四之隐语。元人呼牛为不化，故谓之牛太师也。（明何元郎《曲论》）

D 美术

a 书画

（1）书——巎巎、赵孟頫皆善真行草书，孟頫兼擅篆籀分隶，以书名天下。而虞集古隶为当代第一。又有黄华者，双手能写二牍，或楷或草，挥毫不辍，各自有意。（《元史卷一四二·巎巎传》，《卷一七二·赵孟頫传》，《书史会要》，伊世珍《琅环记》）

（2）画——赵孟頫、吴镇、黄公望、王蒙，皆以画名世，为元四大家。（《潜確类书》）

b 塑像——博罗国人阿尔尼格，善画塑及铸金为像。有刘元者，尝从之学西天梵相，亦称绝艺。又鄜州田氏泥孩儿名天下，小者二三寸，大不过尺余。（《元史卷二〇三·工艺传》，陆游《老学庵笔记》）

E 器用

a 文具

（1）笔——元代制笔名，则有湖州之冯应科，与赵松雪，钱舜举，称吴兴三绝。而至今湖笔，仍风行于天下。（陈彬龢译《中国美术史》第十五章《元》）

（2）纸——江西出白籐纸，观音纸，清江纸。绍兴出彩色粉笺，蜡笺，黄笺，花笺，罗文笺。（同上）

b 舟车——有象牙金轮轿，平底海船，及皮船。（《元史·床兀儿传》，《食货志》，《宪宗纪》）

c 军器

（1）叠盾——孙威制叠盾，张则为盾，敛则合而易持，世祖以为古所未有。（《元史卷二〇三·孙威传》）

（2）炮——亦斯玛音善造炮，重一百五十斤，横发声震天地，所击无不摧陷，入地七尺。（《元史卷二〇三·亦斯玛音传》）

第四节　元代之民生状况

A 租税

a 地丁税（中原）

（1）区别

1. 全科户——丁税，每丁粟三石，驱丁（即奴隶）粟一石。地税，每亩粟三升。（《元史卷九三·食货志》）

2. 减半科户——丁税，每丁粟一石。（同上）

3. 协济户——丁税，每丁粟一石。地税，每亩粟三升。（同上）

4. 新交参户——第一年五斗，第三年一石二斗五升，第四年一石五斗，第五年一石七斗五升，第六年入丁税。（同上）

（2）输纳

1. 折钞——随路近仓输粟，远仓者，每粟一石，折纳轻赍钞二两。（同上）

2. 例规——每石带纳鼠耗三升，分例四升。（同上）

3. 地点——富者输远仓，下户输近仓。（同上）

4. 限期——输纳之期，分为三限，初限十月，中限十一月，末限十二月。（同上）

b 夏秋税（江南）

（1）民田

1. 夏税——夏税则输以木绵有绢丝绵等物；其所输之数，视粮为差。一石或输钞三贯，二贯，一贯或一贯五百文，一贯七百文。而其折输之物，各随时估之，高下以为值。（同上）

2. 秋税——秋税只命输租。（同上）

（2）官田——在官之田，许民佃输租，又凡官田，夏税不科。（同上）

B 科差

a 科名

（1）丝科——科差之名有三：曰丝科，曰包银，曰俸钞，其法各验其户之上下而科焉。丝科，户一斤四两六钱。（同上）

（2）包银——户出四两。（同上）

（3）俸钞——又有俸钞之科，其法亦以户之高下为等。通常户一两。（同上）

b 户别

（1）元管户

1. 丝银全科户

（甲）全科系官户，每户输系官丝一斤六两四钱，包银四两。（同上）

（乙）全科系官五户丝户，每户输系官丝一斤，五户丝六两四钱，包银四两。（同上）

2. 减半科户——每户输系官丝八两，五户丝三两二钱，包银二两。（同上）

3. 止纳丝户

（甲）止纳系官丝户，上都隆兴西京等路，十户十斤者，每户输一斤。大都以南等路，十户十四斤者，每户输一斤六两四钱。（同上）

（乙）止纳系官五户丝户，每户输系官丝一斤。五户丝六两四钱。（同上）

（2）交参户——丝银户，每户输系官丝一斤六两四钱，包银四两。（同上）

（3）漏籍户

1. 止纳丝户——每户输丝一斤六两四钱。（同上）

2. 止纳钞户——初年一两五钱，次年增五钱，至四两，并科丝科。（同上）

（4）协济户

1. 丝银户——每户输系官丝十两二钱，包银四两。（同上）

2. 止纳丝户——每户输系官丝十两二钱。（同上）

（5）摊丝户——每户科摊丝四斤。（同上）

（6）储也速解儿所管丝户——每户科细丝四斤。（同上）

（7）复业户——初年免科，第二年减半，第三年全科与旧户同。（同上）

（8）渐成丁户——同上。（同上）

c 纳期——于是以合科之数，作大门摊，分为三限，丝科限八月，包银初限八月，中限十月，末限十二月，又命丝科无过七月，包银无过九月。（同上）

C 官卖品

a 盐

（1）太宗时，始行盐法。每盐一引，重四百斤。及世祖取宋，而江南之盐，所入尤广。（《元史·食货志·盐法》）

（2）凡伪造盐引者，皆斩，并籍没其家产。又行盐各有郡邑，犯界者，则以其盐之半没官，半赏告者。（同上）

b 茶

（1）世祖至元十三年，定“长引”、“短引”之法，以三分取一。长引，

每引计茶一百二十斤。短引计茶九十斤。十七年，除长引，专用短引；无引者，与私茶同。(《元史・食货志・茶法》)

(2) 引之外，又有“茶由”以给卖零茶者，自三斤至三十斤，分为十等，随处批引局同。(同上)

c 酒醋

(1) 元之有酒醋课，自太宗始，其后皆著定额，为国赋之一焉。太宗初立酒醋务坊场官，榷酤办课，仍以各州府司县长官，充提点官，隶征收课税所。其课额，验民户多寡定之。又颁酒曲醋货条禁，私造者，依条治罪。(《元史・食货志・酒醋课》)

(2) 世祖至元二十二年，诏免农民醋课。而改榷酤之制，令酒户自具工本，官官拘卖。(同上)

D 杂税

a 征商

(1) 国内——太宗时，始立征收课税所，及燕京等十路征收课税使。世祖至元七年，遂定三十分取一之制。(《元史・食货志二》及《耶律楚材传》)

(2) 海关——世祖至元十四年，定“双抽”、“单抽”之制。双抽，番货也，单抽者土货也。二十年定抽分之法，其入番贸易所获之息，以十分为率，官取其七，所易人得其三。二十九年，又定抽分之数，及漏税之法。(《元史・食货志二》)

b 铁冶——世祖至元四年，兴河南等处铁冶，岁课铁。此外有额外课，其名凡三十有二，(注一) 大半皆为苛税。(《续通典・食货典》，《元史・食货志二》)

E 币制

a 银——元宪宗五年，定汉民包银额四两者，以半输银，半折丝绢等物。后因不便，乃诏民听输土物，不复征银。(《陔余丛考・卷三〇》)

b 钱——武宗至大三年，初行钱法，有至大通宝，一文准至大银钞一厘。大元通宝一文准至大通宝一十文。(《元史・食货志一》)

c 钞

(1) 中统交钞——世祖中统元年造。(《元史・食货志》)

(2) 中统元宝钞——中统元年造。其文以十计者四：曰一十文，二十文，三十文，五十文；以百计者三：曰一百文，二百文，五百文；以贯计者二：曰一贯文，二贯文，每一贯同文钞一两，两贯同白银一两。(同上)

(3) 厘钞——至元十二年造。其例有三：曰二文，三文，五文，后以不便，十五年罢印。（同上）

(4) 至元钞——至元二十四年造。自二贯至五百文，凡十有一等，与中统钞通行。每一贯文当中统钞五贯。（同上）

(5) 至大银钞——武宗至大二年造。自二两至二厘，定为一十三等。（同上）

F 物产

a 农业——有木棉自外蕃传入于粤，继及于闽。元初始至江南。浙东，江东，江西，湖广，福建出产最多。（《陔余丛考·卷三〇》）

b 矿产——元代矿产，以金银铁三种产额最富，而铜矿极少，此所以元代不能铸币，而专行钞币者也。（《元史·食货志》）

【注解】

注一　元之额外课名，凡三十有二。其一曰历日，二曰契本，三曰河泊，四曰山场，五曰窑冶，六曰房地租，七曰门摊，八曰池塘，九曰蒲苇，十曰食羊，十一曰荻苇，十二曰煤炭，十三曰撞岸，十四曰山查，十五曰麴，十六曰鱼，十七曰漆，十八曰酵，十九曰山泽，二十曰荡，二十一曰柳，二十二曰牙例，二十三曰乳牛，二十四曰抽分，二十五曰蒲，二十六曰鱼苗，二十七曰柴，二十八曰羊皮，二十九曰磁，三十曰竹苇，三十一曰姜，三十二曰日药。（元史·食货志二）

备　考

(1) 元初算赋之制，中原以户，西域以丁，蒙古以马牛羊，至世祖始定户籍之制。（《续通考·户口考》）

(2) 元时海外贸易，较宋为盛。世祖至元十四年，立市舶司于泉州，上海，澉浦，温州，广东，杭州，庆元七处。（《元史·食货志》）

(3) 按元代之钞，终元之世通行者为中统至元二钞。

第五节　元代之风俗

A 饮食

a 蒙古

(1) 鞑人地饶水草，宜羊马。其为生涯，只是饮马乳。凡一牡马之乳，

可饱三人。或宰羊为粮，食羊尽，则射兔鹿野豕为食。亦有一二处出黑黍，彼亦煮为解粥。（《蒙鞑备录》）

（2）又有黄鼠、顽羊、野马、河源之鱼，及牛，亦为重要饮食。（《黑鞑事略·张德辉纪行》）

b 汉人

（1）点心——今以早饭前及饭后，午前午后，晡前小食为点心。（陶宗仪《辍耕录》）

（2）咸杬子——今人以米汤和入盐草灰，以团鸭卵，谓曰咸杬子。（同上）

（3）想肉——天下兵甲方殷，而淮右之军嗜食人，以小儿为上，妇女次之。男子又次之。其法酷毒万状，（注一）名曰“想肉”。（同上）

B 服饰

a 百官

（1）男子

1. 公服——公服制以罗，大袖盘领，俱右衽。一品紫大独科花，径五寸。二品小独科花，径三寸。三品散答花，径二寸，无枝叶。四品五品小杂花，径一寸五分。六品七品，绯罗小杂，径一寸。八品九品，绿罗，无文。（《元史卷七八·舆服志》）

2. 幞头——漆纱为之，展其角。（同上）

3. 笏——笏制以牙，上圆下方。或以银杏木为之。（同上）

4. 偏带——正从一品以玉，或花或素。二品以花犀，三品四品，以黄金为荔枝。五品以下，以乌犀，并八胯，鞓用朱革。（同上）

5. 靴——以皂皮为之。（同上）

（2）命妇

1. 衣服——一品至三品，服浑金。四品五品，服金答子。六品以下，惟服销金并金纱答子。（同上）

2. 首饰——一品至三品，许用金珠宝玉。四品五品，用金玉珍珠。六品以下用金，惟耳环用珠玉。（同上）

b 庶民

（1）服饰——帽子系腰，元服也。庶人服之。官民帽檐，或圆，或前圆后方。其发或辫，或打纱练。惟庶民椎髻，服用深金，缘为纳奇实，或腰系线绣，通神烂，上下均服。（《续通考·王礼考》）

（2）限制——庶人不得服赭黄，惟许服暗花贮丝绫罗毛毳。帽笠不许饰用金玉。靴不得裁制花样。首饰许用翠花，并金钗錍各一事。惟耳环用金珠碧甸，余并用银。又娼家出入，止服皂褙子，不得乘坐车马，余依旧例。（同上）

C 婚娶

a 传席——今人家娶妇，舆轿至大门，则传席以入，弗令履地。（陶宗仪《辍耕录》）

b 急婚——至元三年，郡邑皆相传朝廷欲括童男女，于是市井乡里，竞相嫁娶。仓卒成言，贫富长幼，多不得宜者。（同上）

c 选秀女

（1）太宗时，托欢请选天下室女，楚材止之。帝怒。楚材曰：向择美女二十八人，足备使令，今复选，恐扰民。乃止。（《元史卷一四六·耶律楚材传》）

（2）世祖时，耶律铸言有司以采室女，乘时害民。请令大郡岁取三人，小郡二人。择其可者，厚赐其父母，否则遣还，从之。（《元史卷一四六·耶律铸传》）后又以御史中丞崔彧言，并罢各路选室女。

D 丧葬

a 蒙古墓无塚，以马践，使如平地耳。（《黑鞑事略》）

b 元朝宫里，用梡木二片，凿空其中，类人形大小，合为棺，置遗体其中，加髹漆毕，则以黄金为圈三。（叶子奇《草木子·历代送终之礼》）

c 凡帝后有疾危殆，度其不可愈，移居外毡帐房，有不讳，则就殡殓其中。葬后，每日用羊二次烧饭以为祭，至四十九日而后已。其帐房，则以赐近臣。（《元史卷七七·祭祀志六》）

E 游宴

a 洒马妳子——每岁驾幸上都，以八月二十四日祭祀，谓之洒马妳子。（注二）（《元史卷七七·祭祀志》）

b 射草狗——每岁十二月下旬中举行之。（注三）（同上）

c 脱旧灾迎新福——每岁十二月十六日以后举行之。（注四）（同上）

d 游皇城——此为僧众作佛事之举。正月十五日起至十六日罢散，岁以为常，谓之游皇城。或有因事而辍，寻复举行，夏六月中，上京亦如之。（同上）

【注解】

注一 淮右之军嗜食人，或使坐两缸间，外逼以火。或于铁架上生炙。或缚其手足，先用沸汤浇泼，却以竹帚刷去苦皮。或乘夹袋中，入巨锅活煮。或封作事件而淹之，或男子，则止断其双腿；妇女则特剜其两乳。酷毒万状，不可具言，总名之曰“想肉”。以为食之，而使人想之也。(《辍耕录》)

注二 其法用马羯羊八，彩缎练绢各九疋。以白羊毛缠若穗者九，貂鼠皮三。命蒙古巫觋，及蒙古人汉人秀才达官四员领其事，再拜告天地。又呼太祖成吉思汗御名而祝之曰：托天皇帝福，荫年年祭赛者。礼毕，掌祭官四员，各以祭币表里一与之。余币及祭物，凡祭者共分之。（《元史卷七七 · 祭祀志》）

注三 择日于西镇国寺内，束稈草为人形一，为狗一，剪杂色彩缎为之肠胃，选达官世家之贵重者，交射之。射至糜烂，以羊酒祭之。祭毕，帝后及太子嫔妃并射者，各解所服衣，俾蒙古巫觋祝赞之。祝赞毕，遂以与之名曰脱灾。国俗谓之射草狗。(同上)

注四 每岁十二月以后，选日用白黑羊毛为线，帝后及太子，自顶至手足，皆用羊毛线缠系之，坐于寝殿。蒙古巫觋念咒语，奉银槽贮火，置米糠于其中，沃以酥油。以其烟薰帝之身，断所系毛线，纳诸槽内。又以红帛长数寸，帝手裂碎之，唾之者三，并投火中，即解所服衣帽付巫觋。谓之脱旧灾迎新福。(同上)

第四编

近世史

第一章　明

（西历年一三六八至一六四三年）

第一节　明代之事略

一、明之统一

A 平福建——太祖洪武元年正月，汤和克延平，执元平章陈友定，福建平。（《明史卷二·太祖纪》）

B 平山东——洪武元年二月，常遇春克东昌，山东平。（同上）

C 平广东——洪武元年四月，廖永忠师至广州，元守臣何真降，广东平。（同上）

D 平河南——洪武元年四月，徐达，常遇春大破元兵于洛水北，遂围河南，梁王阿鲁温降，河南平。（同上）

E 平广西——洪武元年五月，廖永忠下梧州，浔、贵、容、郁、林诸州皆降，七月下象州，广西平。（同上）

F 平山西——洪武元年十二月，徐达克太原，扩廓帖木儿走甘肃，山西平。（同上）

G 平陕西——洪武二年八月，徐达克庆阳，斩张良臣，陕西平。（同上）

H 平四川——洪武四年七月，傅友德下成都，四川平。（同上）

I 平甘肃——洪武三年正月，诏徐达、李文忠等分道北伐，达自潼关出西道，捣定西，取库库。四月，进兵至安定，大破库库兵。库库仅挟妻数人奔和林，其王公以下凡八万数千人，皆为达所虏，甘肃平。（《明史卷一二五·徐达传》）

J 平云南——洪武十四年九月，傅友德为征南将军，帅师征云南。十五年正月元曲靖宣慰司及中庆、征江、武定诸路俱降，云南平。（《明史·太祖纪》）

二、太祖之内治

A 徙民

a 明初尝徙苏松嘉湖杭民之无田者，四千余户，往耕临濠，给牛种车粮以资遣之，三年不征其税。(《明史卷七七·食货志》)

b 徐达平沙漠，徙北平山后民三万五千八百余户，散处诸府卫，籍为军者给衣粮，民给田。又以沙漠遗民三万二千八百余户，屯田北平。(同上)

c 复徙江南民十四万于凤翔。又迁山西泽路民于河北。后屡徙浙西及山西民于滁和北平、山东、河南。(同上)

d 又徙登、莱、青民于东昌、兖州，及直隶、浙江二万户于京师。(同上)

B 立学——洪武二年十月，诏天下郡县皆立学。(《明史卷二·太祖纪》)

C 选吏——太祖惩元季吏治纵弛，民生凋敝，重绳贪吏，置之严典。一时守令畏法，洁己爱民，吏治焕然丕变矣！（注一）下逮仁宣，抚循休息，民人安乐，吏治澄清者百余年矣。(《明史卷二八一·循吏传》)

D 封建——太祖惩宋室之郡县制，帝室孤立而亡，乃择名城大都，封其诸子二十余人，以藩王室。(注二)(《明史卷一〇〇·诸王世表》)其后藩王势大为患，与汉代大同而小异也。

【注解】

注一 凡府州县吏来朝，陛辞，谕曰，天下新定，百姓财力俱困，如鸟初飞，木初植，勿拔其羽，勿撼其根；然为廉者能约己而爱人，贪者必朘人以肥己，尔等戒之。知县马亮善督运无课，农兴士效立命黜之，故一时守令皆畏法焉。(《明史卷二八一·循吏传》)

注二 明初封建表如下：

国名	人名	亲属	都地
秦	樉	子	西安
楚	桢	子	武昌
宁	权	子	大宁
鲁	檀	子	兖州

续表

国名	人名	亲属	都地
沈	模	子	潞州
代	桂	子	大同
郢	栋	子	安陆
庆	㰘	子	宁夏
周	橚	子	开封
燕	棣	子	北平
潭	梓	子	长沙
韩	松	子	开原
湘	柏	子	荆州
唐	桱	子	南阳
辽	植	子	广宁
岷	楩	子	岷州
晋	㭎	子	太原
齐	榑	子	青州
谷	橞	子	宣州
蜀	椿	子	成都
肃	楧	子	甘州
伊	㰘	子	洛阳
赵	杞	子	未之国
安	楹	子	平凉
靖江	守谦	从孙	桂平

三、胡蓝之狱

A 太祖兴狱之动机——明祖起事早，天下定后，则年已六十余，懿文太子又柔仁。懿文死，孙更孱弱，遂不得不为身后之虑。于是两兴大狱，以期将诸功臣，一网打尽，此可以推见其心迹也。（《二十二史札记卷三二·胡蓝之狱》）

B 胡惟庸之狱

a 胡惟庸之擅权

（1）胡惟庸于洪武六年为左丞相，尝以曲谨当上意，宠遇日盛。独相数岁，生杀黜陟，或不奏径行。（《明史卷三〇八·胡惟庸传》）

（2）又内外诸司上封事，必先取阅，害己者，辄匿不以闻。（同上）

（3）四方躁进之徒，及功臣武夫失职者，争走其门，馈遗金帛名马玩好，不可胜数。（同上）

b 胡惟庸之阴谋

（1）备军马——吉安侯陆仲亨、平凉侯费聚，因招降蒙古无功，帝大责之，二人惧。惟庸阴以权利胁诱二人，令在外收集军马。（同上）

（2）求外援——惟庸遣明州卫指挥林贤下海招倭与期会。又遣元故臣封绩致书称臣于元嗣君，并请兵为外应。（同上）

c 胡惟庸之被诛——洪武十三年，涂节上变告惟庸，帝大怒，下廷臣更讯，词连（陈）宁（涂）节。乃诛惟庸陈宁，并杀涂节。（同上）

d 胡党之株逮

（1）惟庸既死，其反状犹未尽露。十九年通倭事始著。（同上）

（2）二十三年善长家奴卢仲谦，陆仲亨家奴封帖木告其主与惟庸共谋不轨。帝大怒，于是肃清逆党，坐诛者三万余人。又为昭示奸党录，布告天下，株连蔓引，迄数年未靖。（《明史·胡惟庸传》、《二十二史札记·胡蓝之狱》）

C 蓝玉之狱

a 蓝玉之被诛——先是蓝玉多立功，渐骄，后因事帝责之，而奏事多不听，甚为不乐。洪武二十六年二月，蒋瓛告玉谋反，乃诛之。（《明史卷一三二·蓝玉传》）

b 蓝党之株逮——是时列侯以下，坐党夷灭者，不可胜数，手诏布告天下条例，爰书为《逆臣录》。洪武二十六年九月下诏曰：蓝贼为乱，谋泄，族诛者万五千人。（同上）自兴此两狱以后，于是元功臣宿将，相继尽矣！

四、靖难之变

A 原因——惠帝即位，时诸王以尊属拥重兵，多不法，帝纳齐泰、黄子澄谋，欲因事以次削除之，惮燕王强，未发。乃先废周王橚，以牵引燕。燕王甚恐，乃有叛之意。（注一）（《明史卷五·成祖纪一》）

B 经过

a 燕王棣之反——惠帝建文元年，七月燕王棣，上书天子，指齐泰、黄子澄为奸臣，并援祖训，朝无正臣，内有奸恶，则亲王训兵待命，天子密诏诸王统领镇兵讨平之。书既发，遂举兵，自署官属，称其师曰“靖难”。（同上）

b 惠帝之讨燕

（1）燕王既反，惠帝命耿炳文为征虏大将军。建文元年，八月，与燕兵战于滹沱河，败绩。乃以李景隆代之，十一月又为燕兵大败于郑村坝（河北大兴县），诸军尽溃。（《明史卷四·恭闵帝纪》）

（2）建文二年，燕兵陷德州，进攻济南，为盛庸所败。（《明史卷五·成祖纪》）

（3）建文三年，盛庸兵为燕兵所败，帝贬齐泰、黄子澄，谕燕罢兵，棣不奉诏。（同上）

c 燕兵之南下

（1）棣称兵三年，所克城邑，兵去旋复为朝廷所守，仅据有北平、保定、永平三府而已。会中官被黜者，来奔，具言京师空虚，乃于建文三年，十二月，举兵南下。（同上）

（2）四年，王月，渡淮，陷扬州。天子遣庆成郡主（棣从姊）至军中，许割地以和，不听。六月，燕兵渡江，犯金川门，谷王橞、李景隆等开门降，都城遂陷，宫中火起，帝不知所终。（同上）

d 方孝孺等之殉节——城陷之日，大索齐泰、黄子澄、方孝孺等五十余人，榜其姓名曰奸党，后遂杀三人，并夷其族，坐奸党死者甚众。（《明史卷五·成祖纪》，《卷一四一·齐泰黄子澄方孝孺传》）

C 燕京奠都——燕王即位，改元永乐，改北平为北京。十九年迁都北京，改京师曰南京，北京曰京师。（《明史·成祖纪》）

【注解】

注一 洪武三十一年，周王橚有罪，废为庶人，徙云南。建文元年四月，湘王柏自焚死，齐王榑，代王桂有罪，废为庶人。六月，岷王楩有罪，废为庶人，徙漳州。（《明史卷四·恭闵帝纪》）

备 考

（1）惠帝为皇太孙时，尝坐东坐门，谓黄子澄曰：诸王尊属拥重兵，多不法，奈何？对曰：诸王护卫兵，才足自守，倘有变，临以大师，其谁能支。

汉七国非不强，卒底灭亡，大小强弱势不同，而顺逆之理异也。太孙是其言，比即位，乃命子澄与齐泰谋图诸王。(《明史卷一四一·黄子澄传》)

(2) 先是成祖发北平，姚广孝以方孝孺为托曰：城下之日，彼必不降，幸勿杀之。杀孝孺，天下种子绝矣。成祖领之。及城下，欲使草诏，召至悲恸声彻殿阶。成祖降榻劳曰：先生毋自苦，予欲法周公辅成王耳，孝孺曰：成王安在？成祖曰：彼自焚死。孝孺曰：何不立成王之子？成祖曰：国赖长君。孝孺曰：何不立成王之弟？成祖曰：此朕家事。顾左右投笔札曰：诏天下非先生草不可。孝孺投笔于地，且哭且骂曰：死即死耳，诏不可草。成祖怒，命磔诸市。孝孺慨然就死。(《明史卷一四一·方孝孺传》)

五、明初之外征

A 朝鲜之内服

a 太祖洪武元年，封王颛为高丽国王，自后岁贡方物。(《明史卷三二〇·朝鲜传》)

b 七年，颛为权相李仁人所弑。颛无子，于是立宠臣辛肫之子禑为王。(同上)

c 二十一年，李成桂废禑，立禑子昌。明年，成桂又废昌，而立定昌国院君瑶。(同上)

d 二十五年，瑶被废，成桂自立为王，请更国号。太祖命仍古号曰朝鲜，自是以后，朝贡不绝。(同上)

B 鞑靼之征讨

a 鞑靼即蒙古，故元后也。太祖时，为边患，曾遣将讨之；且属诏谕之，不从。后有鬼力赤者自立，称可汗，去国号，遂称鞑靼。(《明史卷三二七·鞑靼传》)

b 成祖即位，遣使谕之通好，赐以银币。永乐七年，复使郭骥赍书往，被杀。帝怒，乃命邱福率精骑十万往讨之，福败而死。帝益怒。明年，自将兵五十万讨之，连战皆胜，遂班师。(同上)

c 七年冬，阿鲁台遣使来贡马，帝纳之。十一年，封阿鲁台为和宁王，自是岁或一贡或再贡，以为常。(同上)

C 安南之降服

a 安南古交趾地，洪武元年，其王陈日熞遣使来朝贡方物。明年，封为安南国王。后其国内讧起，国相黎季犛窃柄，于建文元年，大杀陈氏宗族，而

自立，更姓名胡一元，替国号大虞，朝廷不知也。（《明史卷三二一·安南传》）

b 成祖即位后，安南旧臣裴伯耆，诣阙告难。其王奎（季犛子）惧，遣使谢罪，请迎太平（裕宗弟）归，奉为主。未几奎又杀太平。成祖大怒，乃命朱能往讨之，大败其师，安南平。并改安南为交趾，置交趾布政司统辖安南。（同上）

D 瓦剌之征伐

a 瓦剌，蒙古部落也。在鞑靼西，元亡，其强臣猛可帖木儿据之。死后，众分为三。其渠曰：马哈木，曰：太平，曰：把秃孛罗。永乐六年，封马哈木为顺宁王，太平为贤义王，把秃孛罗为安乐王。八年，瓦剌贡马谢恩，自是岁一入贡。（《明史卷三二八·瓦剌传》）

b 十一年，马哈木等入犯。明年，成祖大破其众，马哈木等遁走，乃班师。十三年，马哈木等贡马谢罪。十六年，封哈木子脱惧为顺宁王，自是复奉贡。（同上）

E 贵州之开拓

a 贵州古罗施鬼国。汉西南夷，牂牁，武陵诸傍郡地。元置八番顺元诸军民宣慰使司，以羁縻之。明太祖既克陈友谅，兵威远振。思南宣慰，思州宣抚，率先归附，即令以故官世守之，时至正二十五年也。及洪武五年，贵州宣慰霭翠与宋蒙古歹，及普定府女总管适尔等，先后来归，皆予以原官世袭。（《明史卷三一六·贵州土司传序》）

b 成祖永乐十一年，思南、思州相仇杀，始命顾成以兵五万执其主，送京师，乃分其地为八府四州，设贵州布政使司，而以长官司七十五分隶焉。（同上）

F 哈密诸卫之设置——哈密东去嘉峪关一千六百里，洪武中，太祖既定畏兀儿地，置安定等卫，渐逼哈密。其主安克帖木儿惧，将纳款。成祖初，招谕之，遣使朝贡。永乐二年，诏封为忠顺王，自是朝贡不绝。（《明史卷三二九·哈密卫传》）

G 西番诸卫之征伐

a 西番即西羌，族种最多，自陕西历四川、云南徼外皆是，其散处河、湟、洮、岷间者，为中国患尤剧。洪武三年，卜纳剌以吐蕃诸部来纳款，锁南普等入朝贡马及方物。（《明史卷三三〇·西番诸卫传》）

b 十二年，洮州十八族番酋，三副使等叛，命沐英等讨之，大破其众，斩

数万人。自是群番震慑，不敢为寇。(同上)

H 郑和之海航

a 航海动机——成祖疑惠帝亡海外，欲踪迹之，且欲耀兵异域，示中国富强（《明史卷三〇四·郑和传》），乃有遣郑和等探险之举。

b 出洋次数

(1) 第一次——永乐三年（西历一四〇五年），命和及其侪王景弘等通使西洋，将士卒二万七千八百余人，造大船凡六十有二，自苏州刘家河泛海，至福建。复自福建五虎门扬帆。首达占城，以次遍历诸番国，宣天子诏，因给赐其君长，不服，则以武力慑之。五年九月还。诸国使者，随和朝见。(同上)

(2) 第二次——永乐六年九月，再往锡兰山国，禽其王亚烈苦奈儿，及其妻子官属。九年六月，献俘于朝，帝赦不诛，释之归国。(同上)

(3) 第三次——永乐十年十一月，复命和等往使，至苏门答剌。其前伪王子苏干剌者，方谋弑主，怒和赐不及己，率兵邀击官军，和力战禽之，并俘其妻子。十三年，七月，还朝，帝大喜，赉诸将士有差。(同上)

(4) 第四次——永乐十四年冬，满剌加古里等十九国，咸遣使朝贡，辞还。复命和偕往赐其君臣长。十七年七月还。(同上)

(5) 第五次——永乐十九年春，复往。明年八月还。(同上)

(6) 第六次——永乐二十二年，正月，旧港酋长施济孙，请袭宣慰使职。和赍敕印往赐之，比还，而成祖已宴驾。(同上)

(7) 第七次——宣宗宣德五年（西历一四三〇年），六月，帝以践阼岁久，而诸番国远者，犹未朝贡，于是和、景弘复奉命历忽鲁谟斯等十七国而还。(同上)

c 所经之地——郑和历事三朝，先后七奉使，所历占城，爪哇，真腊，旧港，暹罗，古里，满剌加，渤泥，苏门答剌，阿鲁，柯枝，大葛兰，小葛兰，西洋锁里，销里，加异勒，阿拨把丹，南巫里，甘把里，锡兰山，喃渤利，彭亨，急兰丹，忽鲁谟斯，比剌，溜山，孙剌，木骨，都束，麻林，剌撒，祖法儿，沙里湾泥，竹步，榜葛剌，天方，黎伐，那孤儿，凡三十余国。(同上)

备　考

(1) 郑和先后凡七奉使，历三十四余国，所取无名宝物，不可胜计，而中国耗费亦不赀。自宣德以还，远方时有至者，要不如永乐时，而和亦老且死。自和后，凡将命海表者，莫不盛称和，以夸外番。故俗传三保太监下西洋，为明初盛事云。(《明史·郑和传》)

(2) 成祖时，锐意通四夷，奉使多用中贵，西洋则和，西域则李达，迤北则海童，而西北则率使侯显。(同上)

(3)《明史》于郑和本传，仅叙“郑和，云南人，世所谓三保太监者”一句，而不详其世系。按云南出土李至刚撰《马公墓志铭》云：马公二子：次子和事今天子，赐姓郑，为内官监大监（碑出昆阳，其文见袁嘉穀《滇绎》卷二)。马公即和父，名哈只。哈只者，即回人曾朝麦加圣地而归者之荣称。是郑和实一回人，以其父曾至亚剌伯，航海所经，必多稔识。故和敢负通南洋之使命也。

六、宣德之治

A 宰辅

a 三杨——成祖时，杨士奇、杨荣与解缙等，同直内阁。杨溥亦同为仁宗宫辽，而三人逮事四朝，为时耆硕。溥入阁虽后，德望相亚，是以明称贤相，必首三杨。然宣宗之时，得力于此三人者多矣。(《明史卷一四八·杨士奇杨荣杨溥传赞》)

b 蹇义、夏原吉——蹇义、夏原吉以诚笃干济，受知太祖。至成祖时，益任以繁剧，而二人实能通达政体，谙练章程，称股肱之任。仁宣继体，委寄优隆，同德协心，匡翼令主，用使吏治修明，民风和乐，成绩懋者蔚为宗臣，树人之效远矣哉。(《明史卷一四九·蹇义夏原吉传赞》)

B 政绩

a 清理军伍——仁宗之时，军政渐坏。宣宗即位，军弊益滋，黠者往往匿其籍，或诬攘良民充伍。帝乃分遣吏部侍郎黄宗载等，清理天下军卫。三年，敕给事史清军，定十一条例，榜示天下。明年复增为二十二条。(《明史卷九二·兵志四》)于是军政始肃。

b 澄清吏治——是时以知府多循资格不称任，乃命大臣举京官廉能者任之。宣德三年，况钟、赵豫等以荐擢守苏松诸府，赐敕行事。十年，用郭济、姚文等为知府，亦如之，均著声绩。故其时吏治蒸蒸，称极盛焉。(《明史卷七一·选举志三》)

七、明代宦官之祸

A 宦官弄权之由来

a 明太祖鉴前代之失，置宦者不及百人，并禁其干预政事。（注一）成祖永乐中，命郑和下西洋，马靖镇甘肃，马骐镇交阯；又置东厂令刺事。盖明世宦官出使专征，监军分镇，刺臣民隐事，诸大权，皆自永乐间始。（《明史卷三〇四·宦官传序》）

b 初太祖定制，内臣不许读书识字。后宣宗，设内书堂，选小内侍书，令大学士陈山教习之，遂为定制。用是多通文墨，晓古今，逞其智巧，逢君作奸，数传之后，势成积重矣。（同上）

B 宦官之祸况

a 王振

（1）王振之用事

1. 英宗即位，年少，王振得权。（注二）然是时太皇太后贤，方委任内阁。阁臣杨士奇、杨荣、杨溥，皆累朝元老，振心惮之，未敢逞。（《明史卷三〇四·王振传》）

2. 英宗正统七年，太皇太后崩，荣已先卒，士奇以子稷论死不出，溥老病。新阁臣马愉、曹鼐势轻，振随跋扈不可制。（同上）

（2）土木之变

1. 瓦剌之入寇

（甲）正统十一年冬，瓦剌太师也先遣使抵大同，乞粮未许。后又有所请，仅得五分之一，也先大怒。（《明史卷三二八·瓦剌传》）遂有入寇之意。

（乙）十四年七月，瓦剌诱诸番，分道大举入寇。（同上）

2. 英宗之亲征

（甲）也先寇大同，参将吴浩战死。羽书踵至，振挟帝亲征，廷臣交谏弗听。（《明史·瓦剌传》，《王振传》）

（乙）十四年八月，帝驻大同，振益欲北。镇守太监郭敬以敌势告，振始惧，乃班师。（《明史·王振传》）

3. 英宗之北狩

（甲）十四年，八月，车驾还次宣府，敌众袭军后。至“土木”（察哈尔怀来县西），瓦剌兵追至，师大溃，死者数十万，帝北狩，振为乱兵所杀。（《明史·瓦剌传》、《卷十·英宗纪》）

（乙）十四年，九月，郕王奉太后命，即位，尊帝为太上皇，是为景帝。（《明史卷十一·景帝纪》）

（3）王振之暴虐

1. 王振建智化寺，穷极土木；又兴麓川之役（注三），西南骚然。侍讲刘球因雷震上言，陈得失，语刺振。振下球狱，使指挥马顺支解之。（《明史·王振传》）

2. 大理少卿薛瑄，素不礼振。振摭他事，陷瑄几死。（同上）

3. 国子监御史李铎，遇振不跪，谪戍铁岭。而帝尝以“先生”呼之，公侯勋戚呼曰“翁父”。（同上）

4. 又尚书王佐忤振意，罚跪草中。（同上）

b 汪直

（1）汪直之用事

1. 汪直大藤峡猺种也。初给事万贵妃，宪宗成化十二年，黑青见宫中，妖人李子龙以符术结太监韦舍，私入大内，事发伏诛。帝心恶之，锐意知外事。直为人便黠，帝因令易服，将校尉一二人，密入伺察，人莫知也。（《明史卷三〇四·汪直传》）

2. 成化十三年，南京镇监覃力朋进贡还，以百艘载私盐，骚扰州县，武城县典吏诘之。力朋击典吏，折其齿，射杀一人。直廉得以闻，逮治论斩。力朋后得幸免，而帝以此谓直能（察）奸，益幸之。（同上）

（2）汪直之跋扈

1. 屡兴大狱——直以韦瑛为心腹，屡兴大狱。建宁卫指挥杨晔，与父泰为仇家所告，匿京师其姊夫董玙所。玙为请瑛。瑛阳诺而驰报直。直即捕晔，严刑考之。乃妄言寄金于其叔父士伟所。遂捕士伟下狱，并掠其妻孥。晔死狱中，泰论斩，士伟等皆谪官。（同上）

2. 威胁百官——直每出随从甚众，公卿皆避道。兵部尚书项忠不避，迫辱之。成化十五年，诏直巡边，箠挞守令。各边都御史，畏直，服櫜鞬迎谒，供张百里外。河南巡抚秦紘奏直巡边扰民，帝弗省。兵部侍郎马文升方抚谕辽东，直至不为礼，被陷坐戍，由是直威势倾天下。（同上）

c 刘瑾

（1）刘瑾之用事——刘瑾兴平人，（注四）侍武宗东宫。武宗即位，掌钟鼓司，与马永成，高凤，罗祥，魏彬，邱聚，谷大用，张永，并以旧恩得幸，人号八虎。而瑾尤狡狠，尝慕王振之为人，日进鹰犬歌舞角抵之戏，导

帝微行。帝大欢乐之，渐信用瑾。(《明史卷三〇四·刘瑾传》)

(2) 刘瑾之暴下

1.《通鉴》纂要成，瑾诬诸翰林纂修官，誊写不谨，皆被谴。(同上)

2. 又创用枷法，御史王时中，郎中刘绎，张玮，尚宝卿，顾璿，副使姚祥，参议吴廷举等，并摭小过，枷濒死，始释而戍之。其余枷死者无数。(同上)

3. 正德二年，三月，瑾召群臣跪金水桥南，宣示奸党。大臣则大学士刘健，谢迁，尚书则韩文等五十余人，皆海内号忠直者也。(同上)

4. 二年夏，因有匿名书，诋瑾所行事。瑾矫旨召百官跪奉天门下，瑾立门左诘责，日暮收五品以下官，尽下狱。后瑾闻此书，乃内臣所为，始释诸臣。(同上)

(3) 刘瑾之伏诛——五年四月，安化王寘鐇反，以诛瑾为名。帝使杨一清讨之，张永为监军。一清密结永图瑾。寘鐇已擒，械送京师，献俘之日，永出寘鐇檄瑾不法事于帝。帝鞫之，果有反意，遂伏诛。(同上)

d 魏忠贤

(1) 魏忠贤之用事——忠贤（注五）自万历中，选入宫，王安善遇之。熹宗为皇太孙时，忠贤与其乳母客氏比。熹宗立，宠任之。而忠贤不知书，颇强记，猜忍阴毒好谀，帝深信之，于是势益张。(《明史卷三〇五·魏忠贤传》，刘若愚《酌中志卷十四·客魏始末纪略》)

(2) 魏忠贤之暴行

1. 置内操万人，衷甲出入，恣为威虐；矫诏赐光宗选侍赵氏死。裕妃张氏有娠，客氏谮杀之。皇后张氏有娠，客氏以计堕其胎，帝由此乏嗣。(《明史卷三〇五·魏忠贤传》)

2. 其他所害宫嫔冯贵人等，太监王国臣，刘克敬等甚众，禁掖事秘莫详也。(同上)

3. 忠贤跋扈日甚，杨涟刻忠贤二十四大罪，帝懵然不辨。魏大中等七十余人，文章论忠贤不法，不听。是时忠贤愤甚，欲尽杀异己者，于是大臣被杀者甚众，朝署一空。而忠贤之党，皆盘居要津矣！(同上)

4. 民间偶语，或触忠贤，辄被禽僇，甚至剥皮刲舌，所杀不可胜数。(以上并参考刘若愚《酌中志卷一·逆贤乱政》)

(3) 魏忠贤之党羽——当是之时，内外大权，一归忠贤。内有王体乾等；外有李朝钦等三十余人，为左右拥护。而外廷文有“五虎”（注六），武有

"五彪"（注七）。又吏部尚书周应卿，太仆少卿曹钦程等号"十狗"。又有"十孩儿"，"四十孙"之号。(《明史·魏忠贤传》，刘若愚《酌中志卷十五·逐贤羽翼纪略》)

C 宦官之财富

a 王振——王振时，每朝觐官来见者，以百金为率，千金者始得醉饱而出。是时贿赂初开，千金已为厚礼。然振籍没时，金银六十余库，玉盘百，珊瑚高六七尺者二十余株，则其富贵已不訾矣。（参《明史·王振传》及《二十二史札记卷三五·明代宦官案》）

b 李广——李广殁后"孝宗得其赂籍，文武大臣馈黄白米，各千二百石。帝惊曰：广食几何？乃受米如许。左右曰：隐语耳。黄者金；白者银。"（《明史卷三〇四·李广传》）则视振更甚矣！

c 刘瑾——刘瑾时，天下三司官入觐，例索千金，甚至有四五千金者；科道出使归，例有重贿。瑾败后，籍没之数，大玉带八十束，黄金二百五十万两，其他珍宝无算。(《二十二史札记·明代宦官》)

d 钱宁——钱宁籍没时，黄金十余万，而白金三千箱，玉带二千五百束。(同上)

e 魏忠贤——魏忠贤窃柄，史虽不载其籍没之数。然其权胜于瑾，则其富更胜瑾可知也。(同上)

【注解】

注一 明太祖定制，内官不得兼外臣文武衔，不得御外臣冠服，官无过四品。又镌铁牌置宫门曰：内臣不得干预政事，预者斩，敕诸司不得与文移往来。(《明史卷三〇四·宦官传·序》)

注二 王振，蔚州人，少选入内书堂，侍英宗。英宗即位，年少，振狡黠得帝欢，遂越金英等数人，掌司礼监，导帝用重典御下，防大臣欺蔽。于是大臣下狱者不绝，而振得因以市权。(《明史卷三〇四·王振传》)

注三 先是明初既克大理，下金齿，与平缅壤地相接。其酋思伦发惧，请降，诏以为宣慰使，命兼统麓川地。洪武十八年，思伦发反，率众十余万寇边。二十一年，西平侯沐英破走之。次年，遣使谢罪，入贡如故。思伦发死，子思任发嗣，称兵扰边，讨之无功，思任发由是愈横。既乃遣头目修贡，且请降。英宗降敕许赦之，廷议皆主抚，而王振欲示威四夷，力主剿。正统六年，遣王骥率兵十万往讨之，先后凡三次，老师费财，以一隅骚动天下。虽思任发被擒，而其子思机发伏匿，卒不可得。(《明史卷三一四·云南土司麓

川传》)

注四 刘瑾本谈氏子，依中官刘氏者以进，冒其姓。孝宗时，坐法当死，得免，已得侍武宗东宫。(《明史·刘瑾传》)

注五 魏忠贤，肃宁人，少无赖，与群恶少博不胜，为所苦恚，而自宫变姓名曰李进忠。其后乃复姓，赐名忠贤云。(《明史·魏忠贤传》)

注六 文臣则崔呈秀、田吉、吴淳夫、李龙、倪文焕，主谋议，号五虎。(同上)

注七 武臣则田尔耕、许显纯、孙云鹤、杨寰、崔应元，主杀僇，号五彪。(同上)

八、明末之外患

A 鞑靼之南侵

a 鞑靼之复兴——景帝二年，也先杀脱脱不花，自立为可汗。未几，为所部阿剌所杀。鞑靼部长孛来复攻破阿剌，求脱脱不花子麻儿可儿立之，号小王子。而孛来与其属毛里孩等，皆雄视部中，于是鞑靼复炽。(《明史卷三二七·鞑靼传》)

b 河套之占据

(1) 英宗天顺间，有阿罗出者，率属潜入河套居之，遂逼近西边。(同上)

(2) 宪宗成化元年，孛来与小王子(马古可儿吉思)、毛里孩等，先后继至，掳中国人为响导，抄掠延绥无虚时，而边事以棘，明年，命杨信讨之无功。(同上)

(3) 六年，孛鲁乃与干罗出，合别部乩加思兰孛罗忽，入据河套，为久居计，讨之亦无功。后有满鲁都入河套，称可汗。(同上)

(4) 九年，王越等大破满鲁都，孳畜庐帐荡尽，妻孥皆丧亡，相顾悲哭去。自是不复居河套，边患少弭。(同上)

c 小王子之侵扰

(1) 孝宗弘治八年，小王子(达延)奉书求贡，自称大元大可汗。自是屡入贡，渐往来套中，出没为寇。(同上)

(2) 十三年，小王子以十万骑入，杀掠固原宁夏境，三辅震动，戕杀惨酷。(同上)

(3) 十五年，复以五千骑，犯辽东长安。刘祥御之，斩首五十一级，敌乃退，自是仍时入寇。(同上)

（4）武宗时，小王子数入寇，杀掠尤惨。（同上）

d 俺答之侵扰

（1）世宗时，俺答入寇无虚岁。帝以曾铣击败之。铣请复河套，为严嵩所阻，而俺答寇弥甚。（同上）

（2）穆宗时，俺答始上表进贡，封为安顺王，而边患始息。（同上）

B 日本之侵略

a 倭寇之骚扰

（1）倭寇之起源——按初日本受元兵，禁通商，海舶往来，多奸利小民，先亦悬禁，久之遂流为海寇。又元中叶时，日本分为南北朝。明初南朝为北朝所并，遣臣遁入海，于海寇相合。此为其起源。

（2）倭寇之猖獗

1. 太祖即位，方国珍、张士诚，相继诛服。诸豪亡命，往往纠岛人，入寇山东滨海州县。自是以后，屡寇沿海诸地。（《明史卷三二二・日本传》）

2. 世宗时，寇势日炽。嘉靖三十三年，以数十人纵横江浙间，转斗数千里，杀掠数千人，历八十余日，始为曹邦辅所歼，此盖大奸汪直为之主谋所致也。直被杀后，又先后破之，其后浸衰。（同上）

（3）倭寇之息灭——神宗即位，惩嘉靖之祸，海防颇饬。贼来辄失利，而倭祸始息。（同上）

b 朝鲜之战役

（1）开衅原因

1. 朝鲜自太祖时，国王李成桂受册封为明外藩。时日本沿海诸侯，多与朝鲜互市，往来频繁。（《明史卷三二〇・朝鲜传》）

2. 神宗时，日本秀吉欲侵中国，灭朝鲜而有之。万历二十二年，率师侵朝鲜。朝鲜承平日久，兵不习战。其王李昖又湎酒弛备。兵皆望风而溃，乞援于明，于是中日朝鲜之战遂开幕矣。（《明史卷三二二・日本传》）

（2）经过

1. 平壤之役——是时倭已入王京，八道（注一）几尽没，旦暮且渡鸭绿江，请援之使，络绎于道。廷议以朝鲜为国藩，在所必争。而倭已至平壤，史儒等战死。祖成训往援之，亦仅以身免，时万历二十年也。（《明史・朝鲜传》、《卷二・神宗纪》）

2. 碧蹄馆之役——平壤败绩，中朝震动，以宋应昌、李如松，督军进战，连战皆捷，有轻敌心。如松欲取王京，将轻骑趋碧蹄馆，猝遇倭，围数重，为倭所败，军气大沮。(《明史·朝鲜传》、《卷三二八·李如松传》）时万历二十一年也。

3. 和议之破裂——如松既败，帝使沈惟敬往议和，议割三道，日本撤兵。而朝鲜不献三道，明又不知日本故有王，竟以王封册秀吉。秀吉大怒，议和复破，时万历二十四年也。(《明史·朝鲜传》）

(3）结果——万历二十五年，日本复入朝鲜，帝命杨镐为经略，倾海内全力，合朝鲜通国之众，与战，复大败。会秀吉卒，引兵还，明军乘势复朝鲜。(《明史卷二五九·杨镐传》及《朝鲜传》）

(4）影响——自日本侵朝鲜，前后凡七载，丧师数十万，糜饷数百万。自是财匮力疲，国力不支矣！(《明史·日本传》）

C 满洲之为患

a 满洲之建国

(1）满洲之兴起——满洲之先世为女真别族，居明建州卫。建州境内，有满洲、长白山二部，其邻近则东海部，属明野人卫，扈伦卫属明海西卫。神宗时，各部互相争，扈伦在满洲北最强。而满洲部内有爱新觉罗（姓）努尔哈赤（名）者，适崛起于此时。(《清太祖实录》）

(2）努尔哈赤称帝——努尔哈赤父以寇边，受明诛，及是起兵并近部；又破诸部联合军，势渐强，因称帝，都兴京，是为清太祖，国号满洲，时万历四十四年也。(同上）

b 辽东之陷落

(1）萨尔浒之役——清太祖假辞复仇（注二），遂围抚顺，全辽大震。神宗乃命杨镐合朝鲜兵四十七万，分四路进攻。而李如松欲立首功，先期深入，至萨尔浒（兴京西北）为努尔哈赤所破，全军尽没。其他三路亦皆相继败绩，其势大振，时万历四十六年也。(《明史卷二五九·杨镐传》）

(2）熊廷弼之筹边——万历四十七年，以杨镐既败，使熊廷弼代之。廷弼富将才，督军士造战车，治火器，濬濠缮城，为守御计，令严法行，数月守备大固，在辽一年，甚著功绩。会光宗崩，熹宗初立，忌者争劾之，乃以袁应泰代其任。(《明史卷二五九·熊廷弼传》）

(3）熊廷弼之三方布置策——袁应泰不长用兵，连失辽沈二城。清徙都辽阳，明廷大震。时天启元年，乃起用廷弼，建三方布置策：广宁用马兵列垒河上，以形势格之，缀敌全力。天津、登莱，各置舟师，乘虚入南卫，摇其人心，敌必内顾，而辽阳可复，熹宗从之。然广宁巡抚王化贞违

其节制，连失四十余地，不得已，退入关内。(《明史卷二五九·熊廷弼袁应泰传》)

(4) 孙承宗之修边备——明廷以承宗为经略，大修关外战备，而以袁崇焕守辽宁。已而承宗被谗去，高第代之，撤关外兵备。崇焕誓死守辽宁。天启六年，清兵攻之不克，而崇焕又大兴屯田，欲乘机以复旧地，军势大振。(《明史卷二五〇·孙承宗传》、《卷二五九·袁崇焕传》)

【注解】

注一 按八道为咸镜，平安，江原，黄海，京畿，忠清，庆尚，全罗。

注二 万历四十六年，以七大恨誓师：我之祖父，未尝损明一草寸土，无端启衅边陲，害我祖父，恨一也。明虽启衅，我尚欲修好，设碑勒誓，凡满汉人等，毋越疆围，有越者，见即诛之；见而故纵，殃及纵者。拒明复渝誓言，逞兵越界，卫助叶贺，恨二也。明人于清河以南，江岸以北，每岁窃逾疆场，肆其攘夺，我遵誓行诛。明负前盟，责我擅杀，拘我广宁使臣，纲古里，方吉纳，胁取十人杀之，恨三也。明越境以兵助叶赫，使我已聘之女，改适蒙古，恨四也。柴河、三岔、抚安三路，我累世分守疆土之众，耕田艺穀。明不容刈获，遣兵驱逐，恨五也。边外叶赫，获罪于天，明乃偏信其言，特遣使臣遗书诟詈，肆行陵侮，恨六也。昔者哈达助叶赫二次来侵，我自报之，天既授我哈达，明又党之，胁我还其国，已有哈达之人数。被叶赫侵略。夫列国之相争伐也，顺天心者胜而存；逆天心者败而亡，天建大国之君，即为天下共主，何独构怨于我国也。初扈伦诸国侵我，天厌扈伦，起衅为惟我是眷。今明助天谴之叶赫，抗天意，是非倒置，妄为判断，恨七也。欺侵日甚，情所难堪，因此七大恨之故，是以征之。(《清太祖实录》卷五)

九、党派之争潮

A 起源

a 朝事之坏——神宗在位日久，倦勤，朝事多废弛。大僚空署，士大夫推择迁转之命，往往不下，上下乖隔，廷臣部党势渐成。(《明史卷二四·叶向高传》)

b 言路之横——帝久倦勤，中外奏章，悉留中，惟言路一攻，则其人自去，不待诏旨。台谏之势，积重不反。其时考选久稽，言路无几人，盘踞益坚，后当为台谏者，必钩致门下，以为羽翼，当事大臣，莫敢撄其锋。(《明史卷二三六·夏嘉遇传》)

B 派别

a 东林党——顾宪成偕同志高攀龙、钱一本、薛敷教、史孟麟、于孔谦辈讲学于东林书院中，（注一）学者称泾阳先生。当是之时，士大夫抱道忤时者，率退处林野，闻风响附，学舍至不能容。而讲学之余，往往讽议朝政，裁量人物。朝士慕其风者，多遥相应和，由是东林之名大著。其后赵南星，邹元标相继讲学，纠政府之得失，时称顾赵邹为三君，是为东林党议之始。（《明史卷二三一·顾宪成传》、《卷二四三·赵南星邹元标传》）

b 非东林党

（1）言官

1. 齐党——给事中亓诗教为之魁，周永春御史韩浚等附之。（参《明史·夏嘉遇传》）

2. 楚党——给事中官应辰为之魁，吴克嗣等附之。（同上）

3. 浙党——给事中姚宗文为之魁，御史廷元等附之。（同上）

（2）朝官

1. 宣党——祭酒汤用宾为之魁，用宾，宣城人也。（参《明史卷二二四·孙丕扬传》）

2. 昆党——谕德顾天埈为之魁，天埈，昆山人也。宣党、昆党与齐、楚、浙三党，声势相倚，力排东林。（同上）

C 争题

a 三案始末

（1）梃击——神宗王妃生常洛（光宗），以年长为皇长子，而储位未定。时郑贵妃专宠，欲立其子常洵，廷臣交章固请，皆不听。万历二十九年，十月，立常洛为皇太子。四十三年，五月四日，忽有男子张差持梃入慈庆宫（光宗为太子时所居），为内侍所执，中外疑郑妃主使。郑妃自乞哀于太子，乃戮张差以讫事。此梃击一案也。（《明史卷二一·光宗纪》，《二十二史札记卷三五·三案》）

（2）红丸——光宗即位，甫数日，即病痢。中官崔文昇进利剂，益剧。有鸿胪寺官李可灼进红丸，帝觉稍舒，又进一丸，帝崩。此红丸一案也。（《明史·光宗纪》，《卷二四〇·韩爌传》）

（3）移宫——光宗宠选侍李氏，欲册为后，不果。选侍乘帝卒，据乾清宫挟帝子由校（熹宗）以自重。御史左光斗抗疏，请选侍移宫，选侍不得已，移居哕鸾宫。（注二）此移宫一案也。（《明史卷二四〇·刘一燝传》、《卷二

四四·杨涟传》、《左光斗传》)

b 两方争端

(1) 东林党——以梃击为贵妃主谋；以进红丸为方从哲之罪；以不移宫为选侍之罪，是为争三案者也。(《二十二史札记·三案》)

(2) 非东林党——以张差为风癫；以红丸为有效；以移宫为薄待先朝嫔御，是以三案为不足争者也。(同上)

D 倾轧

a 交攻之导线——淮抚李三才，才大而好用机权，结交天下，以不能廉，故为众所毁。三才与顾宪成深相结，宪成亦深信之。会内阁缺人，建议者意在三才，由是忌者众，谤议纷然。三才被攻，宪成贻书首辅叶向高暨尚书孙丕扬，讼其贤。会辛亥京察，攻才者刘国缙，乔应甲俱降调，其党大哗。两党之争，遂不可解。(《明史卷二三二·李三才传》及《叶向高传》)

b 东林之执政

(1) 初挫——当叶向高时，非东林党交通铨部，东林党被逐殆尽。万历四十一年，向高去国，方从哲独相。丁巳京察，尽斥东林，且及里居。齐人亓诗教，从哲门生，势尤张。(《明史卷二一八·方从哲传》)

(2) 再振——叶向高素右东林，及天启元年，还朝，复为首辅，乃引用邹元标、赵南星、高攀龙等居大位。凡与东林忤者，众目之为邪党，废斥殆尽。(《明史·叶向高传》、《魏忠贤传》)

c 非东林之报复——及魏忠贤势成，其党谋倚之，以倾东林。副都御史杨涟，劾忠贤廿四大罪，忠贤愤甚，欲杀异己者，于是御史崔呈秀，乃造《天鉴同志诸录》，王绍徽亦造《点将录》，皆以邹元标、顾宪成、叶向高，刘一燝等为魁，不附忠贤者，号曰东林党人，献于忠贤。忠贤以次罢斥之。顾秉谦修《三朝要典》，极意诋诸党人恶。御史徐复阳请毁讲学书院，以绝党根。御史卢承钦又请立东林党碑。海内屏息表气。(《明史·魏忠贤传》)

E 余波

a 逆案之定颁——思宗既诛魏忠贤，并严治其党，崇祯二年，遂有逆案之饰定。列上二百六十二人，罪分六等，名曰“钦定逆案”，颁行天下。(《明史卷二四〇·韩爌传》)

b 复社之创兴——张溥，大仓人。集郡中名士，相与复古学，名其文社曰“复社”。四方啖其名者，争走其门，尽名为复社。溥亦倾身结纳，交游日广，声气通朝右，所品题甲乙，颇能为荣辱，诸奔走附丽者，辄自矜曰，吾以嗣

东林也，执政大臣，由是恶之。(《明史卷二八八·张溥传》)

c马阮之翻案——马士英身掌中枢，一无筹画，日以锄正人，引凶党为务。引用阮大铖，借三案为题，凡生平不快意之人，一网打尽。(《明史卷三〇八·马士英传》)

F影响——按思宗之诛魏忠贤，昭雪被冤诸党人。然党祸虽解，而国事日非，内忧外患，接踵相迫，实为明亡之媒介。

【注解】

注一 神宗之初，张居正当国，饬吏治，整边备，海内称治。居正卒，纪纲浸坏。吏部员外郎顾宪成，以直言被斥，归无锡故里。宪成姿性绝人，幼即有志圣学，暨削籍居里，益覃精研究，力辟王守仁无善无恶心之体之说。邑故有东林书院，宋杨时讲道处也。宪成即偕诸同志讲学于其中。(《明史·顾宪成传》)

注二 帝崩，涟急催阁部大臣同入，临毕，阁臣刘一燝问群奄，皇子何在？东宫伴读王安曰：为李选侍所匿耳！一燝大呼，谁敢匿新天子者，安入内白选侍，乃今皇长出。一燝等即呼万岁，掖升辇至文华殿，先正太子位。时选侍在乾清宫，一燝谓太子不可与同居，乃奉太子暂居慈庆宫。明日周嘉谟、左光斗等，疏请今选侍移宫。光斗疏中，有武氏语，选侍怒，欲召太子加光斗重谴。涟正色谓奄：太子今已为天子，选侍何得召？明日又合疏上，选侍不得已，即日移哕鸾宫，帝乃还乾清宫。(《二十二史札记卷三五·三案》)

备　考

(1) 天启五年，十二月，逆党魏忠贤矫旨颁行东林党榜，李三才、叶向高、顾宪成、邹元标、赵南星、高攀龙等三百零九人姓名于天下，生者削籍，死者追夺，已经削夺者禁锢。(《酌中志余卷上·东林党人榜东林党人录》)

(2) 东林党之人遍天下，北直八人，南直四十一人，浙江十一人，江西十六人，湖广二十人，河南七人，福建五人，山东十三人，山西十五人，陕西十八人，四川五人，广东一人，云南一人，贵州一人。而各人之职务，因内部之组织而不同，其人才之众多，实非为非东林党所能及也。(《酌中志余卷上·东林籍贯东林点将录东林党录》)

十、明之海上交通

A 南洋之华侨

a 经营之状况

（1）爪哇——万历时，中国商旅，往来不绝。其国有新村，最号富饶，中国及诸蕃商舶，辐辏其地，宝填溢，其村主即广东人。（《明史卷三二四·爪哇传》）

（2）旧港——初爪哇灭三佛齐，改名曰旧港。国中大乱，爪哇亦不能尽有其地，华人流寓者，往往起而据之。有梁道明者，广东南海县人，闽粤军民泛海从之者数千家，推道明为首，雄视一方。嘉靖末年，广东大盗张琏乱，为官军所逐，后商人至旧港，见琏为番舶长，漳泉人多附之，犹中国市舶官云。（《明史卷三二四·三佛齐传》）

（3）吕宋——先是闽人以其地近，且富饶，商贩者至数万人，往往久居不返，至长子孙。（《明史卷三二三·吕宋传》）

b 欧人之侵凌

（1）攘夺殖业——自达东方之新航路发现以后，于是葡萄牙，西班牙，荷兰，英国俱相继东来，殖民于南洋同印度一带。驱逐华人，垄断交通，自是中国南洋之商业，尽为欧人所夺矣。（参见《明史·外国传》）

（2）惨杀华侨——西班牙人抵菲律宾后，见华商甚众，有喧宾夺主之势，忌之。万历三十一年，下令屠杀，华人二万名，几无一留。然不久人数又增，崇祯十二年，再下令屠杀，三万三千商民之中，生者仅三分之一耳。亦云惨矣！（张星烺《中西交通史料汇篇》第二册第一六一节）

B 中欧之通商

a 互市之利

（1）祖宗时，诸蕃常贡外，原有抽分之法。稍取其余，足供御用。利一也。（《明史卷三二五·佛郎机传》）

（2）两粤比岁用兵，库藏耗竭，籍以充军饷，备不虞。利二也。（同上）

（3）粤西素仰给粤东。小有征发，即措办不前。若番舶流通，则上下交济。利三也。（同上）

（4）小民以懋迁为生，持一钱之货，即得展转贩易，衣食其中。利四也。（同上）

b 通商之国

（1）葡萄牙——武宗时，葡萄牙人至广州通商，上川，电白，澳门，皆其居留地，而澳门独盛。时海贼盛行，明不能讨，借葡兵力，平之。遂令其岁纳租银五百万两，以三地租之，是为中国有租借地之始。（《明史·佛郎机传》，《中西交通史料汇篇》第二册第一五一至一五三节）

（2）西班牙——西班牙据有菲律宾，于万历三年，遣使通中国，然为葡人所阻，卒不得要领，仅以马尼剌为两国之市场，而墨西哥之银币，因得接间以输入中国，是为外国银币流行内地之始。（《中西交通史料汇篇》第二册第一六一节）

（3）荷兰——神宗时，荷兰东来，欲扩势力于中国，谋夺澳门，中葡共御之，不得逞，乃据有台湾而经营之。（《明史卷三二五·荷兰传》，《中西交通史料汇篇》第二册第一六二节）

（4）英吉利——神宗时，英与葡战，葡人不胜，遂许英船以出入澳门之权利。崇祯十年，英陷虎门，中国许与英人通商以和。自是以后，英人之势力渐盛矣。（《中西交通史料汇篇》第二册第一六六节）

十一、明之灭亡

A 流寇肆祸

a 流寇之起源

（1）饥民——先是辽左用兵，逃军惮不敢归伍，相聚剽虏。至是关中频岁祲，有司不恤下，白水王二者，鸠众墨其面，闯入澄城，杀知县张耀采。由是府谷王嘉允，汉南王大梁，阶州周大旺，群贼蜂起，三边饥军应之，流氛之始也。（《明史卷二六〇·杨鹤传》）（注一）

（2）饥军——粮饷穷乏，至崇祯朝已极。崇祯元年，陕西因欠饷，兵士遂起而劫掠州库，投入饥民，而为群盗矣。明年，京师戒严，延绥、宁夏、甘肃、固原、临洮，五镇总兵官，悉以勤王行，延绥兵中道逃归，甘肃兵亦哗，惧诛，并合于贼，贼益张。（同上）

（3）驿卒——崇祯二年，以给事中剽懋议裁驿站，山陕游民，仰驿糈者，无所得食，俱从贼，贼转盛。（《明史卷三零九·李自成传》）（注二）

b 寇事之扩大

（1）在陕初起

1. 张献忠者，延安卫柳树涧人也。隶延绥卫为军，犯法当斩。主将陈洪范奇其状貌，为请于总兵官王威释之，乃逃去。崇祯三年，陕西贼大起，王

嘉允据府谷，陷河曲，献忠以米脂十八寨应之，自号八大王。（《明史卷三〇九·张献忠传》）

2. 李自成米脂人，崇祯四年，河曲贼王嘉允为左右所杀，其党共推王自用为魁。自用结群贼老徊徊、混世王等及高迎祥、献忠共三十六营，众二十余万。自成乃往从之，号闯将，未有名。（《明史卷三〇九·李自成传》）

（2）窜扰中原——是时流贼屡入河南，陈奇瑜、洪承畴，先后讨之，皆无功。崇祯八年，大会荥阳，老徊徊、曹操，革里眼，左金王，改世王，射塌天，横天王，混十万，过天星，九条龙，顺天王，及迎祥、张献忠，共称十三家七十二营，议分道出兵，所得子女玉帛，众家均分。（《明史·李自成传》）此为流贼史上放一异彩。

c 剿抚之无功

（1）外力牵掣——是时清兵深入，洪承畴，孙传庭皆奉诏入援，朝仪移承畴总督蓟辽，帅秦兵东守。传庭言：秦兵不归，则流贼势张，且军士家在秦，久留于边，非哗则逃，无益。帝不听，而以传庭总督保定，杨嗣昌效之，逮下狱，于是陕事益坏。（《明史卷二六二·孙传庭传》）

（2）中官监军——庄烈帝即位。变更前法，京营自监督外，总理捕务者二员，提督禁门巡视点军者三员，帝皆以御马监司礼文书房内臣为之，于是营务尽领于中官矣。而为弊甚大，竟以亡国。（《明史卷八九·兵志一·京营》）

（3）将帅邀功——时兵事益急，帝命京军出防剿，皆监以中官廪给优渥，挟势而骄，多夺人俘获以为功，轻折辱诸将士，将士益解体。（同上）

（4）士卒骄蹇——京军之弱，其弊不在逃亡，而在占役，不在军士，而在将领，盖提督坐营号头把总诸官，多世胄纨绔，平时占役军营，以宫名支饷，临操则肆集市人呼舞博笑而已。而军士又多习于骄惰，及流贼入居庸关，至沙河，京军出御，闻炮声溃而归，京师遂陷。（同上）

d 李张之建号

（1）李自成

1. 政治见解

（甲）自成入河南，造谣词曰：“迎闯王，不纳粮。”又改禹州为平均府。（《明史卷三〇九·李自成传》）由此可略见其经济政策。

（乙）据明末野史云，有事公众议之，是自成无独裁之意，而行合议制度。

2. 入据关中——自荥阳会后，自成即西入陕西，十七年正月，称王于西安，僭国号曰大顺，改元永昌，改名自晟。(《明史·李自成传》)

(2) 张献忠

1. 据蜀——荥阳大会，献忠独东下，转战数年。十六年，克武昌，遂僭号。十七年，破成都，僭号大西国王，改元大顺，名成都曰西京。(《明史·张献忠传》)

2. 屠杀——献忠性狡谲嗜杀，一日不杀人，辄悒悒不乐。其诛之数，不可胜纪。(注三)(同上)

e 思宗之殉国

(1) 燕京之陷落——崇祯十七年，自成率师北犯，官兵望风奔溃。三月，迫京师，太监曹化淳启彰义门迎降，京师陷。帝剑击长公主，趣皇后自尽，而帝自缢于煤山。(《明史·李自成传》、《卷二四·庄烈帝纪二》)

(2) 李自成之称帝——北京既陷，自成乃僭称帝号，尽改官制。(注四)文武诸臣，遭其拷掠，至为惨酷，又大纵淫掠，民不胜其毒，缢死相望。(《明史·李自成传》)

B 清兵入关

a 入关侵扰

(1) 第一次——崇祯二年，十一月，清兵入关，直薄京师。袁崇焕闻惊入援，未几被诬而死。三年，清兵攻山海关，不克，乃退，关内诸城，渐次收复。(《明史·庄烈帝纪》并《参圣武纪》)

(2) 第二次——崇祯七年七月，清兵击察哈尔，大破之。八月，侵宣府大同，抵保定而还。(同上)

(3) 第三次——崇祯九年七月，清兵复入昌平，连破畿内州县，逾月而归。(同上)

(4) 第四次——崇祯十一年八月，清太宗自将向山海关，牵制明兵，而令多尔衮由密云县深入，连下畿辅四十八县。十二年正月，清兵自德州渡河，下山东州县十六，而山海关终不下，乃班师。(同上)

(5) 第五次——崇祯十五年，十一月，清兵复由雁门入塞，陷蓟州，分道而南，克顺德、河间、兖州三府，分兵东抵登莱，南及海州。复自天津由密云出塞。是役陷三府，十六州，六十七县，丧失人民牲畜财帛，不可胜纪，明之元气伤矣。(同上)

b 平定中原

（1）吴三桂请兵——初明廷为李自成所逼，吴三桂拥兵山海关，有诏召还三桂。三桂星速旋师，途中闻燕京陷，思宗死，得其父襄书，将降自成。旋以爱妾陈姬见收于自成，乃忿，请兵于清。（《清史列传卷八〇·逆臣吴三桂传》）

（2）移都燕京——时清世祖即位，多尔衮摄政，允三桂请，率洪承畴赴援，大破自成兵于山海关。自成归京师焚宫阙，杀吴襄，载辎西走。多尔衮入京师，世祖旋由沈阳徙都北京，是为清室南下定都之始。（参《清史列传·多尔衮传》）

C 南明诸帝

a 福王之被虏——思宗既殉国，福王由崧即位于南京，是为弘光帝。命史可法督兵江北，清兵陷扬州，可法死之，南京亦陷，帝走芜湖，旋见执，时弘光元年也。（徐鼒《小腆纪年》）

b 唐王之殉国——福王被虏，唐王聿键即位于福建，是为隆武帝。隆武元年，清兵入闽，帝走汀州，旋为清兵所执见杀。帝弟唐王聿粤即位于广州，是为绍武帝，寻亦为清兵所执。（同上）

c 桂王之败亡——隆武元年，桂王由榔已即位于肇庆，是为永历帝，屡为清兵所迫。后为三桂所迫，走缅甸。甸酋执帝献于三桂，旋被杀，明遂亡，时永历十五年，清顺治十八年也。（同上）

【注解】

注一 按给事中马懋才，当时上疏，叙陕西饥民之状如下：臣陕西安塞县人也。臣见诸臣具疏，有云父弃其子，夫鬻其妻，或掘草根而自食，或掘白石以充饥，然此犹不足言。臣乡延安府，自去岁至今，一年已不见雨，草木枯焦。八九月间，人民争相采食山间之蓬草。虽曰榖物，实类于糠，其味苦涩，食之不过免死。至十月，蓬尽则剥树皮而食，诸树皮中，惟榆皮最善，仍杂以他皮而食，亦得稍缓其死。至年终，树皮又尽，则又掘山中石块而食，石冷而味腥，虽少食亦易饱，不数日则腹胀下坠而死。民有不甘食石而死者，始相聚为盗，其一二稍为积贮之民，则被劫不留一物。彼饥民以为死于饥与死于盗，死相等耳；且与其坐以饥死，何不为盗而死，尚得为饱死鬼乎？最可悯者，则在安塞城西一带之地，每日必弃一二婴儿，其号泣而呼父母者有之，其食粪土者有之。至翌日，则弃儿无一生者。更可异者，童稚辈及独行者，一出城外，便无踪影。后见门外之人，炊人骨而为薪，煮人肉而为食，始知前此之人，皆为饥民所食。第食人者必非康健，彼等亦不出数日，面目赤肿，发燥热而病死。因此死者相枕藉，各县于城外掘数坑，每坑埋数百人。总之秦地光景，庆阳延安以北，饥荒至十分之极，盗贼次之；西安汉中以下，则盗贼至十分之极，而饥荒次之云云。

注二 按在中国之北方，从事于驿站之驿夫，多系山西及陕西之人民。一因其耕地不十分相宜；又因其地方之人民，一般多有膂力，惟苦生计困难，多惟为无赖之徒。据《明史》所记，则谓朝廷设立驿站之主旨，兼以笼络天下无赖之徒，使彼等肩挑背负，耗其精力，销其岁月，糊其口腹，而不敢为非，此亦不免为一面之观察。究之驿传裁削者，将从来驿夫之数，大施节减，适陕西饥馑，殆达极点，今更增此多数之无赖汉，于是到处煽动溃兵，遂相聚而投于盗贼之群。

注三 献忠诡开科取士，集于青羊宫尽杀之，笔墨成丘冢。坑成都民于中园；杀各卫籍军九十八万。又遣四将军分屠各府县，名曰“草杀”。伪官朝会拜伏呼獒数十下殿，獒所齅者，引出斩之，名曰“天杀”。又创“生剥皮法”，皮未去而先绝者，刑者抵死。将卒以杀人多少叙功次，共杀男女六万万有奇，贼将有不忍至缢死者。伪都督张君用、王明等数十人皆坐杀人少剥皮死，并屠其家。胁川中士大夫使受伪职叙州布政使尹伸广元，给事中吴宇英不屈死，诸受职者，后寻亦皆见杀。其惨虐无人理，不可胜纪。（《明史·张献忠传》）

注四 自成称帝，尽改官制：六部曰：六政府；司官曰：从事；六科曰：谏议；十三道曰：直指使；翰林院曰：弘文馆；太仆寺曰：验马寺；巡抚曰：节度使；兵备曰：防御使；知府州县曰：尹，曰：牧，曰：令。（《明史·李自成传》）

第二节 明代之制度

A 官制

a 内官——明官制沿汉唐之旧而损益之，设中书省，置左右丞相，嗣恐丞相擅权，乃废之，而分其职于六部，时殿阁大学士仅备顾问。仁宗时，以殿阁大学士多为师傅，特尊重之，于是权渐重。世宗时，政务枢机，悉归内阁，夏言、严嵩迭用事，隐然有宰相之实权，嗣后遂成体制。又有都察院以纠察风纪，通政使以通达奏章。此中央官制之大略也。（注一）（《明史·职

官志》)

b 外官——省设布政司以掌财政，按察司以理刑名，道设分司。府州县设知府知州知县以掌政令。然其后又设巡抚总督及巡按御史，大率除治理人民机关外，以监督官吏机关最为重规而叠矩。有司竭全力以奉长官不暇，更无余力以勤所职，大为政蠹。(注一)(同上)

B 学校

a 京师学

(1) 国子学——洪武元年，令品官子弟，及民俊秀通文义者，并充学生。而南北两京，皆设国子学。既而改学为监，有祭酒，司业博士为之师。(《明史卷六九·选举志》)

(2) 宗学——为宗室子弟肄业所。(同上)

(3) 武学——英宗时设之两京以教武生。(同上)

b 地方学

(1) 府学——以教授训导等职为之师。(同上)

(2) 州学——同上。(同上)

(3) 县学——同上。(同上)

(4) 社学——每乡社置之，令民间子弟肄业，以期教育之普及。(同上)

C 选举

a 文科

(1) 选举之法

1. 学校——学校以教育之。(《明史卷六九·选举志序》)

2. 科目——科目以登进之。(同上)

3. 荐举——荐举以旁招之。(同上)

4. 铨选——铨选以列之天下，人才尽于是矣。(注二)(同上)

(2) 考试之法

1. 乡试——子午卯酉之年，各省举行者，曰乡试。中式者为“举人”，以第一为“解元”。(《明史卷七〇·选举志二》)

2. 会试——辰戌丑未之年，以举人试之京师礼部，曰会试，第一为“会元”。(同上)

3. 殿试——会试中式者，天子亲策于廷，曰廷试，亦曰殿试。分一二三甲以为名第之次。一甲止三人曰：“状元”、“榜眼”、“探花”，赐进士及第。二甲若干人，赐进士出身。三甲若干人，赐同进士出身。(同上)

b 科武——初设乡试会试，思宗时，始举行殿试。武举殿试自此始。(同上)

D 田赋

a 田制

(1) 官田——初官田皆宋元时入官田地，厥后有还官田，没官田，断入官田，学田，皇庄，牧马草场，城墟，苜蓿地，牲地，园陵，坟地，公占隙地，诸王公主，勋戚大臣，内监守观，赐乞庄田，百官职田，边臣养廉田，军民商屯田，通谓之官田。(《明史卷七七·食货志》)

(2) 民田——除官田之外，其余为民田。(同上)

b 赋税

(1) 官田——每亩税五升三合。(同上)

(2) 民田——每亩三升三合。(同上)

E 服色

a 官员

(1) 朝服——凡大祀庆成正旦冬至圣节，及颁诏开读进表传制俱用。(《明史卷六七·舆服志三》)

(2) 公服——每日早晚朝奏事，及侍班谢恩见辞则服之。在外文武官，每日公座服之。(同上)

(3) 常服——凡常朝视事用之。(同上)

b 命妇——有朝服常服之分。(同上)

F 币制

a 钱

(1) 大中通宝钱——太祖初置宝源局于应天，铸大中通宝钱，与历代钱兼行，以四百文为一贯，四十文为一两，四文为一钱。(《明史卷八一·食货志》，《五续通考·钱币考》)

(2) 洪武通宝钱——太祖即位，颁洪武通宝钱，其制凡五等：曰当十，当五，当三，当二，当一。当十钱重一两，余递降，至重一钱。(同上)

(3) 大中洪武通宝钱——洪武四年，改铸大中洪武通宝大钱为小钱，初宝源局钱，铸京字于背，后多不铸，民间无京字者不行，故改铸小钱以便之。(同上)

(4) 永乐钱——成祖九年，铸永乐钱。(同上)

(5) 宣德钱——宣德九年铸之。(同上)

（6）弘治钱——弘治十六年以后铸之。（同上）

（7）嘉靖钱——世宗嘉靖六年铸之，且补铸累朝未铸者。（同上）

（8）泰昌钱——天启元年铸之。（同上）

b 钞——明初商贾沿元之旧习，用钞，多不便用钱。洪武七年，乃造“大明宝钞”，命民间通行。其等凡六，曰：一贯，曰：五百文，四百文，三百文，二百文，一百文。每钞一贯，准钱千文，银一两。四贯准黄金一两。禁民间不得以金银物货交易，违者罪之，以金银易钞者听。（同上）

G 刑制

a 刑书

（1）《律令直解》——本李善长所撰之《律令》，而太祖诏周祯等为之训释者也。（《明史卷九三·刑法志一》）

（2）《大明律》——洪武六年，冬，诏刑部尚书刘惟谦详定《大明律》。其篇目一准于唐，凡六百有六条。其后又取比年所增，以类附入，而成之者也。（同上）

b 刑名

（1）五刑

1. 笞——笞刑五：自一十至五十。每十为一等加减。（《明史卷九三·刑法志》）

2. 杖——杖刑五：自六十至一百。每十为一等加减。（同上）

3. 徒——徒刑五：一年杖六十，一年半杖七十，二年杖八十，二年半杖九十，三年杖一百。每杖十及徒半年为一等加减。（同上）

4. 流——流刑三：二千里，二千五百里，三千里，皆杖一百。每五百里为一等加减。（同上）

5. 死——死刑二：绞，斩。（同上）

（2）其他

1. 徒——五刑之外，徒有总徒四年（遇例减一年者），有准徒五年（斩绞杂犯减等者）。（同上）

2. 流——流有“安置”，有“迁徙”，有“口外为民”。其重者曰：“充军”。（同上）

3. 死——二死之外，有“凌迟”，以处大逆不道诸罪者。（同上）

c 刑具——凡七：曰：笞，曰：杖，曰：讯杖，曰：枷，曰：杻，曰：索，曰：镣。（同上）

H 兵制

a 编制

（1）京军——京军三大营：一曰五军，一曰三千，一曰神机。（《明史卷八九·兵志一》）

（2）卫所

1. 卫——连郡者设卫，大率五千六百人为卫。（《明史卷九〇·兵志二》）

2. 所——一郡者设所，千一百二十人为千户所，百十有二人为百户所。所设总旗二，小旗十，大小联比以成军。（同上）

b 召募

（1）从征——从征者诸将所部兵，既定其地，因以留戎者也。（同上）

（2）归附——归附则胜国，及僭伪诸降卒。（同上）

（3）谪发——谪发以罪迁隶为兵者。（同上）

c 征调——遇有征伐，持符信而出兵。受节制于兵部。事平则将上佩印兵归卫所，即唐府兵遗意也。（同上）

I 地方制

a 疆域——明初东起朝鲜，西据土番，南包安南，北距大碛，东西一万一千七百五十里，南北一万九百四里。自成祖弃大宁，徙东胜。宣德迁开平于独石。世宗时，复弃哈密、河套，则东起辽海，西至嘉峪，南至琼崖，北抵云溯，东西万余里，南北万里。其声教所讫，岁时纳贽，而非命吏置籍侯尉羁属者，不在此数，呜呼盛矣！（《明史卷四〇·地理志序》）

b 区划

（1）两京——为直隶者二，曰：京师，曰：南京。（同上）

（2）十三省——为布政使司者十三，曰：山东，曰：山西，曰：河南，曰：陕西，曰：四川，曰：湖广，曰：浙江，曰：江西，曰：福建，曰：广东，曰：广西，曰：云南，曰：贵州。（同上）

（3）九边——其边陲要地称重镇者凡九，曰：辽东，曰：蓟州，曰：宣府，曰：大同，曰：榆林，曰：宁夏，曰：甘肃，曰：太原，曰：固原。（同上）

【注解】

注一 明代职官表：（略）

注二 明制科目为盛，卿相皆由此出，学校则储才以应科目者也。其经学校通籍者，亦科目之亚者也。外此则杂流矣。然进士，举贡，杂流三途并用，虽有畸重，无偏废也。荐举盛于国初，后因专用科目而罢。铨选则入官之始，舍此蔑由焉。是四者厘然具载其本末，而二百七十年间，取士得失，故可睹也。(《明史卷六九·选举志》)

备　考

(1) 卫所之兵，皆屯田自为耕作，计兵授地，以地养兵，故兵足而粮不费。其后额军渐缺，遂行召募之法。(《明史·兵志》)

(2) 有明之兵制，盖亦三变矣。卫所之兵变而为召募，至崇祯弘光间，又变而为大将之屯兵。(黄宗羲《明夷待访录》)

第三节　明代之文化

A 图书之搜集——成祖即位之初，命翰林学士解缙等，纂集历来经史子集百家，以及天文地理阴阳医卜僧道技艺之言为一书，悉采各书新载事物，类聚之而统之以韵。二年，十一月，书成，赐名《文献大成》。既而上览所进书，尚多未备，遂命重修。命姚广孝与侍郎刘季篪及缙总之。五年，十一月，书成，凡二万二千九百三十七卷，一万一千九十五册，赐名《永乐大典》，是为有史以来最大之类书。(《明史卷一四七·解缙传》，《卷一四五·姚广孝传》，《卷一五〇·刘季篪传》)

B 史学

a 正史——《元史》——洪武二年，诏宋濂等修元史。是年八月，史成，为纪四十七卷，志五十三卷，表六卷，列传九十七卷，共二百十卷。(《明史卷一二八·宋濂传》)

b 别史

(1) 纪传体——《宋史新编》——《宋史》与《辽金史》旧分三书，柯维骐乃合之为一，以辽金附之，而列二王于本纪。褒贬去取，义例严整，阅二十年而始成，名之曰:《宋史新编》。(《明史卷二八七·柯维骐传》)

(2) 编年体——《宋元通鉴》——薛应旂《宋元通鉴》一百五十七卷。(《明史·艺文志》)

(3) 纪事本末

1.《宋史纪事本末》——陈邦瞻撰。自太祖代周，迄文谢之死，凡一百九目，于一代兴废治乱之迹，梗概略具。宋史最为芜秽，不似《资治通鉴》，本有脉络可寻。此书部列区分，使一一就绪。其书虽稍亚于枢，其寻译之功，乃视枢为倍矣。（《四库全书提要》卷四九）

2.《元史纪事本末》——陈邦瞻撰。凡列目二十有七。明修《元史》，仅八月而成书，潦草殊甚。其后商辂等撰《续纲目》，不能旁征博采，于元事亦多不详。此书采掇，不出二书之外，故未能及《宋史纪事本末》之赅博。持元代推步之法，科举之制，以及漕运河渠诸大政，措置极详，邦瞻于此数端，纪载颇为明晰。（同上）

C 理学

a 河东派

（1）创立者——薛瑄，山西河津人。其学一本程朱。其修己教人，以躬行复性为主，海内宗之，称为河东派。（《明史卷二八二 · 薛瑄传》、《明儒学案卷七 · 河东学案》）

（2）门徒——阎禹锡、张鼎、段坚等诸人。（《明儒学案卷七 · 河东学案》）

b 江门派

（1）创立者——吴与弼以名儒被荐。其学稍出于朱陆之间。其门人最著者，曰：胡居仁，曰：陈献章。居仁笃践，确守先儒正传，无敢改错，朱子派也。献章专以静为主，忘已为大，无欲为至。其说稍近陆子，学者亦宗之，称为白沙先生，号江门派。（《明史卷二八二 · 吴与弼传胡居仁传》，《卷二八三 · 陈献章传》，《明儒学案卷五 · 白沙学案》）

（2）门徒——李承箕、张诩、贺钦等人。（《明儒学案 · 白沙学案》）

c 姚江派

（1）创立者——王守仁，学者称为阳明先生，余姚人也。倡良知之说，与朱子之学，大相反对，海内翕然之，称为姚江派。（《明史卷一八三 · 王守仁传》，《明儒学案卷十 · 姚江学案》）

（2）门徒——此派门徒遍天下。东林党魁顾宪成力阐其说。明季忠节之士，多其学说所造成，关系甚巨。（同上）

D 文学

a 文

（1）明初大家——明初文学之士，承元季虞（集）柳（贯）黄（溍）吴（莱）之后，师友讲贯，学有本原。而宋濂为首，其次有王祎、刘基等。濂之门下，则有方孝孺，亦博学能文，以笔力劲健称。（《明史卷二八五・文苑传序》，《卷一二八・宋濂传刘基传》，《卷二八九・王祎传》，《卷一四一・方孝孺传》）

（2）台阁体——杨士奇、杨荣、杨溥俱通儒术，达事机。历事成祖、仁宗、宣宗、英宗四朝，同心戮力，朝无失政，民无艰食，中外人士，翕然称其德曰：三杨。盖久在馆阁，朝廷高文典册，多出其手，相率以博大昌明之体，雍容闲雅之作，为一世倡，以讴歌太平，海内宗之，号台阁体。（《四库全书总目卷一七一・别集类二十四・空同集》）

（3）古文之提倡——弘正之间，李东阳出入宋元，溯流唐代，擅声馆阁。而李梦阳独讥其萎弱，倡言文必秦汉，诗必盛唐，非是者弗道。与何景明倡言复古文。明之文运，于斯一变。（《明史・文苑传序》，《卷二八六・李梦阳传》）

b 诗——有高启等四杰（注一），李梦阳等十才子（注二），文徵明等四才子（注三），李攀龙等七才子（注四），均骚坛之秀。（《明史卷二八五・高启传》，《卷二八六・李梦阳传》，《卷二八七・文徵明李攀龙传》）

c 戏曲——明之戏曲，有名于后世，则推“四梦”。“四梦”者，《牡丹亭还魂记》、《邯郸梦》、《南柯记》、《紫义记》是也。而《还魂记》最佳。“义仍填词，绝妙一时。其《牡丹亭》曲，尤极情挚。”（朱彝尊《静志居诗话》）

d 小说

（1）《西游记》——初传为元初道士邱处机作，近始考知为明嘉靖时，山阳吴承恩所为。（鲁迅《中国小说史略》第十七篇）

（2）《金瓶梅》——或谓为王世贞所作，疑莫能明。万历间，吴中始有刻本。（鲁迅《中国小说史略》第十九篇）

E 科学

a 历

（1）大统历——明初用之，刘基所进也。（《明史卷三一・历志一》）

（2）回回历——回回历法，西域默狄纳国王马哈麻所作。洪武初得其书于元都，太祖以西域推测天象最精，乃诏释其书，与大统历参用。（《明史卷三七・历志七》）

（3）崇祯历——成化以后，交食往往不验，议改历者纷纷。崇祯时，诏西洋人龙华民、汤若望等推算历法，徐光启为监督，成历书一百三十余卷，多发古人所未发，甚为精密，名之曰崇祯历。值国变，未及颁行。（《明史卷

三一·历志一》,《卷二五一·徐光启传》,《卷三二六·意大利传》)

b 医

(1) 名医——吕复(注五),王履(注六),戴思恭(注七),皆当代名医。(《明史卷二九九·吕复王履戴思恭传》)

(2) 书籍——李时珍病《本草》品类既烦,名称多杂,乃穷搜博探,芟烦补阙。历三十年,阅书八百余家稿,三易而成,书曰《本草纲目》,至今中医皆尊用之。(《明史卷二九九·李时珍传》)

c 天文——万历中,西洋人利玛窦制浑仪,天球,地球等器。(《明史卷三二六·意大利传》)

F 美术

a 书画

(1) 书——明之善书,前有解缙,后有文徵明,最后有董其昌。而其昌为最著。(《明史卷一四七·解缙传》,《卷二八七·文徵明传》,《卷二八八·董其昌传》)

(2) 画——明初有王冕、王履以画著名,其后沈周、仇英出,尤称高手,山水花卉,各极其妙。又有唐寅画法沉郁,风骨奇峭,并擅盛名。此外则陈献章以道劲胜,董其昌以古雅秀润胜,各臻妙境。(《明史六五·王冕传》,《卷二九九·王履传》,《卷二八六·徐祯卿附唐寅传》,《卷二八三·陈献章传》,《卷二八八·董其昌传》)

b 雕刻——宣德中,有夏白眼者,能于乌榄核上雕刻人物禽兽,称为一代之绝技。而方古林之取材,尤为工巧,其技绝妙,可称入神。又福建之象牙雕,及金陵之竹雕,皆见称于世。(陈彬龢译《中国美术史》第十六章《明》)

G 工艺制造

a 军器

(1) 火器

1. 古所谓炮,皆以机发石。元初得西域炮,攻金蔡城,始用火。然造法不传,后亦罕用。(《明史卷九二·兵志四》并参考焦勖助《火攻挈要》)

2. 成祖平交阯,得神机枪炮法,特置神机营,肄习制,大小不等,而为行军要器。(同上)

3. 世宗时,造佛郎机炮,谓之大将军。以铜为之。大者重千余斤,小者百五十斤。(同上)

(2) 舟车

1. 舟——中原用车战，而东南利舟楫，二者于兵事为最要。舟之制，江海各异。舟以舟山之乌槽为首，福船耐风涛且御火。广东船铁栗木为之，视福船尤巨而坚。其利用者二：可发佛郎机，可掷火毬。（同上）

2. 车——自骑兵起，车战渐废。正统十二年，总兵官朱冕议用火车备战。自是言车战者相继，而名称不一，先后造车数十种。（同上）

b 工艺品

（1）铜器——明代之工艺物，以金工为最优，而铜器尤为精巧。宣德二年，诏置铸冶局，以张护、许百禄为大使，用工匠六十四人，参酌古式，造各种之鼎彝鬲等，皆为精美之作。（《中国美术史》第十六章《明》）

（2）漆器——杨埙精明漆理，各色俱可合。而于倭漆尤妙，作五色金钿缥霞之山水人物，神气飞动，称杨倭漆，为世所重。（同上）

（3）瓷器——有明一代，在中国瓷术史上最为著名，而中国各种瓷器名称，至此乃大备。其以五彩绘画，施于白釉之上，再加入微火烧之，以完成瓷器之美观。（戴岳译《中国美术》卷下第七篇《陶器与瓷器》，并参《明史卷八二·食货志六》）

（4）织物——明代织物，因无专书之记载，材料极少。然应天苏杭，嘉兴湖州诸地，纺织业较为盛耳。（《中国美术史》第十六章《明》并参《明史卷八二·食货志六》）

H 宗教

a 佛教——太祖曾为皇觉寺僧，即位后，遂大崇佛教，选高僧使侍诸王。成祖又用姚广孝兴靖难之师，故亦甚信任之。武宗信佛尤甚，自称大庆法王。世宗崇道而排佛，由是佛教乃衰。（《明史卷三三一·大慈法王传》）

b 喇嘛教

（1）红教喇嘛——太祖既定中国，因藏人俗尚，用僧徒化导为善，乃封喇嘛为国师。成祖以来，封号浸多，大宝、大乘、大慈三法王，阐化王，赞善王。而是时喇嘛教概属红教，衣冠皆红色，教徒专恃密咒，娶妻生子，传衣钵，流弊孔多。（《明史卷三三一·乌斯藏大宝法王，大乘法王，大慈法王，阐化王，赞善王传》）

（2）黄教喇嘛——成祖时，有宗喀巴者，生于西宁卫。初修红教，后见其有弊，遂自创黄教。死时，遗言命达赖、班禅二大弟子，世世以化身转生，而传其教。达赖居布达拉，班禅居札什伦布，而交掌其教焉。（同上）

c 道教——太祖以道士张正常为真人，授二品之秩。世宗尤尊信之，建道场于宫中，文臣以青词致通显者甚伙。加邵元节、陶仲文等封号，躬自修玄，以期不死，于是教徒恣作威福。穆宗即位，痛加裁抑乃渐不振。（《明史卷三〇七·邵元节陶仲文传》）

d 基督教

（1）传教士之东来——神宗万历九年（西历一五八一年），利玛窦抵广州之香山澳。二十九年，入京师，帝嘉其远来，假馆授餐，赐给优厚，公卿以下重其人，咸与晋接，三十八年卒。时著声中土者，更有龙华民、毕方济、艾如略、邓玉函诸人。（《明史卷三二六·意大利传》）

（2）士大夫之提倡——士大夫如徐光启、李之藻首好其说，且为润色其文词，故其教骤兴。（同上）

【注解】

注一 四杰——高启、杨基、张羽、徐贲。（《明史卷二八五·高启传》）

注二 十才子——李梦阳、何景明、徐祯卿、边贡、朱应唐、顾璘、陈沂、郑善夫、康海、王九思。（《明史·李梦阳传》）

注三 四才子——文徵明、徐祯卿、祝允明、唐寅。（《明史卷二八六·徐祯卿传》）

注四 七才子——李攀龙、王世贞、梁有誉、吴国伦、徐中行、宗臣、谢榛。（《明史·李攀龙传》）

注五 吕复以母病求医，遇名医郑礼之，遂谨事之。因得其古先禁方及色脉药论诸书，试辄有验。乃尽购古今医书，晓夜研究，自是出而行世。取效若神。（《明史·吕复传》）

注六 王履学医于朱彦修，尽得其术。尝谓张仲景《伤寒论》，为诸家祖，后人不能出其范围。著《百病钩元》二十卷，《医韵统》一百卷，医家宗之。（《明史·王履传》）

注七 戴思恭受学于朱震亨。洪武中，征为御医，所疗治立效，太祖爱之。（《明史·戴思恭传》）

第四节　明代之民生状况

A 赋役

a 标准——赋役之法，唐租庸调，犹为近古，自杨炎作两税法，简而易

行，历代相沿，至明不改。太祖即位之初，定赋役法，一以黄册为准。册有丁有田。丁有役，田有租。(《明史卷七八·食货志二》)

b 赋

(1) 夏税——夏税无过八月。洪武时，夏税曰：米麦，曰：钱钞，曰：绢。其后小有所增损。(同上)

(2) 秋粮——秋粮无过明年二月。洪武时，秋粮曰：米，曰：钱钞，曰：绢。其后亦有所增损。然大略二者，皆以米麦为主，而丝绢与钞次之。(同上)

c 役

(1) 期限——丁曰：成丁，曰：未成丁，凡二等。民始生，籍其名曰：不成丁，十六曰：成丁。成丁而役，六十而免。(同上)

(2) 种类

1. 里甲——以户计曰：甲役。(同上)

2. 均徭——以丁计曰：徭役。(同上)

3. 杂泛——上命非时曰：杂役。(同上)

d 一条鞭——一条鞭法者，总括一州县之赋役，量地计丁，丁粮毕输于官。一岁之役，官为佥募。力差则计其工食之费。量为增减。银差则计其交纳之费，加以增耗。凡额办派办，京库岁需，与存留供亿诸费，以及土贡方物，悉并为一条，皆计亩征银，折办于官，故谓之一条鞭。立法颇为简便，嘉靖间，数行数止，至万历九年，乃尽行之。(同上并参《续文献通考·职役考》)

B 杂税

a 三饷

(1) 辽饷——万历四十六年，骤增辽饷三百万。每亩前后加九厘之赋，增赋五百二十万，遂为岁额。所不加者，畿内八府及贵州而已。崇祯时，加派辽饷，至九百万，民甚苦之。(《明史·食货志二》)

(2) 剿饷——崇祯时，流寇蜂起。杨嗣昌议大举平贼之策，增兵十二万，增饷二百八十万。旧额之粮，每亩加六合，计石折银八钱。帝乃下诏：流寇延蔓，生民涂炭。不集兵无以平寇，不增赋无以饷兵。其累吾民一年，当时谓之剿饷。(《明史卷二五二·杨嗣昌传》，《二十二史札记卷三六·明末辽饷剿饷练饷》)

(3) 练饷——剿饷期一年而止，十二年饷尽，而贼未平。于是又从嗣昌及督饷侍郎张伯鲸议剿饷外，又增练饷七百三十万，先后共增千六百七十余万。十五年，蒋德璟对帝曰：既有旧饷五百万，新饷九百余万，复增练习七百三十万。臣部实难辞责，且所练兵马安在？（注一）徒为民累耳！未几，遂罢练饷。（《明史卷二五一·蒋德璟传》，《二十二史札记卷三六·明末辽饷剿饷练饷》）

b 商税

（1）盐——煮海之利，历代皆官领之。太祖初起，即立盐法，置局设官，令商人贩鬻，二十取一，以资军饷。既而倍征之，用处州守胡深言，复初制。洪武初年，并定盐引条例，禁贩卖私盐，及伪造引者，违者按法治理。（《明史卷八〇·食货志四》，《续文献通考·征榷考》）

（2）茶

1. 官茶——官茶间征课钞。（注二）（同上）

2. 商茶——茶商输课，略如盐制。（注二）（同上）

（3）坑冶——坑冶之课，金银铜铁锡硃砂青绿，而金银矿最为民害。（《明史卷八一·食货志五》，《续文献通考·征榷考·坑冶》）

（4）榷酤——太祖初定，征酒醋之税。洪武十八年，命酒醋课折收金银钱钞著为令。（《续通考·征榷考》）

C 上供采造

a 采木——采木之役，自成祖缮治北京宫殿始。而采造之事，累朝侈俭不同。大约靡于英宗，继以宪武，至世宗而神宗而极。其事目繁琐，征索纷纭，最巨且难者曰：采木。（《明史卷八二·食货志六》）

b 织造——岁造最大者曰：织造，曰：烧造。明初设南北织染局，南京供应机房，各省直岁造供用，苏杭织造，间行间止。自万历中，频数派造，岁至十五万疋，相沿日久，遂以为常。陕西织造绒袍，弘正间偶行，嘉靖间复遣，亦遂沿为常例。（同上）

c 烧造——烧造之事，在外临清砖厂，京师琉璃黑窑厂，皆造砖瓦，以供营缮。成化间，遣中官之浮梁景德镇，烧造御用器最多且久，费不赀。自弘治以来，烧造未完者三十余万器。是时营建最繁，隆庆时，诏江西烧造瓷器十余万。万历十九年，命造十五万九千，既而复增八万，至三十八年未毕工，自后亦渐寝。（同上）

D 农业

a 垦田

（1）开波渠——神宗万历中，诏徐贞明敕勘水利。贞明先治京东州邑，不及一年，垦田三万九千余亩。又保定巡抚汪应蛟在天津见葛沽白塘诸田，尽为汗莱，营作水田，当必有利。募民垦田五十亩，为水田者十之四。（《续通志·食货略》）

（2）屯田

1. 军民屯——太祖洪武六年，太仆丞梁额森特穆尔言宁夏境内，及四川西南，至船城东北至塔滩，相去八百里，地土膏沃，宜招集流亡屯田，从之。其制移民就宽乡，或召募，或罪徙者。为民屯则领之有司，军屯则领之卫所。英宗正统以后，屯政稍弛。屯田多为内监军官占夺，法尽坏。（同上）

2. 商屯——明代屯政，惟商屯为善。其法募盐商于各边开种，谓之商屯。至孝宗弘治中，叶淇变法。诸淮商悉撤业归，西北商亦多徙家于淮，边地遂墟，而商屯之政，亦遂废云。（同上）

b 水利

（1）太祖时

1. 明太祖立国之初，设营田司，专掌水利。洪武中，命耿炳文浚泾阳洪渠堰，溉泾阳以下田二百余里。决荆州岳山坝，以灌民田，浚鄞县东钱湖，灌田数万顷。（同上）

2. 又特遣国子监生，分行天下，督吏民修水利。（同上）

（2）成祖时

1. 成祖永乐元年，户部尚书夏原吉奏浙西诸郡，皆环太湖，浦港堙塞，宜于疏浚。按禹贡三江入海之迹，相度地势，各置石闸，以时启闭。遇水涸之时，修筑圩岸，以御暴流。诏从其言，治之逾年而成，农田大利。（同上）

2. 又诏工部安徽、苏松、浙江、江西、湖广，凡湖泊卑下，圩岸倾颓，令有司修治。滨江滨湖之郡，建圩修塘者，以时兴举。（同上）

（3）英宗时——英宗正统五年，令天下有司，秋成时，疏濬陂塘，以便农作。于时兴水利者，宁夏巡抚金濂疏鸣沙州、七星、汉伯、石灰三渠，溉田千三百余顷。芜湖、戈阳诸县，皆浚旁郡陂湖。（同上）

（4）世宗时——世宗嘉靖二十六年，给事中陈斐请仿江南水田法，开江北沟，以祛水溢，益岁收报可。三十八年，尚书杨博请开宣大荒田水利，从之。（同上）

（5）神宗时——神宗万历三年，保定巡抚汪应蛟请广兴水利。言臣境内诸川，俱可灌溉，请通渠筑防，量发军夫，一准南方水田之法行之。所部六府，可得田数万顷。工部尚书杨一魁，亟称其议，报可。（同上）

（6）愍帝时——庄烈帝崇祯二年，兵部侍郎申用懋言永平、滦河诸水，逶迤宽衍，可疏渠以防旱潦。宜令有司，相度其地，为民兴利，从之。（同上）

E 商业

a 国内贸易

（1）关市之征，宋元颇繁琐。明初务简约，其后增置渐多，行赍居鬻，所过所止，各有税。其名物件，析榜于官署，按而征之。惟农具书籍，及他不鬻于市者，勿算外。其余皆课税三十之一。（《明史卷八一·食货志五》）

（2）宣宗时，设钞关，课船所载货物之税，商贾颇感困难，而钞关之设，自此始。（同上并参《续通考·征榷考》）

b 国外贸易

（1）陆地——明初东有马市，西有茶市，皆以驭边省，戍守费。而与西戎互市者，以茶易马。职自茶马司，私人不得擅其利。（同上）

（2）海外——明代国外贸易浸盛，设市舶司于宁波、泉州、广州。宁波通日本，泉州通琉球，广州通占城、暹罗西洋诸国。世宗时，因倭寇之故，罢市舶司。其后时兴时废。明末葡萄牙、西班牙、荷兰、英吉利诸国，先后东来，争求互市，遂开今日通商之先河。（《明史卷八一·食货志》，《续通考·市籴考》）

F 产业

a 矿产

（1）铁——洪武六年，置铁冶所，凡十三，岁输铁七百四十六万余斤。后令民得自采炼，每三十分取其二。（《明史卷八一·食货志五》，《续通考·征榷考》）

（2）铜——铜场明初惟江西德兴、铅山。其后四川梁山，山西五台，陕西宁羌、略阳，及云南皆采。（《明史·食货志五》）

（3）金——永乐间，设贵州太平溪，交趾宣光镇金场局。成化间，开湖广金场，武陵等十二县，凡二十一场。岁役民夫五十五万，死者无算，得金仅五十三两，于是复闭。（同上）

（4）银——福建尤溪县银屏山银场局炉局四十二座，始于洪武末年。浙江温处、丽水等七县，亦有场局，岁课皆三千两。（同上）

b 农产

（1）米——江苏、安徽、江西、浙江、湖南诸省多水田，有灌溉之利，故产米至多。其中江苏、浙江最为丰富。（《明史·食货志》）

（2）麦——山东、直隶、山西、陕西、甘肃一带，则产小麦，大麦。（同上）

【注解】

注一 蓟督练兵四万五千，今止二万五千。保督练兵三万，今止二千二百。保镇练兵一万，今止二百。（《明史卷二五一·蒋德璟传》）

注二 番人嗜乳酪，不得茶，则困以病。故唐宋以来，行以茶易马法，用制羌戎。而明制尤密，有官茶商茶，皆贮边易马。（《明史卷八〇·食货志四》）

第五节 明代之风俗

A 饮食

a 春饼——春前一月，市上以插标供买春饼，居人相馈贶。卖者自署其标曰应时春饼。（顾禄《清嘉录》卷一《春饼》）

b 撑腰糕——二月二日，以隔年糕油煎食之，谓之撑腰糕。（《清嘉录》卷二《撑腰糕》）

c 凉水——土人置窨水，街坊担卖，谓之凉水。或杂以杨梅，桃子，红花之属，俗呼水杨梅，水桃子。鲜鱼肆以之护鱼，谓之水鲜。（《清嘉录》卷六《凉水》）

d 乳酪——寒冬，乡农畜乳牛，取乳汁入瓶，日担于城，鬻于主顾之家，呼为乳酪。（《清嘉录》卷十一《乳酪》）

e 饧糖——土人以麦芽熬米为糖，名曰饧糖。寒宵担卖，锣声铿然，凄绝街巷。（《清嘉录》卷十一《饧糖》）

f 腊八粥——十二月八日为腊八，居民以菜果入米煮粥，谓之腊八粥。（《清嘉录》卷十二《腊八粥》）

B 节令

a 新年

（1）年夜饭——除夜家庭举宴，长幼咸集，多作吉利语，曰年夜饭，俗呼合家欢。（《清嘉录》卷十二《合家欢》）

（2）压岁盘——长幼度岁，互以糕果朱提相赍献，谓之压岁盘。（《清嘉录》卷十二《压岁盘》）

（3）压岁钱——长者贻小儿以朱绳缀百钱，谓之压岁钱。（同上）

（4）辞年——卑幼行礼于尊长以别岁，俗称辞年。（《清嘉录》卷十二

《辞年》)

(5)守岁——家人围炉团坐，小儿嬉戏，通夕不眠，谓之守岁。(《清嘉录》卷十二《守岁》)

(6)闹元宵——元宵前后，比户以锣鼓铙钹，敲击成文，谓之闹元宵。(《清嘉录》卷一《闹元宵》)

b 端午节

(1)白赏节——是日人家各有宴会，庆赏端阳，药市酒肆；馈遗主顾，则各以其所有，雄黄芷术酒糟等品；百工亦各辍所业，群入酒肆哄饮，名曰白赏节。(《清嘉录》卷五《端午》)

(2)端午景——妇女簪艾叶榴花，号为端午景。(同上)

(3)长寿线——结正色丝为索，系小儿之臂，男左女右，谓之长寿线。(同上)

c 七月七

(1)巧果——七夕前，市上已卖巧果，有以面白和糖绾作苎结之形，油氽令脆者，俗呼为苎结。至是或偕花果陈香蜡于庭，或露台之上，礼拜双星以乞巧。(《清嘉录》卷七《巧果》)

(2)磬巧——七日前夕，以杯盛鸳鸯水掬和，露中庭。大明日出晒之，徐俟水膜生面，各拈小针投之使浮，因视水底针影之所似，以验智鲁，谓之磬巧。(《清嘉录》卷七《磬巧》)

d 中秋节

(1)斋月宫——中秋之夕，人家各置月宫符像，符上兔如人立，陈瓜果于庭，饼面绘月中蟾兔，男女肃拜烧香，旦而焚之。(陆启浤《北京岁华记》)

(2)走月亮——妇女盛妆出游，互相往还，或随喜尼庵，鸡声喔喔，犹婆娑月下，谓之走月亮。(《清嘉录》卷八《走月亮》)

(3)月饼——是日戚属馈相报饼，有径一尺者。(刘桐《帝京景物略·中秋日》)

(4)塔灯——村民于旷野，以瓦叠成汲浮屠，中供地藏之像，四围燃灯，谓之塔灯。(《清嘉录》卷八《塔灯》)

e 重阳节

(1)登高——登高旧俗在吴山治平寺中，牵羊赌彩，为摊钱之戏。今吴山项机王殿，犹有鼓乐酬神，喧阗日夕者。或借登高之名，遨游虎阜，箫鼓画船，更深乃返。(《清嘉录》卷九《登高》)

（2）重阳糕——居人食米粉五色糕，名重阳糕，自是以后，百工入夜操作，谓之做夜作。（《清嘉录》卷九《重阳糕》）

C 装饰

a 妇女

（1）染红指甲——捣凤仙花汁，染无名指尖及小指尖，谓之红指甲。相传留护至明春元旦，老年人阅之，令目不昏。（《清嘉录》卷七《染红指甲》）

（2）戴杨柳球——清明日，妇女结杨柳球，戴鬓畔云红颜不老。（《清嘉录》卷三《戴杨柳球》）

（3）过年鞋——新妇度岁，必先日整治洁履，至是以献于舅姑，谓之过年鞋。（《清嘉录》卷十二《过年鞋》）

（4）裹足——八月二十四日，煮糯米和赤豆作团祀灶，谓之餈团。人家小女子，皆择是日裹足，谓食餈团，缠脚能令胫软。（《清嘉录》卷八《餈团》）

b 小儿

（1）老虎头——编钱为虎头形，系小儿胸前，以示服猛，谓之老虎头。（《清嘉录》卷五《端午》）

（2）老虎肚兜——小儿系赤色帽㡌，亦彩绣为虎形，谓之老虎肚兜。（同上）

D 丧葬

a 纸锭——土俗家祭墓祭皆焚化纸锭，纸以白阡切为陌，俗呼白纸锭，有满金真串之分，以金银纸箔糊成。其有挂于墓者，则彩笺剪长缕，俗呼挂钱，亦曰挂墓家，曰新纸钱。（《清嘉录》卷二《纸锭》）

b 送寒衣——十月朔，纸坊剪纸五色，作男女衣，长尺有咫，曰寒衣，奠焚于门，曰送寒衣。（刘桐《帝京景物略》）

c 烧衣节——十月朔，间有墓祭如寒食者，人无贫富，皆祭其先，多烧冥衣之属，谓之烧衣节。或延僧道作功德，荐拔新亡，至亲亦往拜灵座，谓之十月新朝。（《清嘉录》卷十《十月朝》）

E 赌博

a 升官图——以官阶升降为图，亦六骰掷之，取入阁之谶，谓之升官图。（《清嘉录》卷一《升官图》）

b 状元筹——取科目名色，制筹为局戏，岁夕聚博，以六骰掷之，得状元者为胜，取及第争先之谶，谓之状元筹。（《清嘉录》卷一《状元筹》）

F 游戏

a 放纸鸢——纸鸢俗呼鹞子，春晴竞放，以原远近，摇曳百丝，晚或系灯于线之腰，连三接五，曰：鹞灯。又以竹芦黏簧缚鹞子之背，因风播响，曰：鹞鞭。(《清嘉录》卷三《放断鹞》)

b 斗鹌鹑——霜降后，斗鹌鹑，角胜标头，以资消遣（注一）。(《清嘉录》卷九《斗鹌鹑》)

c 秋兴——白露前后，驯养蟋蟀，以为赌斗之乐，谓之秋兴。（注二）(《清嘉录》卷八《秋兴》)

【注解】

注一 斗鹌鹑以十枝花为一盆，负则纳钱一贯二百，若胜则主家什二而取。每斗一次，谓之一圈。斗必昏夜。至是蓄养之徒，彩绘作袋，严寒则或用皮套，把于袖中，以为消遣。(《清嘉录》卷九《斗鹌鹑》)

注二 秋兴，俗名斗赚绩，提笼相望，结队成群，呼其虫为将军，以头大足长为贵，青黄红黑白正色为优，大小相若，铢两适均，然后开册。斗时有执草引敌者，曰：坚草。两造认色，或红或绿，曰：标头。台下观者，即以台上之胜负为输赢，谓之贴标。斗分筹马，谓之花。花假名也，以制钱一百二十文为花，一花至百花千花不等，凭两家议定，胜者得彩，不胜者输金，无词费也。(《清嘉录》卷八《秋兴》)

备 考

(1) 闹元宵时，有跑马雨夹雪，七五三跳，财神下西风诸名，或三五成群，各执一器，儿童围绕以行，且行且击，满街鼎沸，俗呼走马灯。(《清嘉录》卷一《闹元宵》)

(2) 新年之时，男女依次拜家长毕，主者率卑幼出谒邻族戚友，或止遣子弟代贺，谓之拜年。(《清嘉录》卷一《拜年》)

第二章 清

第一节 清世祖之内治

一、世祖之内治

A 怀柔政策

a 葬崇祯帝——顺治元年五月，摄政睿亲王多尔衮帅师入燕京，文肃建议首先为明帝发丧，易梓宫，备仪卫，议谥号为文纪其事（《先正事略·范文肃公事略》），于是乃谥为怀宗端皇帝，周后为烈皇后。

b 免明苛税——世祖定鼎范文肃疏请抚遗黎，起废斥，定册籍，减赋额，尽除明季加派税饷，厂卫诸弊政，（同上）而民苦大苏。

c 除明酷刑——除贯耳、穿鼻、割脚筋等酷刑。

d 录用明臣——除凡前朝犯赃除名流寇伪官，一概录用。又谕吏部确覈才品，即与起用，仍行文各抚按，凡境内隐逸贤良，逐一起拔，但不许贪官污吏赀郎杂流充数。（《东华录》卷四）

B 扰民政策

a 圈地

（1）顺治元年，谕户部，凡近京各州县无主荒田，尔部清厘，分给东来诸王勋臣兵丁人等。于是巡按御史柳寅东，条上满汉分居五便。（王庆云《石渠余纪·纪圈地》）

（2）二年，令民地为旗人指圈者，速以他处补给，美恶务令均平。（同上）

（3）十年，停止圈拨，然旗下退出荒地，与游牧投来人丁，皆复行圈补。又有因圈补，而并圈接壤民地者（同上）。然人民受此骚扰，以致失业，衣食无资，流离困苦，深为可悯。

b 薙发

(1) 顺治二年，六月，谕礼部，向来薙发之制，姑听自便者，欲俟天下大定也。此事朕筹之最熟，若不归一，不几为异国之人乎。自今布告之后，京城内外，直隶各省，限旬日尽行薙完，若规避惜发，巧词争辩，决不轻贷。该地方官若有为此事渎进表章，欲将朕已定地方，仍存明制，不遵本朝制度者，杀无赦。(《东华录》卷五)

(2) 二年八月，孔闻漂请免孔氏子孙薙发，奉旨切责，革职为民。(《东华录》卷五)(注一) 于是汉人除僧、尼、道士、妇女外，俱辮发胡服矣。

C 高压政策

a 江南奏销之祸——江南赋役，百倍他省，而苏松尤重。征赋之外，有杂项二十余种(注二)，大约旧账未清，新饷已近，积逋常数十万。而巡抚国治强复自用，造欠册达部，悉列江南绅衿一万三千余人，号曰抗粮，既而尽行褫革，发本处枷责，鞭扑纷纭，衣冠扫地，如某探花欠一文钱，亦被黜，民间有探花不值一文钱之谣。(董含《三冈识略》)

b 倪用宾哭庙狱——顺治十七年，新任吴令任维初，滥用非刑，贪贿浮征，道路侧目。诸生倪用宾等十八人，于世祖遗诏到苏，巡抚等官哭临之时，聚众千余哭于文庙，并至府堂进揭帖。巡抚国治等指为震惊先帝之灵，聚众倡乱，摇动人心，请严加法处。诏侍郎叶民等勘，皆定为不分首从处斩。(《痛史 · 哭庙纪略》)

c 明朱国桢——作明史，举大经大法者笔之，刊行于世，谓之史概。未刊者为列朝诸臣传，明亡后，朱氏家中落，以稿本质千金于庄廷钺。廷钺家故富，因窜名于中，攘为己作，刻之，补崇祯一朝事，中多指斥满洲语。

【注解】

注一 原任陕西河西道孔闻漂言臣家宗子衍圣公已遵令薙发，但念先圣为典礼之宗章甫缝掖，自汉暨明，三千年未之有改，今一旦变更，恐于皇上崇儒重道之典有所未备，应否蓄发亦复本等衣冠，统维圣裁。报曰薙发严旨，违者无赦，孔闻漂如念圣裔免死，著革职，永不叙用。(《东华录》卷五)

注二 有兑役、里役、该年催办、捆头等名；杂派有钻夫，水夫，牛税，马豆，马草，大树，钉麻油铁，箭竹，铅弹，火药，造仓等项；又有黄册人丁，三捆军田，壮丁逃兵等册。(董含《三冈识略》)

二、三藩之乱

A 原因——甘文焜为总督，三桂恶其不附己，诈称边寇，檄赴剿，比至，复称寇遁，檄还，藩属将弁，糜俸饷百余万，近省输挽不给，征诸江南，岁二千余万，偶绌则连章入告，既赢不复请稽核。当是时，平南王尚可喜、靖南王耿精忠，与吴三桂分镇边疆，专兵柄，称三藩，天下赋，半为所耗，而三桂骄恣尤甚。会可喜引疾，以子之信代理军事，愿移藩辽东，诏从所请。康熙十二年七月，三桂亦疏，诡请移藩，上允三桂撤归锦州，三桂大怒，乃反。(《逆臣传卷一·吴三桂传》)

B 经过

a 吴三桂之变

(1) 三桂之起兵——十一月二十四日，三桂举兵，自称天下都招讨兵马大元帅，蓄发，易衣冠。又致书平南、靖南二藩，及黔、蜀、楚、秦官吏旧相识者，要约党附，发兵反，帜色白，步骑皆以白毡为帽，遣部将马宝至贵阳，提督李本深应之。而总督甘文焜走镇远，自刎而死。清廷闻变，大为震恐。(《清史列传卷八·吴三桂传》)

(2) 清廷之布置——清廷闻变，诏止闽、粤两藩勿撤，先遣都统巴尔布等，率满洲精骑数千，由荆州守常德；命都统珠满，以兵数千，由武昌赴守岳州；命都督尼雅翰、赫业席、布根特、穆占、修国瑶等分驰西安、汉中、安庆、兖州、郧阳、汝宁、南昌诸要地，听遣调，削三桂官爵，宣示中外，下其子应熊及家属于狱，命顺承郡王勒尔锦为宁南靖寇大将军，统师至荆州；又以滇蜀接壤，命西安将军瓦尔喀，率骑兵赴蜀；而大学士莫洛经略陕西军事，以阻三桂进犯。(《圣武纪·卷康熙勘定三藩记上》)

(3) 六省之失陷——三桂既据有云贵，乃遣王屏犯四川，马宝等出贵州、湖南，除夕陷沅洲。十三年，清兵至荆州武昌，畏贼势盛，不敢进，于是常德、长沙、岳、沣、衡，二三月间，先后陷落。三桂散布札书，四出煽动，襄阳总兵杨喜来以襄阳应，广西将军孙延龄以桂林应，四川巡抚罗森以四川应，福建耿精忠闻之，亦同时反，数月而六省皆陷，(同上)中原动摇。

(4) 王辅臣之变——三桂分兵，一由长沙窥江西，入袁州，陷萍乡、安福、上高，与耿精忠之兵合陷三十余城；一由四川窥陕西。时陕西王辅臣起兵，据平凉，三桂急给辅臣犒师银二十万，又令蜀将王屏、吴三茂，由汉中出陇西援应，遍布札书，所在响应。十四年，陇右皆陷，声势大振。(同上)

b 耿精忠之变

（1）耿精忠之起兵——十二年七月，精忠闻平南王尚可喜，将撤藩归辽东；亦具疏请撤，得旨允行。十一月吴三桂反，命精忠仍留镇，三桂以书诱之。精忠于十三年三月踞福州反，自称总兵马大将军，效三桂蓄发，易衣冠，并约三桂，分寇江西、江南，约潮州总兵刘进忠扰广东，通海贼郑锦于台湾，赂以沿海郡邑，倚为声援。（《清史列传卷八〇·耿精忠传》）

（2）耿精忠之降服——精忠既反，清廷急派大师往剿。久不能克。十五年，康亲王贻书精忠劝降，精忠遂降。复精忠靖南王爵，属下官爵如旧。福建遂平。（同上）

c 尚之信之变

（1）尚之信之举兵——三桂、精忠既叛，尚可喜坚守广东。十五年春，可喜卧疾，之信代理藩事，遂降三桂，称招讨大将军，于是广东遂陷。（《清史列传卷八〇·尚之信传》）

（2）尚之信之反正——十五年，可喜卒，三桂以之信为辅德亲王，之信旋遣使赴江西通款大军，密疏愿立功赎罪，十六年反正，广东遂定。（同上）

C 结果

a 吴三桂之死——十五年，王辅臣降清廷，而精忠、之信，亦先后降清。十七年三桂僭称帝，伪号昭武，是年病卒。其孙世璠立于贵阳，改伪号曰洪化。十九年世璠奔云南。二十年世璠为其部将何进忠所擒，自杀而死，于是云南、贵州、四川、湖广悉平。（《清史列传·吴三桂传》）

b 耿精忠之死——精忠降后，十九年，疏请入觐得旨。昭忠、聚忠，劾奏精忠，上命系精忠。俟逆党俱至京再核议。二十年，云南平，大学士明珠，奏精忠明正典刑，于是精忠等并磔于市。（《清史列传·耿精忠传》）

c 尚之信之死——十九年，上以之信不忠不孝，罪大恶极，本当处斩，念其曾授亲王，姑从宽赐死。是年九月，之信赐死广州。（《清史列传·尚之信传》）

三、清初之外征

A 台湾之内属

a 顺治十八年，郑成功逐荷兰人，据有台湾。辟屯垦，修战械，制法律，定职官，兴学校，起池馆，以待故明宗室遗老之来归者。以赤嵌城为承天府，置天兴、万年二县，招徕漳、泉、惠、湖之民，汙莱日辟。（《圣武纪卷八·

康熙戡定台湾记》）

b 康熙元年，成功卒，长子经嗣立。靖南王耿继茂，贻书招经，经请如琉球、朝鲜例，不登岸，不薙发，易衣冠，不报。二十年，经卒，王位继承相争，清廷乘机进兵收台湾，时二十二年秋也。郑氏自成功传三世，凡割据二十有三年。（同上）

B 西藏之平定

a 顺治初，天下混一，达赖班禅及固始汗，各遣使献金佛、念珠，表颂功德，诏赍甲胄弓矢皮币。并遣使迓达赖，九年冬至京师，世祖宾之于太和殿，建西黄寺居之，及行，授金册印封西天大善自在佛，领天下释教，普通鄂济达赖喇麻，并以八旗兵送之。（《圣武记卷五・国朝抚绥西藏记上》）

b 康熙四十四年，因达赖真伪之争，而策妄进兵扰藏。五十七年，命皇十四子率兵平之。诏加封宏法觉众第六世达赖喇麻，于五十九年九月登座。盖自第五世达赖卒后，三十余年，两立假达赖，西陲俶扰，至是始定焉。（同上）留蒙古二千兵以镇之，西藏遂平。

C 蒙古之内属

a 噶尔丹之入侵——康熙二十七年，噶尔丹率精兵三万，侵土谢图汗，克之，四部皆不能御之，乃南下请清廷保护，清廷为之调停，未果。（《圣武记卷三・国朝绥服蒙古记》）

b 噶尔丹之败北——康熙二十九年，噶尔丹内犯，帝派兵大破之。既而又内犯，帝亲征，大败之。三十六年噶尔丹自杀，于是蒙古诸部，悉入清版图矣。（同上）

D 青海之内属

a 太宗崇德中，固始汗强盛，击败唐古特藏巴汗，遣使自塞外通贡，并请发币存问达赖喇麻。（《圣武记卷三・国朝绥服蒙古记三》）

b 顺治初，又导达赖喇麻入觐，诏封导文行义敏慧固始可汗，赐金册金，弓矢甲胄。（同上）

c 康熙五年，青海各部蜂屯祁连山，纵牧内地大草滩，声言将入寇，提督张勇请自扁都口西水关，至嘉峪关，筑边墙以限内外。六年复将入寇，十四年为王辅臣所煽动，复犯河西，皆奉达赖喇麻檄谕而止，献驼马牛羊谢罪。（同上）

d 康熙十七年，噶尔丹将侵青海，惧中国关外兵断其后，乃遣密使与诸台吉议婚，欲使贰中国而归。二十九年，大军败噶尔丹，青海诸台吉附达赖喇麻，表上尊号，郤之。三十六年，青海诸台吉入朝，诏封固始汗李达什巴图

为和硕亲王，余授公爵有差。（同上）

E 天山北路之内属

a 乾隆二十年二月，以班弟为定北大将军，率师西征，各部落皆望风降附，师行数千里，无一人抗颜行者，五月大兵入伊犁。达瓦齐南走回疆，投乌什城，为城主，霍吉斯执之以献，天山北路悉定。（《圣武纪卷四·乾隆荡平准部记》）

b 乾隆二十一年，诸部叛乱，乃命成衮札布出北路，兆惠出西路，讨之，会诸部内乱，乃大败之。于是天山北路复定。（同上）

F 天山南路之内属

a 乾隆二十年，大军定伊犁，以博罗尼都定天山南路。二十一年，博罗尼都乘机叛，各城响应。（《啸高雄录卷三·平定回部始末记》）

b 变乱既起，乃派兵进讨，卒不能平。至二十五年四月，兆惠、富德，分二路出兵，博罗尼都不敢战，乃遁，后被杀。天山南路平。（同上）

四、清初中俄之交涉

A 俄罗斯之入侵

a 初俄罗斯东边接黑龙江者，以外兴安岭为界。当明末季，大清方定黑龙江等部，东北际海，而俄罗斯东部曰罗刹者，亦逾外兴安岭，侵逼黑龙江北岸之雅克萨、尼布楚二地，树木城居之，两师相值，各罢兵，既又南向侵掠布拉特乌梁海，夺四佐领。（《圣武记卷六·国朝俄罗斯盟聘记》）

b 崇德四年，大兵再定黑龙江，毁其木城归，而未及戍守也。兵退，而罗刹复城之。（同上）

c 顺治十一年，遣兵于黑龙江逐之。十五年，调高丽兵逐之，又数遣大臣督兵，以饷不继，半途返。（同上）

B 中俄之冲突

a 康熙二十一年，遣都统彭春等兵猎黑龙江，经传其部，侦形势于墨尔根及齐齐哈尔，各筑城戍之，置十驿，通水运，又令喀尔喀车臣汗，断其贸易，令戍兵刈其田稼以困之。（同上）

b 康熙二十四年四月，官兵乘冰解，水陆并进，克其城，纵其人归雅库旧部。二十五年，罗刹复以火器来掳城，我师围攻之，死守不去，后卒言和。（同上）

C 尼布楚条约

a 中俄之讲和——康熙二十八年，俄使费要多罗与清使索额图会议于尼布楚，俄方狡黠，清以兵力威之，和会乃成。

b 条约之缔结

（1）自黑龙江支流格尔必齐河，沿外兴安岭以至于海，凡岭南诸川注入黑龙江者属中国，岭北属俄国。（邹代钧《中俄界记》）

（2）西以额尔古纳河为界，河南属中国，河北属俄国。（同上）

（3）毁雅克萨城，雅克萨居民及物用听迁入俄境。

（4）两国猎户人等毋许擅越国界，违者送厅司惩罚。

（5）两国彼此不得容留逃人。

（6）两国彼此境内现住之他一国人民，仍得居住原处。

（7）两国商旅持有护照者得自由在他一国经商。

D 恰克图条约

a 俄请改订商约——尼布楚条约成立后，喀尔喀三汗内附，于是中俄通商之问题起，康熙五十八年，俄遣使来京师，求改订商约，朝廷未允。

b 条约之缔结

雍正五年，俄遣拉克青斯奇来申前请，诏理藩院侍郎图哩琛与俄使议约，是年八月议定条款大要如下：

（1）两国边吏当互查彼此逃人捕送本国，但逃在订约以前者勿论。

（2）以恰克图为两国通商埠，自额尔古纳河岸至齐克达奇兰以楚库河为界，自此以西，以博木沙奈岭为界，各立界标志之。

（3）以乌特河为两国中立地，彼此不得侵占。

（4）俄国商人得三年一至北京，通商员数以二百人为限，留京不得过八十日，往来当由官定之路径，不得迂道他往，违者没收货物。

（5）京师俄罗斯馆，听嗣后俄人来京者居住，俄国使臣欲于京师建会堂，中国当予以补助，听俄国教徒居住，教徒得依本国例规，于堂内读经礼拜。

（6）递送公文者，来往当由恰克图。

（7）两国边界，各置长官，秉公办理一切。

五、清代文字狱

A 康熙时代

a 庄氏史案

（a）庄氏史案之由来

（1）明相国乌程朱文恪公国桢，尝作明史，举大经大法者笔之，刊行于世，谓之史概。未刊者为列朝诸臣传。明亡后，朱氏家中落，以稿本质千金于庄廷钺。廷钺家故富，因窜名于中，攘为己作，刻之，补崇祯一朝事，中多指斥本朝语。（徐珂《清稗类钞》）

（2）康熙二年，归安知县吴之荣罢官，谋以告讦为功，藉作起复地。白其事于杭州将军松魁，魁咨巡抚朱昌祚。昌祚牒督学胡尚衡。廷钺并纳重赂以免，乃稍易指斥语，重刊之。（同上）

（3）之荣计不行，特购初刊本，上之法司，事闻，遣刑部侍郎出谳狱。时廷钺已死，戮其尸，诛其弟廷钺。（同上）

（b）诛戮之情况

（1）旧礼部侍郎李令晳尝作序，亦就法，并及其四子。（同上）

（2）序中称旧史朱氏者，指文恪也。之荣素怨南浔富人朱佑明，遂嫁祸，且指其姓名以证，并诛其五子。（同上）

（3）松魁及幕客程维藩械赴京师，魁以八议仅削官，维藩戮于燕市。昌祚、尚衡委过于初申覆之学官，归安、乌程两学官，并坐斩，而昌祚、尚衡乃幸免。（同上）

（4）湖州太守谭希闵，莅官甫半月，事发，与推官李焕，皆以隐匿罪至绞。（同上）

（5）《浒墅关榷货主事》，李希白闻阊门书坊有是书，遣役购之，适书贾他出，役坐于其邻朱家少待之，及书贾返，朱为判其价。时希白已入京，以购逆书罪立斩，书贾及役斩于杭。邻朱某者，因年逾七十免死，偕其妻发极边。（同上）

（6）归安茅元锡，方为朝邑令，与吴之镛、之铭兄弟尝预参校，悉被戮。（同上）

（7）时江楚诸名士列名书中者皆死，刻工及鬻书者同日刑。是狱惟海宁查继璜、仁和陆圻当狱。初起时，先首告谓廷钺慕其名，列之参校中，得脱罪。是狱也，死者七十余人，妇女并给边，或曰死者二百二十一人。（同上）

b 沈天甫等诗集狱

（1）康熙六年，四月，江南人沈天甫、吕中、夏麟奇等撰诗二卷，语多忌讳，诡称黄尊素等百七十人作，陈济生编集，故明大学士吴甡等六人为之序。（同上）

（2）天甫使麟奇携是书诣吴甡之子中书吴元莱所，诈索财物。元莱察其书非父手迹，控巡城御史以闻。因下厅司鞫讯，天甫等皆弃市，其被诬者不

问。(同上)

c 朱方旦秘书狱

(1) 朱方旦，湖北汉阳人，号二眉道人，自诩前知，与人决休咎，朱道人之名噪于遐迩。顺承郡王勒尔锦，以大将军驻节荆州，方旦出入其军，甚见尊宠，勒尔锦榜其堂曰圣人堂，里曰至人里。湖广巡抚张朝珍赠以匾额，颜曰圣教帝师。后方旦游江浙，翰林院侍讲王鸿绪得其所著中质秘书(同上)。

(2) 康熙二十一年，王鸿绪上疏劾之以蛊惑庸愚，乞正典刑(注一)。乃诏九卿会议，方旦立斩，齐宏等监候，朝珍已死，革其世职，勒尔锦见在羁禁勿问。(同上)

d 南山集狱

(1) 桐城方孝标为吴三桂翰林承旨，吴败，孝标先迎降，得免死。因著《钝斋文集》，《滇黔纪闻》，戴名世见而善之，所著《南山集》中，多采孝标所纪事，尤云锷、方正玉为之捐赀刊行。云锷、正玉、汪灏、朱书、刘岩、王源皆有序，板藏于方苞家，又与其弟子余生一书论修史之例，有指折本朝语。(徐珂《清稗类钞》)(注二)

(2) 康熙五十年，赵申乔为都谏，奏其事，九卿会鞫，中戴名世大逆法，至寸磔，族皆弃世。未及冠笄者，发边，朱书、王源已死，免议，尤云锷、方正玉、汪灏、刘岩、余生、方苞以谤论罪绞。孝标已死，其子登峰、云旅，孙世樵并斩。方氏有服者皆坐死，且剉孝标尸。尚书韩炎等三十二人，并别议降谪疏奏后，凡议绞者改戍边。(同上)

B 雍正时代

a 查嗣庭试题狱——雍正四年，查嗣庭、俞鸿图典江西试，以君子不以言举人二句，山径之蹊间一节命。其时方行保举，廷旨谓其有意讥刺。三题茅塞于心，廷旨谓其不知何指，其居心不可问。因查其笔札诗草，语多悖逆，遂伏诛。浙人因之停会试。(《清稗类钞》)

b 吕留良遗集狱

(1) 雍正七年，湖南人曾静，遣其徒张熙，投书川陕总督岳钟琪，劝以同谋举事，钟琪以闻，诏刑部侍郎杭奕禄，至湖南提曾静质讯，静供称因应试州城，得见吕留良评选时，文内有论夷夏之防及井田封建等语文，与留良之徒严鸿达、沈在宽等往来投契等语，于是将静、熙提解至京。(同上)

(2) 又命浙江总督李衡，查留良、鸿达、在宽家所藏书籍，所获日记等

书，并案内八犯，一并拿解赴部，命内阁九卿等研讯。(同上)

(3) 世宗以留良之罪尚在静之上，谕九卿科道会议具奏。旋将留良、鸿达及留良子葆中皆剉尸枭示，子孙遣戍，妇女入官，在宽凌迟处死，而静、熙免罪释放。(同上)

c 陆生柟《通鉴论》狱——雍正七年，振武将军顺承郡王锡保奏，生柟作《通鉴论》十七篇，中有论封建，立储，兵制等事，多抗愤不平语，廷议以为诽谤朝政，杀之。(同上)

C 乾隆时代

a 胡中藻诗钞狱

(1) 湖南学政胡中藻著坚磨生诗，中多谤讪（注三）。乾隆二十年，经人告发。(同上)

(2) 是年四月，胡中藻处斩。(同上)

b 王锡侯字贯狱

(1) 乾隆四十二年，新昌王泷南呈首举人王锡侯，删改《康熙字典》，别刻字贯，高宗阅其进呈之书，第一本序文凡例，将圣祖世宗庙讳，及御名门字样开列，实为大逆不法，命锁押解京，交刑部审讯。(同上)

(2) 锡侯及其子孙，并处重刑，毁其板，且禁售卖，缘坐者，亦分起解京治罪。(同上)

c 徐述夔柱楼狱

(1) 东台举人徐述夔又著柱楼诗，多咏明末时事（注四）。乾隆四十三年，连台令上其事，廷旨谓语多悖逆，实为罪大恶极，时述夔已卒，命剖棺戮其尸，其子怀祖及孙食田等皆正法，诗集悉销毁。(同上)

(2) 江苏藩司陶易，扬州府知府谢启昆等，亦悉置重典。(同上)

【注解】

注一 王鸿绪上疏劾之曰："朱方旦自号二眉道人，阳托修炼之名，阴挟欺世之术，广招党羽，秘刻密书。其书有曰：'古号为圣贤者安知中道？中道在我山根之上，两眉之间。'其徒互相标榜，有顾齐宏者，曰：'古之尼山，即今之眉山也。'陆光旭则曰：'孔子后二千二百余年，而有吾师眉山夫子。程朱精理而不精术，大儒之用小；老庄言道而不言功，神仙之术虚'等语，皆刊书流布，蛊惑庸愚：乞正典刑以维世道。"

注二 其论修史之例，谓本朝当以康熙壬寅为定鼎之始。世祖虽入关十八年，时明祀未绝，若循蜀汉之例，则顺治不得为正统云。(徐珂《清稗类钞》)

注三 胡中藻之刻诗，题曰坚磨生诗钞，坚磨出自《鲁论》，孔子所称磨湼，乃指佛肹而言，胡中藻以此自号，是诚何心？集内所云："世无日月"，"一把心肠论浊清"等句，俱涉诽谤。至其所出之试题内，《孝经》义有"乾三爻不象龙"说，龙与隆同音，其诋毁之意可见。(同上)

注四 徐述夔诗中有咏正德杯云："大明天子重相见，且把壶儿搁半边"：上谓壶儿即胡儿，意存诽谤。又有"明朝期振翮，一举去清都"之句，上谓其显有兴明去清朝之意。

备 考

查嗣庭试题狱，或曰查出试题为"维民所止"，忌者谓维止二字，意在去雍正之首也。世宗以为大不敬，命搜行箧中，有日记二本，乃按条搜求，谓其捏造怨畫，语难枚举，遂下严旨拿问（《清稗类钞》）。

六、教匪之乱

A 白莲教

a 教匪初起

（1）白莲教者，奸民假治病持斋，伪造经咒，以救劫为名，而安徽刘松为之首。(《圣武纪卷九·嘉靖川湖陕靖寇记一》)

（2）乾隆四十年，刘松以河南鹿邑邪教事发被捕。遣戍甘肃。复遣其党刘之协、宋之清授教传布，遍川陕湖北，日久党益众，遂谋不靖，倡言劫运将至，以同教鹿邑王氏子曰发生者，诡明裔朱姓，以煽动流俗。(同上)

（3）乾隆五十八年，事觉复捕获各伏辜，主发生以童幼免死戍新疆，惟刘之协远飏，于是有旨大索，州县吏奉行不善，逐户搜缉，胥役乘虐，富破家，贫陷刑，死无算。而无赖之徒，亦以严禁私盐，私铸失业，至是益雠官思乱，奸民乘机煽惑，于是发难于荆襄，达州，骎淫于陕西，而乱作也。(同上)

b 匪势扩张

（1）嘉庆元年正月，湖北荆州之枝江、宜都，则有聂杰人、张正谟等贼起。宜昌之长乐、长阳应之。(同上)

（2）二月，东湖、当阳、远安贼起，而林之华陷当阳。而襄阳、郧阳、宜昌、施南、荆门州各山贼起。(同上)

（3）三月，襄阳贼姚之富与教首齐林之妻王氏，陷竹山保康，而施南之来凤亦陷于贼，扰及四川。四月毕沅奏官兵先后杀贼不下数万。而贼起益炽。

（同上）

（4）十月，四川达州徐天德等激于胥役，与王三槐、冷天禄等并起。而陕西张士龙、张汉湖、张天伦亦起。（同上）

c 平定匪乱

（1）嘉庆三年二月，齐王氏、李全等进犯西安。总兵王文雄拒之，大破贼兵，先后俘斩二千，贼始不敢窥西安。（《圣武纪卷九·嘉庆川湘陕靖寇记三》）

（2）三年三月，贼自山阳趋湖北，明亮等追击之。齐王氏、姚之富坠崖死。七月，勒保诱执王三槐。其党冷天禄据守不下。（同上）

（3）四年正月，和坤伏诛，下哀痛诏，招抚贼中被胁从者，实行坚壁清野策，定优恤乡勇制。二月，额勒登保击斩冷天禄于岳池。十月，德楞泰擒高均德于西乡。（同上）

（4）五年、三月，德楞泰擒冉天元。（同上）

（5）六年二月，额勒登保部将杨遇春击擒王廷诏。五月，德楞泰斩徐天德，余贼陆续破灭。（同上）（卷十《嘉庆川湖陕靖寇记六》）

（6）七年七月，额勒登保捕杀川北贼首苟文明，教匪之乱平。（同上）

B 天理教

a 李文成之变

（1）天理教，本名八卦教，亦白莲教一支派。聚众敛财，遇民苦胥吏者争与焉，而河南滑县李文成，直隶大兴林清为之首。欲秘举事，而中外莫知也。（《清朝野史大观》卷四）

（2）十八年八月十五日夜，滑县老安司巡检刘斌知其谋，告知县强克捷，乃捕文成，贼党以事迫，不能俟期，遂于九月初七日聚众三千破滑，强克捷、刘斌皆遇害，两家属歼焉。而直隶之长垣、东明，山东之曹、定陶、金乡同时响应。乱遂起。（同上）

b 林清之变

（1）林清，本浙江人，久居京邸，蓄谋不轨。太监刘金、刘得才家中素习八卦教，与太监杨进忠结合，为林清耳目。党羽颇众。（同上）

（2）十八年九月五日，林清使其党二百人由宣武门潜入城内，分犯东华门、西华门。太监刘金等为其内应。清自居黄村，留守京师诸大臣率禁兵入卫，大败贼兵。十七日擒林清诛清及通逆太监共百余人。乱乃平。（《圣武纪》卷十）

c 教匪之平定

（1）十月，刘清将山东兵，大破贼兵于定陶，复连破之，山东贼略平。（同上）

（2）十一月，直隶之贼亦平。乃官兵围滑急，文成走辉县山，那彦成追击之，文成自焚死。十二月克滑县，乱遂平。（同上）

七、鸦片战争

A 原因

a 远因

（1）英使之受辱

1. 乾隆五十八年，英遣使臣马戛尔尼（Earl of Macartney）来修好通商。强之行叩头礼，马戛尔尼不允，乃改行其本国谒国王之礼。帝给与英王二通，词语傲慢，盖俨以朝贡属国相待也。而缔约目的，亦未达到。（参王之春《柔远纪》）

2. 嘉庆十年，英又遣使以书币赠诸清廷，清仍以贡献称之，英使大怒，清以傲慢国书致英王约翰二世，斥其使臣回国。（武堉幹《鸦片战争史》）

3. 嘉庆二十一年，英遣贡使罗尔美都（Lord Hmberst）来中国，帝却其贡，不纳，复受辱。（《柔远记》）

4. 道光十四年，英遣律劳卑（Napier）来粤，总督卢坤视外人为夷酋。以其文书系平行式，又不经公行行员之手，下令拒绝夷酋入境，并加以侮辱。（《鸦片战争史》）

（2）待遇不平等

乾隆时，对于外商之压抑，订定条项，而宣布于外国商馆，强其遵守，兹记其重要规则如下：

1. 外国军舰不准驶入虎门以内，即其保护商船之军舰，亦须停泊于江口以外，与商船之解缆，当同时拔锚。（H. B. Morse：The International Relations of The China Empire，《清鉴辑览》）

2. 妇人不可偕来商馆，铳炮枪及其他武器，均不得持入。（同上）

3. 所有航路引水人及买办等，概须我国澳门同知给发牌照；非受买办之直接监视，不许外国船舶与其他商民交易。（同上）

4. 各商馆不得使用八人以上华人，并不得雇用仆妇。（同上）

5. 外人不得与我国官吏直接交涉，遇必要时，必须经过公行之手续。

（同上）

6. 外人不许泛舟江上；惟每月初八，十八，二十八三日，得游览花园，仍须携带翻译。苟外人有不正行为时，翻译当负其责。（同上）

7. 外国人不准用轿。

8. 外人买卖，须经公行商之手；即居住商馆者亦不许随意出入，防其与奸商有秘密交易行为。且恐受本地奸商之欺诳也。（同上）

9. 外国船舶得直航行黄浦，徘徊河外，不能寄泊他所。（同上）

10. 公行行商不准负欠外人债务。（同上）

11. 通商时期已过，外人不得在广州居住；即在通商期内，货物购齐，亦须装载而归，否则可往澳门。（同上）

道光十年，英商馆引三妇人入内，我国官吏，立即驱逐，并吓以全部贸易停止。此种束缚，英人急欲设法改良待遇，鸦片事件，特藉其端耳。

b 近因

（1）林则徐之禁烟——道光十九年，林则徐为两广总督，严厉禁烟，迫令英商缴鸦片二万二百八十三箱以谢罪，焚之于虎门，英商均快快去澳门，其愤恨可知矣。（武堉幹《鸦片战争史》）

（2）林维喜之事件——香港英人惨杀我国乡民林维喜，由义律判决罪犯，罚金监禁了事，我国官吏以其处罚过轻，提出抗议，林则徐迫将罪犯交出，又令在黄浦之诸船限三日内入河或退，否则以炮火过断之，英人不服，战端遂开幕矣。（同上）

B 经过

a 林则徐之败英

（1）则徐以虎门为咽喉要地，乃沿海面锁以铁练，承以木排，复建炮台，俯临排练，以备英军。（《清史列传卷三八·林则徐传》）

（2）道光十九年七月，义律率船五只来犯，大败之。八月又来，焚其船，败走之。（同上）

（3）道光二十年正月，令关天培夜焚英船，五月再焚英船于磨刀。（同上）

b 英军之北犯

（1）二十年七月，英人改犯浙江，陷定海掠宁波，进逼天津。（同上）

二十一年，朝廷以林则徐办理不善革职，以琦善代之，弛备撤防，并割香港，擅准通商，事闻，革职查办。（《清史列传》）

（2）先是义律索香港为贸易市埠，并索十九年虎门所烧鸦片烟价，至是复请献出沙角、大角炮台，并缴还定海，以易香港。琦善许之，据以入奏，上怒，将琦善革职查办，以奕山代之。（《清史列传卷五六·宗室奕山传》）

（3）奕山到粤，英人攻城甚急，乃许以六百万偿烟价，并给予香港全岛，英军乃退。奕山捏词奏称初八日，焚击痛剿，大挫凶锋，旋奏义律穷蹙，乞抚，求准照旧通商，出具永不售卖鸦片烟土甘结等语，以蒙蔽朝廷。（同上）

（4）英人以所求不得清廷正式答复，乃又攻闽浙沿海，速陷厦门、定海、宁波，二十二年陷乍浦、宝山、上海，进逼南京，东南大震。（《清史列传卷四一·宗室奕经传》）

C 结果

a 宣宗虑英人深入，乃派耆英为钦差大臣，前往与英人议和。（《清史列传卷四〇·宗室耆英传》）

b 道光二十二年七月，耆英与英璞鼎查在南京缔结条约如下：

（1）嗣后大清大皇帝，大英君主永存平和，所属华英人民，彼此友睦，寄住该国者，必受该国保护身家之安全。

（2）自今以后，大清大皇帝恩准大英国人民，带同所属家眷，寄居大清沿海之广州、福州、厦门、宁波、上海等五处港口贸易，通商无碍，且大英君主派设领事管事官等官，住该五处城邑，专理商贾事宜，与各该地方官公文往来，令英人按照下条开叙之例，清楚交纳货税钞饷等费。

（3）因大英商船，路涉远洋，往往有损坏须修补者，自应给予沿海一处以便修船及存所用物料，今大皇帝准将香港一岛给予大英君主，暨嗣后世袭君主者，长远据守，任便立法治理。

（4）因大清钦差大宪等，于道光十九年二月间，经将大英国领事官及人民等，强留粤省，吓以死罪，索出鸦片，以为赎命。今大皇帝准以洋六百万圆，偿补原价。

（5）凡大英商人在粤贸易，向例全归额设行商承办，今大皇帝准以嗣后不必仍照向例。凡有英商等赴各口贸易者，无论与何商交易，均听其便，且向例额设行商等，内有累欠英商甚多，尚无清还者，今酌定洋银四百万元，作为商欠之数。准明由中国官场赔还。

（6）因大清钦差大臣等向大英官民等，不公强办，致须拨发军士讨求伸理，今酌定水陆军费洋银一千二百万元，大皇帝准为偿补，自道光二十一年六月十五日以后，英国因赎各城收过银，大英全权公使大臣为君主准可，按数扣除。

(7) 以上三条，酌定银数共二千一百万圆，应如何交清开列于下：此时交银六百万圆。癸卯年六月间交银三百万圆。十二月间交银三百万圆，共银六百万圆。甲辰年六月间交银二百五十万圆，十二月间，交银二百五十万圆，共银五百万圆。乙巳六月间交银二百万圆，十二月间交银二百万圆，共银四百万圆。自壬寅起至乙巳年止，四年共交银，二千二百万圆，倘按期末能交足，宜酌定每年每百圆，加息五圆。

(8) 凡系大英国人，无论本国属国军民等，今在中国所管辖各地方被禁者，大清大皇帝准即释放。

(9) 凡系中国人，前在英人所据之邑，其居民或与英人有来往者，或有跟随及伺候英国官民者，均由大皇帝俯降谕旨，誊录天下，恩准全然免罪，且凡系中国人，为英国事被拿监禁受难者，亦加恩释放。

(10) 前第二条内，言明开辟俾英国人民，居住通商之广州等五处，应纳进口出口之货税，均宜秉公议定则例，由部颁发晓示，以便英按则交纳。今又议定英国货物，自在某港按例纳税后，即准由中国商人，遍运天下而沿路经过税关，不得重加税例；只可按估价则例若干，每两加税不得过某分。

(11) 议定英国住中国之总管大员，与大清大臣，无论京内京外，有文书来往，用照会字样；英国属员，用申陈字样；大臣批复，用札行字样；两国属员往来，必当平行照会；若两国商贾，上达显官，不在议内，仍用禀字样为之。

(12) 候奉大清大皇帝，允准和约各条施行，并以此时准交之银六百万圆交清，大英水陆军士当即退出江宁、浦口等处江面，并不再行拦阻中国各省商贾贸易，至镇海之招宝山亦将退让，惟有定海县之舟山海岛，厦门湾之鼓浪屿小岛，仍归英兵暂为驻守。迨所议洋银全数交清，而前议各海口，均已开辟，俾英兵通商后，即将驻守二处军士退出，不复占据。

(13) 以上各条，均关议和要约，应俟大臣等分别奏明大清大皇帝，大英君主，各用硃笔批准后，即速行相交，俾两国分执一册，以昭信守。惟两国相离遥远，不得一日而到，是以另缮二册，先由大清钦差便宜行事大臣等，大英钦差全权公使大臣，各代君上定夺盖用关防印信，各执一册为据。俾即日按照和约开载之条施行，妥办无碍矣。须至和约者。

D 影响

a 不平等条约之相继缔结——《南京条约》成立后，各国遂相继要求订约，均具有不平等性质。我国至今未能脱离帝国主义之束缚和剥削，即受此不平等条约所赐也。

b 关税协定与关税主权之丧失——按《南京条约》第十条内规定，英国商民应纳进口出口货税饷费，均宜秉公议定则例，次年又订立通商章程，规定进出口货正税均为值百抽五，主要货物即以五分为标准。其后与我订约各国，亦皆以此为标准，协定税率，迄至现今，犹未全恢复关税自主之权。亦此条约所赐也。

c 禁烟问题愈益悲观——按鸦片战争，本为鸦片纠纷而起，然结果关于禁烟问题，不置一词，以致鸦片输入愈多，损民丧财，为害更烈。

d 对外心理之大变迁——按鸦片战争以前，一般人之心理常好自大，而以夷狄视外人，自此役后，一变向日之轻蔑态度，而转为畏惧模仿心理。

备　考

（1）鸦片烟，一曰波毕 Pappy，一曰阿芙蓉，一曰阿片。本罂粟壳所造。产于印度之孟加拉，及麻打拉萨、孟买诸处。有公班、白皮、红皮、大小土之分。明中叶始入中国。康熙初，以药材入口，每担税银三两，又每包加税二两四分五厘。时尚无吸食者，其入内地，附西洋诸商船，岁不过二百箱。自英吉利在孟加拉购片土，立市埔。至乾隆二十年，因构衅翦灭孟加拉。乘胜蚕食印度诸部。其中东南三部，则全为所役属。地产棉花，又产鸦片，英人倍征其税。遂专擅印度鸦片之利。其运载亦附英人船旂。船名格拉巴，约载三百趸（千六百八十斤为一趸）每箱载两满，每满各重六十七棒（十三两为一棒）。其价自一千三百至千五百鲁卑不等（二鲁卑值一蕃银），以分售各处。乾隆季年，闽粤食者渐多。粤督奏禁入口，然官吏奉行有名无实。（王之春《柔远记》）

（2）粤之通商以洋行为介，广州城南设有十三行。按十三洋行，今实止八行，为丰进、泰和、同文、而益、逢源、源泉、广顺、裕元云。（李调元《南越笔记》）

八、太平天国之乱

A 革命之由来

a 洪秀全，广东花县人。酷嗜史学，于古帝王之成败兴亡，论断历历不爽。尝应童子试郡，遇一星者，就而问之。星者曰：子非于青紫中讨生活者，然贵不可言，愿自爱。秀全笑谢之。试毕，果落第。睹清政之溷乱，官吏之贪残，民生之困蹙，遂隐蓄革命之志。（凌善清《太平天国野史卷一·天王本纪》）

b 时朱九畴倡上帝会，誓以恢复明室为志。秀全与冯云山往师之。九畴死，秀全被推为教主。官捕之急，闻入耶教可藉之以抗官，乃往香港，受教于英牧师郭笠士门，以传教游广西。杨秀清、萧朝贵、石达开、秦日纲，咸师事之。是时广西洊饥，群盗蜂起，四出扰民，焚掠甚惨。秀全乘之，与冯云山、杨秀清创立保良攻匪会，练兵筹饷，而揭竿之势以成。（同上）

B 洪秀全之起兵

a 秀全创保良攻匪会，归附者益众。桂平令虞其不轨。诱而擒之，已而释之。秀全既出狱，以时值丁未之后，适应洪羊之谶，反志遂决，道光三十六年六月，秀全始起事于金田村。（同上）

b 咸丰元年，闰八月甲申，克永安，始建号曰太平天国，秀全自立为天王，封杨秀清为东王，萧朝贵西王，冯云山南王，韦昌辉北王，石达开翼王，洪大全天德王，秦日纲、胡以洸称丞相军师，清廷大震。（同上）

C 建都金陵

a 太平军北上

（1）咸丰二年三月，天王围桂林，逾月不克。乃克兴安、全州入湖南境。清将江忠源御之。南王冯云山战死。（同上）

（2）八月，西王萧朝贵以轻骑袭长沙，不克，死之。天工闻之，乃悉众攻长沙，十月克之，出洞庭，窥岳州，十一月克之。进陷武昌，中原大震。（同上）

b 金陵改天京

（1）咸丰三年正月，天王弃武昌，悉众东下，克安庆，进围金陵。（同上）

（2）二月，太平军以地雷轰金陵城，陷之。群臣议定都。杨秀清曰：河南居天下之中，古东京也，立都便。天王乃自将由淮安北伐。有老年舟人呼曰：河南水少而无粮，困不能救。金陵有长江之险，城高池深民富食足，尚不立都，而往河南何？天王悟，遂改金陵为天京。

D 开国制度

a 职官

（1）朝内——王，侯，丞相，检点，指挥，将军。（《太平天国野史卷二·职官》）

（2）军中——总制，监军，军帅，旅帅，卒长，两司马。（同上）

b 兵制

（1）军目——每一军领一万二千五百人，以军帅统之，总制监军监之。

其下则分辖五师帅，各分领二千五百人。每师帅辖五旅帅，各分领五百人。每旅帅辖五卒长，各分领百人。每卒长辖四两司马。每两司马领伍长五人，伍卒二十人，其二十五人。由本及末，一气通连，颇得臂使指应之效。（《太平天国野史卷三·兵制》）

（2）老军——金田村起事时，得众数千人，皆勇敢善战，其后新募者日众，遂目此数千人，曰老兄弟，即广西老军。（同上）

（3）新军——太平军初克武昌后，军势大震。有众数十万，然皆沿江游手，或人民之被胁者，仓卒编以成军，多不耐战，且乘机思遁，故每军皆有监军监之，是曰新军。（同上）

（4）童子军——太平军视童子为至宝，每克一城过一乡，避匿不及，举富贵贫贱之家钝敏妍媸之童子，悉抱携以去。编制成军曰童子军。而老军新军皆畏之。（同上）

c 宗教

（1）立天条——太平天国奠都金陵后，取基督教义立法条十，号曰天条（注一），以资约束。（《太平天国野史卷四·宗教》）

（2）讲道理——太平军所踞之地，动辄鸣锣，传集兵众或百姓，于何日何时，齐集何处，听讲道理，盖皆有所为也。（注二）（同上）

d 改革事业

（1）革除旧习——禁止妇女缠足，买卖奴隶，娼妓，蓄妾。（同上）

（2）提高女权——太平军本有女营，都金陵后，复设女官，并开科取女状元。（同上）

（3）改历法——定太平新历，以三百六十六日为一岁，单月三十一日，双月三十日。以立春等六节气，定为十六日，余俱十五日，盖欲分两次闰余之六十日，自散于五年之内也。（《太平天国野史卷六·历法》）

（4）刑法——太平军所克城邑，人民率多逃亡。其存在之丁壮，又尽驱之入军籍，故所过之处，遍地皆有军而无民，有犯罪戾者，亦即以天条及军律任意处之。（《太平天国野史卷七·刑法》）

（5）均田——分田为九等：每田一亩，以早晚二季出千二百斤者为上上田，出千一百斤者为上中田，以下递减出四百斤者为下下田。上上田一亩，当下下田三亩，照人口分给。受田之标准，男妇一人，每十六岁以上受田，十五岁以下给其半，若一家六人，则三人受好田，三人受劣田，以一年为定。（程演生《太平天国史料十种》）惜十余年之建国，戎马仓皇，未遑图治，此制徒托理想。

E 北伐中原

a 败两大营兵

（1）江南大营——先是太平军弃武昌，清提督向荣蹑之而东，追抵金陵，陷已旬日，乃绕道至孝陵卫军焉，是为江南大营。但屡溃败无功。（《清史列传卷四四·向荣传》，《太平天国野史·天王本纪》）

（2）江北大营——是时清都统琦善，亦以钦差大臣，率直隶、陕西、黑龙江马步诸军，由河南进至扬州，军于城外，号江北大营，亦屡为太平军所败。（《太平天国野史卷一·天王本纪》，《清史列传卷四〇·琦善传》）

b 北伐之失败

（1）咸丰二年四月，太平军林凤祥、李开芳，各率所部北上破扬州，经皖北，入河南，陷归德，围开封，渡黄河，攻怀庆不克，乃趋入山西。（《太平天国野史卷十五·林凤祥李开芳传》）

（2）三年由晋入直隶，陷深州，清将僧格林沁败之，乃北走天津，分为清兵所败。（同上）

（3）五年凤祥、开芳均被擒，槛送京师杀之，黄河以北，太平军绝迹。（同上）

F 太平天国之衰亡

a 太平天国内讧

（1）内讧之由来——天王日居深宫，军事皆决于杨秀清，文报先白东王府，刑赏黜陟由之出，诸王如韦昌辉、石达开虽同起草泽，比于偏裨，常令远攻江西、湖北，韦昌辉嫉之。而秀清阴欲自立，天王乃召昌辉图之。（《本纪一》）

（2）内讧之经过——咸丰六年，昌辉杀秀清，石达开闻乱自湖北归回。昌辉欲图之，达开缒城遁，秀全又杀昌辉，于是诸王略尽，政事决于群小，遂伏失败之基。（同上）

b 太平天国之灭亡

（1）曾国藩统辖东南——咸丰十一年十月，穆宗毅皇帝御极，令国藩统辖江苏，安徽，江西，浙江四省军务，巡抚提镇以下悉归节制。（《清史列传卷四五·曾国藩传》）自是军事统一，而战事日有起色矣。

（2）李鸿章平苏松

1. 咸丰十年，太平军李秀成取有苏松。同治二年李鸿章分三路进攻，大

败之。恢复苏州。(《清史列传卷五七·李鸿章传》)

2. 三年，戈登以常胜军克宜兴，进陷嘉兴，常州诸城，于是苏松底定。(同上)

(3) 左宗棠平浙江——同治三年二月，左宗棠克杭州，三月复武康，德清，石门，六月复孝丰，七月克湖州，八月全浙肃清。(《清史列传卷五一·左宗棠传》)

(4) 曾国荃破金陵——同治二年，国荃破雨花台，围金陵。三年六月，破金陵。天王自杀，秀成被擒而死。(《清史列传卷五九·曾国荃》，《太平天国野史·天王本纪》) 而太平天国告终。

G 太平天国乱之影响

(1) 伏后日革命之机——天京既陷，杨辅清易装出国，入美洲旧金山，出所藏珠宝鬻之，得资十余万，乃创三合会，三合会者，其暗号曰三水共合。其始祖曰洪福天，隐指洪福齐天，恢复太平意。(《太平天国野史卷十四·杨辅清传》) 而与后日革命颇有关系。

(2) 使外人在上海扩张权利

1. 确定租界中立之原则。

2. 上海租界行政权，渐归外人。

3. 上海设会审公堂，为会审制度之起源。

4. 关税权操之外人。

【注解】

注一 天条十款如下：

第一条崇拜上帝，第二条不好拜邪神，第三条不好妄题皇上帝之名，第四条七日礼拜颂赞皇上帝恩德，第五条孝顺父母，第六条不好杀人害人，第七条不好奸邪淫乱，第八条不好偷窃劫抢，第九条不好讲谎话，第十条不好起贪心。(《太平天国野史卷四·宗教》)

注二 凡刑人必讲道理，募兵必讲道理，仓卒行军，临时授令，必讲道理，驱使群卒为苦役，必讲道理，将欲搜掳，必讲道理，劝人贡献，必讲道理，总之所谓讲道理者，乃劝谕兵众，特借宗教以行之者也。(同上)

备 考

(1) 曾国藩，湖南湘乡人。洪秀全倡乱，窜湖南、湖北，连陷沿江郡县，江南大震，时国藩回籍，上特命国藩会同湖南巡抚张亮基办理本省团练，于

是湘军之名遂起。(《清史列传·曾国藩传》)

(2) 李鸿章，安徽合肥人。咸丰二年，发逆窜陷楚省，江皖震动。三年命随侍郎吕贤基回籍练勇，于是有淮军之名。(《清史列传·李鸿章传》)

九、英法联军之役

A 原因

a 粤人民排外之热烈

(1) 道光二十五年，英人欲遵《南京条约》入居广州城，粤民谓洋人向不准入城为朝二百年来例禁，况五口通商，粤东但有澳门，不闻广州也，合词愬于耆英，请申禁，不省，乃大集南海番禺绅耆，传递义民，旬日间，城乡镇市，镫旗相望，众议汹汹，英商璞鼎查之返粤，粤民禁其入城，耆英遣知府刘浔赴英舟，谓将晓谕军民，订期相见，粤民大哗，乃焚烧广州府署，又议劫十三洋行，英商遂逸去，自是广州人民遇英人登岸，辄多方窘辱之，英人不堪，反以为大吏指使也。(王之春《通商始末记》卷十二)

(2) 道光二十九年，英人文翰申二年入城之约(注一)，总督徐广缙不答，与巡抚叶名琛画战守策，时南海番禺各乡团练之师先后并集，越日英舟闯入省河，广缙往谕以众怒不可犯，文翰谋质广缙舟中以要请，俄而省河两岸义勇呼声震天，文翰大惧，乃请罢兵修好，不复言入城事。广缙又与文翰重定粤东华洋通商之约，约中首严洋商入城之禁，粤民又要出示晓谕洋商恪导新约，文翰见众怒汹汹，皆许之，自是英人在粤稍敛戢矣。(同上)

b 亚罗事件之交涉——英夷称兵犯粤，其衅起于来粤之划艇。咸丰六年，九月，有自外洋来粤之亚罗船，长英旗帜，泊于粤河，粤之水师，见舟所载，皆华民，将治以通番之罪，遂执舟子十二人，械系入省(注二)，船主以愬领事巴夏礼。巴夏礼照会粤督，说明舟子无罪，请释之，时叶名琛任两广总督，不许，于是战端遂开始矣。(江上蹇叟《中西事务纪要卷十二·四国合从》)

B 战况

a 第一次

(1) 英兵犯广州——咸丰六年，九月，英人巴夏礼致书名琛，请循江宁旧约，以通中外之好，不省，于是英人兴师攻粤城，粤人率团练义勇入保，英人遂不克。(《通商始末记》卷十三)十月英水师攻虎门、横当各炮台，时沿河炮台，皆有官兵义勇协防，相持无虚日，十七日有美国船自澳门入，兵勇误击之，美领事致书粤督，不省，因与美人有隙。(同上)

(2) 粤民之暴动——是时粤民因英人猖獗，咸思泄愤，于是积薪灌油，毁英人洋行六，又有英火轮船尾系划艇载烬余珍，自省河至虎门，夜半突有华艇蚁集，开炮击之，遂弃划艇而遁。(同上)

(3) 英法联军之成立——先是英人攻广州不克，驰告其国，英相巴马斯顿主称兵，乃遣顿尔金来粤，约美俄法共入广州，时法帝拿破仑第三方务远略，适是年二月，广西杀法教士，未得赔偿，乃藉此与英联合，进攻广州。(同上)

(4) 广州之陷落——咸丰七年十二月，英人要求无厌，名琛未应，又未设备，英法合兵陷广州，执名琛以去，九年，英人归其尸，据云在五印度城不食死。(《清史列传卷四〇·叶名琛传》)

(5) 联军之北上——先是大学士裕诚覆英法美俄四国书，令其分别在广州及黑龙江，候查办，时四国人已至上海，而英法阻之，遂由海道径窥天津，咸丰八年四月，进陷大沽。(同上)

(6) 天津条约之缔结——大沽既陷，清廷大惧。急派大学士桂良，吏部尚书花沙纳至天津与英法会商，缔结条约，要点如下：

1. 英法与中国互派大使。

2. 准英法教士自由传教，英法人民携带护照，得自由旅行。

3. 续开牛庄，登州，台湾，潮州，琼州，镇江，九江，汉口，江宁为通商口岸。

4. 予英法以领事裁判权。

5. 偿英费四百万两，法二百万两。

6. 再行协定税率。

b 第二次

(1) 僧格林沁击英舰——咸丰九年，各国来津换约，五月，英船闯入天津大沽口，毁我防具，直隶总督恒福派员理谕，不听，并先行轰击炮台，继以步兵登岸，僧格林沁督军力战，胜之，并轰毁英船入内河者十三只。(《清史列传卷四·五僧格林沁传》)

(2) 大沽口之陷落——九年六月，英法以兵轮再泊天津海口，猝于北塘登岸，直捣大沽之背，僧拒之，不利，七月退守张家湾，大沽遂陷。(同上)

(3) 北京之陷落——英法既下天津，因和议不协，于七月进逼京师，张家湾、八里桥两战，清军大败。英法联军遂进攻北京，咸丰帝出走热河，九月，联军侵入圆明园，园内珍宝，抢掠一空，并以火焚之。（汪穰卿《笔记》）北京遂陷。

（4）北京条约之缔结——北京既陷，英法致书恭亲王（奕䜣），限九月初十日成和议，否则火皇宫，和议遂成，其要点如下：

1.《天津条约》有效。

2. 开天津为商埠。

3. 割九龙司地方一区为英国领地。

4. 增赔款英法各八百万两。

【注解】

注一 先是耆英奉召将去粤，英人以其管辖五口，又原议抚事大臣，坚执江宁前约，请定期入城之议，耆英以粤民为词，请徐图之，期以二年后当践约，改道光二十九年，英人申践前约入城。（《通商始末记》卷十二）

注二 中西前约载，凡有不法华民逃至香港，或在英船潜匿者，英官查交华官，若华官探闻在先，亦准照会英官移取，其英人犯法逃华者亦如之。

备　考

查道光二五年，官员议许进城，尚无定期，即有焚烧广州府衙之事。二十六年二月，有英人四名，阑入靖海门，即被驱殴，瓦石交下，将其逐出。六月又有英人数名，阑入太平门，被状元坊通街铺民，将其赶回。八月复有黑台英人两名，阑入太平门壕畔街，被民人数百逐至高第街，痛加捶楚，身受重伤，逃至广州协署前，殴者愈众，虽经署内之兵齐出劝阻，两黑人乘间而逸，旋即因伤身死，英人亦哑忍讳言，自经此惩创之后，始不敢阑行入城。（《清史列传卷四八·徐广缙传》）

十、捻乱与回乱

A 捻乱

a 捻匪之来源——捻之患，不知其所自始，或曰，乡民行傩逐疫，裹纸然膏为龙戏，谓之捻。其后报雠吓财，掠人勒赎，浸淫为寇盗。或数十人为一捻，或数十百人为一捻，白昼行劫，名曰定钉，山东之兑沂曹，河南之南汝光归，江苏之徐淮，直隶之大名，安徽之庐凤颍寿，承平时在在有之。（王定安《湘军记》）

b 捻匪之猖獗——咸丰三年，洪秀全陷安庆，踞金陵，遣党徇临淮凤阳，出归德府以扰河朔，于是皖豫捻患益炽。（王定安《湘军记》）咸丰五年，亳匪张落刑（即张乐行）与河南巨匪苏添幅，蒙城巨匪龚得等聚众万余，蒙城等处，数百里均遭焚掠。又有匪首李兆受在英山一带肆扰。地方动摇。（《东华录·咸丰朝》）而捻匪之首为张落刑、李兆受二人。

c 捻匪之剿灭

（1）袁甲三之剿捻——咸丰三年，蒙亳匪众合五十八捻为一，有四大天王诸名目。朝廷旨袁甲三剿办捻匪，屡破捻匪。五年，和春、福济劾甲三，株守临淮，粉饰军情，擅截饷银，冒销肥己等款。甲三被革职，而捻匪复炽。(《清史列传卷五〇·袁甲三传》)

（2）僧格林沁之剿捻

1. 咸丰八年，招降捻首李兆受、苗沛霖。十年，捻匪入山东、济宁、兖州、泗水被围，谕僧格林沁前往山东，节节剿办。（《清史列传卷四五·僧格林沁传》）

2. 同治元年，命统辖山东、河南，全省军务，并调度直隶、山东、河南、山西各省督抚提镇以下，各官等均归节制。进剿捻匪，亳州以北，一律肃清。(同上)

3. 同治二年，僧格林沁督兵，进克安徽颍州属之河雉集、尹家沟贼巢阵擒捻首韩四万等。捻首李勤邦等诱擒巨捻张落刑并其子张滖以献，余匪悉平。(同上)

4. 同治二年，十月，捻首苗沛霖纠众数万，扰及安徽蒙城，僧格林沁大破贼营，苗逆计穷，昏夜出窜，为总兵王万清斩首以献，匪势稍衰。(同上)

5. 同治四年，四月，发捻入山东，僧格林沁督师猛进，再战再胜，追至曹州府，官军饥饿，与贼鏖战竟日，力不能支，遂溃，僧格林沁为贼所害。(同上)

（3）曾国藩之剿捻

1. 同治四年，四月，僧格林沁追剿捻匪，战殁于山东曹州，贼势日炽。命国藩赴山东一带，督兵剿办捻匪，山东、河南、直隶三省旗绿各营，及地方文武员弁，均归节制调遣。(《清史列传卷四五·曾国藩传》)

2. 国藩以捻匪已成流寇，飘忽靡常，乃以安徽之临淮为老营，及以江苏之徐州、山东之济宁、河南之周家口，四路各驻大兵为重镇，一省有急，三省往援，以收以有定之兵，制无定之贼之效。(同上)

3. 时逆酋张总愚、任柱、牛洛红及发逆赖汶洸拥众数十万，倏分倏合。国藩创防河守运之策，大破捻匪，捻势乃衰。(同上)

（4）李鸿章之剿捻

1. 同治五年十月，曾国藩因病乞假，鸿章署钦差大臣，节制各军，专办剿匪事。捻匪时分股为二，张总愚窜陕西为西捻，任柱、赖汶洸窜山东为东捻，鸿章甫视事，东捻即南趋金乡、鱼台、丰沛等县，谋犯清淮，既挫于官军，反走山东，越河南窜湖北。（《清史列传卷五七·李鸿章传》）

2. 同治六年二月，贼由湖北窜扰河南直趋山东，窜登莱，鸿章以贼踪飘忽，当逼入海隅，以图聚歼，乃创胶莱河防之策，时任、赖诸贼，麕集莱阳、即墨间，反扑堤墙，乃令刘铭传、郭松林、杨鼎勋三军往来蹑击，十月枪毙任柱于赣榆，十二月擒赖汶洸于扬州，余匪悉降，东捻平。（同上）

3. 同治七年正月，西捻张总愚由山西窜入直隶，进逼天津，鸿章以捻骑久成流寇，非就地圈围，终不足制贼之死命，于是防运，引运入减河，于河东筑长墙，断贼窜津之路，围贼徒骇黄运之内，贼皆见杀，总愚投水死，西捻平。（同上）（注一）

B 回乱

a 陕甘回乱

（1）回乱之起源——先是咸丰末年，河南巡抚严树林，招陕西回民六百人，编为义勇军，使守河南。其后严转任湖北，遂解散回兵，使归乡里，及太平党陈得才迫西安，陕西团练大臣张芾复招之，率回勇四百与战，大败，回兵亦遁，所经之处，皆斩伐民间林木，回汉之间，遂起猜疑，时回教徒有任五者，本当咸丰五六年之顷，举兵于云南，事败，潜匿于渭南，至是见有机可乘，乃于同治元年四月举兵，占领渭南一带之地。（《东华续录·同治朝》）

（2）回乱之剿灭

1. 张芾之惨死——同治元年四月，芾亲赴渭南仓头镇晓谕回匪，责以大义，众颇有感悟者，逆首任老五谓不戕芾，无以坚众心，嗾令其党拥出，芾坐地大骂，目眦皆裂，遂被害。（《清史列传卷四九·张芾传》）

2. 多隆阿之剿回——先是清廷命胜保入陕剿回，无功赐尽，以多隆阿代之。同治元年，多隆阿督师入陕，将同州一带回巢，悉数削平，先后克复城寨数十处，并分兵解凤翔之围，陕省回匪，一律肃清。（《清史列传卷五〇·多隆阿传》）

3. 甘肃回乱之猖獗——多隆阿在陕击破回匪，余匪入甘肃，回匪陷宁夏，迎其教主马化泷为首，于是各地以次变乱，甘肃遂无完土矣。（《东华录·同

治朝》)

4. 左宗棠之剿回——同治七年，朝廷见回匪日炽，乃命左宗棠入陕甘剿匪。宗棠立“三路平定”（注二）之策。九年十一月，克金积堡，马化泷伏诛，宁灵肃清。十一年甘南肃清，十二年关内肃清，陕甘回乱乃平。(《清史列传卷五·左宗棠传》)

b 云南回乱

(1) 云南回乱之起源——先是咸丰五年，临安回与汉民私斗，各召其党为助，远近悍回，闻风响应，云南回有杜文秀者，本居永昌，后纠合蒙化之国埂回酋起兵，众万余，自下关袭大理府城，于是大理以东各回民，相率戕官以应之，全省大震。(《东华录·咸丰朝》)

(2) 云南回乱之剿灭

1. 马如龙之投诚——同治元年正月，回酋马如龙自陈迫于仇杀实无反意，愿率众就抚，岑毓英奉檄往谕之，畅陈顺逆，马如龙俯首听命，献所踞新兴等八城。(《清史列传卷五九·岑毓英传》)

2. 岑毓英之剿回

(甲) 二年正月，回弁马荣叛，戕署总督潘铎及府县各官，毓英抵死力战，密驰书责马如龙以大义，趣赴援，于是内外夹击，歼贼罄尽，诛逆酋李俊。马荣仅以身免，走南宁，合马联升踞曲靖。(同上)

(乙) 同治三年，二月，马联升犯马龙州，八月复马龙，进围寻甸，九月克之，擒斩逆回马荣、马兴才。十月曲靖回目马文升等降，擒马联升，尽法诛之，迤东肃清。(同上)

(丙) 同治五年正月，以马如龙专办西路，杜文秀屡失利，六年杜文秀倾剿下窜，众数十万，连陷二十余城，进袭省城，毓英不能救。十一年，东南两地悉平。西路各军亦先后攻克永昌、邓州等城及上下两关，惟大理未下。十一月攻大理，克之，杜文秀服毒自尽，大理肃清。

(丁) 十二年，二月，督军克顺宁及云州腾越，全省肃清。(同上)

【注解】

注一 鸿章以捻骑久成流寇，非就地圈围，终不足制贼之命，而直隶地平旷，无可圈围，欲就东海南河形势，必须先扼西北运河，尤以东北至津沽，西南至东昌张秋为锁钥，乃饬援津之郭松林、潘鼎新两军，掘开沧州迤南堤地坝，泄运水入减河，于河东筑长墙，断贼窜津之路，东昌运防，则淮军自城南守至张秋，东皖诸军，自城北守至临清，并集民团协守。(《清史列传·

李鸿章传》)

注二 八年，左宗棠进驻泾州，分四路出师。北路以提督刘松山出定边花马池，截宁灵。中路一以道员魏光焘等出宁州，趋环庆；一以提督雷正绾等出华亭，规平凉。南路以中书吴士迈等出宝鸡道秦州，而檄提督马德顺等，驻灵台，策应南北两路。(《清史列传·左宗棠传》)

备 考

曾国藩剿捻匪所设之四大重镇，以藩鼎新驻徐州（《清史列传卷五五·藩鼎新传》），以张树声驻徐州（《清史列传卷五四·张树声传》），以刘松山驻临淮（《清史列传卷五一·刘松山传》），以刘铭传驻周家口。(《清史列传卷五九·刘铭传传》)

c 新疆回乱

（1）新疆回乱之猖獗——初，陕西回教徒之阿浑中有妥明者，潜至乌鲁木齐，主于参将索焕章之家，焕章素蓄异志，同治三年六月，遂举兵叛，四年，妥明称清真王，而南路回首帕夏亦反，白彦虎亦逃入新疆，于是回乱益炽。(《东华录》)

（2）回乱之剿灭

1. 北路肃清——光绪二年，左宗棠三月进驻肃州，刘锦棠率所部分道出塞，九月克玛纳斯南城，北路肃清。(《清史列传·左宗棠传》)

2. 南路肃清——三年三月，刘锦棠复达坂、托克逊两城，四月逆酋帕夏、阿古柏仰药自毙，子海古拉，负尸西窜，为其兄伯克胡里所杀，南路肃清。(同上)

3. 收复南路东四城——三年七月，刘锦棠自托克逊进兵，九月入喀喇沙尔城，破库车，十月复阿克苏，进驻乌什城。是役也，一月中驰三千余里，收复南疆东四城。(《清史列传卷五九·刘锦棠传》)

4. 收复南路西四城——三年十一月，锦棠抵叶尔羌，破英吉沙尔，和阗，进抵喀什葛尔，白彦虎窜俄罗斯境，擒贼目马元、白彦龙，以下悉歼焉。(同上)

备 考

新疆回乱平后，宗棠陈新疆开设行省事，上从之，于是新疆改为行省。(《左宗棠传》)

十一、咸同时代之改革

A 建总理衙门——咸丰十年，冬十月建总理各国通商事务衙门，时各国交涉纷烦，军机处难以兼理，因议建总理衙，奉上谕，即照原议办理，京师设立总理各国通商事务衙，著即派恭亲王奕䜣、大学士桂良、户部左侍郎文祥管理。（王之春《国朝柔远记》卷十五）

B 选募洋将——同治元年，粤贼逼苏松，太道吴煦及前苏松粮道杨坊，初雇印度人充伍，又欲增募吕宋人为兵，苏州人王韬献策曰：招募洋兵，人少饷费，不如募壮勇而雇洋人领队，平日以洋法教演，火器务令精练，当可收效，从之。煦初雇美国人华尔令管带印度兵，后令带管常胜军，协守松江。又英水师提督，法水师提督卜罗德，均帮同剿贼，蒙朝廷嘉奖，于是洋弁咸愿为中国效用矣。（《国朝柔远记》卷十六）

C 采办机器——同治三年，遣人出洋采办机器，西洋诸国，制造船炮，皆以机器为之，用力少而成功多，曾国藩因廷臣有采买外洋船炮之议，谓上海已设制造局，不如购其机器，自行制造，经费较省，新旧悬殊，于是遣粤人运同衔、容闳出洋采办各机器。十二月容闳采办机器百数十种，至上海，交制造局，是为铁厂。（同上）

D 设同文馆——同治六年春，三月，设同文馆于京师。初京师有洋馆，并招集士子学习推算及泰西文字语言，而雇西人教习，廷臣谏疏，皆留中。（同上）

E 设立船厂——同治五年，五月，奏请设立船厂，试造轮船，从之。（《清史列传卷五一·左宗棠传》）

F 派人出洋学艺——同治十年秋，七月，募子弟出洋学艺，西洋工艺专精，船炮坚利，中国筹办海防，常雇洋匠教习，至是选聪颖子弟，赴泰西各国肄习技艺。（《国朝柔远记》卷十七）

备　考

(1) 总理各国事务衙门，亲郡王贝勒大臣，大臣上行走，掌各国盟约，昭布朝廷德信，凡水陆出入之赋，舟车互市之制，书币聘餐之宜，中外疆域之限，文译传达之事，民教交涉之端，王大臣率属定议，大事上之，小事则行，每日集公廨以治庶务，奏事日，则直朝房以待召见。（《清会典》）

(2) 同文馆管理大臣，掌通五大洲之学，以佐朝廷一声教，考选八旗子弟，与民籍之俊秀者，记名入册，以次传馆。设四国语言文字之馆（天文，化学，算学，格致，医学共八馆），曰英文前馆，曰法文前馆，曰俄文前馆，曰德文前馆，曰英文后馆，曰法文后馆，曰俄文后馆，曰德文后馆。（《清会典》）

十二、中日战争

A 原因

a 远因

（1）日韩江华条约——同治初年，朝鲜国王李熙即位，时年十二，其父李昰应当国，号大院君，谨守“闭关政策”，排斥外人。光绪元年，日本军舰“云扬号”，将沿西海往牛庄，抵永宗城，朝鲜守兵认以外国兵舰来袭，发炮击之，日遣使诘责。光绪二年，结《江华条约》以和，中有朝鲜国为自主之邦，而中国不知也。（太白狂奴《韩国痛史》）

（2）中日天津条约——光绪十一年，中日议定《天津条约》：（一）两国撤退朝鲜驻兵，（二）中日均不派员，在朝鲜教练，（三）朝鲜若有变乱重大事件，两国或一国派兵，应先互相行文知照（王希隐《清季外交史料卷五六·全权大臣李鸿章奏与日使商议朝鲜拥兵画押互换折》），遂启日本干豫朝鲜之基。

b 近因

（1）黄豆赔偿事件——光绪十五年，咸丰道观察赵秉式因岁饥发防穀令，禁米穀运卖输出，日商即于令前定约买者，并被阻止，而黄豆之方欲输出者，亦皆积置，以致腐朽，而日人交涉赔偿损害，朝鲜拒之，经袁世凯调停，始赔金十一万圆。（《韩国痛史》）而日人甚为愤怒。

（2）金玉均之被刺——先是亲日派金玉均、朴泳孝亡命日本，后弃日至中国上海，为韩洪钟宇所刺杀，日人欲以其遗骸舵回日本，而中国送之归韩，韩廷戮其尸，日人闻之恨甚，欲以武力泄之。（《韩国痛史》并参见《清季外交史料》卷八九）时光绪二十年也。

B 战争之发端——光绪二十年，朝鲜有东学党之乱，不能讨，求援于中国，清廷出师并照会日本，日本亦出师。乱平，日本不撤兵，屡经交涉无效，六月，我国兵船行至牙山口，日船先开炮击我兵船广乙，操江被毁，于是战端遂开。（《清季外交史料》卷九三）

C 战争情况

a 牙山之战——光绪二十年，六月，叶志超在牙山者，共有三千余人，二十三日与日开仗，日兵三千，死一千余，我军伤亡百余，日兵北退。（《清季外交史料》卷九三）

b 成欢之战——六月二十七日夜，日兵冒充韩民入卡，劫营，牙山各营溃退。成欢之役，日兵死亡有七百余人，我军仅丧亡三百余人，叶志超、聂士成退守平壤。(《清季外交史料》卷九四)

c 大东沟之战——八月十七日，丁汝昌率舰与日船战于大东沟，我舰伤毁船四只，击沉日三船，丁提督受伤。(《清季外交史料》卷九五)

d 平壤之战——叶志超退守平壤，竭力设防，八月十四日，日兵围平壤，四面攻击，苦战数昼夜，卒因弹尽粮绝，退守义州。(《清季外交史料》卷九六)

e 辽南相继失陷——自贼据平壤，兵败将亡，至九月二十七八等日，贼兵分四大股前进，各军屡战皆北，以致东边之安东、凤凰城、宽甸、孤山、长甸、东坝、花园口及省南之大连湾、金州等处，半月之内，相继失陷。(《清季外交史料卷一〇〇·陵寝总管联瑞等奏辽南要区相继失陷请筹补救电》)

f 旅顺失守——十月二十四日，日兵猛攻旅顺，鏖战终日，日兵由后路进兵，旅顺遂失。(同上)

g 丁汝昌殉难——光绪二十一年，正月，威海卫失守，日兵进兵刘公岛，丁汝昌、刘步蟾、张文宣皆殉难。(《清季外交史料》卷一〇六)

D 和议之成立

a 水陆之军，既皆败北，乃派李鸿章为全权大臣往日本议和。(《清史列传卷五七·李鸿章传》)

b 光绪二十一年，李鸿章与日全权大臣伊腾博文，在马关签订和约，其要点如下：

(1) 中国确认朝鲜为完全独立自主国，所有该国向中国所修贡献典礼等，嗣后全行废绝。(王钟麒《中日战争》)

(2) 中国将左开地域及在该地域之城垒兵器工厂及一切官有物永远让与日本。(同上)

1. 奉天省南部，即自鸭绿江口溯江至安平河口，从该河口折线至凤凰城、海城及营口止，所有折线以南地方及辽东湾东岸、黄海北岸，属于奉天省诸岛屿概在所让界内。(同上)

2. 台湾全岛及所有附属各岛屿。(同上)

3. 澎湖列岛即英国格林尼次东经百十九度起，至百二十度止，及北纬二十三度起至二十四度之间诸岛屿。(同上)

右割让地方之中国人民，愿迁居界外者，准于二年内任便变卖产业，实行迁徙，但二年期满后尚未迁徙者即认为日本臣民。(同上)

4. 中国赔偿日本军费库平银二万万两。（同上）

5. 开沙市、重庆、苏州、杭州为通商口岸，自宜昌至重庆，自上海入吴淞江，入运河至苏州、杭州间之航路，准日本汽船自由通航。（同上）

E 战争余波

a 台民之抗日——《马关条约》签订，台民闻之大哗，乃决自主，誓不从日，推唐景崧为总统，改元永清，电告自主，有"遥奉正朔，永作屏藩"语，时日舰大集，进攻台湾，卒以兵力不足，为日所破，而台湾遂完全为日所占有。（《中日战争》）

b 俄法德之干日——中日和局之成，美英均袒日之所致，而俄法德三国滋不平，乃迫日还辽东于中国，日本不得已，从之，而中日订互换辽约于京师，其要点如下：（同上）

（1）日本愿将《马关条约》第二款，中国让与日本奉天南边地方及所属岛屿，均永远交还中国。（同上）

（2）中国为酬报交还奉天省南边地方事，允给洋三千万两，迨光绪二十一年九月二十二日，交于日本。（同上）

（3）自订立本约之日起，三个月内，日本军队一律撤回。

十三、戊戌政变

A 政变前之内政

a 设电线——光绪六年七月，李鸿章奏立北洋水师学堂。电报之设也，鸿章初行于大沽北塘海口炮台，以通天津，传达号令，八月遂设南洋电线，自天津循运河，逾江抵镇江而达上海，互三千里。未几各国请于上海建万国电报公司，暨南北洋海线，于是接办沿海陆线，过浙闽至粤，道里以倍，后十余年间，电报遍达各省。（《清史列传卷五七·李鸿章传》）是为中国设立长途电线之始。

b 设官书局——先是京师官绅，设强学书局，讲求时务。光绪二十一年十二月，御史胡季宸奏请，将强学书局改归官办。嗣经总理各国事务衙门奏准改设官书局。（《光绪政要》）是为中国提倡新学之始。

c 设邮政局——光绪二十二年二月，总理各国事务衙门奏请设邮政，仿欧西制，立总局于北京，分局于各省，推之于各地，奉旨允行。（《光绪政要》）是为中国有邮政之始。

d 兴办铁路——光绪十五年，张之洞奏筹办铁路，由芦沟桥直达汉口，拟分头试办，南自汉口至信阳，北自芦沟桥至正定，余再次第接办。经海军衙门奏如所请，有旨命会同李鸿章海军衙门，妥筹开办，久未成功。二十二年九月，设铁路总公司，招集商股四十万股，每股银百两，以便进行。（《清史列传·李鸿章传》，《光绪政要》）是为中国实行筑路之始。

B 德宗之变法

a 变法之由来——按光绪初年，外患之来，相继不绝，及甲午之役，清之朝野上下，始感非常之痛苦，而病旧制之不适矣。未几，而英俄德法诸国踵起，强迫订约，割我土地，定彼范围，于是康有为等上书德宗，力请变法，德宗遂有变法之志。光绪二十四年四月，诏定国是，颁行新政。

b 新政之施设

（1）诏改八股取士旧制，试以策论经议，以搜求人才。（《光绪政要》）

（2）总理衙门会同军机处，奏办京师大学堂事，谕各省府厅州县，设立学校，以养成后进。（同上）

（3）变通武科，废弓刀石，改试枪炮；又变更兵制，命京营兵改习洋操，以整顿武备。（同上）

（4）命各省督抚，裁撤冗兵，力行保甲，以节饷需。（梁启超《戊戌政变记》）

（5）开办中国通商银行，以活动金融。（同上）

（6）设矿务铁路及农工商总局于京师，命各省设立商会，上海设总商会，以提倡实业。（同上）

（7）裁撤骈支衙门，以省经费。（同上）

（8）命各省藩臬道府，专摺奏事，州县等官，由督抚原封呈递；士民上书，由本省道府随时代奏，以达下情。（同上）

（9）谕各省士民，有能著新书，制新器者，国家给以优奖，保其专利，有损资自办学堂者，优与奖励，以提倡文化。（同上）

C 八月之政变

a 德宗之被幽——德宗以袁世凯久使朝鲜，谙中外之故，乃擢袁为候补侍郎，赐以密诏，命夺荣禄兵权，世凯语荣禄，荣禄急驰入京，上告太后，太后怒，八月六日复临朝称制，幽帝于南海之瀛台。（《戊戌政变记》）

b 新政之废除——光绪二十四年八月，御史杨深秀，军机章京谭嗣同，林旭，杨锐，刘光第，康光仁正法，并宣示康有为罪状。谕复一切旧制。（《光绪政要》）

备 考

(1) 光绪二十四年，列国对中国形势一变，英结扬子江不割让条约，德结租借胶州湾之约，俄租旅顺、大连，日本约福建不割让与他国，法亦租界广州湾。(刘彦《中国近时外交史》)

(2) 光绪二十四年，诏定国是，数年以来，中外臣工，讲求时务，多主变法自强，迩者诏书数下，如开特科，裁冗兵，改武科，创立大小学堂，皆经再三审度，筹之至熟。始定议施行。惟是风气尚未大开，论说莫衷一是，或泥于老成忧国，以为旧章应行墨守，新法必赏摈除。众喙哓哓，空言无补，至今日时局如此，国势如此，若仍以不练之兵，有限之饷，士无实学，工无良师，强弱相形，贫富悬绝，岂真能制梃，以挞坚甲利兵乎？朕惟国是不定，则号令不行，极其流弊，必至门户纷争，互相水火，徒蹈宋明积习，于实政毫无裨益，即以中国大经大法而论，五帝三王不相沿袭，譬之冬裘夏葛，势不两存，用是明白宣示，尔中外大小诸臣，自王公以及士庶，各宜努力向上，愤然为雄，佩圣贤义理之学，植其根本，又须博采西学之切于时务者，实力讲求，以救空疏迂谬之弊。(《光绪政要》)

十四、义和团之乱

A 义和团之初起——义和团起事于山东曹州府，初名大刀会，奉关壮缪，立坛聚众，横行乡里，积久势渐张，知国人方痛心于教祸之蔓延，与外患侵陵也，乃以“扶清灭洋”为号召，胁徒日众。（王希隐《西巡大事记卷首·拳匪纪事》）

B 义和团肆虐北京

a 清廷结纳义和团——当义和团之起也，时袁世凯方巡抚山东，严禁之，乃阑入直隶界，浸入畿疆，尚未敢公然入国门也。庄王府长史某者，与团首某习言之。庄亲王载勋目为义民，以告刚毅，刚毅以入奏，清借团民之力，以驱逐洋人，雪累朝积恨，尤应先除灭各国驻京使馆，慈禧太后为所惑。限各国使臣二十四时辰内出京。（注一）而德使克林德诣总署面商前事，行至东单牌楼，为京兵所杀，于是祸乱遂暴发矣。（同上）时光绪二十六年也。

b 义和团之暴动

（1）焚烧教堂

1. 五月十六日，先烧西城某处教堂，杀其人，火其居，以小试其端，朝

廷置不闻。(同上)

2. 五月十九日，烧宣武门大教堂，盖康熙时敕建，以赐南怀仁，堂宇闳敞，系明季邹元标等所创首善故址也。(同上)

3. 五月二十三日，攻西什库，盖为各教堂议事之所，教首樊国樑居之，攻之不克，燔其旁居民数十家。(同上)

(2) 抢掠屠杀

1. 五月二十日，烧东月城根马思远茶食铺子，以马为教民也。忽大风起，正阳门一带，悉付灰烬，火光烛天，烟焰侵三殿，朝廷不敢问，于是逐日烧杀。(注二)(同上)

2. 五月二十六日，九时，各街巷闻枪声忽作，叫嚣哭喊之声，无异雷震，是兵匪劫掠之始。是日各京官住宅及殷实富户，无不被掠一空。(注三)(同上)

3. 又焚烧翰林院，所有古书典籍，亦皆片片作蝴蝶飞去，诚浩劫也。(同上)

(3) 围攻使馆——五月二十四日，进攻使馆，各使推英使窦乃乐为统帅，防守使馆，攻月余未克，联军入京后，其围始解。(陈捷《义和团运动史》)

C 联军入北京

a 大沽天津之陷落——自克使死后，使馆驰电报，各请其外部发兵，于是停泊南省之兵舰，咸集天津大沽口外。联军进犯津沽，聂士成战殁，大沽天津失守。(《西巡大事记卷首·津沽及东省失守》，《清史列传卷六一·聂士成传》)

b 北京之被陷——联军推德国带兵官瓦德西为帅，进攻北京，七月二十日，北京遂陷。(《西巡大事记卷首·联军入京》)

c 两宫之西巡——七月二十日，皇太后召见军机大臣三次，会议城守，咸相顾愕眙，无敢出一语，次日凌晨，仓卒起行，出奔西安。(《西巡大事记·两宫西巡》)(注四)

d 联军之暴行——联军入城，美兵最有纪律，日本次之，德法最横暴，瓦德西擅居西苑之仪鸾殿，而宫中累代珍异，皆为日人捆载以去。八月初三，洋人毁正阳门内城楼，英人将正阳门城门二扇，载归本国，端门之楼，所藏历代御用宝刀，为日人捆载以去，而民间被掠者，已十室九空矣。(《西巡大事记·联军入京》)

D 和约之缔结——北京既陷，皇太后及皇帝出奔，乃派李鸿章、奕劻为全权大臣，与各国议和，数月不决，鸿章积劳病深，卒不起。各国闻鸿章逝，乃大感怆，悉如鸿章议，卒签约，时光绪二十七年也。其要点如下：（《义和团运动史》）

（1）派醇亲王载沣赴德国谢罪，在德使克林德遇害处所，建立碑坊一座，派户部侍郎那桐赴日本谢罪。（同上）

（2）惩办罪魁，（注五）诸国人民遇害被虐城镇，停止文武各等考试五年。（注六）（同上）

（3）付诸国偿款海关银四百五十兆，分四十年还清。惟必加付利息，本利合计九百八十二兆二十三万八千一百五十两。（同上）

（4）各国常驻兵队护卫使馆，中国民人不准在界内居住。（同上）

（5）由北京至山海关之间，由各国派兵驻守。

（6）张贴永禁军民人等仇视诸国之谕于各地，定两年之久。（同上）

（7）改总理各国事务衙门为外务部，班在六部之前。并变更外使觐见礼节。（同上）

【注解】

注一 太后顾重于发难，乃集大学士以下会议，军机大臣王文韶等谓不可，侍讲学士朱祖亦以为言，然徐相国桐，内阁学士联元，请先照会各使馆，遣令出京，如不从乃以兵临之，太后韪其说，众推许侍郎许景澄主稿，限以二十四时内出京。（《西巡大事记卷首·拳匪纪事》）

注二 凡素所不快者，即诬为二毛子，指为通洋人，刀光所至，老弱无噍类。每杀一人，人剁一刀，谓为送之超升天界，遂下令附城百十里内民家，限若干日到京注册点名，有不到者，全家处斩，老弱不许充教，既至则驱之攻使馆，临前敌，因战而死者约万余人。（同上）

注三 其先至者，蜂拥入室，以刀破箱，出衣物于庭中，拣佳者取以去，甫去而他匪又至，则取其次者，约数起而衣服告罄矣。其银票等物亦必搜攫净尽。设与争论，即被击毙，如所掠尚不满意，即火其居，一时满街塞巷，无非抢物之匪徒，而儿啼女哭之声，尤使人闻而心碎，街市间尸骸横卧，亦难数计，而东交民巷附近，受祸尤惨。（同上）

注四 皇太后及皇帝，自二十六年七月二十一日出奔，九月四日抵西安，二十七年八月二十四启跸还京。（《西巡大事记·两宫西巡》）

注五 端王载漪加恩免死，庄亲王载勋，左都御史英年，刑部尚书赵舒翘赐令自尽，山西巡抚毓贤服毒死，军机大臣刚毅呕血而死，大学士徐桐，联

军入京时自缢死，尚书启秀，侍郎徐承煜均正法。(《义和团运动史》)

注六 顺天太原乡试停止。山西之太原府，忻州，太谷县，大同府，汾州府，孝义县，曲沃县，大宁县，河津县，山阴县，朔平府，文水县，寿阳县，平阳府，长子县，高平县，泽州府，隰州，蒲州，绛州，归化城，绥远城；河南省之南阳府，河南县，郑州，光州，陈州府；浙江省之衢州府；直隶省之北京顺天府，保定府，永清县，天津府，顺德府，望都县，肥乡县，新城县，甬州，武邑县，景州，滦州；东三省之盛京，甲子厂，连山，于庆街，北林子，呼兰城；陕西省之宁羌州；江西省之鄱阳县；湖南省之衡州府等处，均为停止考试之地。(同上)

备 考

(1) 义和团团众称其首领曰大帅，曰老师父；小首领曰大师兄，二师兄，呼外人曰大毛子，中国人之信外教用外货者为二毛子，或云教民，及从事洋务者为二毛子，或谓其中详细区别有十毛之目，凡属毛子，杀无赦，若洋纸、洋灯、洋伞、洋袜用者辄置极刑。(《义和团运动史》)

(2) 义和团之外，又有所谓红灯罩者，每夜黑无月，则有一灯，高悬空际，谓为神灯，令入会各家妇女，持香膜拜，以祈天祐，人亦信之，即俗所谓鹞灯，盖以长线放纸鹞，复以一灯缘线随风而上，夜黑则人但见灯，而不见线，如月明之夜则不难窥见线端矣。(《西巡大事记卷首·拳匪纪事》)

(3) 端王邸有教读，山东某孝廉，盖义和团之党羽也，一日，王偶与言及西使无礼之故，孝廉谓京兵不可用，曹州府团民，素以“扶清灭洋”为志。王急问孝廉，因举其乡人之习拳教者，能以法烧数里外轮船，快刀斫臂不能入。王召而试之，令诵咒烧某处，即喃喃诵咒，比即火起，唤仆人入，令以刀猛斫之，如中铁石，遂信之。言于太后，不信，因召入而试，于是太后亦信矣，此二十五年冬间事，祸端兆于此矣。(同上)

(4) 联军祸，载勋倡之，载漪主之，刚毅成之，人人皆以是为三人罪，而不知酿成之者，皆徐桐一人之罪也。徐以汉军起家翰林，为三朝元老，自上书房行走，以至总师傅，先后垂三十年。徐素负理学名，平日持论，嫉洋人如仇雠，然不知为国家安内攘外之策，与夫民教相安之计，自团民起事，首先赞为忠义，目为良民，王公贝勒成奉其言为圭臬。徐用仪，许景澄，袁昶，联元，立山，诸人之死，皆徐速之。(《西巡大事记卷首·大臣祸国》)

十五、辛亥革命

A 革命前清廷之内政

a 复开经济特科——光绪二十七年，四月，命复开经济特科。（《东华录·光绪朝》）

b 改书院为学堂——光绪二十七年，八月，命各省将书院改设学堂，凡书院所在地，于省城改设大学堂，各府及直隶州改设中学堂，各州县改设小学堂。（同上）

c 修定新律例——光绪二十八年，四月，派沈家本、伍廷芳修定新律例。（同上）

d 派员考察政治——光绪三十一年，六月，命载泽，戴鸿慈，徐世昌，端方，绍英等出洋考求一切政治。七月，载泽等起行，至正阳门车站，为党人吴樾所炸，遂改行期，九月以徐世昌、绍英受伤，改派尚其亨、李盛铎补充，前往各国考察政治。（同上）

e 宣布预备立宪——光绪三十二年，正月，考察政治大臣载泽、尚其亨、李盛铎等，奏请宣布立宪，七月宣布预备立宪事宜。（注一）（《光绪政要》）

B 革命团体之组织

a 兴中会——广东人孙文，痛国事之日非，乃致力革命，与陈少白，尤少纨，杨鹤龄，鼓吹革命思想，时呼为“四大寇”。光绪十八年，孙文乃在澳门创立兴中会以进行革命事业。（邹鲁《中国国民党史稿》）

b 同盟会——拳乱以后，通国大兴教育，留日学生亦聚众，孙文乃乘此注入其主义于留学生，会章炳麟游日本，更鼓吹民族革命主义。时留学生提倡革命者益多，而国内革命失败之徒，复纷纷来集，湖南黄兴，直隶张继，隐执牛耳，会孙文由欧美游历至日，因开欢迎会，是为革命党统一之权舆，乃组织中国同盟会于东京，举孙文为首领，复发刊民报，以为革命党之机关，揭载六大纲。（《清稗类钞》）（注二）时光绪三十一年也。

C 武昌起义以前之革命行动

a 乙未广州之役——光绪二十一年，九月九日，孙文举义广州，事败，陆皓东等死焉。（《中国国民党史稿》）

b 庚子惠州之役——光绪二十六年，孙文命郑士良入惠州，召集同志，以谋发动，而命史坚如入广州，以谋响应，事泄，为清兵所败，士良死焉。（同上）

c 甲辰长沙之役——光绪三十年，十月，黄兴与马福益谋举义长沙，事泄，马福益死焉。(同上)

d 丁未黄冈之役——光绪三十三年，四月，十一日，革命党余继成，陈涌波等举义于潮州饶平县之黄冈，为清兵所败。(同上)

e 丁未镇南关之役——光绪三十三年，十月，二十六日，革命军举义镇南关，二十七日孙文率黄兴、胡汉民等前往，血战七昼夜，卒以弹尽，退入安南。(同上)

f 辛亥广州之役——宣统三年，三月，二十九日，黄兴率同志举义广州，攻两广督署败，死者不明，得尸葬黄花岗者七十二人。(同上)

D 武昌起义

a 铁路收归国有问题——清政府收铁路为国有，四川争路风潮突起，声势汹涌，湖南应之，全国震动，清廷派端方率军入川弹压，人民益抱不平，而革命党于是乘机举义于武昌。(同上)

b 十月十日之举义——宣统三年，八月十九日，即阳历十月初十日，民军起义于武昌，拥黎元洪为都督，称中华民国军政府。各国宣布严守中立，而民军之势益盛。(同上)

c 各省之响应——武昌义旗一举，各省纷纷独立（注三），未逾月，民军已三分天下有其二，清廷仅拥有直隶、河南、东三省而已。(同上)

E 临时政府之成立——是时在南京组织临时政府，举孙文为临时大总统，中华民国遂成立矣。(同上)

F 清帝之退位——民兵既起，清廷起用袁世凯，南下率军与民军相抗，袁世凯受任以后，乃派蔡廷幹赴鄂与黎元洪议和，不得要领。至是袁世凯派唐绍仪，与南方代表伍廷芳在上海议和，临时大总统孙文提出协议五条，（注四）袁乃迫清廷退位，宣统三年十二月二十五日宣布退位，袁世凯被选为第一任大总统，于是南北统一。(同上)

【注解】

注一 光绪三十二年，七月，宣布预备立宪事宜，谕曰：载泽等回国陈奏，皆以国势不振，实由于上下相蒙，内外隔阂，官不知所以保民，民不知所以卫国，而各国之所以富强者，实由于行宪法，取决公论，军民一体，呼吸相通，博采众长，明定权限，以及筹备财用，经画政务，无不由仿行宪政，公之于黎庶，又兼各国相师，变通尽利，政通民和，有由来矣。时处今日，惟有及时详晰甄核，大权统于朝廷，庶政公诸舆论，以立国家万年有道之基。

但目前规制未备，民智未开，若操切从事，徒布空文，何以对国民而昭大信，故廓清积弊，明定责成，必从官制入手，亟应先将官制分别议定，次第更张，并将各项法律，详慎厘订，而又广兴教育，清理财政，整顿武备，普设巡警，使绅民明晰国政，以备立宪基础。(《光绪政要》)

注二 其揭载六大纲如下：

1. 颠覆现今之恶劣政府。(《清稗类钞》)

2. 建设共和政党。(同上)

3. 维持世界真正之和平。(同上)

4. 土地国有。(同上)

5. 主张中日两国国民之连合。(同上)

6. 要求世界各国赞成中国革新事业。(同上)

注三 武昌义旗一举，各省纷起独立，湖南长沙，于九月一日独立，以焦达峰为都督；江西九江，于九月二日独立，以马毓宝为都督；南昌十日应之，以吴介璋为都督；陕西西安九月四日独立，以张凤翙为都督；山西太原九月九日独立，以阎锡山为都督；云南亦于九日独立，以蔡锷为都督；十八日安徽安庆独立，江苏上海于十三日独立，以陈其美为都督；浙江杭州于十四日独立，以汤寿潜为都督；福建于十八日独立，以孙道仁为都督；广东于十九日独立，以胡汉民为都督；而广西沈秉堃，贵州杨尽诚，四川伊昌衡，亦皆为都督，先后独立，以应武昌；山东于二十三日独立，以孙宝琦为都督；是时民军已三分天下有其二。(《中国国民党史稿》)

注四 协议五条如下：

1. 清帝退位，由袁同时知照驻京各国公使，请转知民国政府，现在清帝已经退位，或转饬旅沪领事转达亦可。(同上)

2. 同时袁须宣布政见，绝对赞同共和主义。(同上)

3. 文达到外交团，或领事团，通知清帝退位布告后，即行辞职。(同上)

4. 由参议院举袁为临时总统。(同上)

5. 袁被举为临时总统后，誓守参议院所定之宪法，乃能授受事权。(同上)

备　考

(1) 参议院决定清室待遇条件：

1. 关于清帝逊位后优待之条件：

第一款　清帝逊位之后，其尊号仍存不废，以待外国君主之礼相待。

(《中国国民党史稿》)

第二款　清帝逊位之后，其岁用四百万元，由中华民国给付。(同上)

第三款　清帝逊位之后，暂居宫禁，日后移居颐和园，侍卫照常留用。(同上)

第四款　清帝逊位之后，其宗庙陵寝，永远奉祀，由中华民国酌设卫兵保护。(同上)

第五款　清德宗崇陵，未完工程，如制妥修，其奉安典礼，仍如旧制，所有实用经费，均由中华民国支出。(同上)

第六款　以前宫内所用各项执事人员得照常留用，惟以后不得再招阉人。(同上)

第七款　清帝逊位之后，其原有私产，由中华民国特别保护。(同上)

第八款　原有禁卫军，归中华民国陆军部编制，其额数俸饷，仍如其旧。(同上)

2. 关于清皇族待遇之条件：

a 清王公世爵，概仍其旧。

b 清皇族对于中华民国国家之公权，及其私权，与国民同等。(同上)

c 清皇族私产，一律保护。(同上)

d 清皇族免兵之义务。(同上)

(2) 清帝退位词曰：

朕钦奉隆裕皇太后懿旨，前因民军起事，各省响应，九夏沸鼎，生灵涂炭，特命袁世凯遴员与民军讨论大局，议开国会，公决政体，两月以来，尚无确当办法，南北睽隔，彼此相持，商辍于途，士露于野，以团体一日不决，故民生一日不安，今全国人民心理，多倾向共和，南中各省，既倡议于前，北方诸将，亦主张于后，人心所响，天命可知，予亦何忍因一姓之尊荣，拂万民之好恶，是用外观大势，内审舆情，特率皇帝将统治权公诸全国，定为共和立宪国体，近慰海内厌乱望治之心，远协古圣天下为公之义，袁世凯前经资政院选举为总理大臣，当兹新陈代谢之际，宜有南北统一之方，即由袁世凯以全权组织临时共和政府，与民军协商统一办法，总期人民安堵，海内得安，仍合满汉蒙回藏五族完全领土，为一大中华民国，予与皇帝得以退处宽闲，优游岁月，长受国民之优礼，亲见郅治之告成，岂不懿欤。(同上)

第二节　清代之制度

A 官制

a 内官

（1）内阁大学士

1. 文华殿——参预机务，即宰相职也。（《皇朝通考·职官考》）
2. 武英殿——同上。（同上）
3. 文渊阁——同上。（同上）
4. 体仁阁——同上。（同上）
5. 东阁——同上。（同上）
6. 协办——旗汉各一人。（同上）

（2）部

1. 吏部——掌官吏选授封勋考课之政令。（同上）
2. 户部——掌天下户口田赋之政令。（同上）
3. 礼部——掌礼仪祭祀宴飨贡举之政令。（同上）
4. 兵部——掌武卫官军选授简练之政令。（同上）
5. 刑部——掌天下刑名谳断之政。（同上）
6. 工部——掌百工山泽之政令。（同上）

（3）院

1. 理藩院——掌蒙古及番部封授朝觐贡献黜陟之政。（同上）
2. 都察院——专掌风宪，以整纲饬纪为职。（同上）
3. 翰林院——掌制诰文史，以备天子顾问。（同上）

（4）九卿

1. 通政司——掌内外章奏敷奏封驳之事。（同上）
2. 大理寺——掌审谳平反刑狱之政。（同上）
3. 太寺寺——掌祭祀礼乐之事。（同上）
4. 太仆寺——总国之马政。（同上）
5. 光禄寺——掌祭飨宴劳酒醴膳馐之事。（同上）
6. 鸿胪寺——掌朝会宾客吉凶仪礼传赞之事。（同上）
7. 上驷院——掌马匹驼只稽橶刍牧之事。（同上）

8. 武备院——掌陈设武备及给赐征收之事。(同上)

9. 奉宸院——掌君主之事。(同上)

(5) 府

1. 内务府——掌宫内及太监之事。(同上)

2. 宗人府——掌皇族之属籍事。(同上)

3. 顺天府——掌辇毂下民政之事。(同上)

4. 詹事府——掌坊局之政事。(同上)

(6) 监

1. 国子监——掌国学诸生训导之政令。(同上)

2. 钦天监——掌天文授时之事。(同上)

(7) 处——军机处——参赞机务最握大权，即以王公及阁臣任之。(同上)

(8) 衙门

1. 总理各国事务衙门——掌外交之事。

2. 海军衙门——掌海军之事。

3. 步军统领衙门——掌巡察捕等事。(同上)

b 外官

(1) 司

1. 督

(甲) 总督——掌一省或二省三省之民政军政。

(乙) 漕运总督——掌漕运之事，仅一员驻清江浦。

(丙) 河道总督——掌黄河工程之事，仅一员。

2. 抚——巡抚——掌一省之事。

3. 布政司——掌一省民政兼钱榖。

4. 按察司——掌一省刑狱兼驿传。

5. 运使司——掌一省盐务，有盐省分始有之。

(2) 学政——学政——掌一省考试之事。

(3) 道

1. 分守——统辖数府州。

2. 分巡——同上。

3. 管河——管理河工。

4. 粮储——有漕粮省分有之。

5. 盐法——有盐省分有之。

6. 海关——直隶津海关特设之职，其余商埠皆以守巡道兼管。

（4）地方官

1. 知府——掌一府之事。（《皇朝通考·职官考》）

2. 直隶州——掌一州之事。（同上）

3. 直隶厅——（同知州判通判）掌一厅之事。（同上）

4. 知县——掌一县之事。（同上）

5. 知州——掌一州之事。（同上）

6. 厅——掌一厅之事。（同上）

B 田制

a 民田

（1）直隶有更名田，农桑地，蒿草籽粒地，苇课地，归并卫地，河淤地。（《皇朝通典卷一·食货典》）

（2）盛京有退圈地。（同上）

（3）山东有归并卫所地，更名田，灶地。（同上）

（4）江苏有山荡溇滩地。（同上）

（5）安徽有草地。（同上）

（6）江西有山塘地。（同上）

（7）浙江有山荡塘湖，桑茶灶地等地。（同上）

（8）陕西有更名地。（同上）

（9）广东有泥沟车池地。（同上）

（10）广西有徭田，獞田，狼田。（同上）

（11）甘肃有熟田碱田。（同上）

b 官庄

（1）宗室庄田。（注一）（《皇朝通典卷二·食货典》）

（2）八旗官兵庄田。（同上）

（3）驻防官兵庄田。（同上）

c 官田

（1）籍田——为天子亲耕之田，顺治十一年，设籍田于正阳门外之西，中为先农坛，康熙二十四年，令各省择东郊官地立为籍田。（《皇朝通典卷三·食货典》）

（2）祭田——赐圣贤后裔之田也。（同上）

（3）学田——专供修学及赡给贫士子用也。（《皇朝文献通考卷十二·田

赋考》)

d 驻防官庄——盛京为驻防重地，直隶，江苏，浙江，陕西，山西，河南所设驻防官兵，均量给庄地。(《皇朝通典卷三・食货典》)

C 兵制

a 八旗

(1) 满洲八旗——太祖甲寅年，定八旗之制，以初设四旗，为正黄，正白，正红，正蓝，增设四旗，为镶黄，镶白，镶红，镶蓝，黄白蓝均镶以红，红镶以白，合为八旗，统率满洲，蒙古，汉军之众。(《皇朝通考卷一七九・兵制考》)

(2) 蒙古八旗——天聪九年，设蒙古八旗（注二），其旗色与满洲八旗同。(同上)

(3) 汉军八旗——崇德七年，设汉军八旗，定旗色与满洲八旗同。(同上)

b 绿旗——乃明亡后，编制汉军以驻扎各省及边疆者，有提督、总兵、副将、参将、游击、都司等官，以督抚节制之。(《皇朝通考・兵制考》)

D 刑制

a 五刑

(1) 笞——自一十至五十，每十笞为一等，凡五等，用小竹板折责，每十笞责四板，旗人犯笞者，以鞭代之。(《皇朝通典・刑典》)

(2) 杖——自六十至一百，每十杖为一等，凡五等，用大竹板折责，折数与笞刑同。(同上)

(3) 徒——发本省驿递，自一年至三年，每半年为一等，凡五等，各依年限应役，役满回籍，五徒各予以杖，自六十至一百有差，到配折责。(同上)

(4) 流——安置远方，终身不返，分二千里，二十五百里，三千里，为三等，并杖一百，到配折责。(同上)

(5) 死——死刑有二，曰斩，曰绞，皆有立决、监候之别。(同上)

b 十恶——有谋反，谋大逆，谋叛，恶朔，不道，大不敬，不孝，不睦，不义，内乱等。(《钦定大清会典事例卷七二五・刑部名例律》)

c 八议——有议亲，议故，议功，议贤，议能，议勤，议贵，议宾。(同上)

E 学制

a 京师学

(1) 宗学——顺治二年，建立宗学，以教宗室子弟。(《皇朝文献通考卷

六三·学校考》)

(2)觉罗学——顺治十一年设立，以教觉罗子弟。(《钦定大清会典事例卷二九三·礼部学校》)

(3)咸安宫学——雍正七年设立，以教佐领管领下幼童及官学中之俊秀者。(同上)

(4)景山学——康熙二十四年设于大内，以教内府子弟。(同上)

(5)八旗官学——顺治二年设立，以教八旗子弟。(同上)

(6)国子学——以教满洲、蒙古、汉军及各生之监贡生。(同上)

b 地方学

(1)府学——

(2)州学——

(3)县学——

(4)书院——直隶曰莲池，江苏曰钟山，曰紫阳，浙江曰敷文，江西曰豫章，湖南曰岳麓，曰城南，湖北曰江汉，福建曰鳌峰，山东曰泺源，山西曰晋阳，河南曰大梁，陕西曰关中，甘肃曰兰山，广东曰端溪，曰粤秀，广西曰秀峰，曰宣城，四川曰锦江，云南曰五华，贵州曰贵山。(《大清会典事例卷三九五·礼部学校》)

(5)义学——以教寒士子弟。顺治九年，诏每乡设立，社学一区，其后各省纷纷设立义学，极为发达。(《大清会典事例卷三九六·礼部学校》)

F 选举制

a 科举途径

(1)乡试——以诸生试之直省曰乡试，中式者曰举人，以子卯午酉年举行之。(《大清会典事例卷三三〇·礼部贡举》)

(2)会试——以举人试之京师曰会试，中式者曰贡生，以丑辰未戌年三月举行之。(同上)

(3)殿试——会试中式者，天子亲策于廷，曰廷试，亦曰殿试，中式者曰进士。(《大清会典事例卷三六一·礼部贡举》)然进士有三等，一甲止三人曰状元，榜眼，探花，赐进士及第，二甲若千人，赐进士出身，三甲若干人，赐同进士出身。

b 科举别类

(1)常制——有文科、武科之分。(《皇朝通考·选举考》)

(2)非常制——有博学鸿词科，孝廉方正科，经学科，直言科，山林隐

逸科，孝子科等。（同上）

c 试文程式

（1）初则八股之外，尚有论表判诰等，其后删之，至加以五言试帖诗一首，限以八韵。

（2）乾隆以后，大率首场制艺文三篇，诗一首；次场五经，制艺文五道；三场策五道，殿试策一道，专以书法为主。人争骛之，皓首而不厌，不复知其他，锢蔽心思，束缚人才，诚中国衰弱之大原因也。

G 疆域——在古九州外者，北自大青山左右，为蒙古诸部，至喀尔喀地。南自五岭外，为广东，广西及贵州地。东北自盛京边外，为吉林，黑龙江等地。西南自四川境外，为云南及青海，西藏地，正西则自安西境外，至于流沙，而禹迹已尽，其在天山北路，则有乌噜木齐，伊犁等地。天山南路，则有喀什噶尔，叶尔羌，和阗等地。（《皇朝通考卷二六九·舆地考》）

【注解】

注一 国初以近京各州县无主荒田，及前明皇亲驸马贵戚大臣内监，殁于流寇，无主荒田，并百姓带地投充之田，设立庄屯，自王以下，及官员兵丁，皆授以土田，俾世为恒产，嗣后生齿日繁，及盛京古北口外新辟之壤咸隶焉。（《皇朝通典卷二·食货典》）

注二 天聪八年，以所获察哈尔部千余户，分给八旗，是年正月，复以察哈尔来归各官，并庄丁三千三百余名，均隶各旗，至是始编审人丁及旧喀喇沁壮丁，分为蒙古八旗。（《皇朝通考卷一七九·兵考》）

备　考

（1）清朝官制，多因明旧，惟内阁六部诸首席，必以满人居之，文有理藩院，为明所无；雍正时，设军机处，自是内阁遂无实权。咸丰时，设总理各国衙门事务所，以理与外国交涉之事。（《皇朝通考·职官考》）

（2）五刑之外，有较流徒加重者曰充军，发边远安置（康熙年间，复定为五等，曰附近，曰边远，曰极边，曰边卫，曰烟瘴），曰边外为民，曰发边外安置；曰杂犯流罪准徒四年；曰杂犯绞斩，准徙五年。死刑之最重者为凌迟，为枭示。（《皇朝通考·刑考》）

第三节　清代之文化

A 文学

a 文

（1）散文

1. 桐城派——方苞以古文名当世，刘大櫆继之，而姚鼐又受古文法于大櫆（《清史列传卷七二·姚鼐传》），因皆为桐城人，故世称之为桐城派。其后又有江西桐城派，广西桐城派等之分，极一时之盛焉。

2. 阳湖派——是时常州一郡，多志节卓荦之士，而古文巨手，亦出其间，恽敬、张惠言，天下推为阳湖派与桐城派相抗。（《清史列传卷七二·恽敬传》）

（2）骈文——清初以骈俪文擅长者推陈维崧，及吴琦，后有胡天游，洪亮吉，皆风骨遒上，词旨渊茂，极魏晋以下未有之盛观。（《清史列传卷七一·陈维松传胡天游传》，《卷六九·洪亮吉传》）

b 诗——其以诗著名者为王士祯，查慎行，赵执信。士祯以措辞清新秀雅为归，称清朝诗之大宗，而执信与士祯对峙不相下。又有施闰章，宋琬亦能诗，有南施北宋之称，稍后则有袁枚，赵翼，蒋士铨等亦皆有诗名。（《中国文化史》第九章《清时代之文化》）

c 戏曲

（1）《桃花扇》——为孔尚任所作，假侯（方域）李（香君）之情事，写南朝之兴亡。而亡国之恨，亦寓其间，其绝处似临风桃蕊，其哀处似着雨梨花，书成，京师王公搢绅，传钞殆遍，优伶扮演，岁无虚日。（曾毅《中国文学史》第五篇第十四章《清之戏曲小说》）

（2）《长生殿》——洪昇所作，乃由白居易《长恨歌》转化而来，与《桃花扇》并称杰作。（同上）

d 小说

（1）《儒林外史》——吴敬梓作，其书成殆在雍正末年。时距明亡未百年，士流盖尚有明季遗风制艺而外，百不经意，但为矫饰，云希圣贤。敬梓之所描写者即是此曹。（鲁迅《中国小说史略》）

（2）《红楼梦》——小说之可以称一大名著者，实为《红楼梦》，而《红楼梦》乃作者自叙，迨胡适考证，乃始彰明，知曹雪芹实生于荣华，终于苓落，半生经历，绝似“石头”，著书西郊，未就而殁，晚出全书，乃高鄂续成之者矣。（同上）

（3）《儿女英雄传》——此书上题“燕兆闲人著”。马从善序云出于文康手。盖定稿于道光中。文康家本贵盛，而诸子不肖，遂中落且至困惫。荣华已落，怆然有怀，命笔留辞，其情况盖与曹雪芹颇类。（同上）

（4）《老残游记》——此书题“洪都百练生著”，实刘鄂之作也。鄂字铁云，因事流死新疆，其书即借铁云号老残者之游行，而历记其言论闻见，且攻击官吏之处亦多。有揭清官之恶者，自《老残游记》始也。（同上）

B 史学

a《明史》——是书为张廷玉奉敕编纂，自康熙十八年开馆，至乾隆四年书成，凡经六十四年。其中大部分率皆康熙五十年以前所成，以后稍为补缀而已。关于此书之编纂最主要人物为万季野，尽人皆知，而大儒黄梨洲，顾亭林，于义例皆有所商榷，最初董其事者为叶庵等，颇能网罗人才，一时流风所播，助长学者社会对于史学之兴味，亦非浅尠也。（梁启超《中国近三百年学术史》）

b《二十二史札记》——赵翼著，凡三十六卷。此书每史先叙其著述沿革，评其得失，时失校勘其抵牾，其有益于史学，诚非浅鲜。（同上）

c《十七史商榷》——王鸣盛著，凡一百卷。此书间校释文句，然所重在典章故实。而书末《缀言》二卷，论史家义例，亦殊简当。然对于头绪纷繁之事迹及制度，为吾侪绝好之顾问。（同上）

d《二十一史考异》——钱大昕著，凡一百卷，附《三史拾遗》五卷，《诸史拾遗》五卷。此书最详于校勘文字，解释训注名物，纠正原书事实，伪谬处亦时有。凡所校考，令人焕然冰释。（同上）

e《明史纪事本末》——清初谷庚虞著《明史纪事本末》八十卷，其书成于官修明史以前，采辑及组织皆颇费苦心。（同上）

f《续资治通鉴》——毕秋帆著，凡二百二十卷，此书由秋帆属幕中僚友编订，凡阅二十年，最后经邵二云校定，而章实斋实参与其义例。此书出，诸家读鉴可废矣。（同上）

C 书类

a《古今图书集成》——此书初为陈梦雷侍皇三子诚亲王所编，时在康熙三十九年也。四十五年，四月书成名曰汇编，阅十年进呈，赐名《古今图书

集成》。命儒臣重加编校，十年未就，世宗复命蒋廷锡，督在事诸臣成之。(李之鼎《丛书举要》)

b《四库全书》

(1) 编纂人员——以皇室郡王及大学士为总裁，六部尚书及侍郎为副总裁，然实际任编纂者，乃为总纂官孙士毅，陆锡熊，纪昀三人，而纪昀之力尤多，分任编纂之事者，不少著名学者，如校勘《永乐大典》纂修官，有戴震，邵晋涵，校办各省送到遗书纂修官，有姚鼐，朱筠，篆隶分校官有王念孙，总目协勘官有任大椿，副总裁以下，无虑三百余名。(稻叶君山《清朝全史》)

(2) 编纂时期——此书自乾隆三十八年开始，至四十七年告竣。总计存书三千四百五十七部，七万九千七十卷。存目六千七百六十六部，九万三千五百五十六卷。所谓存书，乃著录于四库者。存目，乃仅录其书目者已。(同上)

(3) 搜采方法

1. 敕撰本——自清初以至乾隆时，依敕旨所编纂者。(同上)

2. 内府本——乃康熙以来，自宫廷收藏者，凡经史子集存书，约三百二十六部，存目凡三百六十七部。(同上)

3. 永乐大典本——此书贮藏于翰林院，就其拔出存书存目，凡五百余种。(注一)(同上)而采取大典本之说，乃尚书徐乾学之宿案，彼死于康熙中，不得行其志。后安徽学政使朱筠主上此议。

4. 各省采进本——命总督巡抚等进献其地方遗书，采书最多者为浙江，最少者为广东，湖北，湖南，山西，陕西次之。(同上)

5. 私人进献本——系当时著名之藏书家所进献者也。(注二)(同上)

6. 通行本——乃世间流行之书籍也。(同上)

(4) 贮藏地方

1. 内廷四阁

(甲) 文渊阁——北京紫禁城内。(同上)

(乙) 文源阁——圆明园内，英法联军时毁于火。(同上)

(丙) 文溯阁——奉天陪都宫殿之地，(同上)今为日本所得。

(丁) 文津阁——在热河。(同上)

2. 江浙三阁

(甲) 文汇阁——江苏扬州之大观堂。亡于太平天国之乱。(同上)

（乙）文宗阁——江苏镇江金山寺，亦亡于太平天国之乱。（同上）

（丙）文澜阁——浙江杭州圣因寺之行宫，少有散亡。（同上）

D 汉学

a 起源——汉学以治经为主，考经学之兴，始于顾炎武，张尔岐，顾张二公，均以壮志未伸，假说经以自遣。其后武进藏琳，闭门穷经，研覃奥义，根究故训，是为汉学之始。（刘师培《近儒学术统系论》）

b 派别

（1）吴派——此派讥评宋学之空疏，专批评经书之本文。有江苏吴县人惠周惕作《易说诗传》，其子士奇作《易说春秋传》，至其孙栋始确宗汉诂，所学以掇拾为主。（《清史列传卷六八·惠周惕传》）而余萧客、江声、江藩均出其门，有浙西吴派之目。

（2）皖派——安徽婺源人江永，精于三礼及天文地理之学，而于钟律声韵，均深思独造，长于比勘。其学一传于休宁戴震，再传于金坛段玉裁。（《清史列传卷六八·江永传》）此派注重于解释字音，以读经书，先要详古音，所谓小学专门派，有皖派之目。

E 科学

a 算学

（1）旧算学——自梅毂成发明借根方，天元之理，遂使数百年失传之天元四元，复明于此。而专门学者有李锐之《开方说》，罗士琳之《四元玉监细草》等书。（《清史列传卷十七·梅毂成传》，《卷六九·李锐传》，《罗士琳传》）

（2）新算学——其翻译西籍者有李善兰之《代微积拾级》，《几何原本》，《谈天》。华衡芳之《代数术》，《微积溯原》等书。（《清史列传卷六九·李善兰传》，梁启超《中国近三百年学术史》）

b 医学——清医最负盛名者如徐大椿，叶桂，著述皆甚多。而有一人，不可不特笔重记者曰，王清任，著有《医林改错》，又据其所实睹者绘图成《脏腑全图》，并有《气血合脉说》斥三焦脉诀等之无稽，诚中国医学界极大胆之革命论。（《中国近三百年学术史》）

c 各种设置

（1）造船

1. 江南制造总局

（甲）同治四年创办之初，厂中机器，均未完备，先就原有机器推广，造

成大小机器三十余座，用以铸造枪炮炸弹。(《江南制造记》)

（乙）同治六年始造轮船。(同上)

（丙）十三年仿制黑色火药。(同上)

（丁）光绪四年，仿造九磅子，四十磅子，前膛快炮，五年更造前膛四十磅，八十磅各种开花实心弹。

（戊）十一年停造轮船，专修理南北洋各省兵轮船只。(同上)

（己）十六年，仿造新式全钢后膛快炮。(同上)

（庚）十七年，改造快利新枪，又造五十二吨四十七大炮。(同上)

（辛）十九年仿制栗色火药，二十一年试造无烟火药。(同上)

（壬）二十四年，造七密里九口径新毛瑟枪，三十年添造铜元，旋归江宁合办。(同上)

（癸）三十一年，将船坞及轮船锅炉机器三厂，划归海军商厂办理。(同上)

2. 马尾船政局

（甲）同治五年，左宗棠创之，聘法员匠数十人以为导。(《东方杂志》第十四卷《马江船埠之历史》)

（乙）同治八年，第一号万年清轮船告成，十二年，华匠之技渐习，乃遣散洋匠回国，至光绪三十三年，共成船四十号。(同上)

（2）电话

1. 旧传江慎修尝将一竹筒，用玻璃为盖，有钥开之，开则向筒说数千言，言毕即闭，传千里，人开筒侧耳，其音宛在，如面谈也。其法发明尚在留声机电话之前也，惜其法不传。(《清稗类钞》)

2. 壬午季夏，上海始有德律风，其法沿途竖立木杆，上系铅线，只须向线端传语，无异一室晤言。(淞南《梦影录》)

（3）电灯——电灯始于光绪中叶，创办者为西人德里。(《清稗类钞》)

（4）电车——光绪时，上海通行电车，初乃西人经营，后华人亦有投资者。(同上)

F 宗教

a 佛教

（1）佛教自明中世以后大衰，至清其势益衰，高宗之世，竟禁建立新寺院，民间独子及男子年十六以下，女子年十四以下者出家。而僧徒亦缺乏学力与规律，故宗风亦次第颓坏。（李继煌译《中国文化史》第九章《清代之

文化》）

（2）有清一代，以经学家而兼研究佛典者，则颇不少，若王夫之，彭绍升，戴震，魏源，杨文会，谭嗣同，章炳麟等，至晚清，尤极众多。（同上）

b 喇嘛教

（1）清廷尊崇

1. 原因——喇嘛教流布于西藏，青海，内外蒙古及满洲一带，清廷为怀柔藩部计，乃大加尊崇。（同上）

2. 方术

（甲）加封号——清世祖时，达赖朝京师，清廷宾之于太和殿，建西黄寺居之，及行，饯之于南苑德寿寺，授金册印，封西天大善自佛，领天下释教普通鄂济达赖喇嘛。（李泰棻《中国史纲要·清代之文明》）

（乙）建寺院——又于北京建雍和宫，为中国第一之喇嘛庙。此外若奉天及蒙古寺院，皆清廷敕建，故其壮大美丽，非蒙藏僻地所可同日而语也。（同上）

（丙）创掣签法——乾隆时，因其继立纷争，特创掣签法，颁金奔巴瓶二，一贮西藏大昭寺，一贮京师雍和宫，凡达赖喇嘛，班禅额尔德尼及内外蒙古等地大呼图克图，转生时，遇有纷争，则书名于签，纳诸金奔巴而掣之，以定其真伪，此则因迷信，而寓限制驾驭之术也。（同上）

（2）喇嘛支派

1. 第一支——第一支布达拉即拉萨，为达赖喇嘛本系。（《中国文化史·清代之文明》）

2. 第二支——第二支札什布伦，为班禅喇嘛一系。（同上）

3. 第三支——第三支库伦，为哲卜尊丹巴胡土克图一系。（同上）

4. 第四支——第四支多伦泊，为章嘉胡土克图一系。（同上）

c 道教

（1）清于道教，亦不甚崇信，龙虎山张真人循旧敕封而已。京师有白云观，藏道书三千卷，是其最著者也。（李泰棻《中国史纲要·清代之文明》）

（2）设道录司居京师，为管理道士之总机关，此外府有道纪司，州有道正司，县有道会司，皆所以统督道士者也。（同上）

d 回教

（1）派别

1. 黑山派——其教派有黑山回，即黑山派。（《中国文化史·清代之文化》）